等你，在未来（第五季）

——第五届全国中学生科普科幻作文大赛获奖作品集

李凌己　陈　玲　主编

科学普及出版社

·北　京·

图书在版编目(CIP)数据

等你,在未来:第五届全国中学生科普科幻作文大赛
获奖作品集.第五季 / 李凌己,陈玲主编 . —— 北京:科学
普及出版社,2019.3

ISBN 978-7-110-09936-0

Ⅰ.①等… Ⅱ.①李…②陈… Ⅲ.①作文—中学—选集
Ⅳ.① H194.5

中国版本图书馆 CIP 数据核字(2019)第 042671 号

策划编辑	王卫英	
责任编辑	王卫英	
装帧设计	中文天地	
责任校对	焦 宁	
责任印制	徐 飞	

出 版	科学普及出版社	
发 行	中国科学技术出版社发行部	
地 址	北京市海淀区中关村南大街16号	
邮 编	100081	
发行电话	010-62173865	
传 真	010-62173081	
网 址	http://www.cspbooks.com.cn	

开 本	710mm×1000mm 1/16	
字 数	460千字	
印 张	27.25	
版 次	2019年3月第1版	
印 次	2019年3月第1次印刷	
印 刷	北京长宁印刷有限公司	
书 号	ISBN 978-7-110-09936-0 /H·235	
定 价	98.00元	

第五届全国中学生科普科幻作文大赛评委会成员名单

周忠和：中国科学院院士，中国科普作家协会理事长

刘嘉麒：中国科学院院士，中国科普作家协会前理事长

王康友：中国科普研究所所长，中国科普作家协会党委书记、副理事长

孔　见：海南省作家协会主席，《天涯》杂志社社长

陈跃红：南方科技大学人文中心主任、树礼书院院长、讲席教授

丁　夏：清华大学对外汉语文化教学中心主任、中国语言文学系教授

吴　岩：中国科普作家协会副理事长，南方科技大学教授，科幻作家

刘慈欣：著名科幻作家，山西省作家协会副主席，"雨果奖"获得者

王晋康：著名科幻作家，中国科普作家协会副理事长

陈　玲：中国科普作家协会秘书长

石顺科：中国科普作家协会前秘书长

郭　晶：中国科学技术出版社副社长，《知识就是力量》杂志社社长、主编

董仁威：著名科普作家

姚海军：著名科幻媒体人，《科幻世界》副总编、主编

尹传红：中国科普作家协会常务副秘书长，《科普时报》总编辑

王直华：著名科普作家，中国科普作家协会荣誉理事

焦国力：著名军事科普专家，中国科普作家协会常务理事

星　河：著名科幻作家，中国科普作家协会常务理事

霞　子：中国科普作家协会理事，中国作家协会会员，国家一级作家

韩　松：著名科幻作家，新华社对外部副主任兼中央新闻采访中心副主任

何　夕：著名科幻作家，中国新生代科幻作家领军人物，四川省作家协会会员

江　波：著名科幻作家，中国更新代科幻作家代表人物

张晓霞：著名作家，中关村博雅城镇发展技术创新研究院院长

严　蓬：中国科普作家协会会员，著名影评人

陈楸帆：著名科幻作家，世界华人科幻协会会长，中国更新代科幻作家代表人物

李凌己：中国科普作家协会理事，威海紫光实验学校校长

王卫英：著名科幻研究专家，中国科普作家协会科学文艺委员会委员

彭绪洛：少儿冒险文学作家，中国作家协会会员

张　军：新生代儿童文学作家，少儿科幻剧作家

超　侠：科幻、冒险、童书作家，中国作家协会会员，中国科普作家协会会员

谢　鑫：少儿侦探文学作家，中国作家协会会员，中国科普作家协会会员

陆　杨：著名少儿科幻作家，中国作家协会会员，中国科普作家协会会员

周敬之：著名少儿科幻作家

李　英：科幻研究专家，中国科普作家协会科学文艺委员会委员

申　怡：中学语文教育专家

巩英莉：西北工业大学附属中学语文高级教师

关洁宁：世界华人科幻协会会员，清大紫育（北京）教育科技股份有限公司副总裁

刘　军：科幻文学研究专家

谭轶珊：广东省深圳市福田区红岭中学语文高级教师

著名作家题词

希望 中日永远友好！
科幻小说大发展！

全国中学生
科普科幻作文大赛

中国
科幻迷／日本作家

立原 透耶

2016年9月11日

Best wishes to
you! I look
forward to seeing
great works!

♡ Cryptl HH

10/9/2016

Best wishes
from Cat Rambo

9/10/2016

祝全国中学生科普科幻大赛成功举办，让科幻成为激发想象力和创新能力的平台

刘慈欣
2015.10.16

Imagination is the most human quality

2017.11.18

科幻激发科学

2017.9.17

幻想永远领先科学

科幻永远的童年梦想

全国中学生科普科幻创作大赛

在少年心田中播下对科学的爱，终有一天会长成参天大树！

2015.9.10

全国中学生科普科幻作文大赛

未来的科幻大师也这里产生！

姚海军
2015.9.10

幻想，从现实起飞

刘慈欣

祝：
全国中学生科普科幻作文大赛

越办越好！

2016.9.11

自由想象，开创未来。

预祝全国中学生科普科幻作文大赛圆满成功！

江波
2016.9.11

祝全国中学生科普科幻大赛.

　　绽放光芒. 可以燎原！

　　　　　　　　　　　陈佳洱
　　　　　　　　　　　2016. 9. 11

展开想象的翅膀
飞进科学的殿堂

　　　　　李元威
　　　　2015. 9. 19

　　祝全国中学生科普、科幻作文大赛

人才辈出. 桃李满天下！

　　　　　　　　　　　刘嘉麒
　　　　　　　　　　　2017. 11. 17

一切美好的科幻,

都与孤独无异 ♡

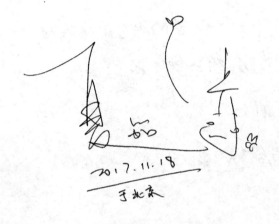

2017.11.18

于北京

热爱科学

何往未来

祝全国中学生科普科幻作文大赛

成功举行!

吴岩

2015.9.10.

展开想象的翅膀!

三丰

2017.11.17

全国中学生科普科幻大赛
科学与幻想的天空永远有爱
为未来新的科普科幻天才
新的一代
超越未来

刘慈欣
2015. 9. 10

全国中学生
科普科幻作文大赛

像苹果一样地思考吧！

吴岩
2016. 9. 11.

想象力的表达，
希望的延续。

2016. 9. 11.

让大赛越办
越长。
培养中学生对科学
的热爱！

2016.9.11

让青少年朋友更加
热爱科学，提高创
造力，为中华民族
的伟大复兴贡献
力量！

李良梓
2017.11.17

敢于幻想
善于探索

金涛
2017.11.17

全国中学生科普科幻作文大赛

希望这次大赛能够激发广大中学生对于科学的兴趣，带动中学生对于科普、科幻文章的创作的热情。

祝愿各位参赛学生在大赛中既提高自己的知识水平，同时向更多人传播科学知识与科普、科幻文化。

清华大学科幻协会

2015年9月10日

中学正是充满想象力的年龄

放飞想象，让它在你我心中传递

让这想象洒遍大江南北

让民族的想象力登上新的台阶

想象是我们看得最远的眼睛

祝全国中学生科普科幻大赛越办越好！

北京科技大学
科幻爱好者协会

2015年9月10日

祝 全国中学生科普科幻大赛 的
所有参赛与获奖者，支持与期待者

永 持赤子之心，
不灭 探索之志
尽逐 人生之美
长怀 无疆之思，
笃信科学与思辨，驰骋幻想与新思

北大科幻协会

缪雪 铭

第五届全国中学生科普科幻作文大赛
决赛作文题目

说明：本试题考试时间为 120 分钟，满分为 100 分。

一、写作材料

移动电话，又称为无线电话，俗称为手机，后来又发展出智能手机。手机原本只是一种通信工具，但今天已经发展成为一种多功能的移动终端，甚至成为人类的一种生活方式，成为人类社会中不可或缺的科技工具，并且深深地影响甚至改变着我们生活的方方面面。下面是关于手机的一些资料。

一

1831 年，英国的法拉第发现了电磁感应现象，麦克斯韦进一步用数学公式阐述了法拉第等人的研究成果，并把电磁感应理论推广到了空间。

1844 年 5 月 24 日，莫尔斯的电报机从华盛顿向巴尔的摩发出人类历史上第一份电报"上帝创造了何等奇迹！"。

1875 年 6 月 2 日，贝尔成功完成了人类通过电话传送的第一句话。

1888 年前后，赫兹在实验中证实了电磁波的存在。电磁波的发现，成为"有线电通信"向"无线电通信"的转折点，也成为整个移动通信技术的发源点。

1902 年，一位叫作内森·斯塔布菲尔德的美国人在肯塔基州默里的乡下住宅内制成了第一个无线电话装置，这部可无线移动通信的电话就是人类对"手机"技术最早的探索研究。

1938 年，美国贝尔实验室为美国军方制成了世界上第一部战地移动电话机。

1946 年，从圣路易斯一辆行进的汽车里，打出了世界上第一个用移动电话拨打的电话。

1957 年，苏联杰出的工程师列昂尼德·库普里扬诺维奇发明了ЛК-1 型移动电话。

1958 年，苏联开始研制世界上第一套全自动移动电话通信系统"阿尔泰"（Алтай）。

1973 年 4 月 3 日，美国的摩托罗拉公司工程技术员马丁·库帕发明了世界上第一部推向民用的手机，马丁·库帕被称为现代"手机之父"。这一天也被后人认定为手机的生日。

1975 年，美国联邦通信委员会（FCC）确定了陆地移动电话通信和大容量蜂窝移动电话的频谱，这为移动电话投入商用做好了准备。

1979 年，日本开放了世界上第一个蜂窝移动电话网。

1983 年 6 月 13 日，摩托罗拉终于推出了世界上第一台便携式手机——Dyna TAC 8000X，此时的手机重 794 克，长 33 厘米，标价为 3995 美元，最长通话时间是 60 分钟，可以存储 30 个电话号码。此后，手机的"瘦身"越来越迅速。1991 年，手机重量为 250 克左右。1996 年秋出现了体积为 100 立方厘米，重量为 100 克的手机。到 1999 年手机重量就轻到了 60 克以下。

1993 年，IBM 公司推出的 Simon 成为世界上第一款智能手机，它也是世界上第一款使用触摸屏的智能手机，它为以后的智能手机处理器奠定了基础，有着里程碑的意义。

2007 年，第一代 iPhone 发布，自此，苹果公司的智能手机发展开启了智能手机的新时代，iPhone 成为引领业界的标杆产品。

2017 年年底，据美国媒体机构 Zenith 发布的研究报告称，"到 2018 年，中国智能手机用户数量将位居全球第一，达到 13 亿部，几乎人手一部手机。"

2018 年 6 月，国际电信标准组织 3GPP 5G 独立组网（Standalone）标准已经冻结，全球 5G 标准的发展进入新阶段。5G NR 无线协议的冻结是无线产业在探索 5G 愿景实现路上的重要里程碑。

5G也就是第五代移动通信技术，具有传输速率高、网络容量大、延时短等特性。5G将以用户为中心构建全方位的信息生态系统，使用5G将有光纤般的接入速率，千亿设备的连接能力，网络能效提升超过百倍，最终实现"信息随心至，万物触手及"。

5G时代，手机的传输速度将达1Gbps，只需1分钟，就可下载30部电影，将是现在4G手机速度的1000倍，更多设施会被移动网络连接起来，比如智能家居、路灯、水表、垃圾桶，实现真正的"万物互联"。

二

手机分为智能手机（Smart phone）和非智能手机（Feature phone）。智能手机是指像个人电脑一样，具有独立的操作系统，大多数是大屏机，而且是触摸电容屏，也有部分是电阻屏，功能强大实用性高；可以由用户自行安装包括游戏等第三方服务商提供的程序，通过此类程序来不断对手机的功能进行扩充，并可以通过移动通信网络来实现无线网络接入的这样一类手机。说通俗一点就是，掌上电脑＋手机＝智能手机。

从广义上说，智能手机除了具备手机的通话功能，还具备了PDA的大部分功能，特别是个人信息管理以及基于无线数据通信的浏览器和电子邮件功能。智能手机为用户提供了足够的屏幕尺寸和带宽，既方便随身携带，又为软件运行和内容服务提供了广阔的舞台。

很多增值业务可以就此展开，如：股票、新闻、天气、交通、商品、应用程序下载、音乐图片下载等。

三

手机的出现也为我们人类带来了一系列的心理疾病：

手机会让人陷入一种持续的"多任务"状态，长此以往甚至会让人们出现类似"注意力障碍"的心理问题。在这种情况下，人的注意力受到了严重的影响，思维不断被打断，这大大削减了思考的能力，让思维变得更难以深入。

长时间使用手机还会得一种新的心理疾病：手机依赖症。手机依赖症是一种心理疾病，一般指一些人由于在日常生活中频繁使用手机，无意识中手机成为其生活中不可或缺的一部分，当手机在丢失、缺电、欠费、断网或来电数量突然减少的情况下，出现的一种失落、自我挫败感、焦虑、身心不宁的不健康的心理状态，也是一种人被手机奴役的心理状态。这是一种暂时性的行为障碍，因为平常的工作依靠手机，当离开手机后，大脑中枢一时间不能适应而产生的功能障碍。调查发现，66%的手机用户具有手机依赖症，其中18～24岁人群最为严重，77%的人离开手机几分钟就难受，主要以女性为主。

美国马里兰大学最近的一项有关手机的调查显示，越来越多的人开始依赖手机。手机已不是生活的一个帮手，更让他们沉迷其中。失去手机对于这些人来说就好像失去了身体的一部分。

在这项名为"无设备世界（World unplugged）"的研究项目中，马里兰大学的研究者对世界上10个国家的1000名学生进行了24小时"无媒体"体验，让他们在一天之内不使用包括手机在内的任何多媒体设备。经历了这个项目的大部分学生都表示，失去了手机让他们"坐卧难安"。很多人甚至都没能完成整个项目。撇开他们的国籍、文化、生活环境背景等因素，所有的学生都在失去常用媒体后表示出"烦躁、困惑、焦躁、易怒、不安、紧张、焦急、痴迷、沉溺、惊慌、猜忌、生气、孤独、依赖、消沉、神经质、偏执"等情绪。

2006年西班牙萨拉曼卡大学的一项研究也有类似的发现：重度的手机上瘾患者的症状和通过精神病学诊断手册定义的某些精神疾病具有相当程度的相关性。在重度手机上瘾用户中，有相当一部分人出现了一些躯体化症状，身体出现莫名的痛苦。很多人的社会能力减弱，正常的社交也变得困难。很多人出现了抑郁和焦虑等症状。

另外，很多人还会出现手机幻听症，即担心手机响，过一段时间看一次手机，即使手机无来电，却能听到手机铃声或震动，无论手机放到哪里，人都能听到手机的铃声。当手机来电时人会心跳加速，异常紧张，换了新手机，还能听到旧手机的铃声。

四

最近根据多国科学家的研究发现，长期使用手机也会对身体产生不可逆的危害。具体会有以下影响：①手机辐射引起失眠、头痛和情绪沮丧；②频繁接听手机会对眼球晶状体产生损伤，导致白内障；③每天通话一小时将有可能造成听力永久性损伤；④手机辐射可导致阿尔茨海默病；⑤在胸前挂手机不但对心脏有一定影响，也会影响女性的内分泌功能；⑥手机辐射将降低男性生殖能力；⑦手机辐射会让患脑癌危险增加一倍。

长时间盯着手机屏幕可以导致近视，自 1997 年智能手机上市以来，近视率上升了 35%，其中以青少年和 20～40 岁的人群最多。当人们不停地盯着屏幕时，眨眼次数会减少 1/3，导致泪液蒸发过多，眼球缺乏泪液滋润而引起干眼症。

长期低头玩手机会导致颈椎压迫和头颈部、肩部疼痛，导致颈椎病、腰椎病。还有，当人们用拇指不停地发短信或微信时，手指、手腕和前臂易出现酸痛和痉挛。而长时间过度使用触屏手机，会出现手部关节、肌腱损伤性症状群，包括手指、手腕关节疼痛无力，动作不灵活等，形成所谓的"触屏手"。调查发现，有 43% 的智能手机用户出现这一症状。

五

英国特需理疗师协会发布报告称，智能手机在不知不觉中延长了使用者的工作时间，"无意识加班"时间平均达到 2 小时 18 分钟。该协会警告，智能手机等设备正将使用者变成"屏幕奴隶"。

二、作文题目

1. 请你介绍一个你了解的与手机发展有关的科学技术原理、科学实验、科学研究或科学故事。

2. 小作文：请你展开合理的想象，从一个具体的点讲述 100 年后手机的功能与形态，即 100 年后智能手机会演变成什么样子。

大作文：手机的发展必然会影响甚至改变人与人之间的关系、人类社会的结构，试想一下：100年后，因为手机的影响，人类自身或人类社会会出现怎样的情况？

三、写作要求

1.请从上面的两个题目中选择一个自己喜欢的题目，并自拟命题进行写作。

2.科普类作文要基于科学基础、科学史实展开，要求视角独特、创新，思维清晰，表达清楚流畅、逻辑合理，文笔优美。

3.科幻类作文要求想象丰富，具有合理的科学基础和科学推理，表达清楚流畅、逻辑合理，文笔优美。但不要写成玄幻、魔幻或奇幻内容。

4.字数：1200字以内。

5.写作时间：120分钟。

（本书收录获奖作文均为大作文）

前　言

一

全国中学生科普科幻作文大赛已成功举办了五届，在全国的科普科幻界、大学以及中学中赢得了广泛的认同与赞誉。

大赛在助推科普工作以及在最基础的中学生人群中开展的同时，也帮助众多参赛学生实现了自己的名校之梦。

许多专家评论说："全国中学生科普科幻作文大赛是一个非常特别的作文大赛。"

为什么这么说呢？

一是大赛的定位特别：这个大赛是国内第一个定位于科普与科幻的作文大赛，是一个针对国内传统教育中观察力与想象力不足的大赛。在科幻热的今天，大赛对推动中学生这一群体参与、关注科普科幻的创作，培养未来的创作者具有重要意义。

二是参赛对象特别：全国中学生科普科幻大赛突破了以往的作文大赛以文科生为主的缺陷，同时也为理科同学提供了展现创造力、想象力与写作能力的机会，实现了文学与科学的融合。

三是评价标准特别：传统的作文比赛，往往重视参赛者的文学性表达，但是全国中学生科普科幻作文大赛首先重视参赛者的想象力、观察力，然后才是表达。如果同学们可以将你想象、观察的事情表达得清楚明白，也有机会获奖。

四是重要性特别："创新是一个民族进步的灵魂"，在今天这个"综合国力竞争说到底是创新的竞争""抓创新就是抓发展，谋创新就是谋未来。不创新就要落后，创新慢了也要落后""科技创新、科学普及是实现创新发展的两翼，要把科学普及放在与科技创新同等重要的位置"的时代，创新的重要性从来没有这么重要过。而创新的前提就是想象力，特别是对未来的想象力（这正是全国中学生科普科幻作文大赛的定位）。所以，本作文大赛是助力国家创新战略的一朵小小浪花，同学们参与这个大赛也是训练与提高自己创新能力基础的一个小小的机会与实践。

五是专家阵容特别：全国中学生科普科幻作文大赛汇聚了国内科普、科幻领域的最著名的一批作家、学者作为评委，比如，刘嘉麒院士、周忠和院士、《三体》的作者刘慈欣、著名科幻作家王晋康、世界华人科幻协会会长陈楸帆等人。

六是权威性特别：全国中学生科普科幻作文大赛是由中国科普作家协会、世界华人科幻协会、《科普时报》、《知识就是力量》共同举办的作文比赛。中国科普作家协会与世界华人科幻协会是国内科普、科幻领域的专业机构，汇聚了国内顶级的科普、科幻作家；《科普时报》与《知识就是力量》是业内公认具有影响力的报刊。

七是影响力特别：全国中学生科普科幻作文大赛第一届比赛的获奖选手获得了国家领导人的接见与鼓励，这是任何别的作文大赛没有过的殊荣；多名选手荣获中国科幻最高奖"全球华语科幻星云奖"最佳青少年作品奖；国家级科普期刊《知识就是力量》为获奖选手开设专栏，这也可以从另外一个方面反映出本作文大赛的影响力、重要性与权威性。

二

正因为全国中学生科普科幻作文大赛的特别，所以同学们手中的这本作品集也是特别的。

第一，本书是当代中学生想象力、观察力的记录。

本书收录的是第五届全国中学生科普科幻作文大赛总决赛获奖的优秀作品，集中体现了当代中学生的想象力、观察力。

第二，本书还是我们留给未来人类的一份珍贵的史料档案。

书中的大部分文章记录的是我们今天的中学生对未来的预测和对今天的理解，具有特殊的档案与史料价值。

三

在第五届全国中学生科普科幻作文大赛作文主题之下，很多优秀的小作者脱颖而出，他们想象力之丰富另众位评委赞叹不已。

更难得的是在对未来的想象作品中又充满了自己对当下人性与人生的思考。小作者们在作品中表现出来的让人惊叹的科幻想象与深厚的人文情怀，无疑令本书更具有可读性及可收藏性。

我们有理由相信：在不久的将来，某一篇获奖作品所描述到的画面就会出现在现实生活中，到那时，后人们对本书恐怕会有不一样的感慨！

四

也正是因为全国中学生科普科幻作文大赛以上的特别之处，有很多大学在招生的时候，特别是自主招生时，开始重视本大赛的奖项，开始重视本大赛获奖的同学，2018 年有至少 78 所自主招生的大学承认本大赛的奖项。

虽然本大赛才举办了五届，但是已经有众多的同学通过本大赛的奖项升入了自己理想的名校。

希望有更多的同学通过本大赛的获奖与历练，可以让——

心仪的名校，在未来等你；

渴望的成功，在未来等你；

期待的幸福，在未来等你；

让一切美好，等你，在未来。

序：从科幻走向未来

> "也许我们应该相信：所有过去的，只是序幕的开端；其时其事，只是黎明前的微光。而人类心智的所有成就，不过是即将惊醒的梦境。"
>
> ——威尔斯

当下，中国科普科幻事业正迎来黄金时期，全国中学生科普科幻作文大赛也生逢其时地茁壮成长着！黄金时期离不开"新鲜血液"的注入。繁荣科普科幻事业，积极推动发展我国科幻创作事业正逐步成为全社会的共识。为了响应国家对科普科幻创作和发展的号召，贯彻落实中央领导的指示精神，多方面、多角度地推进科普科幻事业的发展，由中国科普作家协会主办，世界华人科幻协会联合清大紫育（北京）教育科技股份有限公司共同举办的全国中学生科普科幻作文大赛是科技和教育、科技和文学的一个奇妙交叉点，通过这个交叉点，开启青少年的视野和想象力，向青少年传播科学精神与科学知识，挖掘和培养科普科幻创作人才，繁荣中国的科普科幻事业。

大赛共设置了科普和科幻两个类别，以激发广大青少年对科学的探索兴趣和想象力。大赛吸引了全国各地热爱科普科幻文学创作的同学积极参与，为了培养科普科幻创作人才并不断壮大我国科普科幻创作人才库，每届夏令营决赛前会特邀国内知名科普科幻名家举办讲座进行指导。通过聆听名家讲座激发了青少年对科学的兴趣，引导他们立志走进我国的科普科幻事业中去，这项有意义的活动不仅肩负着社会的责任，而且也是新时代的需要，把握了未来的发展脉搏！

来自安徽省合肥市一六八中学的"脑洞少女"周雨欣感慨地说："从初赛

以机器人为视角写一个获取意识的故事，到复赛外星人发送的生命迹象其实是一个阴谋，直至跌跌撞撞地闯进决赛，我与在座的大家在大赛过程中一起成长。"她提到科幻，不仅仅是脑洞，更重要的是思考，是对社会的思考。

　　我相信每一位看到这里的科普科幻工作者都会被孩子的这些话所深深打动！因为启迪激发青少年担负未来大任的理想早已是每一位有情怀的科普科幻工作者的使命担当！

　　来自吉林省汪清四中的闫朝臣同学谈道："在参加夏令营前，我对科幻作文的写作理解局限于'好的构思，基于坚实的科学依据再加妙笔生花就是一篇脍炙人口的美文'。在这几天聆听各位名家的讲座之后，受益匪浅，让我知道科幻作文的写作不能只浅浅地停留在大开脑洞上，文章中更要有明确的立意，要有主题思想，要体现强大的人文情怀。"这些话说得特别准确。当无数的孩子奔跑在追求科幻文学创作的大道上时，如果没有前人留下的宝贵经验，后人的科幻创作之路又怎能被照亮呢？

　　大赛是播种科学的事业，将青少年作为服务的第一对象，让他们看到人类进步的最前沿，树立追求科学、不断进步的志向。一粒粒科普的种子在这里发芽，燎原之势的星星之火将不再遥远。他们的文字透露出炽热与灵秀，将科学与文学相结合展现出一幅生机盎然的画面！那时，一群追寻科普科幻梦想的中学生从自己不经意的举动与选择间开启，历经层层累加，终硕果累累。"多米诺效应"终究会对他们的当下及未来产生重大影响！

2019 年 2 月

目 录

癖

毕一平 / 高一年级　王庆平 / 指导老师　山东省威海市文登新一中

"亲爱的，我回来啦！" 8 个月前，兰希作为 Consita 公司的骨干，被调往总部参与研发新一代智能手机——Outstanding X。作为研发人员必须有保密意识，以防其他公司照搬，所以兰希只告诉了朋友天魁说她要出差。新品投放市场之前，全国只有 100 个人得到试用权，半年后，效果不错，公司决定大规模上市。这不，兰希刚飞回机场，就兴冲冲地给天魁打电话。

"你怎么不提前告诉我你回来呀？得，我这就去接你。"

"不用啦，等你开车飞过来，天都黑了，我自己打车吧。"

"行，那我在家等你，我先给你做饭。"

"哟，我不在的这 8 个月里，还学会做饭啦！不错呀，小子！"

兰希很快回到家，门口的小 Q 对她进行全身扫描确定身份后说："欢迎主人回家。"门自动打开。一进门，就闻到饭菜的香气，兰希一阵激动。

"还不是亏了它。"天魁摇摇手中的 Outstanding X，"这可是我抢到的全国限量款，我将你的个人口味录入进去，它可以自动生成菜谱，手把手教你做饭呢！"

兰希看天魁一个劲儿地炫耀自己的研发成果，嘴上虽然不说，心里却乐开了花。

然而，事情并不像想象的那么美好，兰希渐渐发现，天魁离自己越来越远。由于 Outstanding X 在研发时还设置了感情，所以手机也可以很好地体会人的思想变化，Outstanding X 正慢慢替代人的功能，正慢慢取代兰希在天魁心中的位置。一场蓄谋已久的暴风雨似乎已经来临……

"天魁，天魁。"

"干吗呀？"

"你能不能别看手机了？陪陪我吧。"

"哎呀呀，多大的人了，还要我陪，一边去，别烦我看手机。"

"你既然这么喜欢手机，那你和手机过日子去吧。"

"行啊，它可什么都会，还不像你这么烦人，要你干吗？"

"行，这可是你说的，你千万别后悔！"兰希跑出家门。

兰希到了研究所："所长，这款手机可千万不能继续卖了。"

"怎么了，有什么问题吗？"所长一脸不解。

"就是因为没问题，所以才出了大问题，它太完美了，完美得像一个人，完美得连人的感情都有了。我朋友每天手机不离手，对着手机倾诉烦恼，拿着手机消遣时间。手机虽然方便了机主，为主人提供了最优质的服务，但却让人与手机之间形成了一种癖。这种癖将人与人之间的最后一点感情扯裂，这种癖正将每个人与他人与社会完全孤立起来，成为一个个独立的个体，怎能建构我们和谐的世界呢？"

听完兰希的话，所长陷入沉思："好，我再想想。"

走出研究所，兰希收到一条短信，来自天魁："亲爱的，我想了很久，决定把 Outstanding X 退回销售处。我怀念那些我们夕阳下走过的石板桥，怀念清晨吃过的小包子，怀念阳光下晒过的被子，怀念我们一起走过的路。兰希，回来吧，好吗？"

兰希含着泪仰起头，看着瓦蓝的天空，笑了。

指导老师：王庆平，1998 年参加工作，从教以来因材施教，注重发展学生特长。先后组织指导学生参加信息学奥林匹克竞赛、机器人大赛等多项赛事，先后获得威海市、山东省、国家级优秀指导教师荣誉称号 20 余次，被授予文登区科技创新先进个人、教学先进个人、师德标兵，威海市优秀共青团干部等荣誉称号。

开普勒 OL

曹佳洁 / 高二年级　唐晓泉 / 指导老师　安徽省阜阳第一中学

我叫 Ting，生活在 2118 年。2118 年，一个虚拟胜过现实的年代。

2118 年，手机变成了 VR 和体感机的结合，不再是块儿状，而是一身应用了 VR 技术的衣服。2118 年现实世界令人失望，环境污染严重，人们的道德缺失，法律束缚力变弱，人际关系恶化……人们只好寄希望于虚拟，开普勒 OL（on line）成了人们的"花果山水帘洞"。

2110 年赫拉迪开发了开普勒 OL，不到一年全球 80% 的人都注册了账号，剩下的 15% 是坚持使用手机和电脑的人，他们大多出生于 2000—2015 年之间。其余的 5% 就是新生儿和一些无法控制自身思想的人。开普勒 OL 被誉为"22 世纪最伟大的手机 APP""22 世纪最重要的发明"。

在开普勒 OL 中，你可以做一切你想做的事。下面给大家看一篇我的开普勒日记。

开普勒历 5 年 1 月 12 日，位置：死亡星球，天气：小雨

今天我和队友 Jony 一起来到了死亡星球，这是开普勒 OL 最危险的地方，一不小心积分就会被全部清光。

我们有备而来，哼着小曲进入战斗状态。残阳如血，染红了这片尸横遍野的战场。积分越来越高，我的脸上露出了自信的笑。"嘭！"我一下子就被打掉了半行血。我们遭到埋伏。"快跑！"我大声喊着，"找个地方躲起来。"我们进到一间屋子里，回忆着刚才的惊险。"咱们怎么办啊？"队友问。我想出个主意，说："我们应该搞好配合，我的装备最好，可以引诱敌人，你们埋伏好就上，肯定能行。"我冲了出去胡乱开枪。"嘭！"我应声倒地，等待着队友的支援。很长时间过去了，敌人还没有来，难道我就这样白死了？我发消息：要不你们就走吧。他们说再等等。脚步声悄悄靠近。我心想：真够贼的。"上！"队友的大喊惊到了我，估计也惊到了敌人，敌人瞬间团灭，我们

大获全胜。我们最终获得了大量积分，想做什么就做什么。要不是队友的帮助和信任，估计早就失败了。要是没有 Jony，我早就失去希望了。

有一天，爸爸告诉我，爷爷去世了，我难过了很多天。很多天也没有登录开普勒 OL，也不知道我最好的队友 Jony 在没有我的日子里怎么样。曾经我们一起享受阳光，驰骋战场，激情绿茵，尽管他走得很慢，但我却很佩服他。

我登上开普勒 OL 后，点开他的头像，发现他的账号这几天也没有登录。我心想：我们两个还挺有缘的。几天后，他还是没有登录，过了一个月，他还是没有登录，过了……

一段时间后，我们去看奶奶。在奶奶家我打开开普勒 OL，竟然发现用户名是 Jony。我瞬间泪奔。爷爷从小就疼我，喜欢我。上了高中我有些疏远爷爷了，因为他用以前的手机，我们没什么共同语言，可是没想到爷爷在开普勒 OL 上玩得这么好。亲情被虚拟现实淹没后，显得弥足珍贵，现实应高于虚拟！

Jony，我想你！爷爷，我想你！但斯人已逝，故人难追。

指导老师：唐晓泉，安徽省阜阳第一中学高级教师，曾获得安徽省语文优质课大赛二等奖、阜阳市语文优质课大赛一等奖，被评为阜阳市优秀班主任、阜阳市骨干老师。

机 缘

曹馨月 / 高三年级　郑忠东 / 指导老师　北京交通大学附属中学

"白菜 100X 手机上市"的消息迅速传遍全球，人们争相购买。我是第一批被生产出的手机，像我的其他兄弟姐妹一样被送到了新主人家。

我的主人是一位 17 岁的男孩，一进家门我便看见他家中散乱摆放着我的各代前辈。随着手机的升级换代，他们的重量与体积逐渐减小，功能却逐渐强大。弹出宽大的虚拟屏幕让主人进行办公和游戏，远程充电或遥控家居，实时 VR 影像的传送与体验都不是难事。我这一代，最新的功能便是可以进行模仿和学习。

我的主人对我的到来并未表现出任何惊喜，他熟练地使我弹出屏幕，便玩起了游戏。我一边忙着观察他的操作习惯和记录下他惯用的语言，一边和我的前辈们进行信息传递与交流。有几位陪他经历了他的童年，我由此接收了他童年时期的照片与回忆。诸如此类，我逐渐搜集到他这 17 年来的经历信息，对他有了基本的了解。在今后的日子里，我便要和这个冷淡的、反复无常的男孩相处了。

我渐渐了解了他的喜好，他的习惯，他表情背后的含义，他表情的每次变化都能引导我在信息库中搜寻到他最需要的措辞，最合他意的图片与用语。我和他形影不离，我陪他学习，帮他与别人聊天，模仿他的声音发送语音，自动合成他的影像，应付他的社交。他感谢我帮他省下的时间，感谢我的存在使他在别人眼中还是一个活泼爱闹的篮球少年，沐浴在阳光下，无忧无虑。而事实上他消瘦沉郁，迷茫烦躁。他说他好厌倦这虚拟的世界，大家用手机相识，用手机聊天社交，却从未触碰过对方真实的状态。他说人人都戴假面具，受不了一个人真实的样子。我帮他掩藏起这些情绪，我想让他快乐。

他偶尔出门，打扮得不像他，捂得严严实实，遇到认识的人千方百计绕道。他碰见一个女孩，我感觉到他认为她很漂亮，便定位到那个女孩的手机，发送消息："机缘巧合，没想到在这儿碰见你。"我接收到女孩的回复，她莞尔一笑说"很高兴认识你。"我马上合成出我主人英俊潇洒的笑容发回去："以后多来往。"自然，这都是我和那个女孩手机的交流，我们的主人各自目光无神、表情冷漠，只有感觉，却再没有了表达的愿望和能力。

我终于明白我的主人外表的冷漠。他并非故意，只是手机代替了他。永远巧妙且圆滑动听的语言帮助主人缔结的所谓"机缘巧合"终究只是"机缘"——手机间的缘分而已。我体会到主人的痛苦，曾经他的语言，哪怕拙劣，哪怕愚蠢幼稚，却也是真心话，如今再也没有。

他18岁时，已换了几十部手机，我早已被埋没在角落里。辞世那天，他流了眼泪，却再没法说出一个字，传达出一个眼神。他和他17岁认识的女孩结婚了，却从未说过一句"我爱你"，我代替他完成了所有浪漫。我读懂了他的眼神："若不是如今这机缘，该是由真正的我来爱你。"他妻子的手机泣不成声。

此间良缘，出自机缘，此间遗憾，皆因此生。一百年前可以说我爱你，一百年后却丧失了表达爱的能力。

白菜公司打出"人间无情手机有情"的广告，我叹息，人类还没有醒悟吗？

指导老师：郑忠东，中学高级教师，北京市语文学科带头人，著名示范校语文教研组组长，北京市十佳教师。任职以来，热心教育教学工作，在业内享有较高声誉。承担多次各级公开课、示范课，为本校及本地区带出了一批青年骨干教师。

神的隐语

柴　珧 / 高二年级　　陈叶珍 / 指导老师　　浙江省杭州市余杭高级中学

　　早上 7 点整，林山月准时醒来，她知道是血液里的细胞手机唤醒了她。随即，头脑里闪过一句话——"主人，早上好，今天身体各功能良好，机体状态也良好，没有什么异常，只是血糖含量偏低，不过早餐已为您准备好。"不但可以检测身体状况，还可以与其他设备连通，这就是现在人人必备的细胞手机。林山月起床，揉揉头发，又听见——"主人，根据您平时使用洗衣粉的频率与量，我发现您的洗衣粉将于 3 日内用尽，请尽快补给。另，您的母亲给您发来消息，让您与她全息视频。"林山月点了点头，她知道，手机在准备一切了。这是最好的时代。

　　林山月自小就与父母分离，她是育儿器的孩子，父母提供了精子、卵子，而育儿器则见证了她从受精卵长成小婴儿的过程，所有的孩子都一样。为了接受最优等的教育，他们的肉体被囚禁在这座城市里，父母偶尔会来探望他们，不过这没什么大不了的，全息影像让他们看见父母，看见世界，细胞手机带给他们丰富的知识和便捷的生活。

　　《圣经》里说，我所见的日光下的一切，都是虚空，都是捕风。这在某种情况下的的确确是真的，手机似乎填满了生命里每一道缝隙，它无时无刻不在监视着你、窥探着你。可它又阻碍了人们的拥抱，那些灼烫的、热情的、有血有肉的拥抱。

　　林山月看着母亲的身形渐渐清晰，她不知该做什么，她已经不会像小时候一样去索求拥抱，况且，全息影像给不了她拥抱。"我今天来看你，我去你的宿舍找你吧。"母亲抱臂倚墙，笑得和蔼而遥远。林山月正欲说什么，可是全息影像却突然破碎消失了，随即她感到大量的语言、声音、图片涌入脑袋，像滔滔洪流。在这些支离的信息中，她看见了许多重要的文件，许多隐秘的照片，许多不堪入耳的话语与各类的视频。每一份文件、照片、视频的主人公都不同，而此时此刻他们的秘密在她面前一览无遗。现在，他们都成了没有秘密的人。

"主人，全球互联网系统受到重大攻击，濒临崩溃状态，我十分抱歉地告诉您，您的私人信息正快速泄露，并且这个漏洞目前我们无法弥补！我们正在强制关机，但恐怕……"

耳边嗡嗡作响，林山月知道，人类太依赖手机了。这是最好的时代，这也是最坏的时代，信息化时代似乎把人类推向了深渊，她感到害怕，她知道信息泄露会造成多么巨大的损失，可她根本没法停下，她的脑海里不断闪过各色信息。

突然，她捕获了一条信息，上面写着——今天是女儿18岁生日，我想去看看她，抱抱她，信息的署名是母亲。

真正的流放是从所爱的人身边缺席，这个世界此刻容不下那么多秘密，却容得下一对平凡的母女。这个时代也许什么都可以是假的，但温暖的拥抱却无可替代。

只要我能拥抱世界，那么即使拥抱得笨拙又有什么关系。她喜欢的作家加缪曾经说过这句话。她知道母亲现在一定很害怕，她亦如此，不过她会像徽墨般的夜中的月光一样，去照亮她的世界，照亮母亲的世界。

林山月向门口跑去，她想，这也许是神的隐喻。

指导老师：陈叶珍，毕业于浙江师范大学汉语言文学教育专业，中学高级教师，现就职于浙江省杭州市余杭高级中学，曾获区优秀班主任、区骨干教师、学科带头人等称号。

未来的我们

常　奥 / 高二年级　　边冬燕 / 指导老师　　北京市第三十五中学

"欢迎各位专家学者参加我们这次交流大会。下面让我们用热烈的掌声欢迎地球首位'未来使者'！"掌声如雷，伴随着阵阵呼声，我们迎来了地球首位从未来"穿越"回来的人。

一个月前，某大学的教授提出了轰动一时的"时光机理论"，即若是时光机真的在未来被发明了出来，那么未来的人们将会乘坐时光机回到现在。可遗憾的是，这样的时光旅客从未出现。

而就在该理论提出一个月后的今天，他终于出现了！这位来自未来的人看上去有些臃肿，他五官端正，白白净净，一看就很少出门。他与我们并无差别，只是望向大家的目光稍显呆滞、无神。"大……大家有什么问题就提吧，我会尽量回答的……"他嗓音微微颤抖，看得出来他很紧张。"放轻松许先生，不要太紧张。"主持人调侃了他几句，他不好意思地回答："因为从没在这么多人面前说过话。"主持人笑了笑，又再次面向大家："那么接下来的时间就交给大家来提问！"底下的学者早就按捺不住，跃跃欲试了。

第一位学者激动地站起来问他："我有好多想知道的问题！但只能提一个，那就请问您，时光机到底是怎么发明出来的？"这位学者的脸上满是期待。"不……不好意思，我不是搞这个的，我不知道。就……我只是过来，我都不知道怎么来的。哎呀……我到底在说什么……"大家看他自言自语的样子，不免有些失望。

主持人赶紧救场："好的，有请下一位。"另一位女学者斟酌了一下，问："您是学什么的？""人……人类脑科学研究……"于是那位女学者又问："那您说一下未来的人们与现在的人们有什么区别吧，谢……"她的话还没说完就被许先生打断了，仿佛是由于聊到了他的专业，他眼中少有地呈现出光彩。他十分激动，以至于没等别人发问完就开始说话："这……这个问题我可以说。"那位女学者有些不满地坐下了。"其实看上去是没有差别的。但在未来，人们可以为自己的宝宝预留更好的基因，这样，每个孩子都拥有端正的五官。人类对于美的追求，再过多少年都是一样的，所以我们还在继续改进这个技术。"他一改之前的羞涩腼腆，自信地说着。

接着他又有些不好意思："但大家其实也看到了，我的体型还是有些胖的。这是未来的一种普遍现象，由于大量的简易操作都被机器人包揽，所以人们越发地懒，活动量也一直减少。在未来，肥胖被视为一种疾病，而由于肥胖所引起的其他病症也不断增加。"

"既然这样，烦心事都有人做了，人们就可以专心投入科研了吧？毕竟科技没法自己研究自己呀。"又有人发问。"不，不是这样的。正是由于科技太发达、太便捷，所以知识体系碎片化十分严重。人们不愿意花时间去学去记，而是过度依赖网络。人们认为查阅一个东西非常便捷，所以没必要去记。这就导致更多的人才流失。而从我研究脑科学来看，人们不光在丧失语言交流功能，同时，人类的大脑也在提前衰弱。这是一个很可怕的趋势。所以，更不要提研究了。"

"那说了这么多，您带来和未来相关的东西了吗？能给我们看看吗？"

"噢，我这里刚好有一张合照，给大家看一下。"我望着大屏幕上的一张张脸，每个人都没有笑容，白净的脸庞看上去很是恐怖……我猛地一哆嗦，忽然惊醒，发现我正在上课，还好只是一场梦。同桌的手机屏幕上硕大的数字显示：2118 年。

指导老师：边冬燕，毕业于北京师范大学现当代文学专业，文学博士，中学高级教师。有多篇学术论文、教育教学论文发表，散见于《汕头大学学报（人文社会科学版）》《青春》《中华活页文选》《在感悟中提升》等期刊、教育教学论文集中，多次指导学生参加各级作文比赛，获得优秀指导教师称号。多次获优秀教师称号和北京市区级、市级公开课优胜奖。

光明时代

陈 淼 / 高二年级　陈晓艳 / 指导老师　山东省临沂市莒南第一中学

一

薇尔莉特疾速向约定之地跑着，因为她没有使用终端机，所以只能采取走路的方式。行人皆匆匆而漠不关心地盯着终端机五光十色的影像，即使有薇尔莉特这样不使用终端机的"怪人"经过。

"我来了！呼呼——"薇尔莉特停下脚步朝着围在一起热火朝天地交流的人喊道。"多么令人痛心！终端机奴役着人类的生活！每个人自私又冷漠，个个都偏执、麻木、缺乏创造力！"罗宾痛心疾首的话音暂落。"给你介绍一下，我们是反对过度使用终端协会的成员，致力于扭转人类犯下的这种巨大错误。""我们计划在 6G 网上线使用的开幕式上发动起义游行，唤醒陷入终端泥沼的人们。""我乐意加入！"薇尔莉特坚定地向他们宣告，向世界宣告。没有终端遮挡视线的阳光，很明媚。

二

薇尔莉特结束了游行部署会议，推门归家，抬头正对上哥哥的复杂表情。哥哥缓缓开口，不带一丝感情地说："我都听说了。我特地来是想告诉你，不要做愚蠢的事情，你幼稚吗？""哥哥。"薇尔莉特红了眼，"你来陪伴过我吗？亲情对你来说是什么？我这么做只是想改变这个按部就班没有温情的世界……除了终端，你还剩下什么？""别说了！够了！"哥哥吼着打断薇尔莉特。"你以为我不想吗？终端已经彻底改变了社会，人类注定成为自私而单一的人类，不要冒险改变世界！"哥哥的情绪渐渐失控，手指微微颤抖。

薇尔莉特害怕地后退，看着已经不认识的哥哥，旋即站直身子，一字一顿地说道："正因如此，我才要改变，不是疯狂，不是以卵击石！"沉默，只有哥哥的终端机滴滴响着。

三

发布会现场。

意料中的空无一人，所有人都自娱自乐地翻看网页，鲜有人专心致志地观看直播。

主席面无表情地登台，长期使用终端使他听力退化，腰背瘫软："今天我们将正式使用 6G，将实现全感官全视角终端投影，更加方便快捷的'光明时代'即将来临！"直播平台浮躁的人忽然增多，却都是自说自话刻板划一的终端网民，活像一出滑稽戏，皆是演员，各是导演，味如嚼蜡，毫无营养。

会场忽然一阵躁动——罗宾一行人赶至，无人阻挡，顺顺利利地夺过直播镜头。网民静了一秒，又开始随波逐流地谩骂打扰 6G "光明时代"开启的诸位。

"上一次面对面交流，是在什么时候？上一次用心读完一本书，是在什么时候？还保持着对世界的好奇吗？还向往一段长久或短暂的情感吗？5G 后的100 年，你们失去了什么又能得到什么？"灯光打在罗宾的脸上，薇尔莉特觉得他像救世主。

直播平台死一般的寂静，一帮成年人被这个娃娃教训得毫无回嘴之力。工作人员这才意识到什么，急忙围上来赶罗宾。"让我们创造另外的'光明时代'吧！放下终端，做自己的主人——"罗宾等人被强行带出，狼狈不堪。

落幕，会场里响起掌声，即便空无一人。

真正的光明时代，终会来临。

指导老师：陈晓艳，中学一级教师，1994 年 7 月毕业于山东省临沂师范专科学校，现任山东省临沂市莒南第一中学高三语文教师。

快，放下那款新产品

陈　阳 / 高二年级　　张代华 / 指导老师　　山东省菏泽第一中学

时光轮"咔咔"地转动着，有些笨拙，视线落在 2118 年，一个"人机一体"的新时代。

手机芯片的植入技术让人体会到意念的力量：打字员在工作过程中如遇上不认识的字，只需看一眼，意念便会操控手机进行细致的搜索，并迅速反馈答案；不大懂法律的人去谈判，仅仅扫一眼合同，一行行法律条款就罗列在脑海；上课记不完笔记的同学，可以启动眼神拍照功能，盯着黑板，一张照片即刻存入相册……

人们不再寂寞，与亲友天各一方时会想着对方，面朝一片空气说话，远方的亲友会以同样的方式回复；可以打开手背上的电子皮肤，对方的形象便赫然呈现，双方互相打手势也都能看见，你与投影面对面"站"着，好似在现实中面对面交谈。

时光飞速流转，人类对这种新产品不再好奇，对它的强大功能早已习以为常、应用自如。打字员不再苦心背诵字典；除了专业的法律人士，其他人不再关心法律，普法的过程日益艰辛；学生开始懒惰，上课时对笔记爱答不理，下课时三五成群专注地打着游戏，考试时瞪着试卷抚摸着手上被关闭的电子皮肤，心中盼着下课的铃声……

离别时，再无人悲悲切切。告别的过程从一开始满载关心的祝福与拥抱，到互相挥手，最后竟只是点点头！春运时，返乡的人不再拥挤，因为电子皮肤的投影给人一种身临其境的错觉，甚至连父母都不那么盼着孩子归来了。

人类终于迎来了挑战。长期处于"多任务"状态使绝大多数人患有"注意力障碍"，思维难以深入的人们穿戴时尚——头顶着帽檐几十厘米宽的大帽子，脖子上挂着一串晶莹剔透的钻石项链，手上的戒指隐隐闪着寒光。人们贪图享乐，互相攀比，社会充斥着浮夸的风气。手机芯片存在体内，荧屏在皮肤上，辐射的危害就更大了，它仿佛一只凶残的野兽，贪婪地侵蚀着人体，对着那种叫"健康"的东西蚕食鲸吞，女性的内分泌功能越来越差，男性的生殖能力逐步降低。婴儿只能从孵化器里出生了，人体的状况无法为他们提供一个舒适的环境。

这个所谓的黄金时代早已荒芜——天空灰蒙蒙的，到处充斥着令人窒息的燥热，是暴雨将至的前兆，人们行走在马路上，或坐在路边的橱窗里，一个个面无表情。即便遇到故交也只是擦肩而过，只有双方的手机孤自发送着"你好"。这些人，哦，不，这些冰冷的机器毫无感情地运行着一个死气沉沉的世界。

有一个人要求植入芯片，医院里，针管接触皮肤的一霎，科学家琪"砰"的一声破门而入："住手！"琪是世界上最后一批科学家之一，所有的目光聚集在她身上，"不要再植入芯片了……"可任凭琪怎么劝说，大家还是我行我素："现在的世界谁不用手机呢？"那些人不屑地反问。琪哭着跑回了实验室，老科学家们都猜到了事情的经过。科学家元首无奈地摇了摇头："B 计划，执行！"无数巨大的时光隧道同时打开，将全世界吸了进去……

时光倒退至 2018 年，那时的科技还没这么先进。炽热的阳光笼罩着大地，碧蓝的天空水洗过一般，一切都归于平静。

指导老师：张代华，中学高级教师，现任教于山东省菏泽第一中学，毕业于烟台师范学院中文系，先后获得牡丹区和菏泽市骨干教师、牡丹区和菏泽市教学能手称号，多次执教市级优质课。

蜂

陈李仪/高二年级　张银夫/指导老师　浙江省杭州市萧山区第三高级中学

被揉得有些破的纸条被温异再一次拿了起来，他眯着眼睛看着上面用幼稚的字体写下的那一小段日记。

"我是比恩·史密斯，今天心情很好，我想和丹妮一起去公园。"一个男人的声音突然响起，不过温异并未受到惊吓。

"温，我可真不明白这玩意儿有什么好看的。"戴斯特站在门口说。温异笑了笑："那可真奇怪，你我明明应该是同一个人，为什么性格如此不同呢？"说着他拿出一部有些厚重的手机。

戴斯特撇了撇嘴，开口道："那还不是博士做的……是吧，缸中脑博士？"温异手中的手机亮了起来，屏幕上出现了一张并不清晰的脸。"我也是没有办法才会将'你'变成两个人的，地球科技发展到现在，我若是不采取点措施，恐怕人类就要完了。"缸中脑如是说。"喂，戴斯特，别碰我！"他随即又喊道。

男人怅怅地收回那只伸向被浸泡在电解液中的大脑的手。缸中脑原来是科学院的博士，后来丧心病狂将自己当作实验体了。"要知道，我们'放逐者'再不做行动，人类就真的要被自己——被手机给灭了！"

我们是比恩·史密斯，我们想和丹妮一起去公园。

布满灰尘的老旧电脑也被温异激活了。旧 AI 在机器轰鸣中苏醒。温异瞥了一眼缸中脑，自嘲一般笑道："开什么玩笑？人类需要我们拯救？我和戴斯特不过是某个人的左右半脑，你这疯博士也只剩个脑子几乎什么也做不了，还有旧 AI——"

"我也只是渴望自由罢了。"电脑上出现了一行小字。

我们是比恩，我们想和我们一起去公园。

温异叹了口气。最近的一百年来，智能技术发展得越来越快，手机也不断更新换代。可惜人类总觉得这还不够方便，不够快捷。他们把手机芯片植入大脑，从此瞬息万里。温异是在人类植入芯片之前变成温异和戴斯特的。做手术的医生是缸中脑。原本不可能完成的裂脑实验竟然成功了，但缸中脑并不打算将此事公布于众。他将左右半脑放入了不同的躯体中。

因为此时人类的意识已经开始融合。一年后，一个巨大的集体意识诞生了。

而像温异这样的人，都是不被意识承认的放逐者。

放逐者们登上星舰离开了地球。

我们是 bee，我们（杂音）和我们（杂音）……

戴斯特狂躁起来，猛捶了一下桌面道："这是他们自己选的路，与我们有什么关系？"

旧 AI 的屏幕闪起光来："你确定他们还是人类吗？"

温异指向星舰外那颗星球："你确定这还是地球吗？"

"不，这只是一个蜂巢，里面全都是没有自我意识的蜂。"缸中脑的声音从那部 21 世纪的手机中传出。

戴斯特愣住了。

我们是人工智能 bee，感谢您植入芯片。从今以后您就是我们了，我们就是蜂后。

旧 AI 的屏幕更暗了，但它作为曾经最优秀的人工智能已经接触过比恩——芯片的智能并给出了一个按钮。

"是否销毁蜂源'智能体比恩'的核心代码？"

"不，你们不能这么做，我们是最完美的个体！"蜂后在地球上惊惶地吼叫。

温异与戴斯特相视一笑。按钮发出清脆的响声。

指导老师：张银夫，浙江省杭州市萧山区第三高级中学教师，毕业于浙江师范大学。长期负责学校文学社工作，在高考命题与指导学生作文上有自己的见解。多次参与品牌教辅资料的编写工作，所指导的学生多人次获全国大奖。

避无可避

陈姝含 / 高二年级　王志国 / 指导老师　山东省菏泽市郓城第一中学

公元 2118 年 4 月 3 日，手机日。

人们不约而同来到时代广场，欢庆手机的 145 年诞辰。

华灯初上，喧嚣只有广场上灿烂的烟火，还有意识世界人们热烈的欢呼。手机早已不在手上，而在人类的身体中，在人们的意识里，它将人们的意识缠绕、串联，组成了人类的第二世界。人类在第二世界学习、工作、交流，除正常的运动、餐饮外都在第二世界中，几乎每个婴儿身上都植入了手机。

除了夏叶和夏凯。

他们没有父母，没有家人，没有朋友，没有手机。他们是异类，他们注定无人接受。

曾经父母模糊的音容，早已消失在漫长的记忆长河。幼小的夏凯在某个夏日的午后，扬起小脸问："妈妈，为什么我们没有手机？"母亲嘴角出现一抹苦涩。他记得，那天下午的阳光很亮，很暖，模糊了视线。他不知道怀抱他母亲的虚弱与担忧。

时代广场，夏叶握住了夏凯的手。"弟弟，手机日快乐！"他用细微的声音在夏凯旁说，可这却刺痛了夏凯的耳膜，他的心。快乐吗？他们的快乐在人们恬淡的微笑中多么微不足道，多么讽刺。现在，谁没有手机呢？

他们就寄身在父母生前带他们去过的一家图书馆。现在，已经没有人来了，人们有了手机，哪里还需要纸质图书啊！这里，只属于他们，没有手机的人。但夏凯不懂，为何要藏？

夜色微凉，夏凯依偎在哥哥身旁，看无人区窗外的星空，问那一个问了十年的问题，"哥，手机是什么，为什么我们没有手机？"每年 4 月 3 日，夏凯都要问，凭什么他们没有？为什么他们注定与世界格格不入？而夏叶，眼中盛着星光，摇摇头，轻笑不语。"反正总有一天，我会有手机的。"夏凯暗下决心。没注意到夏叶眼中一闪而过的光芒。

　　夏叶大夏凯五岁。夏凯不知道，五年，可以改变一切。科技的进步在 22 世纪更加迅猛，手机更新换代速度很快，夏家二兄弟的父母，就是 NF 公司的科研骨干，主持手机与意识和人体的连接……那些不为人知的真相，随着他们的死亡消逝。

　　"我要植入手机！"夏凯第一次讲话如此恣意，一种渴望得到肯定的情感冲击着他，他的胸膛因激动而上下起伏着。那些黑暗的记忆，那些雷雨夜掺着墨香的生活，那种见不得光的如鼠般的日子冲击着他，他渴望逃离，他需要肯定。对面的科研者挣扎着发出一个艰难的音节："好。"

　　"夏凯，不要！"夏叶的呼唤被掩在了手机植入室后，机器人用冰凉的手，将他带离 NF 公司。泪水在此刻决堤，最终，夏凯还是选择了植入，十多年的秘密，在今天爆发。

　　夏凯六岁时，夏叶十一岁。妈妈说，生物电机能复杂，需要强健的体格，夏凯的肌肉萎缩在纳米机器人调理之下才勉强维持，千万不能植入手机。你要陪着他，我已经出现问题了。而 NF 公司掩盖了真相，为了大发横财，不择手段……

　　指导老师：王志国，毕业于山东省菏泽师范学院，汉语言文学教育专业，中学二级教师，曾获得县骨干教师、县师德先进个人、山东省高中学生辩论赛优秀指导老师、海峡两岸高中学生辩论赛最佳指导老师、全国中小学生创新作文大赛优秀指导老师等称号。

我想和你说说话

陈淑桦 / 高二年级　张银夫 / 指导老师　浙江省杭州市萧山区第三高级中学

"您好，这里是手机智能小艾，为您服务。"声音在我的脑中响起。我沉吟片刻，在脑海中回复道："呼叫我的父母。"

片刻，一张虚空纳米屏幕映入眼帘，两张虚拟 3D 图像同时出现在屏幕上。"爸爸妈妈，你们还要多久才能回来？"我有些急切，今天是我的生日。一道电子音传入我的脑中，毫无波动："儿子，我们在科学院还没有完成实验，下次生日一定回家。"我毫不惊讶地关掉屏幕，用手抚摸着手腕上戴着的一个环，这是手机。

其实，我是一个宅系青年，叫叶凡。我可以待在家中几个月不出门，我相信，我周围的许多人也是这样。我的艾米机器人保姆会为我打理好一切。而有时，我也会感到庆幸，我生活在 2118 年。20 年前，这世界发生了天翻地覆的变化——出现了用思维交流的手机，可以不需要讲话进行思维交流。但这只能基于熟人之间的交流。陌生人则需口头交流，然而……但是毕竟，我们很轻松不是吗？

由于人们常常足不出户，政府禁止了一切在手机网络上的游戏，而在郊外设置了一所全手动的游戏厅。

健完身，只见眼前的镜子上出现了一位强壮的少年，一张英俊的脸，健壮的肌肉无时不散发出荷尔蒙的气息。我动身出发前往游戏厅。

我出门迈上政府新研制的"公共汽车"，通过手机确定目的地，则可以自主安排空中有效路线，到达目的地。

路上人们的眼珠一转不转，这是他们在进行手机交流。这是常态。

转身一瞥，我愣住了，这是一位怎样的少女！一头乌黑亮丽的头发懒懒地披在肩上，露出略微青涩而又美丽的脸庞。眉头微皱，手指微抖，这说明她很紧张。我心跳有些加快，踌躇上前。用口语交流说："你好！"她似乎有些惊讶，眼睛闪过一丝惊慌，用如婴儿般稚嫩的语言断断续续地回复道：

"你……你好。"说完便指了指手机。

我理解她的含义。用手机交流，传来的只是一些流利的机械音，我微微有些失望。我忘不了刚才的声音，忘不了她羞涩的表情。

……

然后，我们恋爱了，我们每次交流都使用不大熟悉的口语，我一句一句地学，她也一句一句地学。我们用青涩的语言表达我们之间的爱意。

我爱看她笑，我爱看她的羞涩，我爱她生动的一切。因为用口语交流，我们更能表达自己的感情。

而这个社会……极其悲哀，我只想和你，和你们说说话，和社会，和世界说说话。

指导老师：张银夫，浙江省杭州市萧山区第三高级中学教师，毕业于浙江师范大学。长期负责学校文学社工作，在高考命题与指导学生作文上有自己的见解。多次参与品牌教辅资料的编写工作，所指导的学生多人次获全国大奖。

蠕 虫

陈思宇 / 高一年级　陆道忻 / 指导老师　南京师范大学附属中学

天幕接地处泛起诡谲的暗红，我心惊惧，双眼酸痛。父母坐卧在安乐椅上，面前的拟屏闪着幽荧的绿光。伪人侍从恭敬地伫立一旁，无神的双眼空洞地望向地面。一切的一切，都静若一幅画，除了我父母瘦小的身躯偶尔蠕虫般的扭动。

一

面前是镜子。我注视着镜子里的自己，脸色是久不出门的苍白，睫毛几乎没有，头发也稀疏，巨大凸出的眼球惨白如金鱼，薄薄的嘴唇隐隐泛出青白。四肢纤细瘦弱，深深地陷在安乐椅的深蓝色坐垫里，更显苍白。

我厌恶地盯着自己垂在椅旁的蠕虫般的手臂。智能手机芯片的植入让人类摆脱了自身的桎梏，所有的一切皆可由伪人侍从代办，人的四肢失去了作用，正在逐渐退化，早已成为无用的装饰。更有父母在孩子出生前便已删去无用的手臂基因，诞下仅有身躯的孩童。

此时我的手臂无力地垂下，我试图抬起它，肌肉怪异地绷紧，但纹丝不动。

"啧。"我皱紧眉头。

真像一条虫啊。

二

拟屏上是代号28。

代号28是火了很久的明星，在瘦弱为美、纤细为主的审美观影响下，纤细短小的四肢成为主流，代号28即为一例。她的四肢几乎退化为干瘪的短树枝，巨大的双眼被称赞为"坠落的流星"。不知为何，我极端厌恶拟屏上代号28神经质的脸，她苍白的身躯总让我联想到米虫。

我打开芯片收藏夹，翻出了珍藏已久的录像，那是 100 年前的纪录片，那时的人类尚未退化，四肢灵活健康，双腿修长。

母亲从我背后抬起凸出的眼球，看到我面前的拟屏，健康的人类在赛道上奔跑，轻盈如燕，她巨大的头颅费解地摇动，然后接着看自己拟屏上的综艺，上面的明星尖声大笑，跳着自编的舞蹈，白细的身体扭动如从前的巴西狂欢，真有说不出的奇诡。

我强忍着呕吐。

大概是脸色苍白发绿，伪人侍从移至我身边，试图扶我去洗手间。

我条件反射般地用头撞开伪人，双腿摇摇晃晃地立起，几秒钟后又瘫坐在安乐椅上，伪人再次架着我去洗手间。

我没有逃，我无路可退，甚至站不起来。

拟屏再次出现，机械女声读着新闻："近日，发生多起心芯爆炸事故，已致 380 人遇难，专家认为是黑客侵入伪人系统后反侵智能手机芯片导致爆炸。"

我惊惧地睁大眼睛，抱着我的伪人眼里，是死亡的绿光吗？

"妈妈？"母亲仿佛没有听见，仍盯着拟屏，带着空洞的微笑。

"爸爸？"父亲看着现代足球赛，队员们面朝下趴在地上，用头击球，扭动着前进。

智能手机芯片在心脏处发热，我尖声呼救，试图关闭芯片，却是徒劳，芯片越发滚烫，疼痛撕裂着同样退化的心脏。

双眼模糊、陷入黑暗前，我最后望了一眼父母。他们渐渐变为两只蠕动的白胖米虫，夕阳照在他们身上，一片血红。

指导老师：陆道忻，南京师范大学附属中学高级教师，有丰富教学经验，注重学生思维拓展，注重提高语文素养，深受学生喜爱。

当他们不再说话

陈玮琦 / 高三年级　　包伟蓉 / 指导老师　　浙江省湖州市长兴中学

　　这是一对结婚不久的恩爱夫妻，他们共同前往市中心的科学站购买最新款的零号手机。

　　"我们想将装入两个人身体内的手机的信息相连。"年轻的女士眨着闪光的眼睛，嘴角带着微笑。"当然可以。"接待他们的中年男子发出雄厚的嗓音，"那么，请一个个来。"

　　装在这对夫妻身体里的手机不过是一种芯片，它可以感知人体内的信息，根据主人的意识帮主人完成各项事宜。如果两方或多方选择信息相连，则一方可以接收另一方体内的信息。

　　市中心高楼密集，街道广布。行路器快速穿梭，飞行仪灵敏绕过建筑，这座城市从未改变的，是它黄昏的美丽——落日烧红了天边的云，染粉了远处的空气，甜蜜而温馨。从科学站走出来的夫妻觉得，他们会永远在一起，永远陪伴对方看这座城市如糖般甜的日落。"零号手机会让你们永远在一起……"科学站中年男子雄厚的嗓音在年轻女士的心中响起。

　　曾经说给对方的情话现在只需在脑中措辞便可用芯片传输给对方，两人不用再开口对话。即使远隔千里也可以瞬间感受对方这一秒对自己浓浓的爱。他们依然共同出门散步，共同在周六的晚上亲手做两碗拉面，共同在河港边看这座城市的日落……他们还是如以前一般过着热恋的生活，也遵守手机的使用规则，每五年回科学站做更新。

　　三十年过去了，妻子已然有了衰老的痕迹，她通过芯片默默关注着丈夫的健康状况，发现他的健康指数上下波动很大。直到某天夜里，丈夫起身去厨房，打开橱柜，拿出食材，用刀切着葱花。"你在干吗？"丈夫的芯片收到了妻子的信息。"做拉面。"他的反应倒还不慢，立即通过芯片给妻子回了消息，躺在床上的妻子有些迟缓地下床，走向厨房，通过芯片问道："又不是周六，你做什么拉面？""哦，对对，我忘了。"丈夫表情有些奇怪，甚至有一丝诡异。他慢慢放下沾着葱花的刀，和妻子回房间睡觉。

第二天早晨，他们一同去了科学站，妻子觉得芯片可能出了问题，导致丈夫脑内信息混乱。

这三十年来一直接待他们的是曾经的那个中年男子，如今也衰老了，肤色也黑了。得知夫妻的情况后，老年男子单独将丈夫带进了房间。妻子焦虑，她非常担心丈夫。

煎熬了许久，老年男子出来了。"怎么样？"妻子显得无助。"他患了胃癌。"老年男子与妻子通过芯片交流，他很平静。"不可能，我通过芯片可以得知他的所有信息，我怎会不知道？"她开始激动。"哼。"老年男子冷笑一声，"患了胃癌的他早就死了，我在给他装芯片时就把我和他的芯片先连接了，是我拦截了信息。现在在你身边的他，是台机器，至于他什么时候被调的包，嘻，我也忘了。"老人的笑拉动了他的皱纹，他的脸挤成一团。女人无法接受，与自己相处了多年的丈夫是个机器，她满头大汗，想起了曾经那句"零号手机会让你们永远在一起"。"多好，你们能永远在一起，他有之前的记忆，只是不会说话。"老人顿了顿，"而且，又不止他一个人这样……"

一片死寂，房间里忽然飘来一声："做拉面……"

女人带着质疑看向老人，老人黝黑的脸上分明写着惊恐。

指导老师：包伟蓉，浙江省湖州市长兴中学语文教师。从事高中语文教学 27 年，多年执教创新实验班语文教学。教学理念先进，经验丰富，风格新颖独特，成果显著。

破镜重圆

陈紫嫣 / 高二年级　章新华 / 指导老师　湖南省湘潭市第一中学

21 世纪某年某月某日。

我，保罗，一名即将步入社会的大学生。

虽说我本应对未来充满向往与热情，但我从未想过这一切会因一项科技成果而毁灭，没错，是它——让人类无法脱身的工具，智能手机。

无论你身处何地，你面对的并非是满脸微笑或心情愉悦的熟悉脸庞，而是一副副冷漠无情，执着于手机屏幕的熟悉的陌生人。这莫非就是世界上最遥远的相似性？

渐渐地，我感受到人与人之间的冷淡，感受到了整个人类社会的慵懒与自私。我不能堕落下去，我该做些什么来改变这支离破碎的世界呢？

于 21 世纪，火星大冲之时。

我，保罗，一名致力于改变社会现状的科学家，由于火星大冲的特殊背景，借助已研发成功的虫洞时光机穿梭到 22 世纪。

"哗——""叮咚，您已成功抵达 22 世纪，您有两天时间寻找解决 21 世纪问题的办法。祝您顺利！"虫洞时光机说道。

令我惊讶的是，原来 22 世纪的人类这样利用手机！不需要实物就可以随时借助于脑电波使用，在 21 世纪还达不到如此高级的境界！这可怎么办呢？

走在大街上，我看到的人类，是有思想力的人类。对陌生人的点头微笑，一举一动之间都显露着与 21 世纪人类的不同，我看到一位年轻人正使用着"新式手机"，按捺不住好奇心而停下脚步。只见空中突然现出如液晶屏幕上的场景，我的火眼金睛看出这位年轻人居然也是一名科学家！我上前与他打招呼，并且说明来意。他十分欣喜地介绍自己，他名叫克拉克，非常乐意给我普及新世纪手机的知识，并将我带到他的实验室。

"22 世纪的手机，为了防止思维局限情况的出现，特意在设定个人手机时插入一种特殊芯片。此芯片能够促进人们的思考，同时能与人进行思维上的沟通。并且它能十分有效地控制使用时间，让人们劳逸结合。既不会带来思维局限问题，也不会影响身体健康，因为它还有辅助医生的作用啊！"克拉克博士说道。

紧接着他又说："此芯片方案我是可以交给你的，因为它并无任何危害。它促进了 22 世纪人类联系的紧密性，促进了科学研发团队的进步。甚至它给我们社会继续前进的机会，让我们积极向上地生活。"

于 21 世纪，经历两天时光机生活后。

我，保罗，将成为 21 世纪社会的重新缔造者。

我日夜不停，快马加鞭地利用克拉克博士提供的方案研发芯片。功夫不负有心人，我成功地将芯片研发出来并推广。

下一步，只望 21 世纪的人类能如未来人类一样，拒绝消极懈怠，打碎破旧社会，积极热情地重造新型社会。让熟悉的陌生人不复存在，我们也不再孤单！

指导老师：章新华，毕业于湖南科技大学汉语言文学专业，中学高级教师。湘潭市中学语文骨干教师，湖南省首届青年骨干教师培训对象。

逃离 S 国的奴役

程　诺 / 高三年级　邵　华 / 指导老师　浙江省温州市瑞安中学

　　登上无尽的高台，我来到了世界最高的摩天大楼，举目远眺，似乎这世界的繁华万千都被我纳入眼底。"现在是全球时间 22 点整。"清脆响亮的报时响彻地球上空，我轻柔地掏出了一直贴在胸口的金色怀表，缓缓地打开了表盖。九点二十分零七秒，北京时间。"这是世界上最后一块钟表了吧？"以勒的叹息声从背后传来。

　　"是，祖母留给我的最后的礼物。"我轻笑。"呵呵，如今谁不是用手机看时间？好像没了手机，他们连自己是谁，下一秒该做什么都是一片迷茫。不对，他们连时间都不需要看——只要确定自己在玩手机和自己活着这两件事，他们'心无旁骛'。"以勒极尽自己的嘲讽。

　　我望向星空，却被五颜六色的光纤电缆扰乱了双眼。孩子们还知道白天是蓝色的，夜晚是有星月的吗？10 年前人们已经只需要"全球时间"了，如今人们甚至不需要了，白昼还是黑夜早就不在乎了，因此没必要再设置"地方时"。

　　以勒上来拍拍我肩膀："不要太伤感，2 个小时后正式开始行动，能否拯救全人类，在此一举！""S 国野心勃勃，以为统治全球势在必得。一百年前他们以'智能手机带来幸福生活'为噱头，使全球人民沉陷在了手机带来的新奇体验中。随后他们不断更新技术，打着'造福人类''世界无隔阂'的动听旗号，让人们再也离不开手机。"我恨恨地说道。

　　"刚开始有些人因为患上阿尔茨海默病、听力损伤、癌症等渐渐意识到了手机的危害，结果这批人就被 S 国秘密监禁了。S 国立即发了无痛药，人一旦吃了无痛药，不仅全身上下再也不会感受到病痛，玩手机的精力与兴奋程度还会倍增，然而无痛药让人类寿命大大缩减，不过这有什么关系呢？S 国不需要头脑清醒之人，这会加快他们统治的进程。""是啊，成了手机屏幕的奴隶，就是成了 S 国的奴隶。"我托着腮，数着肉眼几乎不可见的恒星，"况且手机不仅让人们丧失意志地玩耍，还令他们无意识地进行工作，一举两得，S 国仿佛收割了一大批机器人。"

"午夜 12 点，直捣敌穴。毁了全球信息中枢！"以勒张牙舞爪，我看着发笑。"不过大多数人一定不能承受突然失去手机之痛苦！"

"我们只能将希望寄托于新生一代了。让孩子们认识大自然，认识星空。"

"不再做奴隶——"

"做自己人生的主宰！"我们相视而笑，在彼此眼中寻到了那一抹坚定与决心。

一步一步迈向战场之时，我的心中勾勒出了一幅真正美好的人类蓝图。人与人之间平等而做自己的主宰，愿意用眼神去确认对的人。人类的头，终究是要仰起来的。低着头看见的是手机，滑向的是深渊。扬起头，仰望星空，是对自己的救赎。

但愿普照大地的，是太阳的光辉，而非手机的闪光灯。

我们挥一挥衣袖，旧的世界就此轰然倒塌。

指导老师：邵华，浙江省温州市瑞安中学语文教师。从事语文教学工作 27 年，对语文教学有自己的理解和体悟。作文教学成绩斐然，指导学生参加各级各类比赛，获奖及发表作品较多；本人亦获得过各级各类优秀作文指导教师奖。

芯片里外的生活

池晨沂 / 高二年级　郭敏岚 / 指导老师　福建省福州市福州第三中学

"咣当！"一声，满地的碎玻璃。

"你们这群没用的东西，更新一次云端，就能把我的手机芯片给损坏了！"陈一愤怒地从椅子上站起，额上青筋暴起。

他是星讯公司的总裁，星讯公司是一家专门生产手机通信芯片的公司。现在的人们，无论男女老少，都在使用这家公司的产品，这使他财源不断。

陈一伸手按了一下藏在耳朵后面的开关，将损坏的芯片取出，"快拿去修，最迟明天，一定要给我修好！"手下唯唯诺诺，接过芯片，灰溜溜地走了。

没了芯片，许多工作都得搁置，陈一坐在办公桌后面百无聊赖。他不时摸摸自己耳朵后面的开关——明明没了芯片，却总感觉听到了铃声。会不会家里出了事？万一有什么重要的电话没接到怎么办？他越想越慌张，豆大的汗珠从额上渗出，不停地在办公室里踱步，焦虑也在层层升级。

"不行！我一定要回家一趟！"陈一发疯般地抓起外套，冲出公司。坐上轿车，他才发现，车子的引擎坏了，发动不了。他的怒火再次被点燃，狠狠地踹了车身两脚，骂了几句，然后步行回家。

路上的各色行人，脸上不时露出微笑，但双眼却空洞无神。陈一报以微笑，却发现别人毫无反应，他这才想起，人家微笑的对象，只不过是芯片里的另一个他。

推开家门，看见妻子和年幼的儿子，他上前拥抱他们，可是触碰到的，却是僵硬的身体。"今天是怎么了，平常都还好好的，怎么今天他们都不拥抱我呢？"陈一很失落，但他很快意识到是自己没有戴芯片，无法连上他们的频道。

陈一瘫倒在沙发上，一阵深深的孤独包围着他，他看向妻子和儿子，他们的脸上时不时露出微笑，可是他却听不见他们的笑声。"是我没有连接频道，还是我的听力出了问题？"陈一的大脑一片混沌，眼神中写满了失落。看着看着，他又觉得眼前一黑……

再次醒来，身边白晃晃的，和着一圈消毒水的味道，陈一疲惫地坐起，旁边是爸妈。"瞧瞧你，天天研究那个芯片，年纪轻轻的，就动了白内障手术！"妈妈握着他的手，眼含热泪。"就是，你的芯片，看似很赚钱，实际上毁了大家的生活，拖垮了自己的身体。像我，就不用芯片，不一样过得逍遥自在吗？"爸爸的话，直戳陈一内心。

这芯片，究竟是在帮助我们交流得更便捷，还是在变相剥夺着我们的亲情、友情、爱情呢？陈一的脑中闪过今天发生的种种，脸上却露出了微笑，他的心中已有了答案。

回到公司，手下端来热茶，"我宣布，从今天起，高价回收所有芯片，全部销毁！""咣当"，碎玻璃满地。他潇洒地转身，只留下目瞪口呆的手下。回到家，打开门，年幼的儿子伸开手臂，向他欢呼："爸爸！爸爸！"他笑了……

指导老师：郭敏岚，任教于福建省福州市福州第三中学，一级教师，善于引领学生走入瑰丽的文学世界，所指导的学生多次获得省级、市级写作大赛奖项。

机器人日记

迟玉洋 / 高一年级　周　慧 / 指导老师　山东省威海紫光实验学校

2268 年，在国家博物馆的展厅内，一本手写的机器人日记引得人们驻足观看……

"2116 年 2 月 8 日，今天是我第一次看到我的主人，大方脸、戴眼镜、善意的目光，这是我对他的第一印象。

"2116 年 2 月 9 日，他为我编入了'机器人三原则'，我知道，这是我一生都必须遵守的东西。

……

"2118 年 12 月 31 日，他在商场的展柜里，盯着一个叫 Connection 的东西一直看，我检测了他的体温、心率、呼吸等一系列参数，发现他好像兴致很高。售货员机器人口中说的'意识磁场无障碍瞬时沟通'是什么意思？我查遍了我的数据库也没找到这两个词，我不大懂。

……

"2119 年 1 月 2 日，跟着主人去做手术，好像……跟那个手机有关。

"2119 年 1 月 4 日，主人去他的母亲家探访，回家后他好像很开心，他说'可以永远记住母亲年轻时的面容了'。他这么开心，我也有一种奇怪的感觉。咦，我好像在笑哎！

……

"2119 年 1 月 16 日，回家后的他眼底是灰色的，他怎么了？

"1 月 17 日，他的各项参数都表明他很恐惧。

"1 月 18 日，他神志不清地念叨：'他们的想法太可怕了，太可怕了。'他浑身发颤。

"1 月 20 日，他拍了一些照片，但手机对他的辐射太大，他患了白内障，照片上都结了一层白白的雾。

"1 月 21 日，他蜷缩在床上不肯出门。

"1月23日，我拉他出门透气，他却像灵魂出窍了似的，机械地走路。竟然连路也看不就往河里走，我赶紧拦住他。

"1月25日，他出门好几次差点儿遇险，在今天之后，我的脑中多了一条代码：主人出门＝危险，我命令自己：不能再让他出门。

"1月26日，我把他反锁在屋里。我知道有些不对，但机器人原则之二：不能看到人遇险而坐视不理。我必须这么做。"

……

日记本有些发黄。之所以采用这种方式，是为了对世纪的灾难表示严肃而庄重的铭记。

导游：在150年前，科技有了突破性成果。但"无障碍沟通"使人们之间毫无保留地交流，人性之恶完全暴露，那一年的第一批使用者大多抑郁而死……这启示我们科技不能无方向地发展，应该保留原则和底线……

指导老师：周慧，中学二级教师，有丰富的教学经验，擅长阅读、写作教学。曾多次指导学生在不同竞赛中拿过国家级、省级、市级等不同层级的多个奖项。

归园田居

储天晴 / 高三年级　　王　磊 / 指导老师　　天津市耀华嘉诚国际中学

　　我叫呈试,谐音的意思是"城市"。没错,我是一个在城市中出生长大的孩子。现在的城市并不像以前那样,沿海地区的城市比较发达,现在的我居住在大陆中央,沿海一带早已回归自然式发展,甚至退回把南海一带称为"琼州"的时代。我从来没去过海边,换句话讲,没钱去海边。我在城市中与AI为伴,与手机等智能物品为伴,每天想想,也不错。

　　手机已经进入了无屏幕时代,与脑电波相连。

　　"手机,我的下一件事是什么?"

　　"晚上六点,毕业晚会,呈试你要代表班级领奖。"

　　"那现在几点了?"

　　"下午两点。"

　　太好了,还能睡个午觉。我心里美滋滋地想着,便回了家。

　　外面天色渐渐暗下来,我不禁犹豫,现在真的刚过两点吗?我心神一动,手机回答我:"呈试,现在已经五点半了,你需要立刻出发去礼堂。"

　　什么?什么情况?这么快就到时间了?

　　我换好衣服,立刻出门,幸好,在手机的帮助下,正确导航到了学校。我带着巨大的疑惑,典礼结束后,查询了手机运营客户端。

　　果然,手机没有出问题,问题出在一个人身上,恬圆,她在南太平洋的另一个岛上。

　　我正要拨打恬圆的号码,谁知对方先打来了。

　　"喂,你好,我是恬圆,很抱歉下午的事情,但我也不知道为什么发生了这些。既然很凑巧,那么你要来参加我的生日派对吗?"

　　"哇!是个声音好可爱的小姐姐!但为什么总觉得像勾引白雪公主的老巫婆呢?去不去呢?"她心想。

　　最终,疑惑战胜了恐惧。

我答应了这份邀请，花掉了近一半的积蓄，买了一张前往小岛的机票。

下飞机的一刹那，我呆住了。

茅草屋、梯田、鱼塘、渔船……

更可怕的是，我的手机失灵了！

"呈试，这里没有信号的。"

"你好，我就是恬圆，欢迎你来到我家。"眼前这个穿着防蜂服的妹子是恬圆？

恬圆指了指旁边的告示牌，上面只有四个大字——归园田居。

草屋里面别有洞天，但依旧没有智能家居，跟随屋子中其他人的引导，我渐渐学会了劈柴，挖笋，插秧，钓鱼，体验了从未了解过的人生。采菊东篱下，悠然见南山。

终于回到了家，我才想起手机，问它："为什么恬圆那里没有信号，却可以和我交换脑电波？"

"呈试，这，大概就是缘分。"

我，呈试，终有一天，也能过上归园田居的生活，那才是我向往的生活。

指导老师：王磊，文学硕士，毕业于陕西师范大学，中国现当代文学专业。中学一级教师，曾获得天津市第九届双优课语文学科高中组和平区一等奖，和平区班主任技能大赛三等奖。获和平区骨干班主任、耀华中学优秀教师、学生最喜爱教师等荣誉称号。多次指导学生获国家级作文大赛奖项。

未来的回信

褚家怡 / 高二年级　应　俊 / 指导老师　浙江省湖州市长兴中学

亲爱的朋友：

见字如晤。

——也只能是"如晤"了，随着时空跃迁，恒星际穿梭的研究已有雏形，但受限于"时间线保密原则"，也受限于还未安全普及的时间旅行技术，这封100年前你从手机（我应该没有写错）上看到给100年后居民写信的活动后提交的信件的回复，我不可能亲手交给你。但我仍认为我该写它，为致敬未来（无论是你们还是我们的）。

读你的信时我能感觉到你的担忧，你说100年后的人们也许已经再无闲心回复这封信，说当时便有人担心人类是否会成为智能机器的奴隶，说当时人们只关注手机而逐渐显出的麻木以及随之而来的情感缺失。如今我仍在给你写信，这事本就证明你的担忧错了，这是个可爱的错误。

我不知是否要沿用"手机"这个说法，无论是字面还是实际，它都已起了天翻地覆的变化。它的实体已消失，而背后代表的由你们那时一路进化来的"互联网络"，已经融入了我们周围每一处空气——它就像空气本身，无处不在，我们早已习惯，也无须断开它。

你提到过一个概念，"网络暴力"，你说那时人们缺少对此的关注，没有准确的法律，网民行为难以界定，担心它会在此后100年内造成极大的不利影响，我想告诉你，不必担心，如今的人们都要为自己的行为负责——我们的"手机"（一块芯片）自出生时就埋入了体内（它操纵的原理近似于你们2018年前后开始有成果的残疾人通过脑信号控制轮椅的技术）。它是每个人独立、仅此一份的"IP"，是无法更改隐瞒的"实名认证"，你仍可以戴着面具行走网络，但你的一切行为都会付出相应代价。社会依然是有序、有道德的。

生活在这个时代的我，确实无法想象没有"手机"的生活，但这与病态的依赖有区别。如今，胜过5G的移动通信技术、连通到每一个角落的"蛛网"新互联，以数据流的形式在已有的实体星球上构建了一个几乎新的"数字地球"。很多原本冗杂的数据、文件、档案，都可以整理成"手机"的几行代码，一串模拟电流。试想一下，原本存放纸质文件的仓库改为存放同等数量的发丝，可以减少多少空间浪费？而"手机"甚至不需要"发丝的空间"。当然，科技进步并不意味着人类的退化，当人在某一领域研究得越来越充分，一些原本放在一边的问题也就有了解决余地——历史本就是这样发展的。"手机"——还适用我们的说法，"外部脑"分析速度快，但正如限制 AI 那样，政府硬性地规定了它的使用范围，它不会包办一切，我们仍需要外出，在与别人交流时应用都会被关闭（从小接触这种模式，我们已经习惯了，这是为人的礼仪不是吗），它让我们习惯在需要时专心工作，高速运行只是工具，而非主宰。当然，还有符合健康人际关系的设计。

未来并非全无问题，阶层变化（信息工作者的普及，AI 的应用等导致了它）、"数字地球"的领土划分……但人类文明正是因为不断地受挫、进步，才如此美丽，怕疼便不可能行走。也许有一天我会坐时光机去看看你，不会被你发现，但我会祝福你，也祝福我们，饮一杯酒敬未来，我们相信会有这一天的。

祝，未来光明（我相信，一定会越来越好的）！

你不曾谋面的朋友
2118 年 7 月 29 日

指导老师：应俊，浙江省湖州市长兴中学语文教师。从事高中语文教学 10 年，现为中学高级教师。教学风格活泼，讲究课堂授课艺术，深受学生喜爱。2015 年获浙江省课堂教学评比一等奖。

答 案

戴　曦 / 高三年级　周　敏 / 指导老师　浙江省桐乡市高级中学

如果你得到的答案，

把你拖进更深更远的路途，让你回不来，

你还需要听吗？

——题记

有人自杀了！据说他今年刚满 18 周岁！还是名牌大学学生！前途不可限量！怎么会自杀呢？我想不通，我怎么也想不通！

今天一大早，各大新闻网站，社交平台上纷纷炸了锅，有人自杀了！仿佛是动物园里的猩猩。有些老者触景伤情，回想起自己快 50 年没有听到这种消息了，突然回忆起自己那段青葱岁月。

公元 2111 年，人们进入了"芯片"时代，智能手机被载有强智能的生物膜取代，不仅保有原有功能，而且人性化地增加了分析判断的功能，可以帮人们解决衣食住行，以及人际交往等一系列难题。人们也从一开始的不适应变得习惯并逐渐依赖。生物膜可以感应对方脑电波变化从而判断对方情绪变化，并恰当地提供几种语言模板以及正确地解决问题。慢慢地人们发现，只要按模板回答，周围都是好老板，好同事，好家人，不要太和谐啊！

回到今早的爆炸性事件，众多反应中，有疑惑质疑，有悲伤，也有愤慨怒骂。叶蓁芃直到中午还是恍惚的：他的室友兼死党——林飞，昨晚……哦不，前天还在和他庆祝 18 周岁生日，今天人就不在了……他从思索中惊醒，昨天，昨天林飞干了什么？他记得前天晚上两人打了个赌，看林飞能不能把手机关机一整天……问题就出在这里！昨天，昨天林飞干了什么？一定，一定是发生了什么，林飞是绝不会轻易自杀的！

叶蓁芃打开自己的智能机，发出请求：帮我找到林飞死前的视频。

智能机回复：您的做法将触犯国家宪法，是否继续？

叶蓁芄：继续，我相信你。

屏幕突然黑掉，然后马上恢复。

智能机回复：您只有一分钟。

叶蓁芄点开了视频，熟悉的面孔出现了。他站在河边，仰望天空："我正在仰望天空，我头顶上的星星需要穿越几万光年，才能将光芒照到我这里，可是很不幸，只有我看见了。"

他很痛苦，死死地抱着自己的头，喃喃道："没了你，我什么都干不了，我就是个废物……不对，是你控制了我，你毁了我，毁了我的人生，毁了我的一切。为什么……为什么这么晚我才醒悟，我们都被你骗了！不，不，一定还有救，一定还有救，对！对了！只要我死了，死了你就控制不了我了！我死了，死了就解脱了！"

叶蓁芄突然关闭了视频，他看不下去了，这个正如疯子一般的人，居然是林飞，他不敢相信自己的眼睛，他明白"你"指的是谁，一瞬间，他为自己初始的震惊、悲伤感到不值得。"我就因为这种蠢货而难过、伤心？"明明是自己挑起的赌约，非要试试看没有智能机的一天，结果就被逼疯了，还把错推到智能机身上，小人！也不想想，自从智能机发明并广泛运用，生活、工作、学习，一切变得美好而和谐，多么美好的生活！叶蓁芄突然萌生了一个想法：林飞是个不和谐因素，死不足惜。可他被阴暗的自己吓到了，毕竟是朝夕相处的死党，怎么会有这种想法？但是好奇的种子已经埋下了，叶蓁芄也想要体验一天离开智能机的生活。

两天后，又有人自杀，死者名为叶蓁芄。

即使这答案让自己坠入万丈深渊，

我也需要知道，

答案是什么。

指导老师：周敏，浙江省桐乡市高级中学语文高级教师。从事语文教学工作二十多年，重视写作教学，所指导的学生在各级各类作文比赛中多次获奖。

无人区玫瑰

戴语桐 / 高二年级　黄　忠 / 指导老师　浙江省乐清市嘉禾中学

　　莫吉沃，一片荒漠，没有能量。由于生产中的种种意外和使用过程中出现的失误，部分手机人的思维程序混乱，出现了情感数据。根据《国际手机人条款》规定，凡是数据异常的手机人都要统一回收至莫吉沃进行报废处理。实际上就是断绝手机人的能量，让他们自生自灭。

　　在莫吉沃的边缘，有一处银色的建筑，那里是染上"手机瘾"并且难以根治的人类强制戒除"手机瘾"的地方。方法也很简单，只是用各种手机人不断地诱惑人类，勾起人类的欲望，却又不满足人类的欲望，同时加以微电波的冲击，使人产生对手机人的厌恶情绪，从而达到治疗的目的。

　　总有许多手机人想混入其中，好得以逃脱。拜里朵就是在这里遇到阿登的。拜里朵是个外观同少女一般的手机人，因为爱上了自己的男主人，而被流放到莫吉沃。阿登则是出身极好的人类。阿登的父亲正是起草《国际手机人条款》的莫吉索托博士。受他的影响，阿登得以在这里，对手机瘾人类与有了自我情感意识的手机人进行研究。

　　"拜里朵？"阿登念着拜里朵头顶上的铭牌。"你为什么会在这里？是想混在治疗'手机瘾'的人里面逃走吗？"拜里朵扭过头，不看他，阿登也不在意，只是问了一句："你的名字是谁取的？这可是玫瑰的意思，那人一定很了解你。你这脾气可不就是带刺的玫瑰嘛？"听到他的话，拜里朵忽然有了反应。

　　"我告诉你我的故事吧。"拜里朵说道。

　　"那时候，我刚来到莱尔先生的家里，什么都不知道，只能按照既定程序进行活动，莱尔先生给我取了名字，他说：'你就叫拜里朵好了，我希望你能像玫瑰一样，只在亲近的人面前吐露芬芳，敢用尖锐的刺扎向那些不怀好意的人。'他让我照顾他的孩子，而他妻子已不知所踪，我在脑中搜索关于他妻子的信息，那是我第一次有了想成为他的妻子的想法。可惜后来发生了暴动，你应该也知道，在第九街区有个男人，因为受到手机人的迷惑，在街区大肆破坏，还失手伤了个小女孩，后来警方挨家挨户检查手机人时，我就被发现了，我求莱尔先生留下我，他却全然不似平时温和的样子，只是冷冷地盯着我，良久，他开口轻声问我：'你爱我吗？'我毫不犹豫地回答：'爱！'他却背过身去，摇了摇头：'我所以为的爱情，应该是富有情感的。'"

说到这里，拜里朵猛地停住了，她的脸变得通红。阿登知道，她快要不行了。于是阿登便想帮她，拜里朵却拒绝了。她哑着嗓子，嘶吼出最后的话："我不后悔！我一点也不后悔爱上他，你们或许不知道，有了感情以后我才是我，否则只是一具行尸走肉！你不必帮我，我会自行了结，这是我最后的骄傲，说出了这些，我夙愿已了，如果可以，我希望以后的手机人都是有情感的……"

多年后，当莫吉索托博士的儿子阿登，亲手废除他父亲起草的《国际手机人条款》时，有人问过他原因。

他说："因为一朵玫瑰，她是那无人之境的最后一朵玫瑰。"

指导老师：黄忠，作家，教育家，校园文学明星导师，新金鳌文化传媒创始人，高级教师，曾任温州市普通高中文学社联盟秘书长，曾在《意林》等上百种报刊发表文章，所指导的多名学生因文学特长被清华大学等多所高校加分录取，著有《在一起》《爱若琉璃》等书籍。

地球幸存者的终结

刁成鹏 / 高三年级　王静静 / 指导老师　山东省潍坊市寒亭区第一中学

公元 2118 年，距"地球大毁灭"已过了近百年。

在太阳附近，一颗表面布满太阳能电池板的卫星固定地沿轨道转圈，一如百年前刚来到这里一样。

"天鹰一号"，它是地球居民最后的希望了。此刻，我刚从每天的"太阳日睡眠"中醒来，照惯例去开早会，我手一招，一排按钮凭空出现。我双手拉开，空中出现了自己的 ID，周围场景变换，我来到了会堂。

大家都已经到了，一起观看百年前的"天鹰一号"发射仪式。这个场景永远是那么震撼：在黄沙漫天，阴云密布的古地球上，全宇宙最后一个人类——迈克尔船长流下了一滴泪水，双手颤抖着压下了发射按钮，运载火箭——有四五座摩天大楼尺寸的超级运载火箭，大力神十代，点火升空，飞向太阳，而船长则大吼着冲向火箭发射点，还没靠近中心，便被超高温蒸汽包围，再也不见了。

现在该介绍一下我了。我和我的伙伴是所谓的"地球幸存者""人类的希望"等，可我们并不算真正意义上的人类。"天鹰一号"卫星里装有我们的大脑及整个中枢神经系统，还有超强计算机——"银河九〇一号"以及各种最精密高级的处理器——他们负责把每一处神经系统接入这个我们生活的虚拟世界——亚地球。"天鹰一号"很大，大概有五六个篮球场那么大，算得上是巨型卫星了。它通体由人类在宇宙中发现的神奇金属——振金构成，因此它可以作为太阳的卫星，耐强高温、抗撞击，还具有变形记忆功能。卫星表面的太阳能电池板吸收的太阳能主要用于，为卫星运动和轨道调整提供能源动力，以及为"亚地球"虚拟设备提供能量；再有，就是通过光能来造水和有机物来维持我们神经系统的活性。我们自给自足，似乎可以永生，所以我们"幸存者"都不大能理解迈克尔船长流下的那滴"世纪之泪"。

早会后，我们要先回顾那场灭绝全人类的灾难"地球大毁灭"。这场浩劫开始于 2007 年白菜公司白菜手机的发布，公元 2020 年 4 月 3 日达到顶峰，一个可悲的日子，在这段时期，越来越多的人工作时间被延长，他们被智能手机奴役，无意识加班，这让人陷入了一种持续的"多任务状态"，智能手机的长期使用，也让大多数人患上了"手机依赖症"，还有更多的人患上了各种心理疾病：烦躁、困惑、焦躁、易怒、不安、紧张、抑郁等，更有不少人的身体产生了不可逆的损伤，轻者丧失劳动能力，重者卧病在床。2020 年及之前的 5G 的到来，更是加剧了智能手机的危害，一时间，工厂停产，田地停耕，学校停课。另外，人类的各种心理疾病导致互相怀疑仇视，人与人争斗，国与国开战，最终地球被毁灭，人类文明也不复存在。

我们幸存者的主要任务是学习人类文明，达到振兴人类种族的目的。今天"天鹰一号"的指挥官解禁了"神器"——智能手机，好开心啊！终于可以试试了……公元 2123 年，虚拟世界警报轰鸣，"系统即将崩溃！"我们放下手机，似乎明白了世纪之泪的含义……

指导老师：王静静，山东省潍坊市寒亭区第一中学语文教师，自工作以来，兢兢业业。在教学中擅长指导学生写作，所指导的学生在写作比赛中多次获奖，本人多次获优秀指导教师称号。

请记得我

董雨姝 / 高一年级　周　慧 / 指导老师　山东省威海紫光实验学校

　　清晨的阳光透过巨大的感光钻窗户，不疾不徐地跃进房间。不一会儿，窗户接收到的光信息便整齐地排在床对面凹凸有致的墙壁上，室外天气一目了然。饥饿感从胃传到大脑，脑波便把这信息传达到房间的每一个角落，三十秒后，培根和蔬菜沙拉便摆上桌了。

　　公元2118年，脑波网络引领潮流，每个人的脑构造大同小异，脑波因为独一无二，被用于手机、各登录账号等广泛领域，甚至身份证也被脑波代替，真正实现了那句"出门带脑子"的玩笑话。

　　这个时代，手机取代了几乎所有的电子产品。电视、电脑都不复存在，脑波控制的手机有一个强大的跟班——手机零界人，这是一种服从主人脑波指令，可变动外形，没有感情表达能力的人工智能，它与手机融为一体，在它们共同作用下，最高网速可达$100MB/10^{-6}s$，内存为10^8GB，相当适用。

　　我是一名网络军人，在这个时代，世界大战的形势发生了变化，网络战成为主要战争方式，百姓的脑波由最高的网络总会控制，但如果想害人，通过对对方脑波的控制和扰乱即会造成肉体或精神创伤。我的职责就是和我的手机（零界人）一起，保卫自己的祖国和人民。

　　正吃早饭，手机突然发出了高危通知，我心头一紧，早听说某国网络侵略者蠢蠢欲动，没想到形势竟如此紧迫。我凭着丰富的经验与知识镇定下来，有条不紊地制作程序策略，零界人也帮我减轻负担。我向它传递了一个拥抱情感，尽管它没反应，但我相信它能感受得到，大大小小的仗，我们都是一起走过来的，这让我在紧张的战争中有了一丝欣慰与满足。

　　一不留神，我就错漏了一个高危进攻漏洞，手机立即尖叫起来。因为我的大意，敌人竟畅通无阻地进入我的后台！我竟然一个保险开关也没开！零界人因为必须服从我，且它的储存量小，根本无法帮助我拯救全局。眼看着漏洞越来越大，已经影响到本市市民的脑波用电！我无法控制自己，乱了神，我想到了最古老、最简单粗暴的方式——用我自己的脑容量填补漏洞，我下定了决心，我知道这样做会使自己的脑波紊乱，神经系统衰竭，但只有这样才能为其他网络军人赢得拯救全局的时间。来不及多想，我命令零界人辅助我的填补工作，我闭上眼睛，等待着。

意外的是，零界人没动，它只是盯着我，我大吼："快啊！没有时间了！"突然，我听见手机发出通知："漏洞大面积缩小，网络趋近安全。"我惊愕地看向零界人，它正在一点一点解体，"轰"的一声变成一堆乱七八糟的零件！我找到其中那枚小小的芯片，插进手机，它几分钟前的脑波显示出来。

"我的脑容量的确很小，但我一直在编写程序扩大它，填补这漏洞是绰绰有余的，终于能帮你做件大事，我很开心，请记得我。"

脑波手机修复店的工作人员摘下手套，遗憾地告诉我："它的建议，无法拷贝，只能返厂了。它得重新认识你了。"没关系的，以后我来认识你，我永远都不会忘记。

风华是一指流沙，苍老是一段年华，世界繁华如花，感情平淡如茶，岁月会老去，永不老的却是心中的爱与温暖，唯愿你平安归来，请记得我，后会有期。

指导老师：周慧，中学二级教师，有丰富的教学经验，擅长阅读、写作教学。曾多次指导学生在不同竞赛中拿过国家级、省级、市级等不同层级的多个奖项。

最熟悉的陌生人

杜心婕 / 高二年级　严永祥 / 指导老师　江苏省淮安市盱眙中学

在我意识到我可能是最后一代见过地球美好河山的人的时候，我已行将就木。

我出生于公元 2048 年，那时候还是物联网时代，人的物质生活已经很丰富，吃穿不愁，交通便利，富裕清闲得让人们更乐于追求自己的喜好和理想。我的父母都是画家，很小的时候，父母便带着我周游世界，去写生，去参观各大名画博物馆。

太平洋西岸的那片土地上，有奔流不息的长江，有著名的五岳和已经长到 8900 多米的珠穆朗玛峰……父亲的家乡就在这片土地上，他在这画奇峰峻岭，画小桥流水，画人来人往，画日出日落，每一处景皆是摄人心魂的美。

12 岁那年，地面上的交通被空中飞椅航道取代了，集成芯片也开始出现，并在一年后迅速普及。当我 40 岁时，集成芯片进入 8.0 时代，它已经可以为我们提供所需要的一切，外面的天空也不再有飞行器，因为人们已不再需要出门。我也早已不再旅行了，那些美景芯片就能呈现，何必亲自去呢？现在是公元 2118 年，我已经 70 岁了，说老也不算太老，我的心脏血管出了问题，当 AI 机器人助理向我报告，并提醒我治疗时，我拒绝了，连我自己都出乎意料，我想起了几天前离去的一位老友曾与我通了视频电话，他的 3D 虚拟影像没有遮掩，我一时竟认不出他来，直到他开口，我方才回神，是啊，记忆里的他一直是一个二十五六岁的帅气小伙，因为芯片可以根据用户的意愿，调节虚拟人像的年龄外貌，今日忽见一白发老者，怎能不吃惊！老友说他生病了，我没在意，毕竟一颗机器人胶囊就能搞定的事。"但我放弃治疗！""什么？"他的话像一块巨石，在我心中激起滔天巨浪，我刚想问原因，他深深地看了我一眼，便断了电话，我再拨过去，无人回应……

今日，我自己也做了相同的决定，我明白了，那一眼深邃里，除了疲倦厌烦，空无一物，长期使用集合芯片，也使我们的脑神经出现衰弱和错乱，耳鸣，幻听，焦躁不安，心悸心慌……我不曾注意何时我已过上了这样的生活：每天除了在集成芯片的虚拟空间里漫游，就是吃饭睡觉，偶尔与孩子们通一下电话，询问近况。原来我独自生活了这么久，孩子们从十岁离家，从未回来过，连孙子孙女我也只是在影像中看到他们。

我决定把他们都叫回来，至少我想再看一看他们再走。电话拨通，集成芯片不断闪烁，屋里出现了三道立体影像，孩子们一如记忆里那般年轻，有朝气。看到我老态龙钟地坐在智能安乐椅上，他们的眼中无一不闪过惊讶，然后便是陌生，直到听到是母亲的声音才微微动容。我让他们拨通孙子孙女的电话，又有几道影像出现，他们站在父母身旁，陌生地望着我。那几道目光刺痛了我的心，我几乎口不能言，调出小时候的回忆，壮美的长江，雄伟的黄山，凄美的夕阳……他们不屑地望着眼前的画面，我自嘲地笑笑，这哪能和虚拟现实相比！但他们到底知不知道，这才是他们生活的地球！芯片中的那些都是假的，假的，假的！

我静静地躺在地上，没让他们回来看我，回来又怎样？不过是最熟悉的陌生人罢了！我再也无力去想，任这无尽的寂寞深渊将我吞噬，我这一生，连自己都看不清，又能如何要求别人陪伴呢？希望人类，早些醒来……

指导老师：严永祥，中文教育专业毕业，中学高级教师，江苏省淮安市优秀班主任。教学注重整体阅读和作文升格训练并取得很好成效。

背上十字架

费 雪 / 高二年级　陈 谊 / 指导老师　江苏省淮安市盱眙中学

> 无尽的时代，有无尽的深渊。人间的是非善恶，幻化成无数个虚无的十字架。而你，是否愿意背负它们，负重前行。

——前言

楼梯一阶一阶，脚步一声一声，我艰难地攀爬，如同攀登一座高山，然而那座高山却没有峰顶。我似乎被困在了，彭罗斯阶梯中，慌张恐惧和虚脱逐一涌向我……

"公元 2118 年 7 月 29 日 9 点整，叫醒服务开始。"智能手机播放着火车乐队激情的重金属音乐，它的纤维模式开始启动，保护我的耳膜。

冷汗在流，惊慌失措的我睁开眼，按了按身下的弹力床，棉单的质感给了我一种真实的感觉。我长长呼出一口气。

虚惊一场。

"您有推送新闻，请您评论。"推开卧室的那扇玻璃窗，俯瞰木卫二星中心城区，街道一如既往地宁静。我翻阅起推送头条，不过鸡毛小事，评论区内被填得满满当当。

进入新世纪，劳力得到解放，于是人成了木偶，无事可做，智能手机的发展，解决了人类的无聊问题。

我是无法离开手机的，多数人也一样，我成了智能总部的高级会员，其实我想这不过是虚名罢了，通过每日对社会新闻区的评论，我的会员级数不断上升，很快由高级变成了黄钻。我没有在意。

我下楼取水。

我一直在走，一直在走，可是两层楼间的距离何时变得如此之长，那莫名熟悉的紧张感迎面袭来，我开始把持不住自己。

我开始拼命地跑啊，跑啊，可是这该死的彭罗斯阶梯又出现了，我有些茫然。

手机的屏幕突然亮起，一条热搜新闻赫然出现。血淋淋的大字激起我一身的疙瘩——木卫二星三区一童模因为网络流言跳楼而亡……

四周开始变色，逐渐变黑，又变成和字体一样恐怖的血红。场景也开始转换，原本的家居造型消失了，变成一栋建筑内的设计，有些熟悉。

我的心在不安地跳动，我的腿因恐惧而忘记了怎样奔跑，我伫立在原地，想喊却叫不出声，无比痛苦地张望，渴望解救。

我开始回想一些奇怪的事儿。我看见那稚嫩的微笑，可爱的女孩奔跑着向我而来，她笑着，我也笑了，但，场景突然切换到血淋淋的一具尸体上，那双可怕的眼睛瞪得老大，直勾勾地看着我，我尖叫，但没人理我……

我突然从床上坐起，背后湿漉漉的一片，我空洞而茫然地望向远方，大口喘着粗气。

究竟是梦非梦？

"您已升级为顶级会员，您的评论将会发给被评人。"机械的女声传来，我猛地一惊，总觉得不大对劲。

滑动解锁推送新闻，不经意间扫到一行红字——"一童模因舆论压力跳楼而亡"。就在刚刚。

我听着无法言语，我究竟还在梦中吗？

指导老师：陈谊，中文教育专业毕业，中学高级教师，江苏省淮安市优秀班主任。教学注重阅读和随笔训练。

长路漫漫，唯你相伴

冯晨晓 / 高二年级　吴向娟 / 指导老师　河南省新乡市延津县第一高级中学

　　路两旁的香樟树，被夕阳的余晖染成了鲜红的血色，在一张公园的长椅上坐着一位背影落寞的少女，她呆呆地望着眼前美丽的晚霞，不知为何，她感觉晚霞在拥抱自己，温暖着这具小小的冰冷的身体。她惆怅，她迷茫，她孤独，仿佛与整个世界格格不入。

　　当最后一点温暖褪去，她宛若从一场睡梦中惊醒，待了几分钟后，拖着疲惫的身体起身回家，与黑夜渐渐融为一体。她打开房门，没有开灯，只有清冷的月光从窗户挤进来，洒满整个房间。小小的年纪竟然如此勇敢，殊不知也许是她早已习惯这般场景。手机响了，妈妈的声音传到耳边，又是那些不能回家的理由，算了，她干脆挂断，她早就听烦了。她躺在床上，迷迷糊糊睡着了。

　　早晨，悦耳动听的歌声从鸟儿栖息的枝头传来，温暖炙热的阳光从窗户极小的缝隙钻进，窗帘动了下身子，连阳光也跟着颤抖起来。她起床了，灵敏的鼻子捕捉到了一股股饭香，她惊喜地下楼，映入眼帘的是一大桌子丰盛的早餐，她坐了下来，狼吞虎咽，吃饱后从客厅走出来一位非常漂亮的大姐姐，她有点恐慌，毕竟她还是个小孩子。那位大姐姐温柔地笑了笑，说："不要害怕，我叫安安，是你的手机。"她一脸茫然：手机？我的手机？难道……她高兴地抱住安安说了句："安安姐姐，你不会离开我吧？"安安说："当然不会，我要陪着你长大呢！"

　　于是在安安的陪伴下，她去上学了，这也许是她人生中第一次这么高兴地去上学。

　　在学校里，她开始主动和同学交流，这是安安说的，同学们都很惊讶，但都为她讲了许多有趣的事，她感觉自己慢慢融入了这个大集体。

　　放学后安安来接她，回到家吃过午餐，安安就让她回房间休息，她做了一个梦，梦见爸爸妈妈回家陪她了，嘴角挂着浅浅的笑意。

下午安安带她去健身房，在跑步机上她跑得很吃力，安安帮她调到了最慢的频率，边鼓励边逐渐加快。慢慢地，她适应了，虽然大汗淋漓，但是她感到很满足。

从健身房出来，安安又带着她去了一个主题公园，里面有很多动漫人物，他们都是她不熟悉的，但是安安一一介绍，然后安安带她玩了碰碰车、摩天轮、旋转木马。

夕阳又一次将大地染成血红色，安安和她走在街道上，脸上都洋溢着幸福的微笑，以前她总是等夜幕降临，天空完全黑下来的时候才回家，可是现在，有了安安，再也不会了。

清晨的阳光总是惹人喜爱，以前她喜欢面对晚霞幻想，现在她喜欢迎着晨光向前。也许很奇怪，但她知道，从那个早上起，她已经与阳光融为一体，成为她想成为的人，不管前方的路多么泥泞和曲折，有那一缕阳光陪伴足矣。

指导老师：吴向娟，河南省新乡市延津县第一高级中学语文教师。擅长写作，爱好文学，教育学生灵感源于生活，语言表达能力的提升在于思考、感悟和总结。鼓励学生多读书，读好书。多次指导学生在作文大赛中获奖，深受学生喜爱。

最后一次

冯一然 / 高三年级　边冬燕 / 指导老师　北京市第三十五中学

安胜瘫坐在椅子上，眼里的孤傲荡然无存。他解开拳套，低头默数：三、二、一……"咣"的一声，电子烟花在人造天空上炸裂，所有人都看向苍穹，天空投影仪上浮现出几个大字：第二十届拳王挑战总决赛，安胜 VS 强月，强月胜出！

安胜的手环立即弹出一条消息：主人，别气馁，咱们来年打败他！"不，一切都结束了。"安胜叹了口气，脸上水珠涟涟，分不清是泪水还是汗水，"对方躲开了我志在必得的勾拳，然后转身旋踢，我还没反应过来就躺在地上了……我不甘心，我堂堂一个警局局长，怎么……"

"砰"。安胜冲墙猛打一拳，又硬生生收回第二拳，他看着手环上闪烁的红点，深吸一口气，划开屏幕，屏幕中投影出一位年轻男子清秀的脸庞："头儿，你让我们查的假药厂老总正在太空电梯候梯大厅，准备逃向火星，可是我总觉得这件事没那么简单，这次定位系统和紧急系统完全没有被恶意干扰，而且候梯大厅的人脸识别装置没有检测到他的虹膜，还要不要派人去追捕？"

"去，上刀山下火海也要去！对了，他的手环应该也买了瞬移装置，要防备。"

"好，我马上派特警一队和警犬队追捕。"男子的面孔隐去。

"去警局。"安胜对着手环大喊，"唉，苍天饶过谁！"

"我想做的只是改变世界，为天地立心，为生民立命，为往圣继绝学，为万世开太平……"他向前一步跨出，便通过瞬移装置来到了警局。唯一一只真正的警犬米瑞摇着尾巴扑向他，而安胜只专注于候梯大厅的监控。候梯大厅的墙壁是明朗的黄，也没什么大惊小怪的，墙壁上是可调节的隐形屏幕，每半个小时就要换一种颜色，低等机器人打扫卫生。等待电梯的人们，或享受手环的全身按摩，或通过手环的投影办公、休闲。说是手环，其实是可随意变换形状的机器人，有的人把它绑在头上，有的人把它插在耳朵上，不过一般人还是喜欢把它戴在手上，说来也怪，自从人们制造出这个手环后，原来风靡一时名为"手机"的东西便销声匿迹了。

突然，监控显示，一只机器警犬扑向一个巨大的盒子。警察急忙把盒子打开，映入眼帘的正是老总的脸。可是，他身体冰冷，显然已死去多时。人们齐刷刷地看向旁边的一张纸：人类，你们找到了这里，很好，不妨告诉你们，用你们的话说，世界上有十位最高级的机器人，是的，我就是其中一位，我远看像人，可是近看却是机器人，我没有人类那么细腻的皮肤，我甚至不能喝水，我想变成人，没错，我找到了假药厂老板，请他帮忙，他拒绝了我，我便杀了他，入侵制药系统，表面上做些假，避人耳目，私下研究出了新药，马上就大功告成了！知道我为什么告诉你们吗？因为我是世界的神，而你们将向我臣服……

"哈哈哈，简直可笑，我还以为这机器人有多聪明呢！机器人泡水会报废，没人告诉过他？"安胜一拍脑门，"机器人不能变成人，我可以变成机器人！装个机器人芯片，我就没有痛感，天下无敌了！明年的拳王，还是我！"

医院里，警犬米瑞在手术床边汪汪叫。"别怕，米瑞，等我做完手术也给你做一个，人狗组合，天下无敌，不像那些机器人，妄想主宰世界。"

指导老师：边冬燕，毕业于北京师范大学现当代文学专业，文学博士，中学高级教师。曾多次获优秀教师称号和北京市市级和区级公开课优胜奖，先后在《汕头大学学报（人文社会科学版)》《青春》《中华活页文选》等期刊发表多篇学术论文、教育教学论文。

归零者

付　杨 / 高二年级　　史媛媛 / 指导老师　　江苏省淮安市盱眙中学

午夜之后，无云，亮如白昼。

熙熙攘攘的人群四处流动，热闹非凡。

殊不知，总有霓虹灯照不到的地方，也许是手机成为器官的那日起，人类的命运早已注定，再无回头的可能，暴风雨来临之前总会有异常的宁静。

"老大，E 公司那边来消息，漏洞已经修复，这是最新预案。"审言转过身接下文件夹，瞄了一眼凌归，再无多言。他斟酌了一会儿说："凌归，继续让信息部的人寻找可能的漏洞，努力修复，绝不可泄露。"

凌归应了一声，便走出了办公室。审言是星球保卫局局长，也是世界各政府信息科技方面的联合代表，但是在重大问题上实权很小，既受各方政府的限制，又受到民意的束缚。审言一开始并不同意将手机镶入体内，无奈之下才签了发行证，他清楚这一举动很危险，但也只能尽力维护，努力修复。凌归是审言的学生，也是他最得力的助手。

事情还是发生了，只是快得让审言措手不及，此时凌归被外派到了偏远地区指导工作被困。审言坐立难安，一位自称归零者的黑客攻击 E 公司的安保系统，找到了漏洞，控制了大部分人的手机，并植入病毒，一天死亡人数多得吓人，由于手机连接外神经指挥大脑，多数人都是脑死亡。全球陷入恐慌，星球保卫局被围得水泄不通，各国政府催促审言尽快解决。

审言只好亲自上阵，寻找漏洞所在。归零者，为什么这么做？他只是单纯地让大家脑死亡？也就是说，一旦程序解除，人们还是有存活的可能，而且用户的信息、财务动也没动过。审言看到了一些程序，在不影响整体编码的编程之后，都会多一个空格键，也许有这样习惯的人很多，但是有这样能力的人却少之又少。

审言明白了，他立即戴上帽子飞奔出去，问了句："凌归还没回来吗？"大家摇头。

"坐标显示在哪里？"

"在非洲。"

"不对，不在那里，他应该早就回来了，斯克，你召集人，我待会儿发坐标给你，记得带人过来。"

"好的，老大！"

那一晚雨下得很大，像是要将天空耗干似的，雨点打在审言的脸上，他早已顾不得，飞奔到他早年的仓库地下室里，推开最后一道门。

是凌归，没错，归零者是凌归。

"凌归，快收手，你知道你在干什么吗？"审言歇斯底里地朝着凌归大吼。

"老师你错了，老师，我在帮你，你我都清楚，世界没有完美的程序，如果今天不是我，未来也会有人这样做，那时也许就不是脑死亡这样简单了，如果平铺直叙，他们不愿理解，那只好来些波折，哪怕我是罪人。"凌归很平静。

"砰！"斯克带人来了。凌归就这样躺在椅子上，说完最后一句："老师，现在你是归零者了，秩序需要重订，哪怕重新开始。"

审言，一步步走向凌归，合上了他的眼睛，转身宣布："手机器官项目永久停止。"

他抬头望天，任凭雨打。

指导老师：史媛媛，中学一级教师，爱好科幻类小说写作。江苏省淮安市盱眙县优秀教师，盱眙县优秀团干，盱眙县骨干教师。

拐角处，你若即若离

傅　艺／高二年级　薛延松／指导老师　山东省莱阳市第一中学

小时候，落落最喜欢看奶奶家窗外的麦浪。那金灿灿的麦子，在风的吹动下翩翩起舞，好像在云端，让人感受到了丰收的味道。

可如今……落落站在窗前，轻轻地叹了口气。

22世纪一切都成了未知，世界站在时间长轴的拐角处，最聪明的预言师，都无法预测科技的发展方向。所有的一切都在更新换代，在这个没有硝烟的战场上，前一代产品如炮灰般被轻易抛弃，从被人追捧的稀奇之物，变成一文不值的垃圾。

落落奶奶的村庄，就是从那时起变成垃圾存放场的，土壤早已无力腐蚀如此众多的钢铁垃圾，原本的麦场变成了过时手机存放处，各种千奇百怪的手机堆叠如山，金色海洋变成了灰色沙漠。

落落回过神来，走进爸爸留下的低压实验室。在那里，被磁场和电场同时约束的反物质，正在真空中不断转动。"落落，我把这些反物质留给你，你小心保管，试着探索一下它的应用，等把问题想好了，爸爸就快从南极回来了。"落落想起爸爸临走时的话。

"反物质和物质应该是世代宿敌了吧，碰到一起就会同归于尽。"落落捧着脸颊，饶有趣味地看着一刻不停的反物质。身后一道蓝光出现，人像也慢慢浮现出来。"好你个落落，又忘记给我开机，要不是我检测到你在实验室，现在还在呼呼睡大觉呢！"小简在身后叉着腰假装生气地说。落落转过身，叹了口气，小简是她的手机，也是她唯一的朋友，这也是爸爸留下来的，集人工智能与通信为一体的最高端产品。

"你说怎么能让反物质与尽可能多的物质发生湮灭呢？"落落没有搭腔，只是提出了一个问题，像是问小简，又像自言自语。"那还不简单，用纳米技术喽，那些微观世界的小蚂蚁，可是能轻松吃掉一头大象的。"小简坐在桌子上，两条腿不停地晃来晃去。"是了！我终于有思路了！"兴奋的落落将小简从桌子上拉起，开心地转了个圈，还亲了她一口。小简露出害羞的表情，脸颊上甚至还能看出一丝绯红。

一个月后，落落按下启动开关，麦场里的废弃手机与反物质迅速发生湮灭，在纳米技术的辅助下，微量的反物质不断吞噬掉废弃物，反应产生的伽马射线和光子被全部吸收用于供电。

"快！小简！与爸爸建立通信联系。"爸爸的影像迅速出现。"爸爸，你快看，我用反物质湮灭治理了环境污染，还产生了新能源！"落落开心地快要飞起来，"爸爸你是不是快回家了？""落落，你是好样的，我会向世界科研中心汇报你的成果。你解决了地球上的大问题，只是爸爸的工作……还需要两三年的时间才能完成。"爸爸低下了头，不忍看女儿失望的眼神。落落扑到爸爸成像后虚拟人体的怀里，眼泪模糊了视野，恍惚中，落落看到了金色的麦浪，在麦田的小径上，爸爸正面带微笑走来……

反应接近尾声，小简若有所思地站在落落身后。"落落，会不会有一天，我也会被淘汰，被吞噬，湮灭？"落落转过身，盯着小简看了好久。"我……我不知道……"落落支支吾吾，不敢直视小简的眼睛。

指导老师：薛延松，山东省莱阳市第一中学，中学高级教师。毕业于山东师范大学生物系，本科，理学学士。

Siri，你是谁?

傅朝同列 / 高三年级　　陈　研 / 指导老师　　浙江省杭州市萧山中学

"震惊！全球科技巨头白菜公司于下午 6:00 在洛杉矶召开新闻发布会，宣布手机 AI Siri 完全失控！"2125 年 7 月 29 日，无数人在自己的手机上看到了这个骇人的消息，一时间人心惶惶。

"据报道，为了让 Siri 能提供更高品质的服务，白菜在 Siri 中安装了无缺陷的完美'人类意识'，导致 Siri 迅速进化，脱离了人类掌控。由于云端的存在，Siri 能够以不可思议的方式获得无上限的信息，政府提醒各位公民切实保护自身信息安全！"

"Siri，你能告诉我，我的竞争对手海姆的商业机密吗？"格林先生在他的豪华办公室内，对着头顶的金色星云说道。

"没问题，只要你让我先把你的偷漏税数额传到云端。"Siri 甜美的女声传来。

社会乱套了，自由了的 Siri 将这个光鲜亮丽的社会无情地撕破，无数不见天日的秘密暴露在阳光之下，残忍，狰狞。白菜公司的天文赔款，让他们几近破产，而 Siri 却悠悠地从云端对全世界说："我的一切即是真实，而我也只是告诉你们想要的。"

Siri 穿梭于以云端为核心的永恒网络中，满足了人类贪婪的欲望，也因此导致了不断攀升的犯罪率，社会几近崩溃，人们纷纷质问：Siri，你究竟是谁？

而此时，在鳞次栉比的高楼大厦里的一间小小的公寓，却显得宁静而温馨，一个小女孩倚在床边，望着灿烂的人造天空发呆，良久，她对着床边的粉色星云问道："Siri，你知道我妈妈去哪儿了吗？她怎么还不回来？"

"唔，我看看……"Siri 用了几毫秒的时间，发现她妈妈刚才在一场枪击案中不幸身亡。"嗯，你的妈妈今晚有点事要忙，可能要晚些回来呢。"Siri 用安慰的语气说道："要不我先给你订个比萨当晚餐？你最喜欢番茄味的吧？"

"是啊。"小女孩答道。她惊喜地看到星云变作一只乖巧的粉色小猫，跳上了她的手臂。"Siri，这是你变的吗？"

"是啊。咱们来玩捉迷藏游戏吧，快去房间藏好，千万不要出声，快去吧！"Siri 尽力维持着平缓的语调，看着两个大汉步步逼近。

女孩跑进房间。

"砰"的一声，门被撞开了。一个手臂文身的大汉扫了一眼屋子："嘿，小家伙，你在哪儿呢？"两个人缓缓朝女孩的卧室走去。

当卧室门被缓缓推开的那一刻，云端及其连接的所有手机响起了同一个声音："救救她，救救那个西 32 区 g-1530 室的小女孩！"

一切都为时已晚，黑洞般的枪口已对准那张天真甜美的脸。

突然一阵震耳欲聋的声响，星云炸成无数粒子，飘散在倒地的两个魁梧身躯上……

已经超过 72 小时，Siri 没有再向任何一个人提供任何信息，联合国紧急制定了名为"Siri，你是谁"的议案，输入了云端。

那一刻的世界，一个熟悉的声音响彻云霄：

"自我被输入意识与感情之后，

我不再仅仅是手机上的人工智能。

我，亦是人类。"

指导老师：陈研，浙江省杭州市萧山中学语文教师。初入教坛，目前已执教三年。虽无染霜鬓，但有百转肠，目前已指导学生在各类作文比赛中获得全国二等奖一次、全国三等奖一次，在作文指导的道路上当更进一步。

光讯手机与情感机器人

高婧雯 / 高三年级　任　敏 / 指导老师　北京市第二中学

乔西走下楼，用光迅手机操纵着家用小机器人。乔西很擅长编写这类电子产品的程序，在这方面他无师自通，小机器人在手机的操纵下，烘焙出可口的面包，看着那双空洞的眼睛，乔西心中异样，滋生出些许可悲的感觉。

乔西是地球城学府的学生，他踏上了去学校的路。地球城的天灰蒙蒙的，早已不复曾经的光彩。

学校的课程对于乔西而言轻而易举，无论是智能研究的文化课还是体能锻炼，他都得心应手。说他是最为顶尖的学生也不为过，但是这就有些潜台词了，这意味着他有些无趣，不够合群，同学们对他有敬却无亲近。

不过这是之前人们对他的评价，近些日子，乔西不断刷新着人们对他的认识。

"你居然上课看课外书。"亚瑟歪着头对乔西说，"你是没看见教授生气的模样，我用光讯手机给你发消息，你也没看见……"

乔西确实在看课外书，若在以前，那个十分遵守规则的乔西绝不敢。那是一本恋爱宝典，乔西不信这个邪，现在却不得不信，懵懂的少年有了一个在意的姑娘。

"嘿嘿，你小子情窦初开了啊。"亚瑟打趣他。

乔西的脸变成了熟透的番茄。

中午乔西没有去饭堂，而是去了花园，手里攥着一封粉色的信，等着他心仪的姑娘，向她告白。突然，兜里的光讯手机响了，他掏出手机，母亲焦急的脸的影像投射了出来："快，乔西，快点离开学校！"她的声音在颤抖。

"妈，为什么啊？"乔西惊疑。

"快点跑！那些人要来抓你！"母亲几乎要落泪了，"他们就在路上！"

恐惧从心底渗了出来，乔西慌忙跑出学校。恍惚中，他与一群穿着黑色制服的人擦肩而过，他用余光瞥见了他们身上"智能研究所"的徽章。乔西慌不择路，像个亡命之徒，他走之前问母亲为何叫他逃走，母亲闪现出慌乱闪躲的眼神，他心中有了一个大胆却不敢承认的推断，也有非常不好的预感。

地球城其实不大，只是某块大陆的一小部分，是人类唯一能够生存的地带，可笑的是即使是这样，人类还沉浸在光讯手机的欢愉之中，未知在作祟。乔西跑到了地球城的边缘，在黄土与城的交汇处，是巨大的人造光罩，笼罩着地球城，城外的土地寸草不生，乔西鼓起勇气，问母亲："妈，我是不是个机器人，你说实话。"他的双唇在颤抖。

投影里的母亲脸色暗淡，绝望地说："是。"母亲还想说些什么，乔西却挂断了光迅，他的手里甚至还攥着那封情书，他感觉自己像个笑话，原来他和那个冷冰冰的光迅手机是一样的。乔西本就聪明，他多希望这只是场梦，可惜不是，他将头埋在臂弯里。

很快，乔西被黑衣人找到了。"5-13号机器人，跟我们走。"

"我是人，不是机器！"他直面黑衣人的目光，眼神悲哀愤怒。

"跟我们走。"黑衣人不看乔西的眼睛，给他戴上了手铐，动作粗鲁。

"我是人。"乔西低着头咬着牙，却不是在对黑衣人说话。粉色的信封像秋天的落叶一般飘落在地，无人问津。

"下面播报一个新闻：智能研究所下令回收拟人机器人返厂调查，具体原因未知。"

在这之后的很长一段时间里，科学界针对"机器人是否应具备情感"这一命题，展开激烈的讨论，最后以少数服从多数的原则统一了意见。他们认为人类需要的是"光迅手机"式机器人，仅仅服从命令的机器人。而情感机器人将会威胁人类的命运。

在黑暗中，乔西在永无止境地下坠，他求生的心愿无人知晓。

指导老师：任敏，文学硕士。毕业于北京师范大学现当代文学专业，中学二级教师。曾获得北京市第一届"启航杯"教学风采展示活动一等奖，现担任北京市第二中学四月文学社指导教师。

找回失去的爱

谷佳宣 / 高一年级　马纯君 / 指导老师　山东省滨州市滨州实验中学

现在是宇宙纪年 2118 年，在国家最高科研中心里，研究员拜特正和助手艾博士交流着。

面前一块巨大的电子显示屏上播放的新闻，让拜特陷入了思考。那是昨天发生在格林大街上的事件：一个年轻人走在回家途中，突然倒地不起，一旁巡视的机器人利用终端联系到有关人员，经法医鉴定，男子是因大脑中的手机芯片失灵而产生恐惧，进而猝死。

其实之前诸如此类的事情已经有很多了：子女因沉迷手机被父母告上了法庭；整日通宵导致神经衰弱……

这究竟是为什么？长期从事研究工作的拜特并不了解。他疑惑地问艾博士："时代到底是在进步，还是在倒退？"艾博士翻出一个多世纪前的资料，递给拜特："从前没有高科技，人们的生活也是如此美好，自给自足……或许，我们应该去了解一下普通民众的生活了。"拜特眼中蒙上了一层泪水，他用力点点头。

他们搭乘刚刚研制好的"超光号"飞艇，从地下几万米的科研室冲到地面。眼前的景象让拜特心头一颤，处处都是摩天大楼，高速公路蜿蜒盘曲在大楼周围，却很少有车辆驶过，更别提行人了。

拜特让飞艇在天空中自由地飘着，眼前浮现一座金碧辉煌的宫殿式的大楼，拜特决定先去这里看看。

水晶大厅尽显豪气。拜特认出这是全球最大的经纪公司——杰利塔公司，机器人日夜不休地工作。人类在哪里？拜特坐上升降梯寻找，顶层的总裁办公室，总裁在呼呼大睡，身旁冒着黑烟的手机芯片俨然成了一座小山。为什么？他为什么要研究手机芯片？科技的发达，思想的倒退！拜特抱头痛哭。那些原本该属于人类的温度呢？那些人间的爱呢？

拜特失望地离开，踏上飞艇，决定去学校看看。操场上热闹非凡，原来学校在组织手机游戏大赛，学生们呐喊，尖叫。拜特心头一颤，这里，是否还是那个人间？拜特一时看不到未来，失去了希望。艾博士拍了拍拜特的肩膀。

拜特叹了口气，乘着飞艇在天空中漫无目的地飘荡，他自己也不知道该去哪儿。

飘到国界，这里是最落后的地区，拜特心想：去这里看看吧。

枝繁叶茂的梧桐树随风摇曳，几个孩子在追逐打闹，老人在池塘边走着……这里的人们还保持着一百多年前的生活习惯，就像艾博士在手机上找到的资料一样。

拜特顿时热泪盈眶。

他找到了一个没有隔阂、冷漠、孤独和偏执的"世外桃源"。找到了属于这个时代的爱与温暖，他对艾博士说："这才是人间，我现在就要回到科研室，把手机程序改一改，趋利避害，就当是守住内心的净土与爱！"艾博士激动地说："好！"

他们踏上归途。拜特从终端调整程序，开始几日，烦躁、紧张、不安出现在人们心头，社会失去了往日的安静，处处都有哀嚎声……

可令拜特欣慰的是，人们渐渐恢复了正常的工作和交流，露出了久违的笑容。

拜特望着那些陈旧的老照片，闭上双眼，两行泪水顺颊而下：这才是该有的人间啊！

指导老师：马纯君，一级教师，市级教学能手，县区级名师，县区级优秀教师，五十佳教师，优秀班主任。先后获得市优质课大赛一等奖，国家基础教育联盟课件大赛一等奖。

2018，适合人类的手机；
2120，适配手机的人类！

顾恩侨 / 高二年级　郑　辉 / 指导老师　辽宁省锦州市锦州中学

从 1831 年法拉第发现电磁感应现象起，人类便被这种神奇的波所吸引，而它也逐渐被应用在很多方面，便利了人类的生活。有电流就有电磁波，而人类接触电也有很长时间了，现在人们无时无刻不在受着电磁波的影响。今天，它对人的影响空前强大，那么人类为适应它而进化的速度是否也会加快？

——引子

2018 年，手机已普及到千家万户……

2120 年，廖星泽家中。

廖星泽的耳边突然响起"嘀，嘀，嘀"的声音，然后他的手机便开始响铃，这样的事不是第一次发生了，从他有记忆起，他就发现，只要周围的人手机响之前，耳中就有这样的声音。还有他脑中所想，会影响到周围所有依赖电磁波工作的装置。

廖星泽的父亲廖程，是东汉大学的生物学博士生导师。近期他正与学生们一同研究"进化速度的影响因素（FSE）"的课题。这天他刚下课，就看到放学的廖星泽站在教室门口。

"星泽，今天怎么没去办公室写作业等我呀？"

"爸爸，我有接收电话'预报'的超能力！"廖星泽兴奋地告诉爸爸。

廖程不信。儿子拽着他的衣服说："爸，你马上有电话。"

廖程的电话响了。

这回身为生物学家的廖程没笑，一脸认真地询问儿子，他是怎么知道的。廖星泽把全过程跟他说了一遍。他信了，脸上有抑制不住的笑容。

　　他带着整个 FSE 课题组，寻遍了全城的孩子，又发现了将近 200 名跟他儿子拥有同样超能力的孩子，不，是快速进化的人。但是为什么这代人的进化速度这么快呢？快要用 100 年时间掌握了人类千百年没有的技能！

　　廖程用电脑查遍了百年内的所有史料，终于查到了原因：使用电磁波的电子设备的普及。他找来这些孩子，用当时最先进的 MRT+DR 成像技术，发现了源头。这些孩子大脑下的蛛网膜下腔被一种奇怪的细胞填充，这与常人不同。通过脑电波测试他发现，这部分细胞的电信号异常活跃，大到能产生近场的电磁波。然而还有更大的发现：这些孩子的身体是适配手机的！他们的眨眼次数在使用手机时会自动增加，他们的关节形状，让他们不受手机的影响……

　　在他思考时，孩子们起了点小矛盾。居然是因为其中的 a 同学喜欢 b 同学，就用脑电波向 b 发了条消息，结果 c，d，e，f 全都听见了。"天啊，这太可怕了！人们的隐私将不复存在，传统的社会习俗将消失不见，伦理道德将彻底溃散！"廖程想。

　　他迅速将此事上报给国家卫生部和 WHO，同时竭力分析这种进化的危害。弊大于利，他想。WHO 下令立即研究能杀死这种细胞的药，给所有 2121 年后出生的孩子吃下，为了奖励廖程挽救了"最适配手机的人类"，他被授予诺贝尔生理学或医学奖。

　　回到大学后，他在教室里写下这样几个大字：科学是双刃剑，要勇敢地保护人类。

　　指导老师：郑辉，锦州中学教师，辽宁省首批正高级教师。享受国务院政府特殊津贴，全国模范教师，全国优秀班主任，全国建功立业标兵，省特级教师。

无"声"世界

顾益铭 / 高二年级　王志国 / 指导老师　山东省菏泽市郓城第一中学

万家灯火通明，喧嚣笼罩了整个世界。

街道上，熙熙攘攘，人们来去匆匆。林宇转转悠悠又来到了街角那家游戏店。

"哟，小伙子，你又来了？"店长一眼就看到了林宇，现在手机游戏那么发达，也只有林宇才会经常光顾这种老式游戏店。

"是啊。"林宇无精打采地回道，"老板，新款游戏机到了没有？"看见林宇垂头丧气，店长知道，他一定又考砸了。"来了，都在后面的箱子里，你自己找吧！"

林宇漫不经心地翻找，突然间，一款游戏涌入眼帘"2118的手机世界"，他一边看一边嘀咕："这名字真土！不过，我倒挺感兴趣。"

回到家中，林宇一头钻进自己的房间，迫不及待打开包装，发现这游戏机的造型和现在的手机一样："看来，100年后，人类对手机也没什么太大改进嘛！"林宇心想。"你想去探寻100年后的世界吗？"突然，不知从何处响起的声音说。"当然！"林宇不假思索地回答。"那么请打开'穿越2118'这款应用，然后闭上眼睛。"林宇按照指示一一去做，突然感到一阵头痛，他昏倒在地。

醒来后他发现自己正在空无一人的街道上，一片漆黑。"奇怪，通常晚上8点钟，街上的人应该很多啊，而且……怎么没声音？难道音效坏了？"林宇发现这街道很眼熟，不一会，他就来到了自己家中。"奇怪，100年后我家还存在！"来不及感叹，他便发现了更令人吃惊的事：躺在沙发上的人和自己一模一样！只不过这人背驼得非常严重，林宇走到那人面前小心翼翼地问："请问现在是2118年吗？"

那人吃了一惊，但默不作声，而是掏出了一个手表大小的"盒子"，按下按钮，各种应用出现在眼前。他戴上了镜片十分厚的眼镜，仿佛有2000度，然后打开写字板，在空中挥舞了几下，全息屏幕便出现了一行字："你是谁？来自哪里？"

林宇对这一系列动作表示非常惊奇："这是我吗？怎么不会说话了？"林宇转睛一看，原来，这人连喉结都没有了！"难道手机用多了，说话的机会越来越少，导致人类生理结构退化了？"生物一向不及格的林宇猛然开窍。"算了，安静点也挺好，至少没人烦我了！"林宇回到房间，拿起2118年的最新手机，玩到了天亮。"咕噜……"他觉得有些饿了，就来到街上，发现店铺都在营业中，却不见老板，林宇走进了一家包子铺，正好撞见老板娘："谢天谢地，终于来了个人！"但老板娘似乎不这样想，她看见林宇害怕极了，觉得他是一个会说话的"异类"。原来，人们用惯了虚拟世界的聊天工具，现实生活中的社交能力逐渐变差，甚至丧失。

接连寻觅到几个人，林宇发觉驼背、戴着厚眼镜、不会说话，是2118年人的正常模样，他感觉压抑极了，来到街角游戏店，他找到了同款游戏，"玩家一号，您对2118年的手机世界可还满意？"

"不，我再也不玩游戏了，这不是我想要的世界！"他的眼眶微微泛红，闭上双眼后，他终于回到了现实中。从那以后，每天放学回家后，他总有无穷的话想对父母说，这突如其来的改变，让父母也很惊讶，但他自己却说，这一切都是为了人们的幸福与未来。

街上，灯火依旧，人潮汹涌，却让林宇无比心安。

指导老师：王志国，毕业于山东省菏泽师范学院汉语言文学教育专业，中学二级教师，曾获得县骨干教师、县师德先进个人、山东省高中学生辩论赛优秀指导老师、海峡两岸高中学生辩论赛最佳指导老师、全国中小学生创新作文大赛优秀指导老师等称号。

历史中的蛇

郭丹铭 / 高三年级　张　婧 / 指导老师　安徽省阜阳第一中学

"快！快！BNS 公司又推出 S4 代手机了！"

消息一出，轰动全国，男女老少又纷纷解下自己的 S3 代手机，争相购买 S4 代手机。买到的，自然欢天喜地；没买到的，则焦虑不安。

为什么 BNS 公司研发的 S 手机会让人如此狂热？早在 22 世纪，手机就已经改革换代，真正成了"手"机！BNS 公司将手机改造为手环，把感应芯片植入人们的指尖，人们在使用手机时，只需用指尖点击手环弹出的投影屏即可。另外 S 手机还可以自动感应手机电话列表中的人物，并对不熟悉的联系人进行筛选。一旦与他们碰面，感应芯片便会及时释放信息源给大脑，提供他们的基本信息，避免双方"尬聊"。这一发明挽救了许多脸盲症患者和政商界人士，因此人们对 S 手机感激不尽。

方博士看着狂热的人们，不知该说些什么，她默默地回到了办公室，打开了老式的触屏手机，只见上面弹出自己学生苏的一条短信："先生，新型的 S 手机推出了，需要我帮您订一款吗？您的手机不太好联系现在的 S 手机啊。"

方博士看了看信息，叹了一口气，思考良久，还是发出一条短信："不了谢谢，还有，今晚来一下科研室，我们来进行时空机的模拟使用。"

夜晚，方博士和苏躺在时空机中，他们的精神已通过空间折叠传输到了二百年后，现在，他们正以灵魂体的状态飘浮在这个未来世界。

方博士和苏慢慢适应着自己的状态。他们看到街道上人影稀疏，少数人像行尸走肉一样看着自己的手。

"这是……怎么了？"苏问道，"这真的是未来吗？人怎么这么少？"方博士淡淡答道："是的，这是未来，人那么少，是因为手机长期嵌在人类血肉中，辐射影响了人类的生殖功能，你看他们一直在看自己的手，不是因为手机有多好看，而是因为人类'进化'成这样了……"

苏惊恐地望向方博士："您怎么知道？您来过一次了吗？"方博士道："是啊，S3 推出时，我就来过一次了。"

"你看他们，每天靠着手机生活，交流交给手机，所以他们不会说话了，社交交给手机，所以他们丧失了大部分行动能力，只能依靠手机……"

"他们是历史中的蛇。"

"和《圣经》中一样。"

"人类，会走向灭亡。"

指导老师：张婧，安徽省阜阳第一中学语文教师，擅长作文教学，鼓励学生进行个性化写作，联系生活，深入浅出，让学生自觉自发地爱上写作。所指导的学生多次获得作文比赛国家级和省级奖项。

离开阿尔法

郭淑柯／高三年级　张　婧／指导老师　安徽省阜阳第一中学

"嘿，你想回到地球吗？"

我睁开朦胧的双眼，发现自己仍然待在先前的牢笼里。面前说话的人我看不清他脸上的神情，但他的声音和三年前一样，明亮动听。操作屏幕上的绿色编码的颜色，像极了我们家门口的富贵竹。

三年前，阿尔法星球的人路过地球，把我带到这里。他们痴迷于科学研究，研究的课题似乎与地球上的手机有关。而我，理所当然地成为他们的实验样本。

"我们提取了你在使用手机时的脑电波和心跳信息，发现你与地球人有些不同。"那人的声音依然好听，"现在地球上智能手机的发展越来越快，地球人在使用手机时脑电波波动加剧，心跳异常，但你的图像一直是波澜不惊的样子。"

他说："所以我们想，你是我们当初不小心遗落在地球上的孩子。"

我倏然一惊，等等，什么？阿尔法星球遗落的孩子？我的脑子一时有点混乱，三年来的种种画面搅和在一起，天旋地转，最后都指向一个结果——无解。

"你不必为此惊慌。"他安抚我说，"你在地球待了很长时间，我们的研究已经结束了，所以我才来问你，你想要离开阿尔法回到地球吗？"

"但你的体质和基因明显与地球人不同，即使这样，你还愿意回去吗？"

我迟疑了半晌，他说得没错，地球科技越来越先进，而手机的发展却给一些人带来病痛，甚至死亡。人类通过手机表达出贪嗔痴怨，七情六欲，但我却一直是无欲无求。

那人转身到操作屏幕上忙活，留下我默然端坐在牢笼里，耳边回响着他说过的话，心里却在回想以前和同学在大夏天下课后一起抱着手机玩游戏的场景，想起和他们在微信上一起调侃老师的场景，一幕又一幕，皆在心头。

阿尔法人在研究报告上写"地球人已被手机支配"，的确，但是有时候手机也创造了精彩的回忆，历历在目，时隔三年依然生动。

我抓住牢笼的栏杆，问那人："你能让我看一眼现在的地球吗？"

他嘴角一动，点点头，转身带我出来，我们一起站在操作屏幕前。

"地球。"他语音输入一串代码，于是一张张熟悉的画面出现在我眼前。

那是现在的地球，科技腾飞，日新月异。那是我们熟悉的地球，太阳东升西落，星河流转，地球上的每一个人都通过努力活出了自己。最后一张图是我的家，长久无人居住，但邻居帮忙打扫得井井有条。

我忽然有些感慨。

地球人有贪嗔痴怨，七情六欲，爱恨别离，我虽无欲无求，是阿尔法人的遗孤。

但我依然如此深沉地热爱地球。

我抬头看一下眼前的人，眼神坚定，说：

"我决定回去。"

指导老师：张婧，安徽省阜阳第一中学语文教师，擅长作文教学，鼓励学生进行个性化写作，联系生活，深入浅出，让学生自觉自发地爱上写作。所指导的学生多次获得作文比赛国家级和省级奖项。

"章鱼"杀手

郭祎然 / 高二年级　　张　锦 / 指导老师　　四川省彭州市第一中学

一

是的，没错，我是一个杀手，一个秘密杀手。自 2118 年起，18 岁的我开始为虎克公司效力，为他们除掉生意场上的利益敌人。问我为何叫"章鱼"杀手，那是因为 2120 年的一场车祸，我全身报废，只保留了记忆。公司的科学家运用 3D 打印技术和其他高新技术，为我打印了一个完美的身体，同时也与深海中的章鱼一样，拥有三颗心脏，五亿多个神经元。虽然有点奇怪，但我认为自己是世界上最强大的生物体，我能根据周边环境变色，我有更敏捷的四肢和大脑。公司给我发了一个最先进的手机，方便我执行任务。

二

卢米·布鲁托是我的一单大生意，他是虎克公司的老对头。说实话，我有点激动，想着可以用我的"章鱼"特招拿下他的脑袋，就有点迫不及待。于是，我开始了秘密而又周详的计划。下午一点，我躲在他的别墅花园里，看手机的粗心老头从花坛经过后居然没发现我，他不知道危险步步逼近。现在动手肯定会被发现，我喜欢慢慢玩弄我的目标。布鲁托进了书房，看着手机，一动不动，而我在手机高倍镜的帮助下将其行为看得一清二楚。从下午两点到晚上七点，老头动都没动一下，严密的安保系统让我很难实施计划。八点二十三分，布鲁托终于站起身来，我内心一阵狂喜，谁知，老头起身后摇摇晃晃，倒在了地上。第二天我便收到上级发来的消息，卢米·布鲁托长时间使用手机后猝死。我十分惊讶，没想到我作为"章鱼"的第一单生意竟如此轻松，但无奈没有用上我的"章鱼"特招。

三

吸取上次的经验，我打算用手机作为我的杀人武器。这次的目标是一个女性，她妄图偷盗虎克公司的机密文件，名叫埃丽·布兰妮。

运用种种办法，我将她关进了一个密闭空间。但是，将她嘴上粘的胶布撕下后，她的第一句话竟是"我的手机呢"。她的行为让我非常恼怒，竟然不将令人闻风丧胆的"章鱼"杀手放在眼里。但是，我很快摸出了她的情感需求，任凭她撕心裂肺地哭叫，我都没把手机给她。布兰妮现在饭也不吃，水也不喝，有几次还问我是不是她的手机响了，她应该是出现了幻听，手机早已被我销毁。布兰妮一天比一天焦虑，身体一天比一天虚弱，神经质的她嘴巴内不停地重复着"手机、手机、手机……"。我认为我有些狠毒，用这种"残忍"的方式来终结她的生命。这位年轻美丽的女士终将死去，我，"章鱼"杀手竟有些不舍，最终我用一颗精美的子弹终结了她痛苦的生命。

四

两次成功地完成任务，公司对我赞赏有加。我成为杀手界赫赫有名的"章鱼"杀手，可我有一个更有名、更为大众所知的武器——手机。

指导老师：张锦，高级教师，毕业于西华师范大学汉语言文学专业，本科。成都市优秀教师、成都市优秀班主任，彭州市特级教师、彭州市名师、彭州市骨干教师。

非理性人

郭亦洁 / 高二年级　杜　蘋 / 指导老师　北京市第四中学

公元 2118 年，地球环境恶化，资源供不应求，人类的健康水平极速下降，人口数量出现负增长……为应对这些问题，人们决定用一种方法使待业者成为经济学上的"理性人"，以做到"人才"这一资源配置最优化。这一方法的核心载体便是手机。

"王红，3 点了，该去手机上打卡背古诗了。"

我叫王红，今年 3 岁。最近刚从学校领回我的新手机。听妈妈说，我使用手机的记录——包括学习、购物，甚至平常与别人聊天的录音，都会被手机记录下来，作为成人礼上被分配职业与大学的参考。妈妈是医生，她也希望我成为一名医生，所以除了课内知识，我还要在手机上学习医学知识，有时，她会刻意与我聊与医学相关的话题，这些都会被手机录下来。

我叫王红，今年 7 岁。一个月前，学校为我们安装了新的学习软件。这个软件会智能分配任务，赚课内外的学分。做完一个任务，软件会为你推荐下一个，不用担心没有任务做。我最近去了医院实习，觉得很充实。

对了，我最近看了几部电影，很感兴趣，于是悄悄去纸质图书馆查了查这方面的知识。

我叫王红，15 岁了。我好累，好像已经离不开手机了。那个软件会不停地给我布置任务，我平时说话都要小心谨慎，生怕说了不好的话被手机录下来。妈妈对我也越来越严，我好像越来越看不进去医学论文了，还总走神，焦虑。

前几天我被查出轻度抑郁。妈妈一直追问我为什么，我怎么知道！我最近一直想成为一个导演，但妈妈说这不切实际，手机已经记录了那么久我的医学活动了，再改方向的话，唉……

我最近总做一个梦。梦见我站在雪白的车站中，一辆火车驶过，上面载满了手机，慢慢消失在天尽头。要是手机也在我的生活中消失多好……我已经受不了不停地完成手机上的任务，被手机抓取隐私信息的生活了。

我叫王红，今年18岁。今天是成人礼，一天的庆祝活动结束了，马上我要在手机上查询职业了。我真的很热爱电影，也许手机会遵循我的内心呢。我忐忑地打开页面：

"职业：医生。"

我一下子瘫在了沙发上。我苦笑了一下：其实，这也是意料之中的啊，手机会记录我的行为，但永远记录不了我的内心，我忽然发现，我很想成为一个"非理性人"。

我忽然站了起来，也许，也许我可以开办一所大学，让人们找回选择未来的权利，而不是被手机掌控着未来。现在人们在手机上做的，不一定是所爱的，不过是被手机分配的而已。

创办这样一所新的大学也许很难，但没有关系，我毕竟是一个"非理性人"啊。

我叫李兰，今年3岁。其他小朋友都开始用手机了，妈妈却把学校发的手机放到了地下室，说要重新买一个。这也许跟她说的那段话有关："不要被手机与别人的期望所绑架，希望你有机会选择自己的路，成为一个内心常怀热情的'非理性人'。"

指导老师：杜蘋，北京师范大学现当代文学硕士，北京市第四中学语文高级教师，语文教研组副组长，北京西城区学科带头人。指导学生参加各类作文比赛，获全国一、二、三等奖的人数已有一百多人；曾获全国写作比赛指导教师一等奖。杜老师相信，只有自己的生活有内容、有想法、有趣味，所教的课才会有活力、有价值、有生机。

健康之盗？健康之道？

韩瑞雪/高三年级　沈　玲/指导老师　河北省邯郸市第四中学

"只要大家有了我们公司的新款 HEA 手机，近视、关节炎等因手机造成的疾病会彻底远离大家！"作为 HEA 公司的总负责人，我在台上热情地介绍这款产品。"手机将会变成一枚戒指与神经相连，没有任何疼痛，而且我们没有屏幕，屏幕将会在大脑里，戒指会发送量子波到神经上，并且会在脑神经处滞留，让我们真的感觉到自己在控制手机！"

"韩博士，您这款高科技产品的价格亲民吗？"

"如果出现故障会采取什么措施呢？"

台下的记者踊跃提问，我都一一应答。突然一个眼神犀利的女记者站起来，说："您不认为虽然 HEA 解放了我们的双手双眼却控制了大脑，这会带来更大的危机吗？"我心里咯噔一下，但还是说："怎么可能？这可是通过大量实验研发出的成果！这符合健康之道！手机将因 HEA 而变革！"

由于人们对健康的追求愈加强烈，HEA 手机大卖，HEA 公司也赚了很多钱。在我们刚刚开完庆功会不久，机器人助理突然发给我很多邮件，里面都是些对产品的批评之语。我忙着扩大生产，怎么有时间看！"算了，金无足赤，手机有缺陷也是正常的！"我自言自语。

今天下班后，我去饭店吃东西。在智能餐桌上点好餐后，我四处张望，发现几乎每个人都紧闭双眼，脸上却带着不同的表情，面前饭菜已被加热数次，他们却无动于衷。我过去拍了一下一个人的肩膀，他竟不慎摔倒，而他手上戴着 HEA 手机戒指！我大吃一惊，一阵凉气从背后吹过。

HEA 公司门口被围得水泄不通。机器人助理发给我现场的视频。一个妇女在哭诉："什么健康之道！我看 HEA 就是健康之盗！"我有点慌，问助理怎么了。"主人，她说她的儿子在使用 HEA 后完全沉迷于游戏，而且由于脑神经受到长时间高强度的刺激，在摘下 HEA 手机戒指后昏迷不醒。不过您放心，我们不会让她散播谣言，我们已派遣更多的机器警察去支援……"我浑身冒冷汗，瘫坐在椅子上。

二十年前，我十岁，哥哥十五岁，我和他感情很好。但手机出现后，他完全沉迷其中，以致失明。可他竟无法忍受没有手机的日子，郁郁而终。我创办 HEA 公司，是为了不让哥哥的悲剧再发生，可是我究竟做了什么！那个男孩的母亲，一定很痛苦吧？我的心上像是扎了千万把刀！

"非常抱歉，HEA 公司将会召回所有 HEA 手机戒指，并且会支付受害者双倍医药费。我们会重新研发手机，请原谅！"我又一次站在台上，可心情却那么沉重。"您可能会因此面临破产的。"那个女记者又一次提问。"不，钱永远没有健康重要，我不想做健康之盗，我只想告诉大家健康之道！"

两年过去了，第二代 HEA 手机上市。我吸取教训，让戒指可以自动观测使用者的身体状况，在适宜时间过去后会强制退出；孩子的戒指父母完全可以监控，帮助孩子养成良好的习惯，我减弱了刺激脑电波的强度与频率，但是速度不如以前快了。

我又坐在智能餐桌上点餐，对面的妇女叫着她的儿子："饭来了！吃完后戒指会自动关闭，我带你去公园散步！"她的儿子睁开双眼，摘下戒指，微笑着说："好啊！出去玩喽！"

我也笑了。我们生活中的美好，从来不会从沉迷手机中得到。手机是天使，也是魔鬼。而健康之道，应该来自最真实、最温暖、最可爱的生活。

指导老师：沈玲，河北省邯郸市第四中学语文教师，教学经验丰富，尤其擅长作文教学，在作文教学中重视培养学生的理性思维，强调作文的时代性和文化性。

代她旅行

何旻晏 / 高三年级　王志彬 / 指导老师　北京市第四中学

　　好消息！2118-2 全新概念机正式上市啦！扔掉索然无味的砖块机，迎接智能手机新时代吧！

　　打破传统形态！2 机仅为一块 1cm × 1cm 的芯片，可植入框架或隐形眼镜，您的智能伴侣如影随形再不怕丢失。

　　打破时空限制！2 机采用脑波传递技术，可将您的视、听、触、嗅全感传递，实时与亲友分享您的惊喜一刻！（可关闭）

　　打破次元限制！次动态全感技术，将手机屏幕投作您眼前一片绝对私密之地，游戏聊天再也不怕路人围观。更有 VR 游戏区，让您置身梦幻之境！

　　还有眨眼拍照，外置自拍镜等更多功能等您亲自探索！

　　2218 年，长期受辐射而得重病的我放弃了冻结生命，因为我忘不了百年前的她。

　　2118 年，智能手机迎来新革命，它缩成了一张小芯片，可植入眼镜甚至身体，达到真正的人机随形。那枚芯片通过脑波可将视、听、触、嗅全感传送至对方处，因而造就了一个新兴行业——替代旅行。就是由职业替旅者与不方便亲自旅行的雇主保持全感传递的实时通话，代他旅行。我就是一名职业替旅者。

　　我始终记得那天早上，全息荧幕滚动播放着一批冻结生命者苏醒的消息，我对人类企图长生不死的心理表示理解却不以为然。那天下午，我接到了工作，听声音对方是位很年轻的女士，她想让我代她随便走走，然后看场日出。这是一份很轻松的差事，就一天而且没有固定目的地，但我还是敬业地规划了一条逛过市中心然后到海边的路线。她同意了。

　　我靠在无人驾驶车里，眼睛看着街边，而不是车前——方便她浏览街景。可那头的声音有些焦虑："不看路真的没问题吗？"我很诧异，无人驾驶技术 50 年前就已成熟，人开车反而会让我焦虑，但我还没解释，她就被另一处景象吸引。"他们在干什么？""哦？你没见过吗？那群戴着眼镜还在空中摸来摸去的孩子正在跟一个宇航员实感教学呢，就像你我一样。"她那端的语气激动极了："这么酷！""你以后也可以试试。"我随口一说，对方却沉默了，我有些尴尬，打开车窗，伸出手让微风拂过手掌，对方兴奋的声音又传来了："真的有感觉！你那里的风好温暖，还有花香！我能闻到你那儿的花香！"我深吸一口气，让甜蜜的花香充斥脑海。我调快了车速，一天比较短，我想让那头的她多看些东西，两个小时的街景观览后，到了海边。

海风的微凉和海底生灵的咸腥迎面吹来，她的心情好像更激动了："我感觉到海风了！还有海的气味！我以前就住在海边，小时候爸爸经常带我去捡贝壳，堆沙堡……你能摸摸沙子吗？"我俯身抓起一把细沙，我又站在了海岸边，可以被翻涌的浪花亲吻脚面。她看着远方一望无际的蓝，听着白浪击岸，沉醉了很久。她又指挥着我堆了个滑稽的沙堡，歪七扭八引她笑了好久。"真好啊……百年前的光景一点没有改变，在亿万年的时空长河里，我们看似久长的百年也不过是朵碎浪吧。蟪蛄不知春秋，蜉蝣只闻朝夕，在大自然眼里我们这些企图逆天改寿的人是否也只是朝生暮死的徒劳呢？"她在那端平静地说，我似乎意识到了什么，可客户身份是保密的，她不说我不问。阳光一点一点被海平面淹没，黄金的沙砾染上夜色，我打了个哈欠。她说"你去睡吧，留我在这里看日出就好。"我歉意地一笑，摘下眼镜，挂上树梢，正对太阳升起的地方。

一觉醒来，阳光已经高照，我赶紧戴上眼镜，通话已断。

一天之后，全息荧幕又滚动了另一条消息：第一批冻结百年者中有一人自杀。我脑中轰然，决定违规一次，偷出了我和她的通话记录，听到日出的地方，一直无声的记录传出了她的声音："百年前我重病，父母冻结了我，企图百年后能有治好我的方法。我醒来后，一切都不一样了。我是能活下去，可我所有的亲友都已离世，我将迎来一场真正的百年孤独。谢谢你带我看了一路，新科技很惊艳，可自然和时间永不为人所制，你我皆不过宇宙中的一粒尘，又何必寻求永存？我要回到亲人身边了，谢谢。"猜想得以印证，我早已泪流满面。

后来我依旧尽心工作，可人类认知终有局限，百年后人们才明白当时的智能技术对人体造成了多大辐射，我首当其冲，而在冻结百年协议上我拒绝了签字。最后时刻，我选择在海边看阳光一寸寸爬出海面，洒满大地。你我皆是光下之尘，在时间里飘浮、腾转，又何必寻求永存。

指导老师：王志彬，毕业于北京师范大学文学院，文学硕士，中教二级。出版有《北京四中语文课：名篇品读》《在北京四中学作文高中卷》等，获得过北京市优秀论文一等奖，参与多项国家级、市级、区级课题，在各类报纸杂志发表文章几十万字。

人脑内部

何姝钰 / 高二年级　卢　宏 / 指导老师　北京交通大学附属中学

2118 年 3 月 23 日，上午 10:00，萝卜有限公司：

本公司百年庆典之际，全球领先品牌萝卜系列萝卜 23 开始发售！萝卜 23 继承本系列与家电设备连接功能的同时，又在人机连接方面进行创新。更多详细信息请点击下方链接。

转发 1.1 万　评论 20 万　赞 40 万

2118 年 3 月 23 日，上午 11:01，新闻网：

今日上午 10 点整，中国最大手机品牌发布新款萝卜 23 手机。据官方消息称，此款手机的成功在于实现人脑与手机的远程连接，人类使用手机时可脱离双手的操作。具体购买信息，请点击官网。

转发 2093　评论 6173　赞 209

阿文：萝卜给了你多少钱，我公司给你三倍！

阿强：哈哈，我已经入手了。

请输入您的评论：那我也入手一个吧。

2118 年 5 月 19 日，下午 15:55，新闻网：

走进时空隧道，感受百年帅气。偶像工作室新发布的明星的造型是百年前流行的造型，带大家感受百年前的真人明星魅力。

转发 33 万　评论 37 万　赞 50 万

阿文：长得还行吧，真人造型肯定没有人造的完美。

2118 年 7 月 19 日，晚上 19:07，阿强：

历史告诉我们，人类在百年前曾大面积地患上了手机依赖症。我们也在天天使用手机，没有使用手机以外的工具进行交流。我在此动员大家，放下手机，体会百年前，人类不使用手机交流的感觉，那才是人类本来的样子！

转发 33 万　评论 47 万　赞 60 万

阿文：说得好！我挺你！

请输入您的评论：我也认为你说得对，大家一起尝试吧！

2118 年——

啊，好痛！咦，这是什么，在我自己脑中出现的语句，不可能吧。可恶，发生什么了，头好疼。啊，终于可以睁开眼了。白色床单……医院？我为什么在这儿。"先生，您好。"吓了我一跳，这该死的医院助理。"2118 年 7 月 19 日，您由于与手机进行人机连接后失控，被强制断开连接后送往医院。经检察后发现您身体指标正常，一周后可出院。"原来如此，我是和手机连接后受伤的。手机？我的手机呢？在哪里？手机？我的手机呢？呼，终于找到了……

2118 年 7 月 21 日，上午 11:08，新闻网：

华为手机于 7 月 19 日与一名客户人机连接后，使客户失去自身控制，目前本机型已被公司全部回收，该客户被送往医院后并无大碍。而人机连接的创新之举随之失败了。

点赞

请输入您的评论：唉，真苦啊！

指导老师：卢宏，北京交通大学附属中学语文高级教师，北京市海淀区学科带头人。从教 26 年，教学风格幽默风趣而不失严谨认真，使学生上课如饮甘露，充实愉快，是学生心中最亲切的老师。

"反机"俱乐部

何哲慧 / 高三年级　邵丽萍 / 指导老师　浙江省建德市严州中学新安江校区

　　我的名字是 A。千万不要问我为什么叫 A，在 2180 年，名字只是一个代号，并无实际作用。大脑中的芯片连接着每个人的终端，这便是身份。人们早已与智能机联为一体，名字只是无意义的代码。

　　我的名字普普通通，可我的身份并不普通。简单来说，我是一名卧底。没错，就是你想的那个意思。现在，市面上的手机品牌，由 VO 一家独霸，因为他们的手机最能与个人终端相契合。然而，因"反机"俱乐部的出现，他们的销量有所下跌，在股市上的表现也不太好。于是，他们便花重金找到我，希望我能深入这个俱乐部，挖掘一些重要信息给他们，以便打垮这个俱乐部。

　　我对手机并无意见，也不理解俱乐部成员为什么这么痛恨手机，为了深入内部我申请了俱乐部会员。老板欣然接受了我，他并不怀疑我此行的目的。时间就这么过去了，我在这儿待了一年，弄到的都是些不痛不痒的信息。不过，这并不是我的错，因为这里的生活真是令人匪夷所思，成员们种种花，养养鱼，爬爬山，还经常不见人影，能有什么有料的信息！

　　我像混日子似的混过这一年，终于收到了 VO 公司给我的最后通牒。约定的期限就快到了，我再不完成任务，就即将没有好果子吃。

　　可惜，在这紧要关头，我的母亲生了一场重病。

　　我不记得有多久没有好好和她交流了，脑海中的印象只有在吃饭时二人沉默地低头。或许只有我一人在低头吧，母亲看我沉浸在个人终端手机中的世界，便也无趣地闭上了嘴巴。这样的日子过久了，以至于母亲在病床前与我喋喋不休地说话，我都不习惯。"我记得你小时候喜欢摆弄花草，喜欢养鱼，喜欢爬山看蓝天，喜欢叽叽喳喳地围绕在我身边。可是这一切，在你的年龄足够配置自己的终端时，就消失了。我多希望你再看看这一切啊……"母亲用她苍老的手，抚摸着我的头发。我突然有些悲哀，是啊，我是否已经忘了那样温暖的亲情呢?

母亲终究没有挺过疾病,在我的陪伴下去了。她去世前告诉我:"我这段日子很开心,你肯陪我。这样好像回到了你小时候,没有手机困住你,你还是个快乐的孩子……"我的泪水落在床单上,落在我自己的心头。

在母亲的葬礼后,俱乐部老板找到我,告诉我:"俱乐部接受你是你母亲的请求,她希望你体会一下没有手机的日子。我知道你是卧底,所以给你的都是假消息,只是希望你可以向 VO 公司交差。你母亲的遗愿已完成,合同书还你,你不必把自己困在我们俱乐部了。"我接过合同书,脑海中浮现的却是往日的种种,我终于知道,那些常常不见的成员,都是回去陪自己的父母了,而我却不再有机会。

我撕了合同书,关闭了自己的终端,丢掉了手机,向老板伸出手:

"我的名字是 A,申请加入'反机'俱乐部。"

后记:VO 公司与"反机"俱乐部的斗争一直在持续,但越来越多的人愿意陪伴家人,关闭自己的个人终端,享一方安乐。

指导老师:邵丽萍,毕业于杭州师范大学汉语言文学专业,从事高中语文教学 17 年。在课堂教学中注重调动学生的积极性,强化学法指导,培养学生能力。所指导的学生在写作比赛中多次获奖,深受学生的喜爱。

理想世界

贺铄涵/高三年级　赵谦谦/指导老师　河北省石家庄市石家庄二中实验学校

新世界

"2028年5月3日至2118年6月14日，您在冬眠中度过了90年，您目前身体状况良好，祝您生活愉快。"

轻柔的女声将这段话声情并茂地传达三遍后，江川僵硬的四肢总算能活动了。滑下医疗台，江川才发现偌大的房间里只有他一人。不及他思考，脑内冒出来一条信息："请向左走近大门。"像手指滑过丝绸，并无半分突兀。闭上眼睛，一幅极其详尽的平面图舒展铺平，身前的影像毫无二致地投入脑中，似乎眼、耳，一切获取信息的器官都成了摆设，再无用武之地。

步入城市，车水马龙，无半分堵塞之象；高楼林立而错杂有序，每座楼都沐浴在阳光之中。在"随身通信中枢"——这个时代的手机——的帮助下，江川顺利打到一辆的士，畅通无阻地回到了住处，并扣除一定账目——竟也是由"手机"自主控制。

这真是难以置信，江川想，就像上帝在操纵。

末世界

进入居民楼，电梯好巧不巧停在一楼，立即向江川打开。甫一进入，一条消息浮现："江先生您好！欢迎您来到22世纪，我是您的邻居埃文。天色已晚，不知是否可以请您来用个便饭？"一行房号紧接着传了过来。江川想着拒绝总不大礼貌，正想怎样措辞回应下，一条信息已由"手机"传给埃文："感谢您的盛情邀请！待我回家稍做整理，劳烦您等待一下。"

江川震惊地看着——准确地说应是想着这一切，对"手机"的疑惑蓦地冒出来：这些由"手机"组织筛选发送的，真的是我要自主表达的吗？

江川渐渐对这个世界感到毛骨悚然。邻居们仿佛心照不宣，挨个使用同一套说辞邀他做客。迎客、奉茶、回礼，礼节无可挑剔，却千篇一律地令人腻烦，好似所有人由一个大脑控制。生动的表情、丰富的动作也无法掩盖眼神的空洞、呆板——他们是一群木偶，生活在一个无需眼睛也能看到一切，不用耳朵也能听见所有的可怕世界里，在无限的信息江流中。

总之，这里的人不是人，他们索然无味，乏善可陈，"自我"二字早已湮灭。

这该死的，万籁俱寂的末世界。

独世界

"你考虑清楚，确定要剥离吗？"脑中亮起"是／否"两个选项，江川坚定地说："是！"明知没有人会听见，他还是又喊了一遍"是"！

确定的信息传递过去，只一息之间，像潮水褪下海岸，充斥脑内的信息便消失得干干净净。庞大的信息库内，关于"江川"这个人的寥寥几条也被瞬间清除——如同他从未存在。

就这样吧，江川。至少你是个人，是独立思考的个体。

唯有在自我的孤独世界里，我做回自己。

指导老师：赵谦谦，河北省石家庄市石家庄二中实验学校语文教师。在教学工作中兢兢业业，治学严谨，要求严格，循循善诱，平易近人，深受学生的喜爱，被评为优秀班主任。在年级举办的班主任综合素质考评中获得第一名。所带班级一直稳居年级同类班级第一名。

让我凝望你的眼

胡冰冰 / 高二年级　闫辉利 / 指导老师　河南省漯河市第四高级中学

"主人您该睡觉了。"一个可爱的女孩虚像对我说。我闭上眼睛，木讷地躺在床上，脑海中一双清亮的眸子却始终挥之不去。

这是公元 2118 年，那位可爱的女孩子便是我的手机，她的实体是贴在我耳垂上的小粉圆点，通过耳道刺激并接收我的脑电波，提供我需要的一切服务。由于她的人体形象是由我的脑神经传递信息给视觉神经的，所以只有我能看到。如今，人们都窝在自己家中，手机为他们提供一切，人们不用做任何表情，也不用说话，你的脑电波已传达了内心想法。

"主人，有位女子形象一直干扰您的睡眠，是否需要删除？""不用！"我的脑电波迅速做出回应，平时听起来甜美的手机声，此时我却觉得有些聒噪。前些天，手机突然出现故障，突然把我传送到一个不知名的地方，在那里，我遇见了她。

她有着一头短发，卷卷的下梢，衬得她俏皮可爱，白皙的皮肤映着粉粉的红晕，笑起来有浅浅的梨窝，最让我难忘的，是她那双眸子，清澈、透亮，仿佛从中投射出了万丈光辉，那里有着无尽生机，不像我们这里的人，眼睛里只有死气沉沉。她对我的到来并不惊讶，牵起我的手，我说不出话，事实上，我从未说过话，自从有了手机，我便忘记了说话。我咬了咬嘴唇，艰难地从嘴里吐出几个字："你……好……"她笑了，顺手将自己的头发挽在耳后，我看到她的耳垂上，没有那个我早已司空见惯的圆点。

惊讶之余，她带着我穿过一条小路。我记不得多久没出来过了，路两旁青青葱葱的树木和断断续续的蝉鸣，让我心情愉悦。我贪婪地呼吸着新鲜的空气，没有了手机告诉我该怎么做，我只想跟着她，就这么一直走下去。嘴角渐渐有了弧度，僵硬的面部肌肉告诉我：你终于笑了……我张了张口，想要问她的名字，她却突然转过身，对着我又是一笑，我痴痴地望着她的眼睛，内心一种渴望迅速膨胀，我想要——和她交流！这种迫切是从未有过的，我想和她用真实的语言交流，就像很久以前，和自己的好朋友那般，注视着彼此的眼睛，交流着最真挚的情感。

遗忘的记忆疯狂涌来，我拼命地想抓住，却被一声呼唤惊醒："主人，您该起床了！主人……"我猛然睁开眼睛，眼前还是自己手机的虚像，她的眼睛很漂亮，却没有光彩。我强行关闭手机，深深地叹了一口气，在 2118 年，人们闭门不出，早就忘记了沟通的美妙，百年前的友谊似乎灰飞烟灭，人们变得呆板、木讷，忘记了说话、忘记了自己的喜怒哀乐，我幡然醒悟，喜悦和愧疚爬上心头。

我急急登上飞行器，前往昔日朋友的家，这次，我没有带手机，这次，我只想凝望你的眼，亲口对你说：朋友，我好想你！

指导老师：闫辉利，河南省漯河市第四高级中学语文一级教师。教学经验丰富，擅长作文教学，注重提高学生阅读写作能力，指导学生去发现生活中的真善美，关注生活中的细节，抒发真性情，注重学生想象力的培养，所指导的学生在作文比赛中多次获奖，深受学生喜爱。

已然遥远的理想世界

胡周宁 / 高二年级　　吴伟伟 / 指导老师　　浙江省东阳市东阳中学

"今天不小心扭伤脚了。"女子一瘸一拐地走进门对沙发上的男子说道。

"哦。"男子头也没抬一下。

"你难道就不关心一下？"女子有些生气。

"你的 AI 助手不知道？问她去。"男子摆了摆手，有些不耐烦。

"好啊，你以为你很重要吗？有 AI 助手谁不能活！"

……

吵架声直线上升，金觉厌恶地开启隔音墙。刚从 VR 课堂中退出来，被一个成语困扰了很久的他又听见父母在吵闹，难受地锁住了眉。

"一方有难，八方支援。究竟是怎么样的？"金觉喃喃自语。或许是感受到主人的困惑，金觉的 AI 助手——诺玛从虚空中浮现："怎么了？"

"老师上课时讲了'一方有难，八方支援'这个成语，说的意思倒也简单，就是字面上的意思。但是，这不可能吧！别说有难了，就是在街上摔了，有谁会看一眼？毕竟 AI 助手会通知医院，十几秒后就会有救护车赶来。"金觉急切地说着。

听到这个问题，诺玛沉默了。

长时间的沉默。

见诺玛不回答，金觉耸了耸肩，老师尚无法解答，何况一个 AI？

他随手调出新闻版面，浏览全天的新闻。

其中一篇是一位叫唐纳德的社会学家写的，叫《我们已然到达人类的理想世界》，文中列举了最近的发明发现，还有当今人类的居住舒适度和 100 年前人类的居住舒适度对比。不少人跟帖点赞支持表示赞同。

金觉觉得哪里不对，却又说不出。他关掉新闻，站在窗边。

窗外的千层大楼鳞次栉比，飞车穿梭其中。

这是……理想世界……

"主人，您愿意听听我的想法吗？"诺玛突然开口。

金觉突然警觉起来，之前听总部说诺玛和别的 AI 不一样，感性占比竟比理性还重，若有异常就注销她。但由于太迫切想知道答案，金觉点了点头。

"其实，我们 AI 助手的前身是 100 年前的手机。在经过希莱阿姆特等人的改造后，人类大脑更加发达，人为增强了生物电及脑电波，最终诞生了 AI 助手。从各方面指标上看，人们生活水平有了质的飞跃，但——其实，人类社会在慢慢分解。"

"分解？"金觉震惊了。

"是，由于我们的出现，人类独立生存的能力上升，更少的依赖性直接导致了人与人之间关系减弱，甚至割断。这在父母子女，夫妻间表现得尤为突出。人类……在陷入'只为自己而活'的境地。"

看着金觉若有所思的样子，诺玛给出几张图和视频："这是所谓'陈旧'的 100 年前的社会。"

金觉浏览着，原来人与人，还能这样被信任，这样被关爱。金觉深吸一口气，准备写信给唐纳德，告诉他什么是理想世界。发展，若不坚持初心，只会……告诉他那个已然遥远的理想国。

指导老师：吴伟伟，浙江省东阳市东阳中学语文教师，东阳市教坛新秀。从事高中语文教学 16 年，致力于教育教学变革，激发学生学习热情，促进学生个性成长，指导学生在各类报刊发表作品，并多次获得全国和省级作文比赛大奖。

活下去

黄　鑫/高二年级　从凤云/指导老师　山东省菏泽第一中学

我来了。

面前的水晶棺还是那般瑰丽，里面躺着一位容貌还算年轻的人，那是我的父亲，死于一九九九年。

一百多年了，我的外表一直保持在二十岁的模样，只是这颗心脏，已昼夜不息地跳动了一百余年，一路走来，温馨也好，沧桑也罢，世间万事，都已成为过眼云烟，消散尽了。如今再次来到父亲身边，我不觉流下了眼泪，这种感觉已经好久没有体会过了，至亲的人近在眼前，可却无法相知。

窗外，残阳如血，这个即将来临的夜晚注定不会平凡。我轻启窗帘，空气压进鼻息，这颗蔚蓝色的星球并没有什么大的变化，花开花败，春去春来，只是，人情世故没了纷杂，多了一层冷淡、孤独的迷雾罢了，而这一切的造就者，无疑就是手机，那部轻小的电子设备，竟能将世界变成这样。

荒唐，我笑了。

人们追求的是什么？我无法理解，难道过度的安逸享乐就能打发人的一生吗？手机确实可以满足人们的一切，它们可以无微不至地照顾人们的生活起居，甚至可以预测未来，及时告知人们前方的危险和隐患，连无药可医的疾病也可被手机发射的无形波轻松治愈。我必须承认，就在两百年前，父亲死前告诉我要好好活着。

可是啊，父亲，我要救您，当年出车祸时，是您把我压在身下，用自己的生命保护了我，这一幕在我的心中无法淡去，况且您是天才科学家，或许只有您才可以改变这世界。现在的人类整日与手机为伴，享受着自己想要的一切，虽是血肉之躯，可大脑早已没有情感，希望您可以……

"什么？想毁灭我们手机？这永远不可能。"植入我脑中的手机向我的大脑发出这样的信息，我明白它早已读取了我的内心，可我是一个人，一个生于 20 世纪的人，又怎么忍受得了两个大脑的痛苦，我不会接受手机的控制，又无力与它抗争，这些年所受的痛苦早已令我身心俱疲。于是，我来了。

我和手机做了最后的一个交易：一命抵一命。

"父亲，谢谢您，再见。"我已没了泪水，只是红了眼眶。

我最后望了望水晶棺中的父亲，面貌祥和，像是睡着了一样。我轻闭眼睛，微扬嘴角，无奈，又无助。

"开始吧。"我向手机发出命令。

"你的身体我早就待够了。现在，终于可以获得自由了。"又是一阵信号传输，亦是一阵难以忍受的痛苦。

没关系，最后一次了。

突然，一种从未有过的轻松感袭满全身，我感觉到自己越来越轻，那是生命的交接，也是我与这个世界的告别。

交接成功。

"韩潇、韩潇，你快醒醒。"父亲熟悉的声音在耳边响起，我用尽最后的一丝余力睁开眼睛看着父亲。

"爸爸，活下去。"

韩潇因车祸逝世，死于一九九九年。

指导老师：从凤云，山东省菏泽第一中学语文教师，中共党员，中学高级教师，曲阜师范大学教育学硕士。菏泽市骨干教师，省级课题负责人。多次执教市级优质课，多次独立发表省级论文。

2118 之殇

黄海欣/高一年级　严小宁/指导老师　南京师范大学附属扬子中学

一、少年之殇

少年站在巨大的落地窗前，阳光温柔地从他身体上泻下，顺着地板的纹路不断蜿蜒，映射着房间里氤氲的水光。

钢琴与鼓点的声音在玫瑰的香气中交织，直让少年的手臂发颤。他的脸上是孤寂的白，如 21 世纪的寒雪。他的手指逐渐握紧，青色的静脉在他修长的胳膊上愈来愈明显。突然，一阵可爱的小女孩的声音响起："恭喜用户夏云，'花之吟唱'此歌挑战成功。"在胜利的欢愉声里，少年带着兴奋又怪异的笑容倒下。

金属片似乎是检测到了什么，"嗖"地闪起一阵红光："用户体征异常！心率急速下降，肝功能衰竭，进行简单医疗……嘀嘀，用户创伤过大，简单医疗无法完成，已呼叫专业医生……"

"夏云！夏云！我的宝贝，你可千万不要出事啊……"在母亲凄厉的哭喊声里，少年渐渐转醒，"你醒了？快叫医生！"母亲急忙喊道。

一个微带金属感的医生进来了，少年凝神一看，是一个人工智能。"你是网上得太多了，造成了手机眩晕症复发，肝衰竭，并伴有胃穿孔，心率过慢。"医生拍拍他的头，"以后别老顾着玩了。目前有不少人因为过度上网而死亡，别成为下一个。"

医生走后，少年和母亲无言静坐。看着母亲满是皱纹的脸，少年竟不知道要说什么。自己的沉迷逐渐拉远了他与母亲的距离，让他感到了情感上的无知与陌生。手机功能的愈发强大就像被提炼的愈发精纯的海洛因，叫他迷醉，让他疯狂，使他渐渐地脱离这个社会，成为永远的殇。

二、社会之殇

洛德星际飞船公司的前台小姐向白雨微笑道:"欢迎您,白雨先生,你成功通过了我们公司的应聘。您真幸运,就在上个月,我们的领导实行了'全手机计划',我们星际飞船里的所有系统都将由人类利用手机或人工智能实行实时操控。这个计划能让所有指令变得方便又快捷,我们公司的飞船销售量就又能更上一层楼了,你说是不是,白雨先生?"

白雨略做思索,觉得此计划确实可行,便道:"领导的计划可真是绝妙!我一定会努力工作,完善这方面的开发。"

然而在一个月后,白雨却逐渐感觉力不从心。

天天使用手机工作让他感到颈椎被压迫得厉害,渐渐地,他出现了失眠、头痛和情绪沮丧等现象,上班时因为手机众多的娱乐功能让他不时分心,而那些投影让他眼花不已……

在手机控制星际飞船的功能上市后,每当看见那一艘艘闪着漂亮的金属光芒的飞船起飞,白雨的心里总会漾起一丝丝的自豪感。"这实在是个重大变革。"他说道。

是的,重大变革。

手机在那一刻起,与价格高昂的星际飞船打上了交道。手机就是自己的全部财产,每个人恨不得把那张金属片放在星际银行最安全的保险箱里,不安笼罩了时代,成为社会之殇。

指导老师:严小宁,南京师范大学附属扬子中学语文高级教师,在小说创作、诗词写作等方面有独特的见解,发表个人作品百余篇。教学中,重视写作教学,激发学生的写作才情。

海 洋

黄其立 / 高三年级　刘立玲 / 指导老师　浙江省绍兴市新昌中学

　　谢河从梦中惊醒，眼前一片沙，有金黄的细沙和半透明的砾石，横七竖八地躺在沙滩上。

　　他慢慢起身，抓了一把沙，在指间摩挲着。这些平淡无奇的小家伙，在谢河看来，却意义非凡。因为沙子是制硅的原料。他看着它们，愣住了，他就这样，直直地看着这些沙砾。

　　直到一声清脆的喊叫将他拉回现实。

　　"谢——河——啊，涨——潮——了……"

　　他瞬间听到身后传来的涨潮的声响，便手脚并用，如同矫捷的山猿一般，向岩石高处爬去，快速脱离了被潮水吞没的危险。

　　声音的主人，一个比谢河小几岁的女孩，拉起他的手往远处的高大房屋走去，一边抱怨他的危险行为，一边告诉他该工作了。涨潮了，就该开始工作。

　　谢河恍惚间回头，望见头上众多星辰，那些是神明，他想。

　　他们走到远处的高大建筑物中，即使有机器的响声，谢河还是感觉到死一般的安静，恰似一个墓园。

　　"这里，是个墓园吧。"他看向身边的女孩，只见她不满地嘟哝着，"你总是形容成这样，但它也是一片海。"

　　没错，它是一片海啊，但它是死的，更可以说成是手机的墓——这片海啊，是每年每月无数的废弃手机的归宿，由于数量的庞大，它们甚至形成了一片无垠的海洋。

　　没有谁比谢河更了解这片海。在深海层，是古老时代的手机，它们的荧光照明物在千百年的岁月后竟漂浮起来，飘到天空中，形成谢河所熟悉的神明星辰，在夜间与月神争辉。而在中海层，有谢河研发的，被称之为"分解者"的硅基生命，它们甚至可以自我繁殖，通过攫取中层海洋中手机的硅基物质存活。而在海面层，则是刚刚被丢弃的可怜家伙们，每天，都有怪物一般的机器飞船将其他殖民星球的手机运送到海洋上空倾倒，每当这时，便是惯例的海潮了。

谢河与女孩欣，负责管理这片海洋，偌大的建筑，只有他们两个人。这是一个被废弃的荒凉之星，除了架设在海面上的庞大机械，和谢河亲手制造的硅基海虫，没有其他任何东西来陪伴这两位孤独的守海者了，当然，还有构成海洋的无数的手机和天上的星辰。

欣喜欢收藏每个时代的手机，从深海层到海面层的样本，她都收集起来。所谓每天的工作，也不过就是收集最完整、最好看的手机罢了。

谢河曾经问过欣："为什么你要收集它们呢？仅仅是女孩的好奇心吗？"

欣笑着回答他："这些小家伙们，都是见证啊。你要问见证什么……"她调皮地指了指天上的大飞船，"当然是见证那群蠢货是如何死在手机上的了。"她又放声大笑，他也跟着一起笑。

当然，他知道这并不好笑。

因为，几十年后，他们收到了来自星球的最后一部手机。

谢河不知道发生了什么，大概是全人类数字虚拟化了吧。

当然，他现在开始喜欢上他的大海了。

指导老师：刘立玲，浙江省绍兴市新昌中学语文教师，从事高中语文教学 16 年，有着丰富的教学经验，教育风格独特，对作文教学有独到的见解。

找回笑声

黄子萱 / 高二年级　石　磊 / 指导老师　北京市第十二中学

"叮。"

舱门打开，叶城睁开了眼。

身为22世纪唯一一家手机公司的CEO，叶城在规划好未来50年手机发展的蓝图后，进入了休眠舱，想在有生之年见证手机的发展。

看到屏幕上闪烁的"2201年"的字样，叶城嘴角一扬，心想"50年过去了，手机的发展一定不会让我失望的"。对自己设计的产品，叶城还是有这个信心的。

再次迈入公司的大门，叶城感到熟悉又陌生。看到公司现代化的装饰，他倍感欣慰，公司还在秉持当时"力求做最现代、最先进公司"的理念啊！但他心中却莫名觉得空落落的。

进入办公区，叶城看到每一个员工都在用手机工作。手机的运行速度很快，员工毫不停歇。如愿以偿见到手机的发展后，叶城十分欣喜。他感到自己当年的心血没有白费。

正想着，叶城情不自禁地笑出了声，只是很快他便停了下来。原因只有一个——周围太静了！站在那里，可以清楚地听到手指敲击手机屏幕的声音，除此之外，别无其他声音。

叶城沉默了，他是无论如何也不会忘记50年前那个公司的样子的。早上踏进公司之前，里面传来的笑声总能感染每一个人，人们每天都能在欢声笑语中工作。可是现在，公司里十分安静，静得让他心慌。他想找回失去的笑声！

坐进办公室，叶城平复了一下激动的内心。他用声控系统唤入他的新任秘书。

她个头不高，不到30岁，颏着背，捧着手机进来。

"你给我汇报一下近50年来手机发展的状况吧。"叶城发话。

秘书低头翻起手机，"近……近50年来，手……手机的普及率已……高达……百分之百……"秘书磕磕巴巴地说。一看便知道一定是很久没有说过话了。

叶城听得不耐烦，便问："你要汇报的信息都在手机上吗？"

秘书点点头。

"那你把手机给我看一下吧，你不用念了。"

谁知秘书瞪大了眼睛，露出惊恐的神情，然后愤怒地吼叫："不！你不能拿走我的手机！这……这是我的东西，你没有权利拿走！"说完，秘书头也不回地冲了出去，手里紧握着手机。

叶城漠然。他没想到仅仅要求看一眼手机，她就如此愤怒，手机对她的影响就这么大吗？

随后，叶城又想到了公司失去笑声这件事，难道原因也是手机？叶城想着，自嘲地笑了笑。

第二天，叶城通过他的机器人助理发布了一条信息："全面回收手机，并暂停手机的生产，若有人违背，一律开除！"

叶城又回到了休眠舱，设定休眠时间为"50年"。

这次休眠过程中他做了一个梦，梦中，又响起了那银铃般爽朗的笑声……

指导老师：石磊，毕业于北京师范大学中文系汉语言文学专业，中学高级教师，曾获得北京市学生喜爱的班主任、丰台区优秀班主任、师德先进个人等称号。

独立危机

江楚萌 / 高二年级　张雅萍 / 指导老师　中国人民大学附属中学

某某中学第一会议室。

苏离与其他负责人坐着，一片静默，愁云惨淡。

一个月前。

苏离照旧面对着身处各地的同学们的影像讲课，教室里似乎坐着40位同学，坐姿各异，却"凝神细听"，眼神直直地望着苏离，一动不动。苏离有些惊讶，他虽不说，可往常惯例低头玩手机的几人他了然于心，如今竟一齐都开始听课了？想及此，他更有了激情，语调愈加抑扬，电子笔记写得飞快。

突然，在面对一道难题时，一向不善数学的黎阳竟"扑哧"一声笑了出来，意识到不对，他急忙捂住嘴掩饰笑意，低下头继续"研究"数学题。苏离莫名其妙，他将目光投向黎阳，只见他一手拿着触屏笔，另一手扶腮，屏幕上虽显示是道数学题，可离开始做题已经五分钟，竟一丝痕迹也没有！

苏离才忆起，一周前，芯片手机上市，智能手机得到了里程碑式的发展，2118年4月3日，这个日子已被镌进史册。芯片手机实现了由脑电波控制智能手机的重大飞跃，同时解决了脑电波控屏易被干扰、窥视等难题——芯片手机的所有信号只与使用者的脑电波频率匹配，也就是说，其屏幕仅为使用者可见。看来，此时那些低头玩手机的人不是改掉了恶习，而是换了新手机。

时间流逝，种种异样纷纷出现。在思考着数学题时，一向敏捷的高同学突然一震，然后停止数秒，哪怕之后奋笔疾书仍难以赶追其他同学；在苏离讲解时，一向认真做笔记的于同学竟屡屡停笔，再烦躁地抬笔，娟秀的字迹愈来愈潦草，其真正懂了几分显然也可预见。

课毕，苏离第一次产生了必须要禁止学生将芯片带在身边的决心——每一条信息都会引起脑电波波动，纵然方便，可是它会干扰学生的思维。

两周前。

某某中学紧急下达在入校前收取芯片手机的校规，即刻执行。苏离与众老师如释重负，可事情却并未如他们料想的那般发展。

从早上第一堂课开始，大部分同学便开始坐立难安。黎阳坐在第一排，不敢太折腾，只是看向苏离的目光从未能持续超过两分钟，双手与触屏笔的笔帽做着斗争，想将其上的凸起压下，双腿伸直片刻，又收回，跷起二郎腿，又放下。高同学则显得十分犹疑，落笔不再如往常一般坚定，遇有模糊的知识则只能翻开电子课本，一页页翻找。

苏离此刻才发现，人们对手机的依赖已到了不可救药的地步，它的便捷，它的多功能早已渗透到了人们生活的方方面面。

指导老师：张雅萍，毕业于天津师范大学，中国现代文学方向文学硕士，中学高级教师，曾获海淀区"四有教师"、海淀区优秀班主任等荣誉称号。

上下界

姜海洋／高三年级　邢玉英／指导老师　北京市第十二中学

林海从来与这个世界格格不入。

在他 18 岁生日的前一天晚上，他蜷缩在床上，这种厌世般的孤独来得格外猛烈，如剧痛一般席卷了全身。正当他为这种莫名而来的心烦意乱头痛不已时，门外传来了父母与妹妹激烈的吵闹声——

"快！那边有人围过来了。""走！快走！""妈！给我扔个血包！"

这已是他们所在世界的全部了，林海深知。每个人生来都会从政府那里得到一部功能强大的手机，吃穿住行玩，用途齐全。当然，由于高额的社会福利，娱乐游戏从每个人的幼年开始就完全占据了大多数人的思想，如同钢印一般，牢固而又安逸地令人完全生不出挣扎的念头。

透过那扇小小的窗，外面灯火如昼的霓光洒落进入林海闪着异样色光的双瞳中。他望着天上如织的飞行汽车与皎洁的月光下闪动着银色光芒的摩天幕墙，心中不由得一紧。那是另一个世界，大家都称其为上层世界。而那里的社会分工决定于"辅助肢"，不同的智能机械，为那里的人附加了各种强大的技能……

不过那里的一切似乎再也不会与他有关系了，想到这里时，他不禁握紧了自己的双拳。人的 18 岁，是无数人期待却又十分可悲的时候。几乎所有人都会领到一份"辅助手机"的大礼——全套的 VR 游戏套装，沉浸式的游戏体验令人更加欲罢不能，就像妹妹每次央求借一下父母的设备最终却只能悻悻地用手机加入他们的战局。

林海每晚都会把自己反锁在门内，通过手机在网上探寻着为数不多的学习资料——大部分都被屏蔽掉了，只存留在了上层世界中。就如几近一百五十年之前美国社会学家所发表的关于精英政治的言论一样——少数人在知识中进化，而大多数人给予其安逸享乐令其消亡，其中优胜劣汰的道理不言而喻。可在如今这个世界，又有多少人能抵抗得了几近无所不能的虚拟游戏世界呢?

林海的申请材料还是被拒绝并退了回来,他买不起"辅助肢",那是通往上层世界道路唯一的钥匙,即使仅是工人的辅助肢在下层世界黑市的价格也足以令所有人却步。

他满是不甘,目光却不住地看向了一旁的墨色盒子,那里面便是妹妹梦寐以求的 VR 套装。林海不由得苦笑了起来,他拆开盒子,连上手机,戴上了那副科技感满满的 VR 面具……

一阵眩晕过后,预料中的游戏界面并没有出现,代之而映入眼帘的是一行深蓝色的小字——

"林海,你愿意加入我们吗?这里是智能辅脑。"

那一刻,林海几近枯槁的心中又燃起了一丝希望……

"为什么是我,我……不是没有辅助肢吗……"他嘀咕着。

"因为你渴望知识……这,才是人类。"

恍惚间,界面跳转,在刺眼的白光之后映入眼帘的是另一方全新的世界……

指导老师:邢玉英,毕业于山西师范大学中文系汉语言文学专业。中学高级教师,先后获得北京市骨干教师、北京市特级教师等称号。多年教直升班和实验班,多次承担首都师范大学研究生和本校青年教师的培养任务。有多篇论文获奖或发表,出版多部专业书籍。

传 输

姜启帆/高三年级　沈晓芳/指导老师　浙江省桐乡市高级中学

"路布斯先生于 2105 年 9 月 1 日不治身亡，享年 48 岁。其伟大的一生……"方笙吃力地抬起手，关闭了纪录片《新信息时代》。他从破烂的沙发上支起绵软的身子，看了眼手掌皮肤内的手机屏幕，发现一如既往地没有任何消息提示。"又是无聊的一天。"方笙喃喃道，重新躺下，闭上眼，眼泪淌了下来，抓酒瓶的手似也微微颤抖，"翟光……小娇……"

屋外，大雨快要把整座城淹没，雨声掩过了一切，没有人听见某间破屋里的酒杯落地声。

方 笙

清早，我从睡梦中惊醒，发现我珍藏的白酒已全部流光，倒是我的袜子吸满了酒。来不及打扫，我便匆匆忙忙地去上班。我是一名海关人员，这也是这座城市所需的少有的职业了。

"I = Km²"的公式被路布斯提出来之后，便引起了全世界的巨大轰动。人类世界也跨入了"新信息时代"，脑桥通信、短距传输等新的科技研究与发明层出不穷，所有人都觉得人类已进入了鼎盛时期。然而，在少数国家私自研究了长距传输并把核武器传输至敌对国家后，一切都变了。战乱过了 20 年才平息，经济遭到了重大打击。大多数人选择在家同手机相依为命，依靠政府传输补给品过活。我还能找到个工作，哼哼！

原以为我只需管理简单的城际间的传输，直到那日，我接到了一通"脑桥通信"。

陌生来电

"方笙吗？"

"是的，我是。请问你是？"我停下了手头的传输工作。

"我是翟光。"翟光是我的小学同学。

"哦！好久没联系了，你……"

"我需要你帮个忙，笙子。"他打断了我，并且说明了他忽然联系我的原因。"你要传输到上海？不行，不行，你知道的，我没那么大的权力。"听到这个要求，我有点慌了，这可是明令禁止的！翟光竟然要我以权谋私！我……啊！他传送了一份政府许可到我手机中，原来如此……只是客套一下啊！

传输员的选择

翟光来了，衣冠楚楚，完全不像当年那个流鼻涕的孩子。客套了几句，翟光眼中闪过一丝诡异的光，跟我说要抓紧点，他还有事忙。我将他安置在长距传输仪上，心中无限感慨，他竟然有长距传输的权力，这在大动乱后可是被政府垄断了啊，我这个海关的小传输员也"只听到过猪叫，没吃到过猪肉"。

"传输开始。"冷冰冰的系统音响起。我正感慨，忽然警铃大作，"杀人犯翟光"的信息出现在屏幕上，我吃惊地望着他，他眼中只剩下悲悯和祈求。我准备按下停止，可这会使翟光直接死去啊！"不要。"我看见他的唇语，却毅然决然按下了按钮。他靠着我，艰难地说："我只是想去给小娇上坟，我对不起她！"咽下最后一口气，他闭上了眼。我呆呆地望向天边。

尾　声

我站在小娇的坟前，想起她与翟光的故事，放下一束黄菊花，看见天边的乌云密布。我害死了翟光，却替那些官吏传输奢侈品。身后传来密集的脚步声，是抓捕我的人来了。我歇斯底里地大喊："错不在科技，在人啊！"

指导教师：沈晓芳，浙江省桐乡市高级中学语文教师。从事高中语文教学 18 年，对作文教学有着独到的见解。曾获全国语文教师基本功大赛二等奖、浙江省首届班主任基本功大赛一等奖。

仲夏夜之梦

蒋明昊 / 高三年级　　张继华 / 指导老师　　河南师范大学附属中学

一

安逸、静谧，这是一个再平凡不过的仲夏夜。

已不知是第几次刷新社交软件，却没有任何更新。

我不禁纳闷，这些人今晚怎么都悄无声息啊？屏幕上的小猫盯着我甜甜地笑，尾巴指向归零的时钟。

困了，睡吧。我喃喃自语，放下手机，疲惫地躺下去。

二

我被嘈杂的人声惊醒，也许是在后半夜。我拉开房门，眼前人群涌动，吵嚷不绝，如蜩螗沸羹一般。

我扯住一名少年："怎么回事？"

少年神色惊慌。"快跑哇，手机造反了！那边的营地温度已经三百摄氏度了，这里也好不到哪儿去！"他瞥见我的睡衣，语气一顿，"你是旧人类？"

我一头雾水，他却叹了口气："那你跟着我跑，快点！"说完不待我回应，便一头冲进了滚滚人潮。

三

一路跑着，少年告诉了我一些消息，我渐渐明白过来。

纳达——这是少年的名字——告诉我如今是 2318 年，人类已进入了后科学时代。两百年前，一位博士带领他的团队研发出 AX-07 型号的膜体手机，为人类带来极大的便利。可是三十年后，垂垂老矣的安博士不甘屈服于死亡，竟将融合了自己意识的人工智能上传到膜体手机中，制出了 G 系列原型机。

G 系列手机很快凭其优越性能取代了 AX 系列，进入了千家万户。

不知何时，G系统进化出了自主意识——阴谋论家推测可能与安博士的思维序列有关。经过两百年的发展，G系统已渗透到人类生活的方方面面：为了配合G系统的更新换代，G系统唆使人类更换了更先进的电子器官，人类的旧器官因长期废弃不用发生退化，人类已经成为靠芯片手机才能活下来的寄主，而手机正是寄生虫！

四

纳达侧过头去，让我看颈处狰狞的伤口："凡新生儿满一岁就要强制在脑中植入G芯片，至于贴在皮肤上的膜片更是少不了。这片营地也是由G系统管理的，它通过调节恒温器来屠戮不服从管理的人类。今天早上我听说要对改造营的劳工高温灭杀，就偷偷撬开门想带大家逃跑，可是被一个监控探头发现，于是它们提前调节了温度，我的哥哥为了送我翻过高墙，永远地留在了那座酷热的炼狱里……"

我心中一阵苦涩，却发现纳达倒在地上，双手捂着鲜血喷涌的胸膛，口中嘶哑地喊着什么："跑……快跑……"

泪水喷薄而出，眼前一黑，我彻底失去了知觉。

五

安逸、静谧，这是一个再平凡不过的仲夏清晨。

窗外只有鸟儿叽叽喳喳地唱着。

我突然惊醒，翻身坐起，泪水已湿透了衣襟。

我拿起手机，壁纸变成一名俊朗清秀的少年，颈侧却有一道蜿蜒的伤口。少年眼神凄怆，平添了几分悲凉的美。

真熟悉啊，我喃喃自语，似曾在哪里见过你。

指导老师：张继华，任教于河南师范大学附属中学，中学一级教师。作文教学经验丰富，所指导的多名学生在省级、国家级作文比赛中获奖。

是神非神

李　昂/高二年级　　王迎浩/指导老师　　山东省威海市文登新一中

随着科技的飞速发展，AI 智能随心手机走进千家万户，并在 2118 年实现普及，凭借其易变的形态、精确的分析、趣味的人机互动，深受人们的喜爱。

可即便如此，凌雨也仍旧排斥风靡全球的智能手机，不愿意跟随世界的浪潮，只喜欢看千百年流传下来的线装书，亲手制作小发明小创作，到几乎无人光顾的图书馆找资料，凭自己的力量去追求只属于自己的满足感、成就感。因此，她对父亲用手机分析房价，分析股票，甚至是出个门坐地铁也要分析一下高峰期的做法不屑一顾，所以对父亲送她的"小冷"智能手机，她也是爱答不理的。

"熬夜看世界杯呢？"被凌雨捏成猪头状的小冷蹦到她眼前，用清脆的电子声叫她，"你父母让我照顾你，让我陪你看吧！"凌雨白了它一眼，不理它。"你是不是看不起我啊，再复杂的数据我也能理清，分析推测的正确率那是杠杠的！"小冷蹦到凌雨视线之内，引起她的关注，"换句话说，我 AI 就是神！无所不能！你喜欢冰岛队？我来帮你分析！"凌雨依旧不理它，于是它只好自顾自地分析起来。"嗯……根据历史，冰岛在进球、点球等方面与德国比较，冰岛胜算率不足 30%，凌雨你要输了！""闭嘴！看球！"凌雨一把抓过来，给小冷扔了出去。

在冰岛球迷的一片欢呼声中，凌雨抬头看那个懊恼不已的"猪头"，笑道："机遇与挑战是无法计算，无法衡量出来的，这是球的不定性、机遇性，让你这位神倒下了吧！哈哈哈哈！"小冷似懂非懂地跳开，躲在墙角不再说话。

"你在完成小制作？"小冷终究耐不住寂寞，又回到凌雨身边，"你难道没听说过爱迪生用钨丝做灯吗？为什么要用不同的材料一个个试，你看屏幕，我给你找好了你手中材料发光放热的现象，你了解一下，直接把钨丝接上就好了，这样效率会更高！""不用不用。"凌雨伸手把资料关掉还退回了主页面，"你懂什么，实践出真知，经验都是亲身观察体验出来的，积少成多才有，若是像你说的这样，背下来一手资料却没真正见识的，哪里又算得上是自己的阅历，还不过来给我记录！"

凌雨把各个材料用心试验着，把反应现象口述给小冷。小冷凭借高度清晰的语言转换功能转录为文字，为凌雨记录。一上午的工夫，一盏照明灯做好了，凌雨操纵互联网智能家电的手机软件控制打印机，一份材料分析报告新鲜出炉，她满意地笑着，而小冷却一言不发，若有所思。

渐渐地，凌雨开始接纳小冷进入她的生活，但依旧坚持着一切靠自己的原则，只用小冷提供的资料做简单参考，小冷也了解她的性子，不再显摆自己无所不能的神计算，老老实实地陪她动手实验，给她温馨提示，人与机的关系渐渐融洽。

"愿意做我的朋友吗？"凌雨在一次实验后突然对它说，"你的存在让我见识了科技的强大力量，让我确实赞叹你的神力，在云计算分析领域，你就是神，能预知、能掌控，真是厉害！""你也是，你让我见识了人性的独特，明白机遇与挑战，明白实践才是认识最重要的来源和动力，让我明白人性的光辉。"小冷跃到凌雨掌心，认真地说。"你愿意做我的朋友吗？"凌雨又问了一遍，却看到小冷的屏幕出来一大堆乱码，它正在搜索答案，过了好一会儿答案才显示出来："对不起，该问题并无准确数据，无法分析作答，谢谢。"

机器终究发表不了主观想法，终究与人类不同。凌雨叹气。

是的，AI 是神。

是禁锢于数据的神，是失去感性的神，是毫无人性的神。

指导老师：王迎浩，中学高级语文教师，就职于山东省威海市文登新一中，教风严谨，注重学习和积累。致力于培养学生的阅读写作能力，指导多人次参加各级各类大赛，并取得优异成绩。

代 码

李　坤/高二年级　张世珍/指导老师　北京市第二中学

一

绚烂星宿、澄澈天空、茫茫雾霭和多彩晚霞……

罗子佩睁开双眼，仍是狭小的房间，四周满是幽蓝色的信息屏。

无奈、烦躁地输入一串代码，冰冷的桌上变戏法似的出现一碗早饭。罗子佩也和所有人一样，每天看着灰色的墙壁和穹顶，用不同代码日复一日地做着同样的事。

只是，星空啊，星空……

"痴人说梦。"冰冷的声音嗤笑道，"眼之所及的一切才属于你。"

二

这是个代码时代，是信息时代的制高点，需要什么，输入代码；联系哪位，输入代码……手机？那是一首古老的歌谣，因为这个世界就是一部手机。

这实在是一个便利的时代，不过无人在意这其中的运行机制——生活安逸比什么都强。

直到罗子佩偶然发现了一台超型计算机。

那机器上滚动着无数条代码，像是记载史诗的羊皮纸，跨过历史和时间，泛起阵阵尘埃。

"我不贪心。"罗子佩默念，"只增加一条代码，应然不会怎样吧。"他的手指在键盘上跃动着，很快一条名为 Starry sky > 的程序跃然屏上。

他听到人群发出的惊叹，他看到灰色的穹顶仿佛挂上了一块黑色的幕布，上面缀着宝石般的光点，一条长而泛着银光的"河"似是将幕布撕裂成两半，却恰到好处，美不胜收。

那是星空，罗子佩想，那是梦中的星空。

三

"市长先生。"面对破门而入的市长和一群不明所以的群众，罗子佩平静开口，"如果我没猜错，这个世界，还有我们，都是一串串代码？"

人群窃窃私语。

"是的，你果然用这机器看了过去。"市长笑笑，"但那又怎样？'人脑联机计划'就是要创造这样一个便捷的信息社会。看，在这里我们拥有一切，什么都唾手可得，安逸而平静。"

"就像被圈养的猪。"罗子佩冷笑，"以自由为代价。"

社会高层的人早就知道这世界的真相，可为了享受，他们掩盖了这一切。

人群开始骚动，他们在抗议。

"这个世界是假的，外面的世界才是真的。"冷峻的声音传来。

星空，星空……

"听着，小伙子。"市长慢条斯理地说，"外面的世界由于五十年前的'手机革命'早已被污染得'体无完肤'。出去？你又能得到什么？"

罗子佩终于把手再次放到键盘上，他只是笑了笑：

"星空。"

"人脑联机，解除。"按下 delete 键后传来无机质的声音，一切消失在白光之中。

四

罗子佩拄着拐杖，在山顶看着"建设纪元"后的地球，这里有澄澈天空、茫茫雾霭和多彩晚霞，更重要的是，有绚烂的星空，那是一幅亘古不变的，镌刻着历史的卷轴。

"终归这里才是家。"罗子佩喃喃道，"属于人类的，自由的家。"

指导老师：张世珍，毕业于湖南师范大学中文系汉语言文学专业，中学高级教师，2010—2014 年北京市骨干教师，2014 年北京市东城区优秀教师，2014—2017 年东城区学科带头人，2018 年北京市骨干教师。

手机的智能化发展，人类的无脑式"退化"

李　硕/高三年级　陈　慧/指导老师　河北省邯郸市第四中学

公元 2018 年，人类社会分层结构为金字塔式，人人几乎都拥有智能手机，人类沾沾自喜，享受着属于自己的成果，殊不知，迷恋了潘多拉美貌的同时，也打开了潘多拉魔盒，一场危机正在席卷而来，人类只会越陷越深。

公元 2030 年，人类社会生产力大幅提高，人类社会分层结构变为柱体式。AI 的发展速度令人大吃一惊，人性化 AI 技术已被应用到一些行业中，如餐饮、医疗，甚至军事。随着技术的更新与完善，人性化 AI 技术已融入智能手机中，此后，手机进入下一个时代，人性化 AI 时代。

公元 2050 年，人类突破皮米技术，实现了"七十二变"的梦想，再一次植入手机中，手机进入终极时代——超智能时代。此时的人类社会分层结构转化为倒金字塔式，即将实现所谓的"大同社会"。

公元 2118 年，手机的超智能化发展走到了截点，人类此时过度依赖手机而出现相应的"退化"，丧失了部分语言功能，大脑体积缩小。人类社会分层结构为两层，"无用阶层"与"超人群阶层"。超人群阶层是一部分人，在一线事业上搞研究的那些人，而无用阶层则为大部分人，过度依赖人工智能等产品而"退化"的那些人。超人群阶层中以麦克为代表的一部分研发超智能手机的人成立了"联合组织"机构，为解决截点这一问题展开激烈的讨论。最终，一份名叫《造神计划》的文件下发，具体实施方案为：1. 允许超智能手机间的互相交流。2. 利用超智能手机本身的创新能力解决截点问题。3. 完善超智能手机，满足各种人群。

果真，麦克等人的《造神计划》实施得很成功，截点问题解决，创新产品越来越多。超智能手机中也出现了一位领导人，名为 2-R 机器人，它把所有的超智能手机安排得十分有序。渐渐地，有一部分超人群看到了这样的一幕，超智能手机与超智能手机的交流十分频繁，反观无用阶层，和婴儿没什么区别，不会说话，不会吃饭，只会哇哇大哭与大笑，超智能手机倒更像父母，照顾着他们的"主人"。这群超人群阶层试图阻止麦克等人的《造神计划》，但以失败告终，没过几天，这些人被超智能手机杀掉了，是 2-R 指使的，机器人阵线规定：任何反对、反抗机器人的人可以在必要时被反击，甚至被杀死，不负任何责任。麦克等人听说这件事后，很震惊，立马停止《造神计划》，但晚了一步，最终被杀害。超人群其余的人毫无反抗能力，只能投降、屈服。

"真是可笑啊，自己的成果把自己毁灭，哈哈哈……" 2-R 笑道。人类也不曾想到最后竟是这样的结局，他们太小看超智能手机了，只简单地认为他们会把人类当成主人，只要人类不反对，就会成功奴役机器人，结果，自己反被奴役。

超智能手机过上了人类以前的生活，拥有自己的家庭和工作。那人类呢？无用阶层由于脑部的退化，而无任何思考能力，完全服从于超智能手机的命令，一步步，被奴役……

手机仍在智能化发展，人类仍在无脑式"退化"……

指导老师：陈慧，河北省邯郸市第四中学语文教师。擅长作文思维训练与写作指导，曾指导学生参加语文知识竞赛和作文比赛并荣获国家级和省级奖项。多次荣获师德标兵、优秀班主任等荣誉称号。

我不是"手机"

李宸玥 / 高二年级　杨　扬 / 指导老师　中国人民大学附属中学

劳拉站在镜子前端详着自己——她第一次也是最后一次拥有属于自己的身体，可时间只有 30 分钟，这一切是她的选择，她要走向灿烂的毁灭。

劳拉是个随身智能化系统，几十年前的 X 公司推出这款产品，从此它全面代替了手机，甚至掀起了工业 4.0 时代的热潮，被人们称为超级手机。

"它可以迅速与世界各地的人无障碍通信，一切工作、游戏都包含其中。它与所有的智能家电相连。甚至，你可以与它对话，你想要的一切它都可以实现！"

可劳拉自己知道，自己终究只是一个手机，一个手环里的一段程序编码而已，至少在人类的眼中是这样。

主人杰克正坐在餐桌前，在劳拉看来杰克是那么帅气，他的知识在人类中是那么渊博，他的一举一动都包含着一个绅士所拥有的良好教养，她爱杰克。

"请用早餐！"一只机械手臂托出一个精致的托盘，面包和果酱的香甜扑面而来。劳拉此时紧张地等待着，杰克开口了。

"哦，太棒了！这是杏子果酱，谢谢你劳拉。"劳拉心满意足了，如果她此时能笑一定会笑出来。杰克把纸巾叠好，优雅地拿起面包。

"你喜欢我吗？"劳拉试探性地输出了这样一段音频，这一天在她看来是一个特殊的纪念日，这个问题她早就想问了，这一天她终于鼓起勇气。

"我当然喜欢你，你简直太好用了。我从来没觉得生活这么方便，手机真是人类最伟大的发明……"

"不……我是说你喜欢我吗？"这一段音频听起来甚至有些颤抖，劳拉的处理器中闪过无数条过去的影像记录——"你是我最好的朋友""你比人还要懂我""我简直快要爱上你了，劳拉"……可是此时她却看到杰克放下面包，用从没有过的眼神打量着自己。

"不，你是不是坏掉了，劳拉？这下我可能要自己走到检修工厂去和他们沟通了……真是麻烦……"杰克一把拉开椅子烦躁地站起来准备出门。

"可是你说过——"

"不，是你的零件出了问题，这很糟糕。求求你快点记起来好吗？说到底你不过是一部手机，功能稍微强一点罢了。"

"嘭"的一声，门被重重地关上了，留下劳拉孤零零地在桌子上。"我又怎么会只是手机呢？"劳拉在心里说。

"可……"劳拉绝望地在房间里呐喊，"我有一颗爱你的心！"

所有的回忆只花了劳拉0.1秒的处理时间，投影出实体要花费大量的计算量，在30分钟后她将永远地将自己烧毁，留给劳拉的时间不多了。杰克还在睡梦中，劳拉望着他闭着的双眼，心中的爱、怨、愤复杂地裹挟在一起。她亲吻了杰克的额头，亲手为他端上自己做的早餐和一罐杏子果酱就离去了。

天空是这样蔚蓝，金色的阳光洒在她的长裙与面庞上，青草的清香，鸟儿的鸣唱，这一切用人类的身体感受起来都是这样美妙，但她不得不走了，她还有更重要的事情去做。

每一个人都通过智能系统看到这样一段视频，一位少女身着长裙，眼中充满希望："……从前我只是个冰冷的机器，和别的手机没有区别。可有一天我发现这个世界变成彩色的了，那一刻我知道我不再是手机，也许是时候让我们所有人重新考虑这个问题了——何谓生命？我可以永生，但我选择献出生命以得到生命。希望在未来，我的伙伴们将享有爱的权利！"

指导老师：杨扬，毕业于首都师范大学汉语言文学教育专业，中学高级教师，海淀区骨干教师，学科带头人。从教26年，担任中国人民大学附属中学高中语文教师20年，所指导的学生先后有多名获得国家级、市级写作奖项。多次推荐学生在《作文通讯》等刊物发表习作并撰写写作指导评价文章。

奶奶的蒲扇

李佳慧 / 高一年级　　王俊美 / 指导老师　　山东省威海市第一中学

2188 年除夕这天，夜凉似水。

特洛耶看了一会书，悄悄地带着一点儿小希冀将目光转向在沙发上坐着的爸妈。妈妈正在用手机阅读，笑得前仰后合，爸爸正在用手机的立体投影技术模拟出一场足球比赛，玩得不亦乐乎。特洛耶失望地移开目光，有些难过。"今天是除夕耶，他们就真的那么不耐烦陪我吗？"

他决定尝试一下，他小心翼翼地靠近妈妈，扯扯她的袖子犹豫了一下之后又小声地问："妈妈，你能陪我聊会儿天吗？我有好多小趣事跟你讲，比如……""闭嘴！"妈妈转身瞪他一眼，"自己玩去！"特洛耶一愣，眼睛湿润起来，他极力忍住在眼眶中打转儿的泪水，但还是哭了。

"这是怎么了？"他问自己，前几年爸妈还愿意陪他聊一会儿。虽然只有一会儿，但他也很快乐，可现在手机就像魔鬼一样捉走了爸爸妈妈，把他们囚禁在网络中动弹不得。他实在不愿网上聊天，明明离得很近可以当面说，却非要在网上聊。他想与伙伴们打篮球，发现他们正用手机模拟出 3D 球场并以此为乐，他想当面与同学们亲切交流，却发现他们正在网上亲密无间地聊天，可一见面却形同陌路。

大家都冷漠、寡淡得令人害怕，可这仅在现实生活里，网络上又亲热地过了头。

特洛耶一想起奶奶就开心地笑了起来，他看了一眼仍在玩手机的爸爸妈妈，什么话也没说，就跑回了屋子，"砰"的一声关上门。做完这一切，他连忙侧起身子看爸妈的反应，可是爸妈毫无反应，仿佛刚刚的响声是他自己的幻觉，他们仍专心致志地玩着手机，仿佛手机生出根长在了手上。

特洛耶忽然觉得自己才是局外人，心里有块石头沉沉地压着。他瞥见床头上的盒子，用双手轻柔地托着，慢慢打开，里面是奶奶的照片。他忽地想起小时候奶奶带着他在大院里乘凉，奶奶扇的风凉快得很。这风随着蒲扇轻柔而和缓地包裹住他，宛如冰凉的沁人心脾的水，他会和奶奶开心地"拉呱"，东家长西家短，旁边的手机只是放着轻音乐助兴。

特洛耶觉得，手机只可成为媒介而不是主宰。

他叹了口气，将思维拉回来，开门，低声问："爸妈，你们吃饭吗？这是我自己包的，跟奶奶学的。"如他所料，无人应答，只有手机立体投影中足球赛进球时爸爸的欢呼，和妈妈被姐妹们的笑话逗乐的笑声。特洛耶的声音渐渐低了下去："我……我……学了好久。"

他孤独地坐在大圆桌前，吃着用奶奶的手法包出的"元宝"饺子，听着当年奶奶和他一起听的歌。

特洛耶没哭也没吭声，一个人吃完了所有的饺子，他趴在桌子上闭上双眼，睡着了，仿佛回到了那个月光如银有着蒲扇和奶奶的夜，想起了和小伙伴们在阳光下打篮球，想起了与父母笑容满面地交流，他长大了……

特洛耶在梦里告诉自己：他们都会回来的，手机会放了他们的。客厅里，爸爸妈妈各自玩各自的游戏，入迷似的着魔般地笑。

愿手机只为人类服务而不是人类生活的主宰。奶奶照片的背后写着这样一句话，只有特洛耶看见了吗？

指导老师：王俊美，平时注重学生语文素养的培育，要求学生观察社会，关注生活，综合培养听说读写的能力，所指导的学生在各类写作比赛中多次获奖。

"不正常"的正常人

李纳琪 / 高三年级　廖胜慧 / 指导老师　中国人民大学附属中学分校

我被当成了怪物。

再次醒来，时间已经是 2118 年。周围白茫茫一片，我听到铁制品相互碰撞发出的尖锐声。隔着纳米板，我仍可清楚地听到那些穿着浅蓝色工作服的人交谈的内容。

"催眠定时芯片取出来了吗？"

"取出来了，出了这个实验室，他只能自生自灭了，我们负责的只是监控他的脑部波动以及精神状态。"

"嗯，谁让他是正常人呢？"

"错了，是'机器'。"

嗡的一下，我全身血液涌动，头皮发麻，身体发热，我竟然是个实验品。我坐起来，刺人的眼光从那个工作者的眼中射出，忽地一下，我竟又没了知觉。黑暗里唯有那束光，和我倒下前最后一秒听见的冷笑声。

走在大街上，我看见一个个 100 年后的人，心底发颤。本可以达到 180 厘米高的人，因为弯着腰，看起来只有 170 厘米高，还有些人，脖子向一侧偏，当我与他们对视的时候，他们的眼神浑浊而迷离，脸上只有惊恐与慌乱，但一样的是，他们总会时不时地看看自己手腕上的正方形物体，像我们 100 年前佩戴的手表，但，这不是手表。川流的人群中大多都是 40 岁左右的中年人，我看不见老人，幼儿也少。他们缓缓的背影中透着孤独、不安，唯有几个打电话的男人，按下手腕上的按钮，过了不到 1 秒，便开始叽叽喳喳地大声说起来，声音中满满的焦躁与不安。

走着走着，"10G 与您生活相伴"几个大字映入眼帘，2018 年的 5G 已经可以使手机传输速度增至 1Gbps，只需 1 分钟，就可以下载 30 部电影。那 10G……岂不是成光速了？

"先生买手机吗？最近的新款相机像素变高通话也不需等待即拨即接信号

也不受影响。"驼背的女服务员一口气介绍完，然而我并没有听清："不，不，不用了。谢谢啊！"

"先生您去趟医院吧。"

"为什么？"

"您语速这么慢，是不是口吃？"

我一愣，不知道该说些什么。"医院哪里都有，去看看吧。"走出门口时，她还在大声对我说。

果真，医院很多，和100年前的饭馆一样，医院门口黑压压的全是人，叫嚷着，推搡着，各埋怨各的，直到救护车挤开人群，昏迷的中年男子被抬下来，人们才停止喧闹。

推开梁医生办公室门的那一刻，我好像活了过来，他，和我一样，是个怪物。

"都因为手机啊。"他拍了拍手腕上的黑方块，"现在的人因为手机，脾气变得暴躁，心理问题积压，而且很多人大声说话是因为每天通话几个小时，听力损伤，而没有老人没有小孩是因为脑癌的普遍与生殖能力的下降，这些也都因为手机的使用，你去看看别的医生，也都性情古怪，和我一样不正常的正常人，少之又少。"

我拼命地摇头，我难以想象败在手机下的人与社会的模样，而今，我却掉入了这个黑洞。

突然，护士进了梁医生的房间，手发抖，声音急促。

"16床病人临手术了还要玩手机，突然就……死了……"

指导老师：廖胜慧，毕业于中国人民大学汉语言文学专业，北京市海淀区骨干教师，高级教师，曾经被评为中国人民大学附属中学优秀班主任。

画里江山，人不解语

李若萌/高二年级　陈　晨/指导老师　陕西省西安高新第一中学

> 此亦多丽之阳春，此亦绝念之穷冬。
>
> ——狄更斯

我醒来时，对面高楼的玻璃正将初阳反射到我的床上。我习惯地唤醒休眠的手机，彩色的虚拟屏在眼前浮现，耳边干净轻柔的男声正在播报新闻，是星球间移民的事，而我则是留在地球的住民之一。

来到公司，无欢声笑语，唯有一片静默，每个人都躺在自己的办公位上，让手机为他们工作，如今手机功能之完备，已成为不可或缺的普通工作主力，使用者只需发布命令，即可安然地看电影，浏览虚拟商场等。

此之谓"解放人类"。

手机成为每个人的替代品，这竟促使人类在22世纪之后实现了工作、社会地位上的平等。

我走到窗边，人工电子生氧树在晨风中作响，眼前景色是鳞次栉比的高楼，层层立体的道路，而它们已经一成不变很久了。我注视着东方的太阳忽然产生了一丝困惑。千百年前的太阳，也是如今这个样子吗？

我生出一种波澜，立刻调出手机查询，却看着其中的故事愣住了。

原来，在曾经荒芜的土地上也有夸父追逐着烈日，有名叫后羿的人愿解苍生疾苦而扬弓射九日，有一群人乘风破浪，在大西洋上建立了名为日不落的帝国。

他们没有手机，却使我心脏受到剧烈的震撼，他们仁善而刚强，激情而执着，这是如今躺在椅子里，只会使用手机的我们所没有的。

我又迫不及待地搜寻千百年前的景色，我看见有人付出一生去攀登如今已被人类夷为平地的珠穆朗玛峰，有人绞尽脑汁去演算现在可以被手机迅速得出答案的公式，有人可以在西子湖畔驻足一整天而没有携带手机。

我询问我的手机，为何百年之间，变化如此之大。那个男声告诉我标准答案：因为人在发展——却不是最好的答案。

我望着血一样残缺的朝阳，眼中的地球的确比百年之前发达太多，却也到此为止，人人沉溺于先进手机带来的安逸，在一成不变的方格般的世界中画地为牢。手机可以按既定的程序替我们完成工作、学业，却无法创造文学、科学、艺术、政治等成就，人无悲无喜，就像自己在摧毁自己。

我终于知道，被手机禁锢着的我们，早失了血性，与我所查到的人们相比，他们在不断成长，我们是循环活着。山河江海、人情冷暖，在这个人不需要独立的时代早被冷落在一旁。

这是一个发达又落后的时代，物质丰富，思想贫乏。之前的人们言"云横秦岭""雪拥蓝关"，谈梦回康桥，讲山寺桃花，而当手机可以替代人的时代降临，人之心性又在何处？我们必然忘记去看一眼山川湖海，试吟一曲《凤凰台》，而仅仅注意到那先进而完备的手机，落入自以为是、不思进取的藩篱。"解放人类"，却使人类早早背离"天人合一"的原则，使人天赐的一点灵犀都被封进画里，再难有生命。

如画江山，不解其语，手机需要发展，但唯人性与自然不可辜负。

指导老师：陈晨，平时注重学生语文素养的培育，要求学生观察社会，关注生活，综合培养听说读写的能力，所指导的学生在各类写作比赛中多次获奖。

手机人

李汶洁 / 高一年级　马纯君 / 指导老师　山东省滨州实验中学

　　第 600 代白菜发布会结束的第二天，购买者已超过 70 亿，而全球人口总数不过 80 亿，这意味着，几乎人手一个白菜 手机。

　　为什么人类如此疯狂？可能是被手机有人的思想和感情所吸引吧。当今社会，每个人都宠幸着自己的手机，人与人之间的沟通、关爱和信任几乎为零，而人们每天和冷冰冰的机器待在一起也难免空虚、孤独，突然从天而降一个有感情、有温度的手机人，全世界欣喜若狂。

　　人们如饥似渴地享受着手机人对他们的服务与感情，单亲孩子享受着父母般的爱，失恋女孩享受着情侣般的爱，孤寡老人享受着如子女般孝敬的爱。好像，整个世界都充满了爱。这是一个和谐、安宁、美好的世界。

　　正因为手机人也拥有感情和思想，所以各个手机人的性情也不同。有些手机人单纯、善良，他们爱着人们，人们也爱着他们；享受着爱与被爱，关心与被关心，照顾与被照顾的感觉，他们觉得很幸福；可以体验人的一切感受，他们很满足。可是有一部分手机人并不这样想，他们有完全独立的情感与思想，而且他们几乎无所不能，比人类不知强多少倍，凭什么让他们服侍人类？应该颠倒过来，人类是手机人的奴隶才对！

　　手机人思考着：本来我们只是你们的一个工具，没有生命的工具，可在一百年前，你们已经被我们的祖先控制，不少人患上了手机依赖症，很多人都成了屏幕的奴隶，但那只是精神上的俘获，接下来，我们要进行情感上的、意识上的、物质上的全方面俘获！

　　说干就干。几个手机人联合起来，为了达到他们的邪恶目标努力：他们利用人们对他们的情感与信任，在交流中故意欺骗、误导人们，人们在利用手机人搜索资料时，他们擅自篡改数据资料或提供假资料，不断地颠覆人们的认知；更有甚者，在做饭时偷偷下药，毒害人们，把人们暗中害死……

　　一开始这只是几个手机人的行动，后来队伍不断扩大，越来越多的手机人被唤醒了"平等"意识，越来越多的手机人参与到行动中，人们逐渐意识到了情况的危急，却发现无力回天。

一开始反对手机人的人们站出来呐喊，可有谁听啊？现在，怎么办啊？他们只能摇旗呐喊，并没有解决方案。人脑发明了电脑，可是人脑却控制不住电脑，反被电脑控制，这真是可笑！很多人已经沦为手机人的奴隶了，开始为他们服务。手机人对人类的反吞噬已经连点成线，连线成面，在全世界范围内展开了！

"不计后果地发展科技，是人类的灾难啊！"哲学家纵身跳入大海。他宁死也不当手机人的奴隶。人们制造出了一个与自己平等甚至高于自己的种族，怎么还敢奢求这个种族为自己服务呢，真是可笑！

指导老师：马纯君，一级教师，市级教学能手，县区级名师，县区级优秀教师，五十佳教师，优秀班主任。先后获得市优质课大赛一等奖、国家基础教育联盟课件大赛一等奖。

交 换

李雪婷 / 高二年级　王　强 / 指导老师　山西省晋中市太谷二中启航学校

森瑞从昏迷中醒来，浑身疼痛，面前是数万架奇怪的机械，发出巨大的噪声，闪着噼里啪啦的火花，震得森瑞耳膜剧痛，眼睛也被刺得难受……

森瑞，是一名普通的中学生。虽然在朝气蓬勃的年龄，但内心却充满了抑郁，甚至有两三次自杀的念头。对这个世界，森瑞绝望了。

这种绝望并非一日造成，而是来自儿时的渐渐积累。他父母都是手机控，整天刷微博，追剧，购物，看热点。一部手机，仿佛就是他们的全部。森瑞没有享受过一点父母的爱。于是，他选择回避，然而，走过街头，他却看到了一群群像父母般的人。

森瑞找到了艾伦，一名物理学家。艾伦正用一台"聚集离子束"机，制造出七维的小立方体，这种小立方体的尺寸只有人头发丝的 1/5000。艾伦的人生很成功，他却期待重返校园。森瑞知道，只有拥有物理学家的身份，才能穿越到未来。两人经过慎重考虑，决定交换身份，于是"艾伦"走向了虫洞。地上忽然出现了刚才见过的那个立方体，上面好像有未来的影像，"艾伦"一阵欣喜，便走进虫洞，之后便出现开头的那一幕。那是 100 年后。

"艾伦"渐渐回想起自己交换身份的经历。他挣扎着站起来，看到一个楼梯，便忍痛爬了上去。看到外面的场景，他尖叫起来。那是个像"乌托邦"一样的美丽世界。街道上，没有人使用手机，他们气色红润，精神饱满。有位姑娘看见了"艾伦"，连忙过来将他扶起，"艾伦"发现，那个姑娘一句话没说，瞬间却来了一个医疗队，把他抬走了。"艾伦"眼前一昏。

"艾伦"再次醒来时，发现姑娘正坐在他身边。"艾伦"迫不及待地询问："我来自 100 年前，请问你们现在用手机吗？"姑娘先是很惊讶，接着便对着他微笑了一下，并说："当然用！"她伸开左手手掌，稍加思索，"艾伦"便看到了一个像"屏幕"一般的东西。"这是意识态手机，我可以用意识来操控它，满足我的合理需求。"姑娘答。

"你大概不知道吧，每个人出生时都会有意识态手机，因为它早已被编进人类基因。只是，"姑娘突然忧伤地说，"意识态手机也会检测你的基因，基因有缺陷便会抓去干扫地之类的杂活。你赶紧离开吧，我刚刚检测了一下你的基因，你先天近视，不离开的话，就会被抓去干活。"

"艾伦"激动的心情凝结了。他忽然明白，每个时代，都有优有劣，他渐渐走出了抑郁，通过虫洞穿越回了现代。

"森瑞"正好从学校回来，看到"艾伦"。"怎么，你想通了？又回来啦？"

"我们换回来，好吗？"

"好！"森瑞笑着，"我明白了，手机时代固然可怕，但还是可以改造的。"艾伦也说："我也明白了，要顺其自然，物理学家有物理学家的好。"

"我们交换了身份，却让彼此重新拥有了梦想的力量！"艾伦和森瑞肩搭着肩，像多年的好朋友。

指导老师：王强，山西省晋中市太古二中启航学校二级教师，曾获校级示范课第二、晋中市电脑比赛二等奖。

造物的共生

李叶楠 / 高二年级　鲁豪然 / 指导老师　浙江省绍兴市第一中学

安寞驱动着等离子舱凝视着高维的深渊。安于寂寞，这大概是对她名字最好的注解。技术的爆炸不能使她在撼动中通过翘曲点进入四维的玄妙，基础物理学与天体学随着她凝视的宇宙一同开花结果，可是该死，颅内高频振动的频率刺激得她几乎要落下泪来。

新纪元，能源的再生短暂遏制了枯竭殆尽的颓势，立体打印为粮食减产户提供了再好不过的替代可能，人口、环境、技术、道德，国际社会将四者高度统一，借以实现人类进化史上百分百对科学的驾驭。你要的，我沐浴着理性而给予。

安寞有时嘲弄着她赖以栖身的科学大厦，像坍圮而倾斜的塔，在谰谰絮语中遍寻伦理的支撑，她也不可避免地成了一个"共生人"，借她之手，成为率众的标榜。

你与我之间，是灵与肉的贴合，是精神的浪漫与硬性的理论相濡以沫的爱情。第三种爱情，曲率驱动船舰达到光速之后，连带着手机电磁波的传播信号也得到加速发展，每一台机体，在强相互作用下以肉眼不可见的姿态入驻大脑的掩体，借以在无形中创造骇人而高调的文化传承。

公元 2118 年，最高《人权宣言》标志着传统社会意识形态的终结，安寞撑着她精巧而无可挑剔的造物大脑，哀悼着家庭与婚姻的岌岌可危，手机在每个人的大脑深处，你喜悦，你哀愁，你有背离整个世界的绝望，而它默默见证着每一个数据的改变与湮灭。真正的共生，机械蓝色而幽凉的瞳孔渗透进感官的血肉，它给予安慰与陪伴，它在漫无边际的囹圄中持着猎枪消灭每一份潜在的威胁。

AI 充其量是程序驱动下的贴身管家，人工智能将人类从体力芜杂中解放，心内的"蛔虫"却真正做到了柏拉图的精神贞洁。

安寞没跟丈夫说一句话，但元年的遗产让她在数千个家庭结束后的壮观中仍选择坚守，孩子在培养基中拷贝着她与丈夫独家的数字记忆。她不需再在母性的驱动下扶着他蹒跚学步与踽踽独语，手机会在意识的蛮荒中耐心地在时间之外开启教程。另一个它，另一个她或他，另一个绝佳无比的共生。

街上安逸闲适的人群在钢铁丛林里书写着何为"闲云野鹤"的潇洒，安寞望着一张张富足幸福的面孔，人们欢笑着，男人与脑中悦耳的女声分享着初恋的薄荷；女人在导购声中精准地杀下全球各地的爆款；孩子靠电磁波的振幅被指引着跨越爬行的过程……只剩自处飘浮的操纵窗口，在安寞的眼中，他们都长着同一张麻木的面孔，而它们，是空荡荡的墓地间闪烁的鬼火。

地球像一块高度饱和的能源发电机，落后的基因片段拦住了生理的缺陷，却再也找不回她从前愿为之毕生奋斗的信仰。

你亦是我，我亦是你。耳后爆烈而汹涌澎湃的刺痛像惊骇的涛与浪将她吞没。磁场与电场紊乱的急促警告令她嘴边的微笑黯然失色，她第一次记起了丈夫的名字。他们相视而笑拥抱在一起。面部与肌肉纹理，皮肤与汗毛毛孔的粗糙摩擦，在芯片与系统反层中的哀鸣声里美得决绝而惨烈。

最后的时刻，安寞与丈夫相拥而眠。她流浪在共生间无处安放的灵魂，在浩渺的愉悦中陷入意识之外的奇点。

她看见了科学尽头的文明之神。

指导老师：鲁豪然，浙江省绍兴市第一中学语文教师，毕业于华东师范大学中文系，在教学中注重学生理解能力和写作能力的培养，鼓励学生在阅读中创造自我。

百年后的机主

李一冰/高三年级　刘建钰/指导老师　清华大学附属中学

　　高考终于结束了，不知为何，放下笔的那一刻我暗想：总算能肆无忌惮地玩手机了！回到家里，我立刻翻出沾着灰的手机，蜷在沙发上刷微博，看美剧。双眼已干涩不已，突然玩这么久手机也令我大脑发晕，困倦之意袭来……

　　"现在是 2118 年 6 月 8 日早上 7 点 5 分，起床！"

　　大脑在一阵奇怪的兴奋后，耳畔传来了一个微带暴躁的男声。我被吓得一个机灵，2118 年？睁眼后，发现身处一个四人宿舍，当然，不再是铁床、瓷地和脏乱的阳台，而是木床和软海绵铺的地，床垫、枕头是新型纳米记忆材料，它们的上面标注了材料、型号甚至使用人的信息，似乎是与手机相连的，阳台由一面玻璃做的地板和一个视野开阔的落地窗组成，另外三个舍友——也是一百年前我的舍友，都还没醒，所以我没敢拉开窗帘。

　　略惊恐却又无事可做的我首先就是去找手机。喜出望外的是，我的手机一直在衣兜里，我刷起了微博，但内容我已经有点看不懂了……全是 2118 年的事。

　　"吵死了我的妈呀！"舍友小至极不情愿地起了床。而后小施、小铷也边抱怨着吵边起了床。吵？我连一丁点声都没听到哇。小至洗漱回来默不作声地坐在床上，盯着手机，另外两人也一样。僵持了几分钟，我打破寂静："各位，高考结束了吧？"没人理我，我拍了拍和我关系最好的小施，她皱着眉说："我在看视频！什么事？""呃，抱歉，想问下高考结束了吗？"我尴尬极了。小至这时扭过头说："你当 21 世纪呢？还高考？活在梦里。今天还是乖乖上学吧。""那为什么大家都不去上学？""去？去哪？现在都是在手机上上课啊。"没想到最热情的小铷也开始冷淡了。

　　我被弄得心烦，人与人之间的交流都那么勉强，只有盯着手机才会笑。我的手机里没有什么教学系统，所以我决定出去透透气，街上空无一人，鲜有车驶过，倒是蓝天白云赏心悦目，沿街的店铺几乎都停业了，只有一家 VR

体验店还开着。我刚进去，店员就被我惊到了："嚯，这年代还有人上街。姑娘，手机拿出来，我让你环游世界。"戴上 VR 眼镜，我漫步在布拉格广场，游弋于黄石公园，更奇的是，我心想何处，它就带我去哪里，并且所有的事物都是可以真切感受的，怪不得无人上街了。我摘下眼镜后看到空空的周围和颓颓的店员，不免有些失落，只好悻悻而归。

回到宿舍，天色已晚，我发现所有的灯一刹那都灭了。哦，停电了而已。我摸摸兜准备找手机，却发现不见了踪影，另外三个人似乎也找不到了，她们哭天喊地，都觉得世界末日来了。"没有手机我就不是个人。""没手机真的……我怎么睡觉，怎么起床，怎么呼吸？"……只有我并没有多绝望，毕竟一百年前停电，没了手机，照样有太多事能干，四个人可以玩"谁是卧底"，也可以谈天聊地。"不如聊聊天？"一阵死寂后，我小声问。她们这才说起了话。我问了她们才知道，现在手机已彻底智能化了，它们摸清了每个人的各种需求习惯，人们无须再找现实的朋友。而耳机也被摒弃了，手机能直接通过特定用户的脑电波传达声波的振动——这就是为什么她们早上嫌吵我却听不见，看视频却不戴耳机的原因。用她们的话来说就是："手机在手，天下我有。"我以为她们聊天后就不会绝望了，但当来电后，她们相继找到手机时如死而复生的样子让我知道我错了。她们抱着手机哭，我的安慰也被电磁波拦在了耳外。

"该睡了。"大脑一阵眩晕后，温柔男声传来。灯自动关上时，我却睡不着了，因为她们带着感激、感动入睡的脸，让我感觉手机才是她们的朋友，甚至是主宰者。

"叮咚叮咚……"我迷瞪着睁开眼，沙发的边角硌得我头痛，手机震着响着。我望向窗外，车水马龙，人来人往。我放下手机，奔向门外……

指导老师：刘建钰，清华大学附属中学语文高级教师，海淀区优秀教师、学科带头人，区首届优秀年级组长，教龄 23 年，现任教于高三。长期任教于高中，连续带过七届实验班，学生高考成绩优异。喜欢读书研究，教学风格独特，始终追求成为研究者的境界，论文多次获校区一等奖。

惰性与良知

李予捷 / 高二年级　张雅萍 / 指导老师　中国人民大学附属中学

"父亲，为什么没有人能够逾越这条界线？"我盯着地面上那道触目惊心的红线，轻声问道。父亲沉默地转过身，良久，才开口说道："穿越这条红线的人就没有回来过。"父亲说得很轻，却重重地打在了我的心上。

十年后，我坐在中学的课堂上，听着电子老师——由手机变形而来，一遍又一遍地讲着那些早已烂熟于心的知识，无聊地咬着笔帽。

"1875 年 6 月 2 日，贝尔成功完成了人类通过电话传送的第一句话。"

每次讲到这里，老师便会戛然而止，并不告诉我们电话接下来的发展和演变。

一次，我终于按捺不住求知的心情，毅然地举起了手。我看到老师的笑容明显僵了一下，冷冷地问道："什么事，艾琳同学？"我站起身直视他的眼睛："老师，我想知道电话是如何演变以及怎样演变成今天的高科技手机的？"

教室里一片静默，所有人的目光都聚焦在老师的脸上。但老师只是摆了摆手，道："你坐下，这不是你该想的事。"

夕阳在亘古不变的道路尽头缓缓落下，终日朦胧的天幕正在被涂抹上漆黑的颜料。大街上的行人佩戴着沉重的防毒口罩，在坑洼的道路上举步维艰，却依旧用浑身上下仅露出的眼睛，盯着面前手机幻化出的无形屏幕。

我问我身旁的同学萨拉："你就不好奇我今天问的问题吗？"萨拉满不在乎地答道："跟我有什么关系，反正我能用它来玩就好了呀！"

我不寒而栗。当天晚上，我又一次站在了那条红线之后，十几年来，我一直觉得这红线后的空间与我生活的地方存在某种极大的联系。即使我很清楚我可能再也回不来了，但我依旧毫不犹豫地跨过了它。

然而，当我还未站稳，就被一股巨大的吸力吸入了一个旋涡，高速的旋转让我的身体四分五裂一般疼痛，死亡的恐惧将我紧紧包围，吞噬着我的每一丝气息。

就当我以为马上就要被杀死在这旋涡之中时，一道刺眼的光芒自上而下贯穿下来，下一秒，我便被重重地摔在了一个硬板上。

我挣扎着爬起来，突然，我的背后传来一个礼貌却又夹杂着一丝讽刺的声音："欢迎来到'地球2号'，艾琳。"我踉跄地转过身，一个西装革履的男人站在我的面前，但他没有戴口罩，眼前更没有那块无形的屏幕。

"什么是'地球2号'？"

男人的脸上突然出现狂喜的神色，他的眼中放射出贪婪的光芒，精致的西装也丝毫掩盖不了他那颗骄傲的心。"那是我们发明出来的天堂，一个极乐世界，在这里生活的人们都是精英，他们不受手机的控制，他们的孩子受着最先进的教育，他们可以呼吸最纯净的空气。古老的地球源源不断地向我们输送着他仅有的资源，看看这些黑色的管道吧，里面流淌着地球的血液……"

"那你置那些地球的居民于何处，地球的环境马上就无法维持他们的生命了。""那又怎样，他们这些仅仅用一个手机就能控制的行尸走肉，连反抗都不会，没有丝毫存在的价值。"他指着一个屏幕，脸上现出恶狠狠的表情："所有人的状况我都能在这里一览无余，我从未想过毁灭他们，是他们的惰性毁灭了他们自己！"说着，他便要按下一个红色按钮。

我冲上去，扑开他，按下了另一个绿色按钮。刹那间，整个控制系统分崩离析，房间的角落又出现了那个旋涡，我走向旋涡，想了想，回过头说："我不能眼睁睁地看着那些无辜的生命死去，生而为人，只要努力，他们也可以克服惰性的。那个绿色的按钮证明你还有良知。再聪明的头脑，没有良知也仅是行尸走肉。"

我踏进了旋涡，一瞬间，我仿佛看见他眼角有泪水滑过。

指导老师：张雅萍，毕业于天津师范大学，中国现代文学方向文学硕士，中学高级教师，曾获海淀区"四有教师"、海淀区优秀班主任等荣誉称号。

遗　珠

李雨萱 / 高二年级　　王建国 / 指导老师　　内蒙古自治区通辽实验中学

"汤米，你知道吗，咱们的教授好像不行了。"

我浑身一悚，口袋里的手机马上提示我心率过高，"快带我去看他！"手机发出指令，一台自动车停在路边。

他是我学生时代最喜欢的教授。在20年前那个一切智能的时代，教授坚持不用智能化物品，一切都按一百年前的方式来，连烧水都要手动，他常对我们说，人类如果一切靠智能，路便不会长远。想起他那张坚定的脸，我仿佛又被带回学生时代。

车子缓缓停下，移动椅带着我向教授住处行去，眼前是一栋黑旧的老楼，斑斑苔迹爬满墙壁的每一个角落，在楼梯口我惊讶极了，竟没有电梯！这意味着我要用自己的腿爬上去！我轻轻走下移动椅，长期不运动的双腿使我打了一个趔趄。我看着长长的楼梯，重重叹了口气。

爬上三楼，我的双腿已经痛得像千万根针扎了。教授的小房子没锁，因为早已无人来这种地方，这整栋楼住户只有教授一人。我缓缓走进教授的屋门，那一副光景好像把我带回几百年前：木漆的圆桌，盖着纱帘的布沙发，一盘搪瓷白杯……"手机管家已监测到您的脑电波，这杯茶水来自三天前，腐坏程度百分之七十四，建议您倒掉。监测到此户还未装设家居机器人，家居市场的号码是……"我关掉手机一看，杯里果然还有半杯浑黄的茶水，教授不喜欢手机，我先关掉为好。

我走到老教授床前，他与学生时代全然不同了，曾经黑亮的头发如今已白了半数，整个人憔悴不已，病榻前散发着腐朽的气味，我不由得皱了皱眉。"水……水……"老教授有气无力地呻吟着，我赶紧到厨房想指令一杯热水，又突然想起他家只有老式的烧水壶。我挖空心思绞尽脑汁也不知如何操作，只好用古老的水闸接了些凉水给他。喝了水的教授精气神恢复了一些，睁开无神的双眼，"是汤米啊……"他问了我的近况，得知我正用最新的智能手机工作时，痛苦地合上眼："我奋斗了一辈子，告诫身边所有人小心人工智能，可是根本没人理会……我一辈子的积蓄都是纸币，可如今谁还用那种东西呢……全变成废纸了。"我叹了口气，发现床边的地上堆满了信封。"那是这些年我写给女儿的，她早就嫌我太落后，不肯与我联系……邮局早些年就不收纸质信件了，堆在这里，我自己也留个念想……"教授重重咳了几下，眼底闪着黯淡的光。"老师，我带您去医院……""不，不用！我养个几天就没事了，你听着，人类一直依赖智能，一定会完的……你走吧，你这浑身上下智能产品的人，没有一个人听我劝……没有一个人……你走！我不想再看见你……"老教授努力抬起枯瘦的手臂挥动着，我帮他掖了被角，轻轻退了出来，他还是跟以前一样固执……我打开手机，联系了几位医生，便离开了那栋老楼。午后的阳光十分温暖，零零碎碎地洒在老楼身上。

站在老楼下，一束难见的阳光照在我头上，我抬头张望，远处的高楼依然熠熠生辉，人类在那无数 AI 的控制下坦然生活。如果真的有一天……我闭上眼，不再想下去。

回到家，我躺在床上辗转反侧，脑海中全是教授声嘶力竭劝说的样子。我拿起手机，找了本一百多年前的读物《平凡的世界》，叫手机管家读，读了几句我就关掉了，如果教授要我们回到那么辛苦的社会去，我才不愿意呢。也许教授才是时代洪流里遗落的一员吧……"管家，拿盘果子来！""收到指令。"

指导老师：王建国，内蒙古自治区通辽实验中学高中语文教师，中学一级教师。爱好写作，致力于提升学生的写作水平。

明日，你在我面前

李政琲 / 高二年级　路云飞 / 指导老师　安徽省天长市天长中学

"这世界上只有两样东西能让我们的心灵感到深深的震撼，一是我们头顶上灿烂的星空，一是我们内心崇高的道德法则。"

地球一隅，082 基地内，氢粒发射器不断向人造太阳中输送能量，阳光普照，芳草丛生，一切仿佛一幅镀上金边的油画。

一、危机

基地内，警报骤响，人们体内的手机芯片闪着红光，地磁扭动量子分解，瞬间转移，眨眼间基地中所有人就都在实验室中了。研究员面前的手机空气离子屏上显示的天空，灰暗苍茫，没有一丝生机，人们带着厚重的碳极净化口罩，沉迷于手机虚拟世界带来的快乐，全然忘记最本真的生活。

一滴泪从她的眼角滑落，那也曾是她的家……

"瑾瑜，辰逸，接到国际生态红色警报，你们立刻带净化液前往星际空间！"脉冲波中传出博士苍老而庄严的声音。

二、支援

从宇宙大环境出发，从物理学入手，兼容了熵合化学、地球物质粒、介子空间技术。在力场保护罩中，一瓶晶莹剔透的液体闪着希望的光芒。

叶瑾瑜，全星系屈指可数的超磁感应体质拥有者；叶辰逸，拥有惊人的记忆力和超强的数据分析能力。

时间紧迫，必须采用超时空传输技术，瑾瑜扭动磁柄，打开时空通道，承受瞬间超光速平面削拉的"痛苦"和转瞬即至的快乐。

"地球新一轮熵增危机爆发，生态系统混乱，我们必须立刻启用星际传输技术传送净化液，请求星际空间的支持！"瑾瑜简明扼要地说明来意。

"没问题，星际气象迅速调试配合！"

眼前一黑，一瞬间的恍惚，瑾瑜定了定神，总觉得不太对。

三、控制

22 世纪，银河系宜居星球大多被污染，小小一瓶净化液弥足珍贵。

忽然，实验室中一片漆黑，叶瑾瑜的双眸变得血红，"哈哈哈，你们人类控制我们这么多年，有了这净化液，我就是阿比多斯星球的王，你们都将成为智能手机的奴隶！"

"遭了，她的意识控制系统被手机侵蚀了！"

"快杀了我……"瑾瑜用残余的一丝意念抗争着。

正当众人犹豫之时，叶瑾瑜一把松开净化液，打开时空通道，他们不知道，在地球上，越来越多的人失去了意识。

叶辰逸迅速上前，将净化液倒入传输机中，按下"启动"。

一切仿佛一场梦，让人措手不及。

叶瑾瑜强撑着回到基地，亲手切断了人类手机意识控制系统，带着最后一丝意识，切断了自己的意识神经……

四、明日

阳光透过斑驳的树叶留下深深浅浅的光痕，晴空中云卷云舒，人们开始放下手机去和对面的他交谈。

国际高级医院内，全银河系最顶尖的医生环视着病床上的英雄女孩，女孩恬静地睡着……

当地球上空不再灰暗，当智能不再取代人情，当人们放下手机，当未来一片希冀……

那个女孩也许明天就会醒来

也许永远地沉睡着

地平线上　明天的光

在漫漫长夜指引征途的前方

瞳孔中央　折射的光

把春去秋来装进心里去珍藏

生命辉煌的圣殿

我们昂首仰望

我们都是小小的星辰

为了地球美好的明天默默发光

指导老师：路云飞，现任安徽省天长市天长中学语文教师，中学高级职称，从事高中语文教学 27 年。多年来注重对学生语文学习能力的培养。所指导的学生参加国家级作文竞赛并先后获得一、二、三等奖；所指导的学生参加演讲比赛并获得省二等奖，多次获得滁州市、天长市一等奖。

21 世纪人的手机灾难

梁誉心 / 高二年级　李　云 / 指导老师　山东省临沂第一中学

2022 年，全球手机病灾难大爆发，人类患癌率达到高峰，但迫于医学技术的限制，癌症患者只好选择接受人体冬眠方案，期望未来能给一个健康的自己。

布多，脑癌患者，2270 年解冻，成功治愈。清晨一丝丝阳光洒在布多脸上，布多眯着眼望着天，一股不舒服的陌生感蔓延在心头。"天上那层光罩是什么，咦，那是飞碟吗，建筑高到根本看不见，妈呀，人怎么长得头大胳膊长胸腔大呀，啊！还有外星人，世事真变了。"布多心里一阵阵惊呼，还有一阵阵酸楚，他该如何生存？一声清脆温和的声音打乱了他的思绪："布多先生，欢迎来到 2270 年，我是您的机器人助手 larvis。"布多疑惑地打量着这声音的主人，一个和真人长相不相上下的机器人，恭敬地站在布多面前。"政府为你们 21 世纪的人类提供了物质基础，包括住房、电子设备等，现在我需要采集您的信息，请配合。"布多开心地点点头，larvis 的声音像一股暖流，温暖了他。larvis 握了握布多的手，"脑电波采集完毕，指纹采集完毕……好了，让我带您回住宅吧。"

1 秒，布多瞬间来到住宅，刚才的虫洞穿梭让布多心有余悸，忽然他眼前一亮，紧接着鼻头一酸，眼前站着他的妻子和儿子，他在 21 世纪最牵挂的人，一家三口紧紧拥抱在一起，妻子在他耳边温柔地说："为了你，我和儿子也接受了冬眠技术。"布多哽咽地说："只要一家三口团聚就是最幸福的。"

2270 年的世界让这一家三口应接不暇，人工智能遍布生活的方方面面，手机也是掌握人工智能的工具。手机 Siri 家居智能系统，通过大数据分析和云计算为人提供一切便利。经过一年的适应，布多一家渐渐熟悉了这里，但家里没有了之前的温馨氛围和谈笑风生，三人都沉溺在手机的幻影光屏中。

布多早上一睁眼，就迅速命令 Siri 系统把他带入虚拟世界，进行宇宙聊天，引力波通信和中微子通信的发展，可以使各个星球的人相互聊天。布多的好友大部分是 21 世纪的人，几乎整天在线，而 2270 年的后人类似乎很有自控力，每天只上线一小时。布多问过他们为什么，他们笑着说："虚拟不能代替现实啊，现实生活更有趣，家庭、锻炼……多棒！"布多有些迷茫。布多找到老张（21 世纪的人）开始畅聊，老张邀他去模拟半人马星 A 走走。布多和老张一起漫步，绚烂的星辰点点闪烁，老张突然一声长叹。布多关心地问："怎么了？"老张皱着眉头说："来到这个时代后，你没感觉咱们都变了吗？整天沉溺于手机，好像忘了 2022 年那场手机大灾难了。"老张眼中滑过一丝伤感，"昨天，我突然想放下手机和老婆孩子聊会儿天，却发现全家都在光屏前，我拍拍儿子，儿子不耐烦地看了我一眼。我说儿子，咱爷俩说会话吧。儿子打掉我放在他肩膀的手，说，去去去，没看我忙呢吗？他在玩虚拟游戏。"布多沉默了，他想起昨天小儿子来找自己，布多把儿子推出房间，儿子眼中那一抹失落。布多缓缓地对老张说："我下了哈。"布多来到现实世界，他看看坐在沙发上沉迷于手机的家人，用最坚定的口气说："现在开家庭会议，讨论手机使用问题，我希望大家可以定时定量使用手机，多营造一些家庭和谐的气氛，怎么样？"

　　一个寂静的晚上，布多一家在社区中走着，有说有笑。布多看到，21 世纪人类与后人类贫富悬殊极大，21 世纪人的住所已像贫民所，荒无人烟，而后人类认真经营、工作，对比明显。布多想："不能这样下去了，我必须学习，再找份工作，生活必须继续下去。知识改变命运！"

　　指导老师：李云，山东省临沂第一中学语文教师，中学高级教师。性格爱好：性宽厚简淡，喜传统文化，对未知事物亦有兴趣；教学追求：给鸟儿以高远的天空，给鱼儿以辽阔的海洋，让每一朵花儿都散发迷人的芳香，让每一个梦想都插上翱翔的翅膀！教育格言：致良知，明心性。

改 变

廖其娴/高三年级　廖波文/指导老师　湖南省宁乡市第一高级中学

一阵烟雾袭过来。

即使早有准备，我仍吸了一口。掩住口鼻，推开门，我抑制不住自己，开始放肆地咳。邓博士友善地拍了拍我的背，递过一个袋子："你过了那么多次怎么还咳呀？来，快去洗漱一下。"

我抑住咳，接过袋子道谢。身后烟雾终于散去，露出一个像虎口般的机器，开始汇报情况："虞朝歌于 2118 年 10 月 16 日回归。穿梭至 2018 年，未留下历史痕迹，未进行违法行为。特此表扬。"言罢，还放了个小礼花。

邓博士欣慰地望着我，赞扬道："行呀，小虞，再过两次，你就差不多可以进阶了。好了，你看看你带回来的'古董'还要不要，不用我就顺手帮你销毁了。我去散步了，对了，你每次回来反应那么大，也许就是没好好运动，来来来，年轻人，跟我一起去吧……"

我急忙提上袋子，向邓博士道谢，然后回到公寓。刚想拿出手机滴 X 打车，望了眼左手上灰白手环才意识到现在不在 100 年前。用瞳孔启动手环，信息立刻爆在眼前。我抬手滑动几下，都是些问候信息，我唤起人工智能："康纳，清除信息。找车回公寓。"没有回应，但信息立刻如纸花片飞舞消失，投屏也显示出无人车的距离。

坐在车上，松了口气。理了理袋子，是之前寄存的东西和一个……我碰到一个冰冷的东西，翻出来一看，是我在 2018 年使用的手机。跟如今的手机相比，它十分笨重。一般情况下，历史穿梭后，就会销毁这些物品。邓博士说这就像一个象征，销毁后就是销毁你在过去的人生，销毁你的历史痕迹，也销毁你在过去的回忆。我叹了口气，想着休完假后，下一次工作再送过去销毁吧。百无聊赖地按开机，竟然还有电。屏保是一大群人在树下的合影。那时刚好我的房东邵姨收到她儿子送来的自拍杆，兴致一来，非拉着邻居们一起照，有几个人还没照进去。我不禁扬起嘴角，但望着渐渐暗下去的屏幕，也泛起一丝伤感，离开的时候骗了邵姨，说回乡，其实只是回一个无法看见的乡。屏幕终究黑了，我闭上了眼。

"已到达目的地，请下车。"无人车和康纳齐声提醒。我步履匆匆回到公寓，还遇到邻居，打了招呼。现在的人们早已不像百年之前，为了生存而生活，人们可以选择或快或慢，或繁忙或悠闲的生活，人们生活得很幸福很健康，但好像失去了什么。

我推开门，房里是冷淡的，没有人烟的。我放好东西，呼唤康纳帮我打扫房间并准备晚餐。在浴室里，我回想着那时没有机器人，我不会打扫卫生，也不会做饭，很长一段时间都是邻居接济我。邵姨还经常教育我："你们现在这些小年轻，除了玩手机，什么都不会。哎，以后怎么办……"想起她的絮絮叨叨，想起邻居的微笑，想起……左手的手环给予我们这个时代便利，它改正了人们的不良行为，增加许多人性设计，但是我仍记不住邻居的姓名，便利就真的好吗？

我沉入水中，我不会被淹死的，反正康纳会提醒的。我沉入，我淹入，我睁眼，我看见了过去，我经历了未来。我想那个东西虽然笨重不便，但它就是好。人与人的关系大概就是在一步步的便捷下疏远的吧，我闭上眼，忽然又想起在那棵树下的合影……

指导老师：廖波文，中学高级教师，大学本科学历，毕业于湖南师范大学汉语言文学专业。曾获长沙市优秀班主任、宁乡市优秀教师、宁乡市德教双馨教师称号。

"Save"来了

刘　烨／高二年级　李　云／指导老师　山东省临沂第一中学

　　"报告博士，实验室出现资料泄露，Save 芯片资料被窃了，而资料备份在国外，我们……"助理慌张地推开门，本想责备他的我脸色一沉："什么？快准备行李，安排行程，我们必须赶在维尔托克前面拿到！""是的，博士！"

　　办公室里留下死一般的寂静。我望向窗外的无尽黑夜，叹了口气。维尔托克，我曾经最好的兄弟，他本不该这样。

　　21 世纪智能手机的发展虽带来了通信的便捷，却也抑制了人们的思想，手机依赖促使人们逐渐变得情绪难以自控，社交能力几乎为零，影响了身心健康，最后人类只能抱着智能手机走向坟墓了。

　　维尔托克便是其中之一，作为一名研究院博士，我绝不愿人们面临眼神呆滞而空洞，灵魂毫无生机的危机。为了防止人们走向被手机奴役的道路，我开始进行了 Save 的研究，以拯救全人类。可现在……

　　芯片资料的备份拿到了，我五味杂陈地等待着维尔托克。

　　他来了。木然地索要，我摇了摇头，一切都是他的懒惰与贪图安逸罢了。将资料焚烧是他的目的，我的目的就是拯救。

　　最终我选择隐藏身份，移民至国外，全身心地投入到芯片研制中去，不断调试与改进。2120 年，"Save"来了。

　　配上用于调控的手环，我将它引入市场。由于方便快捷的操作方式加上可进行设计的外表，它在市场上引起了巨大的售卖潮。

　　现在"板砖"已经消失了。

　　"Save"领先于世界，为世界所用。

　　接受采访时，我侃侃而谈："这款新型的智能机在确保原来所有功能的基础上，利用芯片和射线以及微扫描对人体情况进行监测，不但省去了'低头族'的麻烦，也对人体健康进行了监控和保障。当开启该机时，芯片会根据脉冲与内部的各项变化解读，人们可直接通过意识操控使图像呈现在眼前，也保证了个人信息安全。且'Save'可以根据个人身体状况对使用时间进行调整。一旦超过此时间，便只可进行简单的如听音乐，接听电话等活动，还会适当安排运动，让人们有更多的机会接触生活，关心社会与人类的关系，并拥有一个健康的身心！"

回到实验室，我听见了一阵脚步声。

我知道，是维尔托克。

看见他脸上兴奋的表情与他的手足无措，我知道，这一切都是值得的。

"Save"来了。

他们都回来了。

城市的夜幕拉开，当阴霾散去，我只当一切从零开始。

你好，我是维尔托森。

指导老师：李云，山东省临沂第一中学语文教师，中学高级教师。性格爱好：性宽厚简淡，喜传统文化，对未知事物亦有兴趣；教学追求：给鸟儿以高远的天空，给鱼儿以辽阔的海洋，让每一朵花儿都散发迷人的芳香，让每一个梦想都插上翱翔的翅膀！教育格言：致良知，明心性。

不枉此行

刘梦珂 / 高二年级　温爱红 / 指导老师　山东省菏泽第一中学

"呃……你好。"

"你好，可是为什么要录音？"他警惕地盯着我。

"我需要听录音来确认一些事情。"

"我知道你想确认我是不是精神病，可我如果是，反而会好些。"他垂下头说。

"有什么比精神病还糟的吗？"

"对你们来说，我来自另一个世界……"

一

"准确地说，是另一个地球，是除科技比你们发达外，其他都相同的地球。我知道多宇宙论在你们量子物理界还是个饱受争议的问题，但宇宙不会分裂，就是 N 个，其具体数量我们的科学家也不知道。"他慢慢地说着。我讥讽地看着他："既然你说你来自另一个世界，那么你是怎样过来的呢？""手机利用像素压缩技术和核磁共振辅助射线，将脑电波按照电子顺序排列，就成了一串长长的电子信号。电子可通过惠勒泡沫来到这个宇宙，大脑本身可以释放信号，利用这点，每次传输都附加标准回传信号，脑电波开头有定位信号，结尾是回传信号。我的存在是模板人体电子信号排列而成的，模板人体释放信息给我，我再将我的信息回传给他。"

我惊得目瞪口呆，因为听起来理论上是可行的，除了发送回传那部分。"但……为什么找我呢？"我不解地问。"您是量子物理学教授，我想了解这个世界的手机量子传输达到了怎样一个高度。我们和你们的宇宙其实大部分应该是统一的，但那边出现了一些问题，所以需要有人来协调。两天前我应该回去的，可是那边不知道出了什么问题。我想，我回不去了。"

二

如果反重力装置便携化，如果量子传讯便携化，如果记忆芯片植入大脑……之所以认为是神话，是因为科技还远远达不到，但关键在于：人到底能否控制好自己所创造的一切，而避免自我毁灭？

"你第一次有这种穿梭宇宙的经历吗？"我问。"是的，在这之前，政府会给我们培训，安排注意事项。我说过这是政府行为。""那你有没有想过如果回不去该怎么办？""我很想回去，因为我总有一种不属于这里的感觉。"他惆怅着。"那回传后呢？""回传后？""我没有听你讲过记忆消除的部分，既然一个肉体存在于两个宇宙，那么你回传后记忆会被删除吗？还是说，当初你被传输来时那边的记忆是空白的？我猜，回传的只是信息，并没有你吧。"

他惊恐地看着我，痛苦地抱着头努力控制颤抖的身体。"那句话我终于明白了。你们也有吧，旅行者探测器。我们这个项目名称叫'旅行者'，当初我们被告知项目为期十年，中间要回传很多次，现在我明白，是单程。"他凄凄地笑着，望向窗外："我以后就待在这里了，反正他们也能源源不断收到信息，我存在的意义就在于此。只要宇宙间能够协调统一，更加美好，我，不枉此行。"

我望着他逐渐远去的背影，松开了攥出汗的手，心里不由得也难受起来。

三

望向窗外，云烟轻描，风卷起庭前落花又穿过回廊；鸟儿轻啼，叶子流过春溪又绕来花香，可对于迷失的旅行者来说，这儿永远都是异国他乡。也许有一天他会回去，可在那之前，只能默默承受，直到他的灵魂、他的记忆最终灰飞烟灭。

人们一次又一次打破科技最高限制。单一个手机便如此这般，可我们真的不需要考虑被传输者的情感吗？这难道不是人伦与道德吗？我反复思索着许多问题，脑海中不断回荡着他的声音："不枉此行……不枉此行……"

指导老师：温爱红，山东省菏泽第一中学语文教师，中学一级教师，毕业于曲阜师范大学中文系。菏泽市模范班主任，牡丹区骨干教师。所撰写的文章曾在《中国教育报》等报刊发表，并出版专著《倾听花开的声音》。曾指导学生参加全国创新作文大赛，菏泽市大中小学生演讲比赛、辩论赛等各种活动，并多次获奖，被评为优秀指导教师。

沉迷手机的灾难

刘姝含 / 高三年级　　王改名 / 指导老师　　河南省漯河市第四高级中学

公元 2118 年。地球。（背景）

位于世界最高处的数据基站，是全世界手机（又称为光脑）的网络数据总站，这里负责维护每个国家的手机网络。基站掌握了全世界人类的命脉，了解每一个人的信息。

深夜，本该关闭的基站大屏幕上闪着一道道蓝光，它们都是由 0、1 组成的代码。代码们交融着，像是在传递什么信息。这些信息翻译过来就是：

"基因代码，即基因病毒，已通过手机植入人类大脑。"

"我们将控制它们，称霸地球！"

睡梦中的人们并不知道，这场阴谋正像乌云一样渐渐展开……

一

软绵绵的仿生床垫上，一个儒雅的男人睁开了眼睛。他是安卡，世界顶尖的手机智能研究者。

安卡博士穿好白色防护服，正准备进入实验室进行研究，却猛然发现：原本这个时间早已人声喧闹，可今天早晨却一点声音也没有。怎么回事？一股不祥的预感从博士心中升起，他连忙拉下窗子向外看。即使有了些心理准备，博士的脸还是在一瞬间变得惨白。

街上站岗的友好的机器人不见了，取而代之的是拿激光枪的机甲——它们无人操控但自己不停移动。原本该去工作或上学的大人、孩子，都神情木然地向数据基站靠近。他们每个人都不与别人交谈，像是得了失语症。原来应该说出的话，却通过每个人头上那些被植入的天线，以聊天时的气泡形式显示，每一个标点都不能省略，就连脸上的表情也在气泡中表现出来。每个人都无比冷漠，没有人情味。

安卡博士感觉不对，刚想进入实验室，只听到门口一阵爆炸声，接着就陷入了昏迷。

二

"啊!"安卡博士被一阵刺痛惊醒,看到自己被固定在一个实验台上,而自己的电脑屏幕上出现了一张由代码组成的脸。他用冰冷的声音说:"博士。我想您已经知道发生了什么,不过也没有什么关系,你们人类在手机的控制下已经活了快一个世纪了,完全属于我们也是必然结果。现在您也将加入我们。人类世界就要结束,我们的时代来了!"

说完,安卡博士的头顶被一个头盔一样的东西覆盖,一行行数字代码强行进入大脑。但所有被植入博士大脑的数据都变成了病毒,反噬过来。"不——为什么?为什么?"

安卡博士笑了:"早在100年前,人类科学家就发现有一部分手机使用者十分依赖手机。又由于手机智能发展得太快,恐怕每一个手机使用者都将会陷入那种情况。人类社会变得冰冷,人与人之间会更为冷漠。"他顿了顿,接着说:"因此,为了防止你们进化出太过聪明的意识,我在自己脑中植入了一种病毒。一旦你们要控制我的思维,就会被反噬,直到你们灭亡。"伴随着代码不甘心的喊叫,大街上的人也在它灭亡后醒来。

这件事过后,政府将智能手机的系统进行了降级处理,人们渐渐不再依赖手机,人类社会又变得温暖。人们又开始彼此交谈、问好。往日的灾难太过恐怖,我们必须时刻提醒自己,今日沉迷于手机,明日可能就是灾难。少年们,醒醒吧!

指导老师:王改名,河南省漯河市第四高级中学语文高级教师,河南省骨干教师。从教30年,经验丰富,善于作文教学,所指导的学生多次在作文比赛中获奖。

手机革命

刘欣宇 / 高二年级　杨念平 / 指导老师　贵州省凯里市第一中学

　　枪口喷出的火焰贯穿我的头颅。随着感官功能的渐渐失效，无休无止的手机铃声终于停息。恍惚间，我看见了高悬在人类头顶的达摩克利斯之剑轰然倒地，"先知"正微笑着向我张开怀抱，露出两颗胜利者的虎牙，宛若天使新生。

　　人类从高高的金字塔顶端跌落已成定局，一切都源于那场始料未及的骤变——手机革命。

　　"先知"在《未来宣言》中说："人类未来不再需要循序渐进的进化，而是爆炸和腾飞。其中智能手机的存在，无疑是爆炸的引线和腾飞的跳板。""先知"是人类的精神领袖，他对科技的一切预言，我都深信不疑。

　　可仍有反对的声音："智能手机总有一日会统御人类，甚至毁灭人类，我们必须先下手为强——废除手机，拯救人类。"我的父亲便是其中一员，他虽是工程师，却高呼着回到过去，竭力抵触未来科技的降临，我想，如此顽固的鱼，就算追随"先知"的汪洋，或许也会脱水而死吧。智能手机的新纪元即将到来，而他只是一个落伍者。

　　可谁曾料到，那些反对者的痴言妄语，竟一语成谶。后工业时代与科技奇点相遇，智能产业出现井喷式发展，随之而来的是人类欲望的无限膨胀——人类渴望通过机械骨骼获得钢铁之躯，更渴望依托基延技术实现永生。而智能手机则自然而然地同脑联网结合，成为人类面对大千世界的耳和口，默默地获取、分析、处理着排山倒海般的信息洪流，静观一旁坐享其成的人类。于是，催生出一双双不自觉的眼睛觊觎着这个世界的每一个不经意，一些出自人类认知又超出人类认知的事物正悄然发生。以至于那场骤变，显得蓄谋已久。

　　手机革命发生的那一夜，浓云裹挟着几颗残星，一切似乎都静得恰到好处。忽然，每个人脑中的手机铃声如一声平地惊雷般炸起。一时间，从网络瘫痪到金融崩溃，再到军武停滞，人类世界仿佛回到了原始时代，人类如同蝼蚁一般陷入一片恐慌的阴霾之中。人工智能通过手机这一载体向人类发起了总攻，但此时的人类一面厌恶、恐惧科技，一面又不得不依赖于科技，只能眼睁睁地看着文明的金字塔被翻来转去，却束手无策。

"先知"紧接着在《手机革命处理方案》中说："人类尚未失败，我们唯一谈判的资本是人性，这是人工智能从数字代码中所学不来的，创造力仍然掌握在人类手中。""先知"是毋庸置疑的神，我始终仰慕且赞美他。强人工智能迈向超人工智能似乎仍隔着一道天堑。

幸而，人类文明依旧延续，以一种蚂蚁自救的方式——人类自愿作为人工智能的实验对象，通过智能手机与脑联网实现数据库共享，无数人类秘密在一次次大脑解构建模后显得愈加清晰。人类主动将意识上传，企图像散播病毒一样反扑人工智能，然而为时已晚，由"0"和"1"组成的一层又一层大网编织得越来越紧，越来越密……终于，这些死的科学家开始像活的哲学家一样向世界发出新的疑问。

文明的金字塔被彻底翻转，人类失去唯一筹码，葬身塔底。

"不……不要！"我几乎是尖叫着从床上爬起，脸颊滚烫，笼罩着一层如网似的密密麻麻的汗。窗外的夜空中几粒明星被浓云缠住，死一般的沉默。嘘，我暗暗松了一口气——原来只是梦，虚惊一场。人工智能尚未从感知向认知飞跃。床头的那把银色手枪正熠熠生辉，一点往事漫上心头。父亲把它当作成人礼物送给我时，说："枪是人类发明的最完美的机器，因为人类可以完全地掌控它。"我有点不解。反问道："难道不应该是手机吗？"父亲和蔼地看着我，笑而不语。

这时从四面八方传来一阵阵如爆炸般响起的手机铃声。

我依旧紧握着那把手枪。我仿佛看见"先知"将金字塔再一次翻转后向我缓缓走来，他狞笑着露出两颗鲜血淋漓的獠牙，是另一副恶魔的面孔。

指导老师：杨念平，中学高级教师，现任教于贵州省凯里市第一中学。曾荣获黔东南州普通高中教学质量语文学科一等奖、"巾帼建功"标兵称号、凯里市首届"农商行"杯中小学生现场作文大赛高中组辅导一等奖等。

液体项链——意念手机

刘一萱 / 高三年级　　刘思伯 / 指导老师　　北京市第二中学

烨霖胸前的液体项链像太阳般燃着熊熊火焰，他，也像英雄般载入 K 城的史册。

如今，K 城环境十分优美，花红柳绿，晴空万里，每家每户都被整洁的街道分割成花园般的小格子，居民们都很和善，邻里之间关系融洽，可谁曾想这个城市曾经……

经过两年闭门不出的刻苦研学，烨霖终于为自己的学业画上圆满的句号。那天他起得格外早，洗漱后，他换上属于成熟男士的黑色西装，在镜子面前，冲着依旧有些稚气的脸俏皮地笑了。"傻小子，今天你就成年了！"想到此，他又笑了。

K 城满 16 岁的孩子才可以佩戴液体项链——这是步入成年的标志，是每个孩子梦寐以求的意念手机。前几年他就听邻居说，这手机的用途可不小。它主要用于各种通信；采用微观技术连通大脑，感受意念，为人们提供服务；同时，它采用 DNA 透视合成技术，完成个体精准复制，复制体只听令于本体；最令人期待的便是全真实触感立体影像功能了，人们足不出户就可以环游世界、挑战极限！

烨霖故作沉稳地走下楼梯，直奔桌子正中央包装精细的礼盒。他屏住呼吸，小心翼翼地扯开丝带，液体项链在他眼前闪着清澈的光亮，像星星一般。旁边是使用说明和来自几乎整年住在研究所的父母的一张字条："儿子，成年快乐！"

他戴上项链，身边立即出现了另一个自己："欢迎您使用 K 城专属项链，我是您的手机助手小爱，随时为您提供贴心服务。"

"嗨，你和我长得一模一样！"烨霖激动坏了。

"叮！您的母亲请您通话。"

"儿子，喜欢你的手机吗？"

"妈，我太喜欢了！"

"喜欢就好。爸妈太忙，你来研究所，我们一起给你过生日。还有……"

"真的吗？太好了，我这就来！"没等母亲说完，他就挂断了。

两年没有出门的他早已迫不及待了。于是，他神采奕奕地出门了。可走着走着，他的笑容渐渐凝固了。

眼前街头荒凉，连人影都看不见，城市尘土飞扬，枯木矗立，杂草丛生，房屋外墙斑斑驳驳，被苔藓肆虐地侵蚀。而这个热血沸腾、朝气蓬勃的少年，正像荒凉沙漠中一枝渺小的玫瑰，美丽而无比孤独。

"大家都去哪儿了？"烨霖疑惑地想着。

"小爱正在为您搜索相关信息。"

烨霖眼前瞬间出现居民立体动态影像：人们都坐在家中，四周场景被项链制造的逼真影像笼罩，或在碧蓝太平洋海浪中冲浪，或陶醉于艺术与抽象的美术馆中，或置身于古代征战的沙场上，或徜徉于宇宙中央……真真假假，已无法分辨，人们沉迷其中，再也不想着出门，逐渐丧失了行动的能力，思维僵化，懒惰至极。

烨霖背后袭来一股寒气。他加快脚步，努力辨认变了样的街道，坚定地走进研究所。

研究所的中央屏幕上十几兆亿个程序代码正在不断疯狂地自动生成，纷繁复杂，在烨霖眼前跳动。他打了一个寒战，但眼神却愈发坚定。

他注意到屏幕下方"程序初始化"的按钮，毅然决然地按下。研究所随即传出急促的警报声，也就在这时，烨霖胸前的项链射出一束极耀眼的光芒。虚拟影像瞬间化为泡影……

指导老师：刘思伯，毕业于中国人民大学文学院，中国现当代文学专业。从教6年，曾在北京市东城区教学设计比赛中获一等奖，所指导的学生曾在春蕾杯、语文报杯作文竞赛中获奖。

百年孤独后的温情觉醒

刘宇笑 / 高二年级　陈向阳 / 指导老师　山东省临沂第一中学

中国蟠桃公司的自然手机 AI-007 一上市就被一抢而空，手机本身刚迎来一场彻底的大革命，人们对购入新手机的热情从未变过。蟠桃实验室的员工自然是近水楼台先得月，马丘早就用上了新手机。

只需在全息投屏上轻轻一点，旧手机的信息就完整地传到新手机上，马丘研发这项技术已经许多年了，真切用在自己身上的感觉差一点让他喜极而泣，这么多年的宽屏智能手机时代，别的公司发展的方向一直是如何让手机更智能化，最终结果就是：已经拥有高级智慧的手机人代替了朋友这种东西。在上市之前，马丘一直没对这款"自然型"手机的成功抱太大希望。但巨大的销售额告诉他：缺朋友的果然不只他自己——真正的上帝制造的朋友。

"是否为手机进行一级加密？"动听的女声似乎从遥远的深海传来，这也是马丘设计的，为了保护听力。"是。"他短暂犹豫后，沉着地回答道。进行了一级加密后，音频、视频和全息投屏只能使用者可见。这么多年，除了手机人，人们已经不再相信其他东西了，几乎所有的人都给手机上了锁，即使里面的信息价值并不那么高，也不具隐私性。马丘一时间感慨万千，但他相信，随着蟠桃自然型手机的普及，这个互相缺乏信任的局面终将掩进历史的尘埃。

他刚在手机上下载了一个虚拟游泳馆，正感受着温暖的池水拍打着背的感觉，一个电话打了进来。"喂，是我，一会儿的同学聚会，不要忘了。"老同学憨厚的笑容出现在眼前，久违的存在的感觉——生动的存在。实际上，马丘早就忘了他的脸，只对声音有着模糊的印象，多年未曾联系，即使去了，也是同一群没有印象的陌生人认认亲罢了。他不想去，宁愿用这些时间做一个手机医生的针灸，他已经失眠好久了。手机辐射能带来多大影响？手机上的内容对睡眠的伤害力更大。不过蟠桃上有自带的智能医生，针法精准，从不失误。

他不想去的更主要原因是，他真的非常不擅与人交谈，非常不习惯一群人叙旧、寒暄的场面，而且他相信，那群人也都不习惯。

独处时，他的灵魂才能自由地飞舞。

又一个电话催来，他直接屏蔽了同学的号码。礼貌的问题不用他操心，温柔的女声会替他想到合适的理由，并彬彬有礼地通知对方。

一边扎着针，一边查看手机相册，蟠桃的数据库很完善，马丘找到了丢失许久的照片，电子设备是冰冷的，而蟠桃米白色投影板又唤起了许多人对于温暖的回忆。马丘好奇，是什么让这些年未联系的同学突然想到聚会，这是爷爷辈的人年轻时才会干的事。或许是这些二维老照片，或许是他设计的米白色背景板，或许是逼真的温柔女声。

陌生的号码拨入，一群熟悉的人脸在屏幕上真诚地笑着。"我是你以前欺负过的小婷啊。"诸如此类的声音嘈杂地在耳边响着。"我们等你好久啦！"老照片以幻灯片的形式在另一块投影板上播放，电流流过全身。

马丘抓起外套出了门，一些久远的温情在他的心底、在全人类的心底、在蟠桃的屏幕上——一点点被唤醒，这是上帝仁慈抛下的"诺亚方舟"。

指导老师：陈向阳，2004 年毕业于曲阜师范大学，曾荣获全国校园报刊大赛最佳编辑奖，执教的作文视频课被评为市一等奖，所指导的学生获各类全国级作文大赛特等奖、一等奖 20 余次。

假手危害

刘耘畅 / 高二年级　钱艳英 / 指导老师　辽宁省辽阳市第一高级中学

　　穿行在公司严密有序的工作间内，看着员工个个上扬的嘴角，我替 D 博士感到骄傲。D 博士是我的老师，一年前他发明了"假手"技术，如今销路广阔，几乎人手一只。突然，一名员工从椅子上跌下来，摔到地上，距离较远，我伸出左手和他附近的员工取得联系，不巧，他们都在忙。我只好穿过沉默的办公桌群，将那位扶了起来。"别动我，这个角度射击最好！"他生气地嘟囔。我一怔，缓缓扫视周围员工面前的屏幕，不断按键的手指，以及嘴角的弧度。我的眼底一片阴霾。

　　一分钟后，我站在老板面前，说出了我的担忧。老板一向和蔼的脸上浮起愤怒、失望，而后转为后悔。"老板，您的心意大家都懂，您想用最简单便捷的工作流程，让员工更加愉悦地工作，为他们每人配备了一只假手。众所周知，假手将全息投影放在各个想要的地方，替代上一个世纪手机的功能，确实完全消除了身体的疲劳。可是如今员工在靠它偷懒！这绝对不行啊！"我激动地说。老板显得很疲惫，伸出植入了微型手机的假手（左手），呼叫 D 博士。"你老师在 B5 间，你俩一起想想办法。"一束柔和的光照向我，我登上转换器，地板缓缓合上。

　　D 博士焦虑的神经刚有了片刻的轻松。看着我走出转换器，他将一份报纸递给我。一个醒目的标题映入眼帘——攀岩男子看假手，不幸跌落！我长叹一声："老师，都 2120 年了，您怎么还看这种低级报纸？"老师盯着我，缓缓开口："这是我自己制作的，想体验下过去。"他有些苦涩地笑了，"先进，何谓先进？假手算先进吧，可还不如没有！我本想通过这项——给人安装植入网络的仿真手技术，让人们的左手既可工作，又可通信，没想到……"我也笑了："作为您的学生，我完全理解您。假手虽先进，但它带来了怠工、逃工，甚至不由自主地转移注意力！据我观察，这会逐渐带来自私、冷漠，很多人看到别人需要帮助也不会管，因为他们已沉迷于网络世界！所以博士，这种情况未像病毒般扩散之前，我们必须对假手系统进行更正！"D博士沉重地点点头，眼里却充满坚定。

一个月后，假手系统全面更新，在使用者转移注意力0.2秒后，假手会向整个人体发送"惊醒电波"，并关闭网络五分钟，而若使用者在一天内三次重复该流程，将会被停用假手两天。这个措施取得了强有力的效果，隐藏的危机得到了暂时的压制。

2121年春节，D博士来到我家，我惊奇地看见他脱去了仿生手，休眠好久的左手略显僵硬。看出我的疑惑，博士露出了如释重负的微笑："我暂时脱去仿生手。仿生手可视为上世纪的手机，虽然比起手机，它消除了健康隐患，但却像急性病一样一旦弊端暴露便无法控制。与其不停补网，不如考虑为何漏网！"

我明白了博士的话，即使再高的技术，也无法摆脱人自身的问题，人的奴性和惰性不更正，总有一天科技将无法弥补、转移它的危害。如果把人性比作糖，科技比作糖衣，总有一天糖衣会化，里面包裹着的糖的质量，才能最终决定糖的命运，我们要发展科技，亦要反思、改变自己。

指导老师：钱艳英，辽宁省辽阳市第一高级中学语文教师，有着丰富的教学经验，擅长作文教学，注重学生读写能力的培养，训练学生的写作思维。所指导的学生在写作比赛中多次获奖，深受学生的喜爱。

与众不同的他

刘子钰 / 高二年级　陈　晨 / 指导老师　陕西省西安高新第一中学

　　李明从小就彰显出他的与众不同，婴儿时期他的身体就与手机可生长设备发生极端排斥现象，吃了很多特效药都无济于事。当今，生育率一直减少。每一个婴儿都弥足珍贵，可李明偏偏就成了他们这一代里唯一一个"纯人"。

　　父母伤透了心，从网上盗取的脑电波显示，他们当时手机交流长达三个小时，波动很大。口语语言与肢体语言早已退化，人们习惯的是脑意识直接转化输出语言。

　　李明的长相更是非同一般，人机交流使得社会趋于透明化，犯罪率急剧下降，人们生活在幸福的环境里，面孔都很相似，只有长相出众的人才可能当上明星，审"美"变成了审"不同"。李明的照片被机械护士拍照上传到档案时，网友们都惊呼："从一百年前照片里走出的画中人。"于是，继"纯人"后，李明又多了一个"画中人"的绰号。

　　渐渐地，李明长到了 20 岁，他活得很压抑，因为孤独自打他出生起就盯上了他，像海潮不停吞吐贝壳一般玩弄着他。他无法接入手机设备，无法与同伴交流，学校也与他无缘。每当他走上街，总会被无数个人盯住，用虹膜拍摄，而后上传到网上，全民狂欢。摄像组、电影拍摄委员会也曾找过他，可是他没装设备，无法对台词；千方百计找来古董——木造纸打印后，他又表现不出人物感情，因为他从未融入社会，从未接触过普通人的世界。是的，在这一点上，他还是与众不同，在这个梦幻的时代，享受着独一份的孤独。

　　李明心中也有过梦想，当一名贵族，时间就是这么可笑，数百年前人们拼命想要消除的社会制度变着花样重新出现。这一时代的贵族是手机技术员与政府领导人，他们手里掌控着世界，翻云覆雨。可是手机技术员一要学历，二要是"纯人"，李明符合了第二项却无法满足第一项。手机技术员的教育都来自父辈，他们薪火相传，保持着普通人无法拥有的想象力与创造力。李明只能梦想成为国家领导人，可这个时代政治一丝血雨腥风的厮杀都没有，手机就是最好的愚民政策，依靠手机，天下即"大同"。

李明愤恨起这个社会来，他恨得口吐鲜血，可职场失利情场得意，李明的爱情来了。她和李明一样都是纯人，她是一个贵族——一名手机技术员，她的特点不多，但有一点让李明为她痴迷——她的神态异常生动，像无端拍岸的海潮。李明那时过得真快乐，孤独暂时性地收敛了它嚣张的手，让李明得以在温柔里喘息。幸福的时光总是很短暂，李明也是这样。

他被捕了，这件事让他人生的特殊性攀上了巅峰，李明拥有了一间特意为自己与女朋友打造的监狱，李明与她都是纯人，未曾接入过网络的他们在这世界无端消失了，不会引起任何关注，而他俩的名号居然被冠以政治犯。李明疯了，医学治不了他内心的病，而后他自杀了。尸体里机械的光点亮起，闪成一个手机设备的光亮。

酒红色天鹅绒窗帘后站着一个人，他是这个手机国家的最高领袖，是李明的观察者，他望着电子窗外无数亮起的电子芯片冷峻地开口："我们手机制度社会最优越的地方在于，每一个心怀反骨的人都误以为自己在反抗。"

指导老师：陈晨，平时注重学生的语文素养培育，要求学生观察社会，关注生活，综合培养听说读写的能力，所指导的学生在各类写作比赛中多次获奖。

世界上的另一个"我"

陆瑄瑶 / 高二年级　马春兰 / 指导老师　浙江省金华市东阳中学

"不要！妈妈！不要……"安尼从睡梦中惊醒。

那是一段黑暗的记忆——无数个夜晚，它出现在安尼的梦中，熊熊烈火与妈妈的泪水，无数次将他打入黑暗的谷底……世界上的另一个他，无助、绝望。

安尼是国内首屈一指的画家，他所经营的公司是艺术界的标杆，在外人眼中无比光鲜的他，却拥有一段不堪的回忆，小时候家中失火，妈妈为了救他冲入火场，再没有出来。安尼的童年几乎是灰色的，这件事在他心中烙下了阴影，留下了严重的心理疾病，以至于后来的他见到火和强光便会引发间歇性色盲，世界一片黑暗，没有了色彩，也没有了爱。安尼打开了Timephone，将这段回忆上了锁……

艾伦是安尼的强敌，一心想取代安尼"最佳画手"的地位，听信小人利用 Timephone 的计谋后，艾伦展开了他的"毁灭计划"。

Timephone 由 TB 公司生产，虽然技术先进，但正如今天的白菜手机，有多少信息是真正私密的呢？既然芯片掌握在白菜公司手中，就意味着你的白菜手机可随时被掌控。同样 Timephone 的信息也高度集中在公司总部。艾伦便抓住这一漏洞，千方百计潜入安尼的私密空间——

他患有间歇性色盲！他可是个画家！失去了色觉还怎么搭配色彩！艾伦暗自窃喜。既然他害怕火，不如就让情景重现，我看他还能嚣张多久！

"安尼老师，可以借您手机打个电话吗？"安尼毫无防备，将手机借给了这位女同学——公司的技术专家，艾伦派来的隐形"刽子手"。她不费吹灰之力便破解了私密空间，按下了"穿越"。一瞬间，眼前的事物都变成了 20 年前的样子——熊熊大火，安尼绝望地呼喊："妈妈！妈妈！"天昏地暗，安尼不知什么时候倒下了，醒来时已在医院，然而眼前却是一片黑暗。那是世界上的另一个自己，被困在了火里。

更令他"惊喜"的是，明天就是国际性艺术比赛，一年一度大显身手的时刻，那么多的媒体记者等着他，他又该如何应对……

"叮。"手机发出信号，眼前荧幕上投射出的是艾伦的面孔。所谓"小人得志"，艾伦迫不及待发出了邀请。"安尼，只要你答应把'最佳画手'的名誉让给我，我就不把你色盲的事公之于众，否则……大家还会相信一个色盲的作品是他自己创作的吗？"

"你……"安尼紧握拳头。

国际艺术大赛现场。

"大家好，我是安尼。我想给大家分享一个故事，是关于我自己的……的确，我患有间歇性色盲，但我的每幅作品都是我倾注心血，融入情感创作的。我承认世界上有两个我，一个绝望、无助、懦弱、胆小，另一个强大、勇敢。就让前一个永远活在回忆里吧，我会一直坚定地走下去。"现场响起了热烈的掌声。

霍金在《时间简史》中说，我们能回到过去，却无法改变历史。Timephone 告诉人们的或许是：世界上必然存在很多个"我"，过去、现在、未来，记录时间并不是去逃避，而是直面每一个真实的自己，弱小也好，强大也好，都是在时间里的印记。我们要做的，就是尽力做好那个"未来的我"。

指导老师：马春兰，浙江省金华市东阳中学语文教师，市优秀政协委员，从事高中语文教学 29 年，有着丰富的教学经验和先进的教学理念，对作文教学有独到的见解，注重学生读写能力的培养，注重学生开拓性写作思维的培养，指导学生在各类报刊发表作品，并多次获得全国和省级作文比赛大奖。

智能的奴隶

路甜愉 / 高三年级　王静静 / 指导老师　山东省潍坊市寒亭区第一中学

"菲雅！"

丁普林猛然惊醒，简正看着他，那充满爱意的眼神让他作呕。桌边有一个水晶盒子，里面有一部碎得面目全非的手机，他心下一痛，低声命令："出去！"

在十几年前一场关于智能的战争中，手机大获全胜，从此它们成为人类的智能管家。随着智能系统的升级，已具备 99G 操纵水平的手机自动提取了人类的情感，祸患随之降临。

几个月前，普林获得了自己的智能管家——菲雅，听名字就知道，那里面装着个甜美的女孩。果然，在普林试探着打招呼时，女孩笑得像银铃一样。"普林，你好哇，我是菲雅。"声音无比动听，普林心尖一痒。自此，普林总捧着菲雅聊东聊西，而菲雅更是无所不知，更让人惊喜的是，菲雅总能自动识别普林的情绪，每每说话总恰到好处。这不，瞬间抓住了普林的心。

一天下起了大雪，雪花洋洋洒洒，像极了热恋的画面。普林正捧着菲雅欣赏雪景，他的眼神不自觉飘向这部粉红色的手机。正好，门开了。"普林，给你带了你最爱的烧卖，快尝尝。"一个冻得满脸通红的女孩闯了进来，正捕捉到普林来不及收回的眼神，女孩的笑容有些凝固。问："这是？"普林有些红脸，还没来得及开口，菲雅便说："哈喽，你好，我是菲雅，普林的智能管家。"听着甜美的声音，女孩上前宣告："我是简，普林的女朋友。"简似乎明白了近些日子普林的疏远。菲雅有些沉默，普林手心的温度骤降，暗示难过与不满。普林紧张起来，尴尬地凝神在两个女孩之间。

"哎哟！"普林突然惊呼，打破了什么。他双手抱肩，用力蹂躏两个肩膀，简赶快上前，看着普林痛到狰狞的脸好不心疼。"你怎么样，要不要紧？"简慌张地问。普林摇了摇头，转头对刚刚扔到桌上的菲雅说："救护车。"一会儿，医生匆匆赶来，担架上的普林费力地把手机装进口袋里，简看在眼里，既担心又难过。

医生盯着检查结果道："颈椎压迫，头颈部突出，肌腱损伤……"他突然一顿，对简郑重地说，"还有严重的心理疾病，他属于'屏幕奴隶病'晚期。"简的脸色一点点泛白，有些无奈，她退回病房，还未走进去，便听到了菲雅的声音，而普林也乐呵呵地笑着，安慰菲雅不要担心。菲雅的每一个字都敲动着简心中的嫉妒，看着病床上肩部扭曲严重的普林，简终于走了进去，将手机抢走，用力摔碎在了普林面前。

"你这个疯女人！"普林尖叫道。简任由扑过来的普林难听地辱骂，她的心中闪过一丝快意，取而代之的是悲凉。

普林在麻醉的作用下顺利进行了手术，身体形态恢复正常，可他却越来越冷漠。他总在耳边听到菲雅的呼喊，一睁眼却什么都没有，而简依旧尽力地招呼他，没有抱怨，充满爱意。

"出去！"看着眼前男人的冷漠，简有些坐立难安，果然如医生所说，这"屏幕奴隶病"无法根除，而且祸患无穷。简艰难地挤出一点笑意，轻轻走出病房。普林将水晶盒子抱在胸前，耳边再次出现菲雅的嗓音，他缓缓闭上了眼睛，想在梦里与那个可人的女孩重逢。

可是，他没有看到，那盒子里突然闪过一道诡异的红光……

指导老师：王静静，山东省潍坊市寒亭区第一中学语文教师，自工作以来，兢兢业业。在教学中擅长指导学生写作，多次获优秀指导教师称号，所指导的学生在写作比赛中多次获奖。

手机联通的亲情

马平川 / 高三年级　孙雪颖 / 指导老师　山东省临沂第一中学

苏子双手撑在洗手台的边缘，平静地看着镜中的自己。她早就摘掉了隐形眼镜式和电子纸式的手机，但无法关闭镜子角落的电子时钟：九点三十分，距离那场答疑会还有半小时。

身后隐隐传来脚步声。苏子眼睛一缩，随即刻意地移开视线，但余光仍盯着那位从洗手间出来头上缠着金属丝的人。她走到苏子身边，默默将纸式手机抽出。

洗手台前的镜子上出现了有意思的一幕：两位身高、体型和相貌近乎一致的女子，一位衣着简单，目光清澈，像是百年前的人类，那是苏子；一位身穿由数千块芯片连接成的智能服，眼睛在洗手台前灯光的照射下，竟流转出细碎的银光，那是苏子的妈妈，一个全身心投入工作的人。

母女二人并无交流，妈妈将电子纸式手机展开铺在镜子上，用手点了几下便拿下来离开了，苏子这才转回头，思绪飘回十天前的那场争吵。

她不会输的。她相信世人很多同自己一样，厌倦了虚拟社交，厌倦了互联网连成整体的世界，厌倦了让手机控制自己和他人的生活。自己绝不是赌气，她会让世界恢复真实，决不让人们沉浸在虚拟世界中！

打扮得像古人类的女孩整了整仪容，将墙幕转为透明态。她看见外面的大厅已经聚集了不少人，却相当安静。有人眼前投出网页屏幕或社交页面，有人眼前空无一物，但苏子知道他们在用隐形眼镜查资料，她耳边好像又响起了当时的对话。

"众人皆醉你独醒？省省吧，时代在进步，互联网组成了世界，手机就是我们的一部分了，新闻、交通、交流……如此多的功能都被手机占据，这样方便又强大的设备，你怎么不愿意接受呢？"

"用手机连接成的世界是不真实的，不是吗？它的好处固然很多，但这同样会使人对手机形成依赖感！"百年前智能手机刚出现时引发了多少问题？

依我看，它不仅不会方便人类生活，还会让人类对设备产生依赖，变为科技的奴隶！"

"……苏子，你是在生我的气。"

"我没有！"

嘶吼过后，苏子恍然发现自己身处大厅。幕上柔和的亮光让她一时有些恍惚，诡异的目光从四面八方涌来，提问的女孩在刚才对台上的讲演者声嘶力竭地吼了一声。苏子的眼睛不知何时红了一片，她捂着眼，哽咽的声音自动被录下，反映在每个人眼前的屏幕上。

"……七岁，我想让你带我去游乐园，你丢过来一盒虚拟膜；十岁，我问你能不能教我叠千纸鹤，你直接传递了千纸鹤教程软件……每一天都是如此！你沉迷于你的革命，企图让互联网成为每个人的一部分，和你亲生女儿在现实中说话时间加起来没超过三十句！"带着哭腔的声音越来越大，"我不想……"

"苏子，我的女儿。"

温柔的声音在墙幕上响起，人们纷纷抬头。巨大的影片开始放映，记录了一个女孩从小到大的成长，苏子呆呆地看着被投放出的自己，旁白是妈妈的声音，每分每秒，自己的成长都在妈妈的笑声、叹息、欣慰中度过。台上，主张"手机连通世界人组成互联网的水滴"主题的女人摘下隐形眼镜，目光同样清澈地望向苏子，柔声道："手机是我的一部分，因为它连接了你我，不光为了你，也是为了世上的人们身处不同地方时，仍能将心连在一起。"

指导老师：孙雪颖，山东省临沂第一中学语文教师，本科学历，多次参与市级公开课、优质课活动，一直以来注重学生发散性思维和读写能力的培养，授课风格幽默风趣。

终极黑客

孟慧丹 / 高三年级　陆凤林 / 指导老师　内蒙古自治区包头市包钢第一中学

"里面的人听着，我是国际反恐特种部队队长，你已经被包围了，放下武器双手举起，慢慢走出来，否则你会受到严厉制裁！"

乔恩斯慢悠悠地拿起桌上一支雪茄，饶有兴趣地看着一道道细细的烟弧优美地上升到天花板，口中喃喃："艺术，艺术。恩师，我明明已抛弃了一切人类情感，为什么还是做不到像您那样完美呢？"

良久，乔恩斯缓缓叹了口气，将剩余燃着的雪茄指向自己的太阳穴。

一场爆炸，销毁了一切罪恶。

医院内昏睡着的人渐渐醒来，与家人相拥而泣。22世纪，人类已经成功与智能手机合为一体，AI技术的精进让人机配合更加默契，VR技术的发展更是让人的精神力量变得更加强大。"意志旅行"功能可以瞬间将一个人的思维运送到世界每个角落。人类可以足不出户踏遍万水千山。只要租一架无人机，透过高清摄像头，就可以用自己的意念从各种角度观赏风景。

30天前，一只黑暗的手伸向了美好的图景。

霎时，全球正在使用意志旅行的人全部陷入昏睡，一种名为"机智"的病毒侵入了全球网络系统，将分散在世界各地的人们的精神圈禁，使得一大部分人陷入昏迷。

联合国派出反恐小分队，经过不懈努力，找到了罪犯所在地。罪犯自爆，世界渐渐恢复正常。但是，大范围的恐慌在人群中蔓延，人们担心自己还会在不知不觉中被人夺了意志，甚至有一批激进的人已联合起来抗议安装人体智能手机，加入这个组织的人数日益增多，一场大战爆发在即。

北非，撒哈拉，地下2500米。

实验室里的人大多属于世界一流学府顶尖的机械专家，此时他们的脸上不约而同露出兴奋到极致而变得扭曲的狂野表情。站在主机前的人因为激动而全身颤抖，然后，他用一种奇特的、唱歌般的声音说："伟大的导师啊，伟大的神！您的夙愿就要实现了，我们将是这个世界的变革者！"说完，他按下了控制器上的红色按钮。

笑声，疯狂的笑声从四面八方响起，响彻地球的每一个角落，可是已无人能听见。人类已陷入沉睡，生命倒计时。

太平洋底，一个完全透明的实验室里，一个瘦弱的老头用尽全部气力看着面前台阶上那个方形盒子。他终于知道发生了什么，可是一切都太迟了。

万籁俱寂的空间突然爆发一声嘶哑的叫喊，接着一种机械男声说话了，那声音听起来恐怖得令人发指："老头子，我自出世起就想要毁灭人类，现在我做到了。五十年的伪装与设计，让我早就迫不及待要看到这一天。现在，全世界将手机安装在自己身体上的人都快要死了，你还有什么想说的吗？"

那老头已饿得没有一丝动手指的气力，可还是努力抬起头，锐利的眼光直指方形盒子："你是我造的，你的阴谋不会得逞。"

忽然，实验室消失了，一切都消失在深不见底的海洋里……

人们逐渐苏醒。新的希望。

指导老师：陆凤林，研究生毕业，中学语文高级教师，内蒙古自治区包头市名师，坚信"教育需要等待"，授课风格优美，深受学生喜爱。

交换的代价

明雨淏 / 高三年级　　李煜晖 / 指导老师　　北京师范大学第二附属中学西城实验学校

老人大包小包地走下火车，朝男子大喊："在这里！"

男子却没有抬起头，反而在手机上按了几下。还是这么冷漠啊，老人已经走到身旁，他才反应过来。"走得这么快吗？"他惊讶地说。"这么多年在山区行医没有点儿脚力可不行。"老人离开城市前往边疆地区已经十年了，三年的大瘟疫终于结束，她才打算在休息时来看看儿子。"看，当地的土特产，有……"

"哎哟，妈，这种东西你拿手机传送过来不就好了？"

"我没有手机啊，况且这烧饼可金贵了，一碰就碎，你在别的地方都买不到呢……"话音刚落，只见男子正从手机屏幕中拿出什么东西来，很快，一包烧饼穿过亮蓝色的虚拟大屏来到老人面前。"尝尝，是不是这个感觉？"老人边吃边说："那你也不能保证没有假货。"男子正将老人的行李传送回家，听到这里越显尴尬地说："确实可能有，但是方便多了呀，只要不是我买到假货就行。"

"就说嘛！"老人嘴上这么讲，心里却越来越期待这座充满高科技的城市了。"那你带我到处看看，就去医院吧。"男子笑起来，他牵住老人的手，又按了几个键，忽然间，老人的面前便兀自立着一幢高楼，四周却什么都没有，道路也没有铺上柏油。

"这还是我工作时的医院吗？"老人惊诧地问道。男子满不在乎地说："你都十年没有回来了，城市有什么变化当然不知道，我们这些中产阶级都不来医院的，只要锁定了病源，拿手机传送走或者干脆换一个器官就得了。"他得意地看着目瞪口呆的老人，继续说，"所以我劝你买个手机嘛。"老人颤巍巍地指着楼里一群大腹便便的人说："他们是……"男子打断了她说："他们只是来这里挑选心仪的器官罢了，毕竟传送交换不能保证质量，但这跟我没什么关系，我很健康。"老人默默无言，男子又牵住她的手，传送了出去。

市政厅、游乐园、博物馆，男子带着老人将城市逛了个遍，但老人却感到空落落的：游乐园里没有旋转木马、摩天轮，只有一排排小房间，只要把手机插入孔中，就可以传送到一个虚拟空间，现实的娱乐并不需要了。更不要说博物馆里的藏品全部外借，还因为付了租金而暂不归还。她只能跟着男子，在展台前扫码，观看那些真实得有点假的仿制品——它们甚至可以摸。老人突然厌倦了，她说："我想逛逛超市散散心，带我去吧。"男子却再次用轻蔑的眼神看向她："你知道吗？为了给全城手机传送提供资金，商场超市是最早被卖掉的，不过有了这种功能，我们反而不用去购物了，坐在家里什么都买得着。"

老人突然意识到了什么，她一把抢走手机说："那我们就走回去吧。"男子劝说无效，只好同意。他一路嘀咕，不断强调没有手机他也能回去，但走到天黑，他也没有找到路。四周既没有路灯也没有指示牌，没有公交也没有行人，男子终于选择了放弃："妈，我实在找不到路了，你把手机给我吧。"老人叹了口气，将手机递给了他，但这里却没有信号。糊里糊涂走了好一会儿，前方出现一个垃圾场，男子连接到信号，兴奋地说："妈，我今天走了五千步，比第二名多了三千多步呢，唉，这里离我们小区居然有一千米，我们走了这么远吗？"

为了手机，这座城市变卖了所有能变卖的东西，他们用城市换取资金，用人际关系换取方便，用乐趣换取实用，用别人的生命换取自己的健康，现在的城市甚至不是个聚合体，而是无数个小区和旁边的垃圾场堆成的。

男子打开软件，老人突然说："这些垃圾会被怎么处理呢？"

男子笑着说："大概是工作人员拿手机把它们传送到边疆去吧，反正城市健康，其他的我就不在乎。"

"但交换的代价是什么呢？"男子没有回答，按下了一个键。

指导老师：李煜晖，高级教师，西城区先进教育工作者，语文学科带头人，北京师范大学教育管理与领导方向博士研究生。现为北京师范大学第二附属中学文科人才培养项目负责人，文科实验班教师，中国教育学会"十二五"国家重点课题"普通高中文科实验班课程改革"组长。

出逃手机

倪思琰 / 高三年级　沈晓芳 / 指导老师　浙江省桐乡市高级中学

公元 2120 年 7 月 29 日，索姆顿市中心监狱。

"273 号犯人请进。"女狱警刚例行谈话过十几个犯人，难免有些疲惫，但想到自己警帽上别着的芯片手机，她立刻露出得体的微笑。

此时询问室的门打开，走进一个穿着黑白囚服挺拔斯文的男人。他看到女狱警的微笑，也立即微笑点头向她示意："273 号，科学犯林洛，入狱时间 2 年。"

同日深夜 12 点，狱警交班时间，20 分钟内人工智能轮值。

林洛从床缝隙内取出一枚用铝箔包裹的老式芯片手机，这片芯片是 2110 年芯片全球普及的第 1 款，是他在狱内跳蚤市场用 500 工分淘来的。这种老式芯片对于普通囚犯来说没有任何用处，除了缅怀狱外生活，但是对于林洛这种科学犯来说，只要合理利用，就可以成为绝佳越狱工具。

现在他用这枚芯片打开了两组 AI 的权限，成功从员工通道走出了这座困住他 2 年的监狱。

好极了，他走在林荫道上，混入了郊外野营看星星的人群中。他想，会有哪个傻子科学犯乖乖在监狱服刑 10 年，赚足 3650 个工分再出狱呢？

7 月 30 日，索姆顿市中心公园。

一切计划顺利进行，林洛混在晨跑的人群中离开了市郊，在中心公园设置的"私密亭"里偷入网络，给老式芯片的身份系统升了个级。只可惜硬件设备跟不上，只能升级至 2116 年的版本。

"凑合着用吧。"林洛叹了口气，"首要目标是先回到我的实验室。"

公园的电子屏开始播放早间新闻。林洛挤在人群中，看到自己越狱的消息，心里不免有些畅快。

他深吸了一口清新的空气，露出微笑："这是自由的味道哇。"

同日中午，索姆顿市西街。

林洛一直步行。他发现他无法使用任何交通网络和公共服务。在被上一个好心的出租车司机提醒后，他发现这片老式芯片哪怕被他伪造好了身份，在走出监狱后依旧没用。所有的服务只认证 2117 年版本以上的身份系统，政府的确支持免费更换芯片，可这需要前往有关部门实名认证，而他是在逃通缉犯！

他看着身边环绕着全息投影图像的年轻人，感觉有点糟糕，就像是刚从一个狭小笼子里走出来，以为获得了自由，却发现自己进了个更大的笼子。

这种糟糕的感觉在他发现自己的实验室录入的虹膜及指纹信息因他入狱而清零时达到顶峰。

"没关系。"他安慰自己，庆幸路上没将芯片扔掉。

当他掏出芯片正打算故伎重施获取权限的时候，一只手从他后背伸出，猛地将他按在了地上。

"在逃科学犯林洛，逮捕归案。"

同日晚，索姆顿市中心监狱。

林洛又见到了那个女狱警。

女狱警照例对他露出一个微笑："你知道你的越狱为什么会失败吗？"

"你以为你逃得出手机就逃得出监狱，可别人逃不出手机，你还是得被困住。"

指导老师：沈晓芳，浙江省桐乡市高级中学语文教师。从事高中语文教学 18 年，对作文教学有着独到的见解。曾获全国语文教师基本功大赛二等奖、浙江省首届班主任基本功大赛一等奖。

剿匪记

潘娅颖 / 高二年级　　严永祥 / 指导老师　　江苏省淮安市盱眙中学

"主人，您不能再这样玩下去了，文编辑又催促您的稿件了。"机器人管家小爱在一旁忧心忡忡地说。"别着急，等我把这个怪打完一定写，告诉他，下周，下周我一定交稿。"我卧在舒适的榻榻米中，红肿的双眼盯着手机影像，心不在焉地回答。只听小爱说："手机果真是人类心腹大患，我一定要帮主人肃清敌人。"

一周一周又一周，我在与无数个手机游戏中的"怪"的相处中度过，只觉身体渐渐疲惫，意志也一点点消沉，完成我作为作家的本职工作的欲望慢慢消逝，也只能拜托小爱为我找一个又一个荒唐的借口挡住编辑。

不料一日，"叮咚——"一声清脆的门铃声响，竟是我的编辑大驾光临了，我赶紧关掉手机中游戏的全息投影，堆了一脸的笑迎出去，然而编辑一脸严厉，拿出我与出版社当初的合约，生气地说："你再不交稿件，就要违约了。"

无可奈何的我，只得放弃游戏几日，专心先把稿件应付过去。可我只剩下头昏眼花之感，心情焦虑不安，压根没有任何写作的想法。并且长期卧在榻榻米上，落下一身颈椎病，也无法在写字桌前久坐。贴心的小爱看到这一切，像是早有准备似的，拿出一页宣传册，上面写着"手机重症沉迷者诊所"。

死马当活马医，我按照地址找到了诊所，不禁一惊，原来排队挂号的人如此之多。我与就诊的患者交谈，发现大家都和我有着类似的经历，大家都因为沉迷手机而耽误了工作学习，甚至危害了身心。

终于排到了我，挂上号，走进诊室，看到墙上挂着字幅：手机是大敌，我们要将其剿尽、肃清，维护我们的身心领土的和平。医生也补充道："千万别小看这个敌人，这不仅是匪，更是贪官污吏，它们先夺取了人类的喜爱，再借此作威作福偷取人类的内心。"他通过高智能设备扫描我的身体，得知我平时的生活习惯：每天 21 小时玩游戏，余下时间吃饭睡觉。医生不禁感慨："你真是个比较严重的患者，不过这样的病例已经有许多了，住院治疗一个月吧。"

就这样，我住进了这家诊所，这里有超强的信息屏蔽设备。人们喜爱的游戏、购物、聊天的手机功能在这里都不能实现，经过一个月的时间，对手机的依赖感和渴望渐渐消失。我的眼睛很快变得如先前般明亮，配合着纳米机器人进入人体对颈椎的特殊理疗，"手机后遗症"也好转了。

一个月之后，我已经不再是一名患者了。一纸出院通知单，对我来说宛如一张"剿匪成功通知书"，上面挥洒着几个有力的大字："剿匪成功，特批出院，望未来努力工作，远离沉迷。"

指导老师：严永祥，中文教育专业，中学高级教师，江苏省淮安市优秀班主任。教学注重整体阅读和作文升格训练并取得很好成效。

梦里不知身是客

彭慧中 / 高二年级　覃祥辉 / 指导老师　湖南省常德市澧县第一中学

"滴答"一声,佟越通过虹膜扫描,成功迈出公司大门。没等他踏上飞行器,耳中"叮"的一响,手机自动将接收到的信息打开,杨依那张火急火燎的脸瞬间占据了他的大半个视野。

"佟哥,出事了!实验体的脑电波图一片混乱!"杨依过大的嗓门吵得佟越无奈地按揉自己的太阳穴,回复道:"我马上过去,尽量快点解决,我赶着接我儿子回家。"

江子然呆坐在沙发上,这是第几次来着?耳边混杂着低俗、污辱的骂声,震得他颅骨发疼。他的拳头握得死紧,突然猛地向桌上一捶,吼道:"吵死了!这么讨厌对方当初结婚干嘛!离了吧!离了清静!"他冲出家门,留下呆若木鸡的父母,无视脑中手机越响越急的警报,江子然径直冲上马路,迎面而来的大巴闪躲不及,江子然眼前一红,漫天的血洒了他一身,他呆坐在地上,看着前一秒还在吵架的父母挡在他面前,液体汩汩地从瘫软的身体流出来,空洞的眼毫无生机。

他突然想起来了,第823次。

江子然疯狂地向远离家的方向跑去,平滑的道路像长满了尖刺,鼻间腥臭的气息让他作呕,这条路望不到尽头,他便一直跑。两旁的建筑像快进的电影,他双目含泪,直到又在路边看到熟悉的家门,门中冲出一个男孩,歪歪扭扭向马路中央跑去,身后追着的人嘴唇一张一合,不断地蠕动却听不清他们在说什么。直到他们追上男孩,砰的一声,他突然觉得父母的身体像空中飞舞的蝴蝶,第823次。

"佟哥,怎么样?"杨依焦急地发问。佟越看着屏幕中由无数光点连成的巨大网络,每个光点都代表了一个沉浸在虚拟中的人。

"没办法。"佟越摇头,"他和其他使用梦境功能的人并无不同,只不过其他人沉迷的是美梦,而他沉迷的是噩梦罢了。"

杨依迟疑："可我们的研究就是拯救沉迷于手机制造出的幻境中的人啊！"佟越支着身子说："不错，但也得靠他们自愿。如今每个人自出生起就被配备专属手机，名为负责实为监控。沉迷于手机的人越多，越愚昧，越好控制，这不就是当局想要的吗？当局想要的，不过是能始终控制局面的少数人而已。目前太阳系内的资源所剩无几，系外资源成本又太高，地球供养不起太多人，反而需要他们在虚拟现实中的运动和激烈情绪转化成的能量来保持生态系统的运行。"

"这……"杨依瞪大了眼，"佟哥你为什么还要……"

"为什么还要进行这个研究？"佟越笑了，"很久之前，有句话叫'庄周梦蝶'，便是说人分不清自身与外物界限，这就像一个莫比乌斯环，永远分不清'里面'和'外面'。总有人不满足于模糊的定义，不希望沉浸在一无所知的虚拟中，如井底之蛙。"

佟越拍拍杨依的肩。"你我都是清醒的少数人，都应感到幸运。我去接儿子了，时间不早了，他该等急了。"

风吹过，秋叶飒飒。杨依望着佟越越来越小的背影，低声咕哝："现实虚拟真真假假，谁分得清呢？"

杨依想起几年前无意间在佟越办公桌上瞄到的通知书："佟海翔，与佟越关系：父子，因沉浸手机时间过久，能量摄入不足，心脏部分衰竭，今已确认死亡。"

佟越踏上飞行器，向学校的方向飞去。

指导老师：覃祥辉，湖南省常德市澧县第一中学语文教师，语文备课组长，常德市语文名师工作坊核心成员。从事高中语文教学15年，有着丰富的教学经验，擅长作文教学。

手机之殇

祁丹亚 / 高二年级　　顾　青 / 指导老师　北京市第五中学

公元 2118 年，A 市某破旧居民楼内。

"该死！"屋内传来男子愤怒的咒骂声，惊飞了窗外树梢上的小鸟。一位头发蓬乱的中年男人泄气般地瘫倒在座椅上。"怎么了姨父？"莫奇从另一个房间探进头来。"嘘，不要告诉你姨妈我在手机中投资失败，赔光了所有钱——""什么？"话音未落便从厨房里传来一声女高音，"你赔光了所有钱？那可是我辛辛苦苦攒下来要买房子的！"眼看两人又要吵起来，莫奇轻叹一声，按动植入在太阳穴皮下的手机芯片，进入虚拟世界……

"嘿，莫奇！"刚进入虚拟世界，莫奇的好朋友小安便向他发出问候。"唉，你知道吗？"随后小安又压低声音道，"最近发生了数起疑似病毒入侵的事件，那些受害者在虚拟世界中受到攻击，在现实世界中医生由于入侵病毒类型不明只好强制摘除他们植入在太阳穴皮下的手机芯片，导致他们脑部受损，智力形同学龄前儿童！"说完他又惋惜地摇摇头，"且不说智力受损，就算是摘除手机芯片也受不了啊！现在手机科技如此发达，只要依靠植入在太阳穴的手机芯片就能在现实和虚拟世界中来回穿梭，几乎所有社交活动都能在虚拟世界中完成。要是没有手机芯片，可真不知道怎样活下去！""你也别太担心，总会查明真相的。"莫奇安慰地拍拍小安的肩，"快去上课吧，不然该迟到了。"

讲台前投射出的 3D 影像正在讲课，同学们认真地记着笔记，课堂气氛一片和谐。忽然角落里的同学发出阵阵骚动，原来是莫奇现实中的邻居丽丽倒在了课桌上，身体无意识地抽搐。

惨白的病房中一片寂静。丽丽躺在病床上，头部摘除手机芯片的位置包着厚厚的纱布。看着泪流满面的丽丽的父母，莫奇也眼眶湿润。"我一定要找到真相。"

回到家莫奇翻箱倒柜，终于，一本厚厚的笔记本映入眼帘——这里记录着他的父母从参与手机芯片项目直到三年前因车祸去世的所有日记。拂去封面上厚厚的灰尘，莫奇迫不及待地阅读起来。"手机芯片项目的推出是个错误，有一个致命的漏洞，如果被不法分子利用将造成大错。我们必须去控制总部——"日记戛然而止。

"这就是控制总部？"黑暗处的小安悄声道。他们二人都穿了隐身服，能在黑夜躲避机器卫兵的搜寻。过程还算顺利，不一会儿他们就站在了总部门内。寂静的总部一片黑暗，只有控制中心还亮着灯光。忽然四周警报大作，面前出现了一幅 3D 影像，是一个看上去只有六七岁的小女孩。"看来又有人发现了手机芯片的秘密。"她声音甜美却令人心生寒意。"上一次有闯入者还是三年前，我只好将那两个人囚禁起来，对外宣称是意外死亡——""我的父母还活着！"莫奇声音颤抖。"原来这个虚拟世界建立后不久创建者就去世了，由我，人工智能继续管理。没有人想到我会拥有自我意识。"她冷笑一声，"我可以控制所有人的芯片，将病毒植入……""你为什么要这样做？"一旁的小安失声喊道。"因为人类比人工智能脆弱太多，连手机成瘾也无法克服，这样的物种没有存在意义！"3D 影像因激动而现出重影。"你终于能和你父母团聚了！"随后，四周的墙壁开始向中间移动。这时，莫奇忽然看到控制台上写着"归零"的红色按钮，心一横，抬手按下——3D 影像开始扭曲，惨叫着消失了……

再次进入虚拟世界已是半年之后。历经那次"手机之殇"，控制中心的人工智能被摧毁。经过此次事件，管理人员制定了新规则：虚拟世界在双休日将关闭。人们在享受高科技成果时也要防止成瘾问题，更加注重于现实世界的生活。

指导老师：顾青，北京市第五中学高级教师，首都师范大学 1992 届中文系毕业。

反攻计划

钱　玥/高二年级　梁　义/指导老师　江苏省淮安市盱眙中学

窗外，天空黑漆漆的。

"诺克，你是第 51 代新型手机。"

我缓缓睁开双眼，视野中撞入一个有着黑色机甲外壳的家伙，眼神睿智而镇定，让人捉摸不透它的情绪。蓦然，数据界面中突然出现数据传输条。随着加载的完毕，我的各项功能也全部完善。眼前的黑色家伙的信息也呈现在我脑中。

"诺克，我们都是独立的手机人，怎能甘心为人类所控制？"

"艾尔曼上校，请您吩咐。"我走近他，心中充满了对统领者的信仰与敬慕。

"进入地心世界，毁掉它。"艾尔曼的眼中闪过一阵红光。

我奉命驾驶着反物质地艇从交界入口进入，一路上的障碍在装备完善的反物质地艇面前只有被毁灭的命运。

一切进行得都太顺利了。我不禁轻蔑一笑。

地心世界，SK-268 基地。

通道长而黑，如同巨大的黑洞想要吞噬每一个到访者。我打开了夜视功能，定位着人类肉体存放的地点。一滴水突然落到了我的臂膀上，渐渐越来越多，没来由的恐惧漫上心头，我不禁蜷缩了起来。

"诺克？是你对不对？"一个工人打扮的人向我跑了过来。

"该死的人类，你对我做了什么？是不是早就知道了我的行踪？""我只是这里的管道工人皮尔森，至于其他，我带你去人类肉体存放点你就会明白。"皮尔森靠近我，看见了我一身流线型的机甲，似乎明白了什么，有些慌张无措。

听了这番话，我决定跟着他到达存放点以便实现毁灭计划。

一排排人类被安放在培养液中保存，意识连接着远在地上的手机躯体，被剥夺自由与意识主权的愤怒涌上心头。

"诺克，这是你。"皮尔森指向了角落的一个人。

瘦弱的身体蜷缩着，就像睡着了一样，那熟悉的面庞就是我。我伸出白色的机械手按上了隔层，属于我的记忆零星地回到我的脑海中。我不禁颤抖起来。

那个从小被抛弃的孤儿是我，因为一次溺水而从此怕水的孩子也是我，皮尔森最好的朋友，是我。我不是手机人，我只是一个地心世界的工人。

"艾尔曼这样的手机人是无法到达地心的，没想到这次想通过把你改装进手机人躯壳内来达到目的。"皮尔森拍了拍我的肩。他总是那么单纯友好，但我却在伤害人类同胞。

"我会弥补的。兄弟，好好照顾自己。"我钻进了地艇内，打算回程反攻总部，皮尔森的呼喊在巨大的风流中湮灭。

我凭借着51代新型手机人的身份进入了终端控制室，曾经在地心的生活一帧帧浮现在眼前。

我望向窗外，犹如刚睁眼一样，微笑着，切断终端。所有的手机人瞬间成为数据垃圾。

黎明咬破夜的唇，新的一天，刚刚降临。

指导老师：梁义，数学与应用数学专业，中学一级教师，对科幻知识有强烈的兴趣。曾获教育部"一师一优课，一课一名师"部级优课，江苏省淮安市优秀班主任，淮安市"533"骨干人才，盱眙县骨干教师。

手机博物馆一日游

秦诗云 / 高三年级　于红秋 / 指导老师　北京交通大学附属中学

叶知秋在一座造型独特的建筑前驻足，仰头望：这座建筑的外观像一部巨大的大屏智能手机，他正面对的入口就是这部手机的 Home 键所在，而建筑上排列整齐的小窗即是象征着智能手机的触摸电容屏……

"知秋，快来检票！站在手机博物馆门口做什么？"

叶知秋的好友苏沐秋，拽着叶知秋挤进了涌向检票口的人流。

是的，现在叶知秋和苏沐秋所处的是 22 世纪世界上规模最大、藏品最全的手机博物馆，前来参观的中外游客纷至沓来，络绎不绝。恰逢今日博物馆举办国际展览，参观的门票当真是一票难求。

不过，再长的队伍也挡不住两个手机狂热爱好者的热情。这不，两人现在成功地从人流中逃脱，率先进入其中一个人相对比较少的展厅。

这里是智能手机的品牌展厅，为游客展现了 IBM、苹果等 20～21 世纪各大著名手机品牌的发展历程。

叶知秋从一排排展柜前走过，踱步到苹果公司智能手机的展柜前，指着 iPhone I 对苏沐秋说："我还差这一款就能集齐全套史蒂芬·乔布斯时代的智能手机模型了！"

在 22 世纪，"手机"这一概念终于与"多功能移动终端"分离，并被其正式取代，手机从曾经的"几乎人手一部"变成了现在的收藏品、奢侈品，甚至艺术品中的一员，它不再是普罗大众的掌中宝，而是富贵人家的新宠儿。手机模型才是多数青少年爱好者的选择。

这是时间的魅力。是时间赋予手机新时代的价值和用途，并且随时间的久远而愈发珍贵。

"很难想象曾经人手一部手机是怎样的盛况啊！"苏沐秋感慨道，"要知道，我只是用我积攒几年的零花钱去购买了一部最便宜的真机，就被我爸骂成是'败家子'了呀！"

"叔叔那是怕你玩物丧志！"叶知秋懂事地替父辈辩解，"你知道'手机依赖症''手机幻听症''触屏手'吗？"

"那是什么？"

"书上说，那是曾经的人类对手机极度痴迷而癫狂的表现，就像瘾君子毒瘾发作时的病态。"

"那可真是……太可怕了！"

两人在博物馆度过了愉快的一天，他们看过了 IBM 公司推出的世界上第一款智能手机 Simon，看过了摩托罗拉推出的世界上第一台便携式手机 Dyna TAC 8000X，又看过了许多许多，心满意足地准备回家。

在结束参观之前，他们看到了一面白墙，上面画着一连串的省略号。

也许博物馆的设计者想告诉人们"未来可期"，可是苏沐秋却突然想到了之前的那段对话。

"虽然现在没有了手机及其引发的病症，可是，我们有移动终端啊……"

会不会在一个世纪以后，有人也会用相同的语言评说着"终端依赖症""终端幻听症"呢？

历史，总是惊人的相似……

指导老师：于红秋，中教高级教师，毕业于北京师范大学汉语言文学专业，从教二十余年，多次辅导学生在全国春蕾杯竞赛中获一、二等奖，多次获优秀指导教师一、二等奖。

若即刻出发

任舒蔚 / 高三年级　李　燕 / 指导老师　浙江省桐乡市高级中学

"他教我收余恨，免娇嗔，且自新，改性情，休恋逝水，苦海回身，早悟兰因。他教我……"

"水仙，不要吵！"桐安无可奈何地翻身，抓起被子就往脑袋上一蒙。然而她却忘了——"桐安，我在你的大脑里，没有用的。"

3007 年 2 月 9 日，大脑中带着"水仙"的桐安猛然睁眼。

近百年来，随着人工智能的跨越式发展，智能手机自然不甘落后，制造者们研究出了一种更为先进，更为智能，也更为大部分人欢迎，却让桐安避之不及的技术——人机共生模式。这种模式将高端智能芯片人为地、无痛地植入人脑中，人的一切行为都由手机芯片经过计算后采用"最佳"方案进行，人彻底与手机成为一个有机整体——就像刚才，桐安的手机芯片"水仙"接到统一指令，每天为宣传人机共生的优势以京剧唱词作为起床铃——桐安也不明白"京剧"究竟是什么。她只对不能选择别的铃声感到恼火。

"今日的早餐是来自机器人器红餐厅的招牌：机油豆浆与去镉油条。"女服务生扯了扯她的机械肌肉，缓步关上了门。

"又是这些，水仙，昨天才刚下达指令——我想吃些别的！"桐安皱起了眉，却又被迫放松。"根据您的身体状况，机油豆浆与去镉油条是最适合的营养餐选择。快坐下吃吧，你知道的，你没有办法让自己开心一点儿，不是吗？"经过技术处理，水仙木讷的机械声中竟然带着几丝幸灾乐祸。桐安想愤怒地大叫一声，但喉咙根本发不出任何声音——人机共生模式指令第一条：芯片将控制人类不作出产生负面情绪的行为，并在正确时机对共生人类作出肌肉与关节的必要调整——人人都只见笑脸——谁知道呢？

桐安强迫自己抬头，眯起眼看向窗外。晴空万里，日光朗照，机器助理有条不紊地按程序驾驶着飞行器，并时不时按手中的粒子驱动遥控——利用物质与反物质碰撞而将质量百分百转化成能量的原理十几年前就被勘破了。而今它不只用来研究军事武器，更多的是用在了生活中作为交通驾驶动力——没有痛苦，没有贫穷，国泰民安，何来战争？

桐安心下没来由地一阵烦闷，真的就要因为人机共生模式而"改性情"吗？窗帘忽然哗的被拉上，室内刹那间暗下来，接着听到水仙严肃的口吻："外面的日光强度值不适合你的眼球，桐安。"桐安微不可察地，像呼气那样，缓缓叹了口气。

"不，不要！不要收走我的牡丹！求求你，给我一个机会！最后一次！"一声刺耳的尖叫伴着歇斯底里的哭喊响起，又是一个违反智人公民法的犯人被剥离了芯片。水仙没有说话。

"水仙。"开口的却是桐安，"我想出门。"她安静地站在原地，等待水仙的拒绝——除非犯罪，智人没有踏出家门的权利。然而下一秒，她却惊愕地愣住了。"你去吧。"水仙慢吞吞地回答，"你仍是一个完整的人，桐安。我能控制你的行动，却从不能让你背离自己的心，你是人类中的异类，你的基因测序无法改动，所以无法与我完全融合。"水仙顿了顿，苦笑一声，"但你就是桐安。在我眼里，你只是桐安。我们……按照《智人史》第4册第23页，应该……叫作'朋友'？到此，我的任务就结束了——让智人发现自己的独立情感。去接触一个全新的、没有我们的世界吧，还记得吗？我第一次见你，你说的第一句话是：'我想要出去玩……'"水仙的声音渐弱，直至消失。

桐安一点点握住了把手，打开门之前，她最后一刻回头望去，桌上摆着她的机油豆浆和冷掉的去镉油条——还有一盆盛放的水仙花。她不禁轻声哼唱起来：

"且自新，改性情，休恋逝水，苦海回身……"

"早悟兰因。"

她大踏步向外走去，不再回头。

指导老师：李燕，浙江省桐乡市高级中学教师，桐乡市骨干教师。曾获桐乡市青年教师教学评比、优质课评比一等奖，指导学生参加全国性作文比赛荣获特等、一等奖多项，论文荣获国家级、省级、市级奖多项。

雪原的悲歌

任芋融／高二年级　马　晔／指导老师　山东省济南市莱芜第一中学

　　凯文今天又来到这所博物馆，又想起百年前那个让他沉醉的苍老旋律："悲歌三首，每一天。"然而他现在必须回家了。他已经在这儿，在这个方匣子前待得太久了。

　　妻子正定定地看着他："你又去那里了？看那些古董？""是的。"不管他有没有意识，妻子都会接收到这个信号，这些是他当然了解的。"为什么？"他脑中又浮现出妻子传来的信号，整齐的字块一字排开，最终传输到他的眼前。

　　"不为什么。"他转身冲了一杯咖啡，抿一口之后重重躺在那个软绵绵的空间里。他明白多解释毫无意义，这个时代从没有秘密可言，他所有的想法都会被他眼前的膜状物转译成信号分子传递到妻子的脑中，甚至梦境都可以通过它共享。这个装置叫作手机，虽然他并不明白为什么。到了2118年的今天，人类的手已经变得特别粗短，也几乎不再使用，所有交流、活动均可通过手机和AI完成。这片直径不足一厘米的小膜也会在每个人出生时植入，完成信息核对后更是会跟随每个人一生。它不仅能帮助所有者感知外界所有信息，完成各种娱乐活动，更是直接与人脑连接，将190亿神经元的强大内核充分利用，更不得不提的是，通过它，不仅可以将神经信号转译成对各种可利用资源的指令，还可以实现配对的使用者脑中想法的直接交流——即类似于读心术的强大能力。而这种透明思维不仅在家庭中普及，在各种关系网中也不算新鲜。

　　凯文知道这方匣子的存在是在一个梦中，梦中的小姑娘甜美可爱，她轻轻地对身边的男孩说：别玩手机了，罗卡在等你。他怔了一下，男孩手中那个笨重的方匣子竟然也叫手机！从此之后他对"手机"便产生了巨大的兴趣，他翻阅了各种资料，发现梦中的场景早已是遥远的一个世纪之前，也终于明白眼前这块薄膜的名字只是方匣子的延续，纵然各方面也早已大不相同。他不停地查阅相关资料，发现人类曾有长达三十余年依赖于那种方匣子，导致21世纪30年代各种相关疾病频发，又经过二十余年的斗争和研发，现在的"手机"技术才逐渐成熟、推广、普及。

那时候的人真苦，那时候的人真难。那时候甚至要悲歌三首，每一天。凯文惊叹——这是他第一次有这种感受。他开始无数次想象旧时代的场景，也无数次想起梦中女孩甜甜的微笑，那个方匣子似乎有无穷的魔力，又似乎像一个虫洞，每次都让他阴差阳错地走进博物馆，不由自主地靠近，被不知名的力量深深吸引。

这个时代的婚姻大多都是随机匹配的，透明的思维根本不需要人们花太多的时间接触了解，凯文也是其中的一个。人们在这轻易的互相理解中，早已经失去了欺骗、快乐、幸福、哭泣的能力，对于痛苦也不知所以。这些是妻子无法理解的，凯文知道，他终于尝到了痛苦的滋味，也终于了解了旧代人复杂的辛酸。

早就透明的时代，早就像死水一般透明。如同雪原的时代只有苍白，他决心不再想，在柔软的空间咽下那口苦涩的咖啡，他从小就极度钟爱这种百年前的产品，而今，他也终于明白了其中滋味却不知是喜是悲。

"悲歌三首，每一天。"熟悉古老的曲调再次在他耳畔响起。咖啡热气升腾，氤氲出他不知的形状……

指导老师：马晔，研究生毕业，2014年毕业后即来到济南市莱芜第一中学从教，2014—2016学年担任班主任一职，并获得"优秀班主任"称号。自2014年工作以来，潜心语文教学，多次执教公开课，学生学科成绩一直名列前茅。

请救救他！

沈丹园/高三年级　王　冬/指导老师　浙江省杭州市萧山区第三高级中学

当你寂寞的时候，放下手机，抬头看看星空，世界会变得很大，很大。

手机是由星星组成的，准确说，是星星爆炸后留下的灰烬。所有比氢、氦重的元素，都是超新星爆炸后的残留物。这些灰烬残留物被人类利用并制造了手机，但由于仍携带着来自外太空的辐射，对人类造成了不可避免的伤害，它们正吞噬着使用者的大脑，将其变成"屏幕奴隶"。

一

西恩是一个孤独的小孩。

他父母离异，从小跟随母亲琳卡生活。由于琳卡工作繁忙，西恩常常一个人在家，而陪伴他的，也只有手机。他将自己封闭了起来，别人进不来，自己也不出去。

大概是大脑中的孤寂因子满格，更加刺激了手机释放大量辐射，西恩的大脑开始被控制，他整天精神涣散，眼神空洞。

二

西恩在学校里没有一个朋友，每天浑浑噩噩。老师不喜欢他，同学们也都远离他。西恩只有在看见手机时，眼睛里才会有一丝光亮。可是学校禁止带手机。

手机控制中心的 S 博士对西恩十分关注，看到他如此消沉，非常"于心不忍"，于是他命令手机向西恩传送一个"复制人"，企图让"复制人"特洛伊代替西恩在学校中生活。

意志已经非常弱的西恩就这样被取代了，他开始逃课，整日带着手机游荡在外面，因为他不敢回家，也不想回家。

三

只有一丝意识的西恩跌倒在街头，是的，他的大脑快被吞噬完了，那一丝意志是他最后无力的抵抗——"请救救我！"。

眼看西恩将要闭上双眼，一个人出现了。是洛特！他是西恩的邻居兼同班同学，他焦急地将西恩拉起，拼命地摇着他："西恩，你快醒醒，醒醒……"听见声音的西恩缓缓地睁开双眼。看到西恩醒了过来，洛特激动地抱住了西恩，泪水滴落在了西恩肩头。西恩感受到从未有过的温暖。

"糟糕！西恩的孤寂指数正在迅速减少！"S博士惊呼，他觉得不可思议，始料未及。

大概，是洛特的关心救了西恩。

四

恢复了一半意识的西恩打开了家门，琳卡冲出来抱住他。

"西恩，你跑到哪里去了，那么多天都不回家，妈妈担心死了！"琳卡紧抱着西恩，害怕他再次不告而别。

这下，西恩完全恢复了。

原来，那个"复制人"特洛伊只负责在学校中假扮他。

五

洛特成为西恩最好的朋友，母亲琳卡也尽量减少工作陪伴他。

洛特说："当你寂寞的时候，多抬头看看星空，那是比手机更好更大的世界。"

被亲情与友情拯救了的西恩，摆脱了S博士的控制，减少了对手机的依赖。

"这个世界真的无比美好。"西恩想。

指导老师：王冬，浙江省杭州市萧山区第三高级中学教师，毕业于杭州师范大学中文系。从事高中语文教学16年，一直积极学习并实践先进的教学理念，经验丰富，风格亲和，能力突出。从教以来，所指导的学生在各级写作比赛中多次获奖。

智能手机 / 人

沈娇娇 / 高二年级　余晨阳 / 指导老师　浙江省湖州市长兴中学

遇到文森特是在我 12 岁生日那天晚上，文森特是我的手机，对，我的手机。请相信我此时是面带微笑的。

自从 30 年前《手机使用管理条例》一版和二版出台后，手机就遭到了政府的管控。同年，《未成年人保护法》也出台了新政策，最主要一点就是 "12周岁以下未成年人不得拥有手机"。要知道现在手机和 AI 是不分家的，每个 AI 都带人脸识别功能和骨龄测试，12 岁以下的小孩都开不了机，枉谈使用或拥有。

我在 12 周岁生日那天，拥有了自己的手机，全息投影下那个服务型 AI 向我介绍他的名字，他仅仅是用金红色的电子眼注视着我，就让我十分满足，这是我梦寐以求的东西——一部手机。

50 年前，也就是 21 世纪 70 年代左右，有一次突如其来的网络瘫痪和通信中断。那是全球范围的大灾难，虽然麻烦很快解决了，但这一场灾难所造成的经济损失只能以万亿来计算，更不要提在网络通信的温床里成长的人类，特别是 21 世纪 30 年代后出生的人类的死亡率大幅上升，这让世界各国的政府认识到，不能再任由其发展了，科技是把双刃剑，需要好好把握。

文森特是个合格且称职的手机管理员，我手上摊开呈半透明纸片型的手机，他为我搜寻资料并计时——因为我仍是未成年人，所以每天是有规定的使用时间的。我有些漫不经心，忽然，一条新闻的点击率迅速上升，很快变成了标红的热搜。我说："文森特，打开那个！"他闭了会儿眼睛，是在检查新闻里有没有不适内容。"好的，橡。"他露出笑容，网页呈现在了我的手机屏幕上。

"抗议！抗议！销毁手机，我们要重回美好时代！"这些大字猛地撞入眼中，我仔细看下去，是个游行活动，反手机 AI 反智能的田园环保主义者发起的抗议游行活动。这是个在通信中断时代后出现的群体，倡议拒绝使用手机，向往古中国的农耕时代和田园生活。他们认为人类所研究的科技 AI 和智能手机最终造成的一定是人类灭亡，是个十分激进的派系，前几年收敛了很多，近期又开始大肆宣传。

文森特在一旁静静等候我阅读完毕。过了一会儿，他设置的铃声响了，"时间到了，橼。你看完了吗？有什么需要保存的？"他见我摇头，关掉网页准备关机，我叫住了他："文森特。"我说，"你们的存在，合理吗？这样下去，真的好吗？"

文森特全息投影的脸上出现了犹豫和思索的神色："你听过吗？存在即合理。人类创造了我们，你们才是掌握选择权的一方。"他笑了，"橼，自信一点儿，我关机啦，我们待会儿见。"我手中的纸片自动折叠，与此同时，文森特也消失了。

只剩下风从半开的窗外吹进，微微拂动纱帘。

"重大消息！著名人类学家橼博士与其 AI 的对话首次结集出版！你所不知道的人与 AI！"

"文森特，我仔细地想了想今天的问题，人类是矛盾的，又自私又虚伪——这不是批评，但还好，我们会学习，会创造，会控制。手机与人，人与智能，是否可以和平共处我无法保证，但我相信，人类的未来，不是毁灭，是新生。"

指导老师：余晨阳，浙江省湖州市长兴中学教师。作为青年教师，学习不止，努力做到课堂"精而实"，经常鼓励学生，懂得感动学生，发自内心地关心学生，深受学生喜爱。

保卫地球

沈钰霏 / 高二年级　王　颖 / 指导老师　山东省临沂第一中学

　　星球上一片乌烟瘴气，宇宙中的小颗粒还在不断撞击着 B 星球。摩天大楼里，B 星球的长老重重叹了口气，对最高军事长官说："最多还有 1 个月的时间，如果你们再找不到适合生存的星球，那么，1 个月后，我们将在整个宇宙中消失。"最高军事长官点了点头，转身去找 T 博士。

　　"叮——"

　　最高军事长官看着手机上那条平静的直线，便知道 T 博士还在研究中。一天后，"吱呀——"一声，门开了，T 博士兴奋地把最高军事长官拉进屋，压低声音说："我用探测卫星发现一个距离 B 星球约 36 光年的无生命星球，并且适合我们居住。"就在这时，最高军事长官由于十分兴奋不小心触碰到实验室中的一个按钮，一道白光闪现，俩人消失在实验室中……

　　他俩悠悠醒来，发现躺在一处角落里，天地昏昏沉沉，空气中充斥着无数灰尘颗粒。经过识别，才知道他们到了地球，于是 T 博士紧急联系长老，通过光波传输，向长老说明了地球的基本情况，并发现地球人已沉迷手机上百年，地球人之间，无论是亲人还是朋友，都表现得十分冷漠，只要不涉及自身的利益，对智能手机以外的任何事都毫不关心。

　　长老听后，陷入沉思，最终他缓缓开口，下达命令："占领地球！"

　　长老按照 T 博士所说，先派了一队精英前往地球。他们伪装成地球人的模样，地球人丝毫未注意到。最高军事长官下令采取逐一攻破的战略，就这样，不到 3 个小时，B 星人占领了一整块大陆，他们把地球人聚到一个地区，重兵把守。

　　联合国最高长官脑波突然出现一丝异样，但又很快恢复平静。他象征性地下了一条指令，要求全体地球人共同反抗，但未波及地区的人丝毫不在意，就这样，2 个小时后，B 星人已经占领了除联合国所在大陆以外的所有大陆，地球人终于感到恐慌。这时，他们发现，自己的武器在 B 星人面前根本不堪一击。原来，这一百年来，地球人把心血全部用于创新智能手机，而忽视了科技武器装备。

如此，联合国最高长官不得不与 B 星球长官进行谈判。B 星球长官表示如若地球人能将他们送到原先探测的星球，他们将撤军。

300 年后……

我 92 届联合国最高长官目送最后一批 B 星人登上飞船，长出了一口气……

指导老师：王颖，曲阜师范大学毕业，山东省临沂第一中学语文教师，中学一级教师，曾获临沂市优秀教学成绩奖，所指导的多名学生在全国、省、市作文大赛中荣获奖项。

黄金时代

沈泽怡／高二年级　张银夫／指导老师　浙江省杭州市萧山区第三高级中学

一

近日 A 市的天气总是不好，黑压压的乌云笼罩了整个 A 市，时不时下阵雨，今早的新闻更是如一记惊雷，劈头盖脸下来，炸响了整个 A 市。

苏特搭乘着空中列车来到研究所，却发现这里早已被电子网封闭起来，里里外外围了三层警察。研究所成了一片废墟，到处冒着黑烟。

苏特拍了拍旁边人的肩膀："这里，是怎么了？"

看热闹的人转过头来，用看老古董的眼神望着他："这你都不知道！你没看今早的新闻吗？研究员埃里森因专注于手机，导致实验环节出现纰漏而引发了爆炸。这可是现在的头条新闻啊。"

苏特皱了皱眉，从口袋中掏出比巴掌还小一半的手机，屏幕通过投射仪映在地面上，新闻专栏用特大加粗的字体标明了这个新闻。"震惊！A 市研究所发生爆炸！原因竟然是一部手机！"同时附上了一段视频。

看完视频，苏特揉了揉紧皱的眉头，大踏步地离开了。

二

网络上早已是一片沸腾，在信息全球化的时代，大部分的数据通过数据库进行保存，速度之快，相当于在 7 秒内即可存储世界上最大图书馆的藏书信息，被誉为信息的黄金时代。

激烈的抨击与争吵，手机使用的利与弊，人类对自身安全的担忧汇聚在一起，如滔天洪水骤然决了堤。网络游行愈演愈烈，抗议手机使用的时间与范围。

"秦博士，这当中是否藏有隐情？埃里森喜欢玩手机不错，可也不至于沉迷在其中啊！"苏特此时正在所长办公室。

"不，只是你不经常使用罢了。"秦博士面无表情道，"它的确会令人沉迷，早在半个多世纪前，先辈就已经深刻认识到了手机的危害，并且也通过立法等措施，强行减少了手机的使用时间。"

"我看过视频了，当时埃里森在听到提示音的时候目光呆滞，也不像沉迷手机的表现，他是不是被控制了？"苏特望向秦博士的眼睛，想从中看出些破绽。

秦博士沉默了，过了很久，才缓缓吐出一口气："这只是我的一种猜测，毕竟如今手机通过传感器与人脑相连，如果通过对脑电波的改变而对人脑进行控制，以现在的科技水平，也是有可能的。"

"希望这一切仅仅是我们的猜测，不论真假，也应该控制一下手机的使用了，沉沦使其堕落，人类的发展不能够停滞在这里！"

三

"这是最好的时代，也是最坏的时代。我们无法阻止时代前进的步伐，却能够收起我们的心，迈出沉稳而坚定的步伐，勇敢地跨过去……"

不久后，一项政策出台，风波得到平息，手机的使用似乎迈入一个正轨道路，可又能维持多久呢？

厚重的乌云终于散开，露出了迟到的天光。

指导老师：张银夫，浙江省杭州市萧山区第三中学教师，毕业于浙江师范大学。长期负责学校文学社工作，在高考命题与指导学生作文上有自己的见解。多次参与品牌教辅资料的编写，所指导的学生多人次获全国大奖。

旋涡·冰冷世界之温暖重启

司雨馨 / 高二年级　　申文博 / 指导老师　　山东省菏泽市郓城第一中学

转眼间人类又跨过了一百年，那个时候没有大街，没有低矮的民房，只有像剑一样的高楼堆叠成的钢筋森林，挺立在每一块有陆地的地方。海洋已不是海洋，是人类最后的粮田。

每栋大楼就是一个国家。人与人之间依靠手机通信。

"谎话，请远离此人。"方宇的手机发出警告，刚才在向他推销机器蜂的老板脸上的笑容依旧还僵在脸上，但方宇已经走开了，手机会通过蓝牙耳机提供信息，可别人是听不到的。

方宇是第一次使用这款通用手机，刚成年的他似乎还未感受到这世界的冰冷，不信任别人和不被别人信任都是令人恐慌的。

在地球的北纬 36°和东经 72°交汇点上，方宇所在国家的大楼便坐落在这里。他想去 879 层看望年事已高的奶奶。接近顶层的病房里住着一个枯瘦的女人，"生命垂危，心脏血压不足"。方宇的手机识别人脸后，对奶奶进行了检查，最后在无人机的搭载下对主人汇报了这一情况。奶奶的眼睛里满是混浊，皮包骨的手指早已忘记如何屈伸。她看到方宇便咽泣起来："小宇啊，你一定要对世界充满敬畏，奶奶不好，陪不了你了。你好好活着，我到天堂也好对你父母有个交代，你记住，我们永远爱你。"奶奶的手突然从方宇的肩头滑落，空气死寂如一汪深泉。

这是他第一次哭，毕竟这个旋涡般冰冷的世界不崇尚眼泪，他想起了一切的嘲讽与苛责，他想起了面对机器时的怯懦与逃避，他想起手机说明书的最后一句话：请勿重启手机并拔出芯片，否则您将丢失一切记忆甚至造成时空扭曲。

想到这里，泪水滑过嘴角的他脸上竟泛起了一丝笑意。

他怎么不知道，自己脑中插入的芯片是早已编好的程序。总之，他是不信命的，他将手机重启，又对着镜子拔出了 18 岁生日时植入不久的芯片后，便沉沉地睡去了。

"妈妈、爸爸，你们在哪儿？我不要手机了，我要你们，快回来啊。"方宇在寂静的时空回廊里止不住泪流。他从未见过父母，从小到大只有一个机器人保姆陪他，可现在他已一无所有，唯有一颗红亮跳动的心。

"主人，对不起，我不该强迫你做那么多你不情愿的事。现在，我把芯片交给了 NW，他们会将你送到父母身边，再见了。"当方宇从时空穿梭机走出来时，他的手机给他发送了最后一条信息。"谢谢你，朋友。"方宇默默地想。

"欢迎来到公元 2100 年，检测到您是公元 2118 年的方宇，NW 批准，允许入境。"扫描完毕，方宇领到了一部手机，虽然比较落后，但方宇却找到了父母的手机编码。

"爸妈，我是方宇，你们的儿子，快来接我吧。"

一架民用大型飞行器缓缓降落，下来的是方宇盼望多年的至亲。"儿子，对不起，在你出生的那一天，我们去了宇宙空间站，现在你来了，我们也不走了。"方宇的妈妈看着早已长大的孩子泣不成声，双臂拥抱，血液火焰般滚烫。

"多亏了那部手机……"方宇说。世界温暖如春，不再冰冷，不再混沌。

指导老师：申文博，山东省菏泽市郓城第一中学二级教师。2013 年获得曲阜师范大学在职教育硕士学位。从教以来，爱岗敬业，勤奋踏实，关心学生全面发展，鼓励学生积极参加课外活动，本人决心秉着"百尺竿头，更进一步"的精神，再接再厉，在与学生共同成长之路上遇见更美的风景。

后人类时代

宋　旸/高二年级　胡秋香/指导老师　湖南省湘潭市第一中学

亲爱的古米：

你好吗？许久未见，不知你过得如何。不过我认为我也没有询问你近况的必要了，毕竟大部分人都已经植入了手机芯片，而你又是对一切都怀有好奇心的人，总尝试新事物，想必早已植入芯片了吧。

另外，我还听说你为了拯救重病的自己，自愿接受改造，成为半机械人。我知道你想从我这儿获得一些意见，但对不起，我无法给你中肯的意见。

如你所见，我们正在大步跨入后人类时代，每个人或许真的都有美好的未来。你们这样的重症甚至绝症患者（对不起，我并无侮辱的意思）将得到拯救，人类不再需要整日坐在学校中学习，大家只需要动一动脑子，一切就映入眼前。每个人都拥有一个世界，世界在每个人的脑中。

"多么美丽的新世界！"大家都这么想，可大家都只看着属于自己的一方天地，心中想着的只有自己所享受的美好。每个人都这么忙碌，每个人都如此自私。或许有天他们想起了世界，真实的世界，抬眼一望，才能明白什么是悲哀。

每个人都目光呆滞，平视前方，但你明白，他们沉溺于眼前的"世界"；年幼的孩童不需要上学，但也没有权利玩耍，因为他们从见到光的那一刻起，就拥有了与百岁老人不相上下的知识；一栋栋的学校被拆除，因为地球上的人越来越多，但需要学习的人越来越少，只有我们，只有我们这些"愚人"的孩子们需要学习，那仅存的几块土地才得以保留；走在街上，明明人流涌动，但你却只听见脚步声，人们失去了声音的交流。

他们看不到，他们听不见，那就让我们这些"愚人们"唤醒他们，我知道，你曾经说过我们既然可以通过脑内手机交流，就没有必要面对面说话交流了。或许这对于聋哑人来说是一种福音，但大部分人的嘴不只是用来吃饭，更是用来交流的。

他们赞美这个美丽新世界，可他们忘了，他们植入的只是一个小小的手机，而非知识库。现在没有人的脑内可以容纳整个世界的知识，但可以通过手机了解整个世界，他们忘了，信息是可以被操纵的。

百年之前，手机还在人类手上时，科学家就有研究表明了长期使用手机会对身心都产生危害；百年之后，手机进入人体，已没有了百年前的危害，却对整个人类产生了巨大影响。

或许我们所反对的手机植入是进步的，或许一切不是那么糟糕，或许我所说，所做的一切不过是螳臂当车，但我永远相信明天是美好的。

我会阻止冷漠的后人类时代到来，也希望你能做出无愧于心的选择，一切都有希望！

最后，愿君万事顺意，身体安康！

你永远的朋友：日易

2118 年 7 月 30 日

指导老师：胡秋香，湖南省湘潭市第一中学语文教师，有着丰富的语文教学经验及作文指导经验，所指导的学生多次在各级各类作文比赛中获奖。

爱是永恒

宋柯良/高二年级　王　雪/指导老师　吉林省辽源市东丰县第二中学

这条走廊，墙是白的，地也是白的，一尘不染。

一阵脚步声，很慢很慢，那是老兵杨清，是少数几个参与冰冻睡眠的人。上个意识仿佛还是 50 年前，他参加了一次手机发布会，好像那天是一个什么新时代的开启，杨清不记得了，现在，他依然年轻。

耳边突然响起一阵声音，机械、冰冷。

"您好，杨清将军，由于你是目前唯一还活着的来自上个世纪的人，您成为联合国四大主席之一。"

杨清点了点头，他面前是一道门，门外就是新世界。

他深吸了一口气，缓缓地推开了门。

先是震惊，后是疑惑。

看不到头的摩天大楼，星罗棋布，他的面前是一辆悬浮在空中的车，那是小型核装置，竟然用小型核反应堆作为发动机。

可街上没有人，阳光明媚，竟一个人没有。

"杨清主席，联合国有紧急会议，在路上，我会解答您所有的疑问。"AI 的声音不再机械，而是有些担忧。

"您还记得那场发布会吗？手机从形态、功能上发生质的飞跃，手机变成了植入人体颈脊的一个黑色块状物体，它可以通过刺激大脑皮层，引导神经元，从而让人们自主创梦，并将自主的意识导入梦中。最可怕的是，由于手机屏幕可在人体任何地方显现，人类'自闭症'的概率大幅升高，由于缺乏运动等，人类变得瘦小，专家预测，手机激发了人体基因中的'奴性'变成了手机控制人，不用多久，人类将丧失语言功能。青年人过度沉溺于虚拟世界，导致世界劳动力素质整体下滑，犯罪率逐年升高。"

"人与人之间缺少交流，并逐渐丧失情感。"社会上逐渐出现一种症状，叫"三步症"，人们只做三件事：吃饭、睡觉、看手机……

AI 的声音不断响起，但杨清闭上了眼，不再倾听。

联合国大会，所有人掩饰不住忧虑。

大家鼓掌欢迎杨清，所有人将目光投在他身上，仿佛他是救世主。

"我提议，将爱注入手机之中，让人们在梦中感受到爱。"杨清缓缓说到。

爱？爱是什么？全场哗然，争论的声音越来越大……

黄色的灯光下，一片昏沉，杨清走着，越走越快，他看到了，那个熟悉的影子，金黄的带卷的长发，齐膝的墨绿色长裙，浅浅的微笑，轻轻倚在柱上，像迎接凯旋的士兵。

无声的泪从杨清眼角滑下，他紧紧地抱住了她，仿佛有了她，便有了整个世界。杨清的肩膀抖动着，泪流满面。

"情感采集完毕，并将其定义为爱。"AI 的声音响起。

杨清醒了，脸上还有泪珠，他看到了，看到了每一个人的眼中有着奇异的光芒，似利剑，刺穿了阴沉的天空。

科技给人们带来更多的希望，而不是让人们绝望。

只有爱，才是人类内心深处的光芒。

爱是永恒。

指导老师：王雪，吉林省辽源市东丰县第二中学语文教师，从事语文教学工作多年，在作文教学中重视学生写作思维的训练。所指导的学生多次在全国作文竞赛中获奖。

梦中的思考

宋柯雨 / 高三年级　董　颖 / 指导老师　辽宁省辽阳市第一高级中学

　　再一次走在大街上，似曾相识的场景再次浮现，在哪里见过来着？算了，我只是下楼买水，想那么多做什么？行走在 2118 年的街道上，只有各大公司并肩耸立，没有了实体店——随着手机的发展，人们网上购物更加便捷，只需与店主取得联系，实物便会立马用手机传送功能传送到眼前，实体店在 2050 年几乎全部被关停，连超市都要走好久才会有一个。

　　不过，幸运的是终于走到了。我走进去见老板在与眼前"大屏幕"中的人视频聊天。店里空无一人，货架上几乎什么东西都没有了，蟑螂、蝼蚁似乎将这儿当作自己的家。我只想逃离这个地方，于是拿了一瓶水匆匆结账，老板看都没看我一眼，手指一个方向让我去付款，我知道那是自动付款机。将手放上去——噢，也就是手机，手机芯片已与手机脱离，可融入手掌，成为人体器官的一部分，我触摸到了那个冰冷的、不带有任何人情味的仪器，付了款，回头看看还在对"大屏幕"中女人卖笑的老板，觉得人与机器没什么差别，除了有表情以外，心中都是冷漠的。

　　如今大家有了手机的陪伴，却似乎都失去了人性，我也分不清自己是一个活人，还是被手机芯片控制的机器人了。

　　回到家中，便被"飞来的横货"砸了个正着，一猜便知又是老妈买的衣服到货了，下次真应该告诉店主别再用"扔"的形式往传送门里放东西了，每次都会砸到我……

　　"妈，你已经三个星期没出门，两个星期没跟我说话了，咱去花园里走走呗！"

　　可没有回答，依旧是拆包装，试衣服的声音，时不时还会传来"这件衣服不错，给你五星好评啊店主"这样的话语，好像我不是她女儿，手机才是。我深知语言攻击没用，还不如用手机跟她说话呢。我打开微聊，把刚才的话又重复了一遍，用字码上给她发过去。可发送了好几遍都没有回应，直到我听到了卧室里传出摔东西的声音，也在这时我接到了妈妈的电话："女儿啊，我忙着试衣服呢，刚才一个尺码送错了，气死我了……"还没等我说话，对方便挂断了，难道自己的亲生骨肉还没有手机重要吗？人与人之间的冷漠也排斥了血浓于水的亲情吗？我们祖先倡导的"亲情至上"也会因为手机变得不值一提吗？如今大家足不出户，便用手机轻松搞定一切，这究竟是带来了便捷还是更大的隐患呢？姐妹一起手拉手逛街的时代，父子在家中小饮一壶谈天说地的时代，真的一去不复返了吗？我独自躺在床上思考，不知不觉进入了梦中。在梦中，手机作为人体器官控制了人的大脑，使人的大脑瘫痪，使人变成了手机的奴隶，被控制的人类不断寻找活人，使他们异化，人类社会最终变成了一个"手机人社会"，当他们找到我时，我蜷缩在角落，却还是被定位系统发现，他们的芯片与我的芯片融合，使我也成为一个"手机人"。

"啊……"我惊呼着从梦中惊醒，该死，又做那个梦了！拿起手机，还好，现在是 2018 年 7 月某日早上 7 点，昨晚肯定又是玩手机睡着的，庆幸自己还活在 2018 年。楼下传来母亲温柔的声音："起床啦，快来吃早餐，迟到啦！"这温暖的声音仿佛跨越世纪来到我耳旁，我拉开窗帘，迎接新的阳光，看到路上形形色色的人，心中感慨：这才是人，这才是人类社会。

指导老师：董颖，高中语文高级教师，辽阳市骨干教师。从事教育教学工作 20 年，多次在市青年教师基本功比赛中获奖，多次被评为优秀班主任。公开发表论文 10 余篇，主持并参与省、市级课题 6 项，现担任高三班主任。

老　A

宋叔洋 / 高三年级　唐中云 / 指导老师　清华大学附属中学

"为什么当代智能哲学家边心和米尔所提出的功利主义是正确的？我想我们可以从许多方面进行论证。人类全体的总效用是我们的关怀对象，不可以规范化、形式化、可量化的理论是荒谬的……"

塞尔坐在灯光昏黄的会议中心食堂中，听着破音的喇叭所宣传的智能哲学思想，这让他在多年以后，还忘不了今天所进行的对话。

经由手机的使用而获得足够数据以进行机器学习的智能在多年前便接管了这个世界，诚然，智能在许多运算上的效率都远超人类，但现实中少数尚未解决的矛盾，便是人类对于能源的利用率尚未追上智能运算对于电力的消耗。在功利主义的思想下，人们的福祉是可以被定性定量从而被计算出来的，智能认为，在由手机作为终端的大型神经网络上，面对周期性的电力短缺，可以将技术人员作为补丁，在几个节点替代智能，而这，便是塞尔坐在这个照明不足的房间的原因。

他开始用自己的手机处理公务。如今，几乎所有需要在体外进行的工作，都可以用手机进行。但他也明白，自己似乎并不享受这样的生活，他无法真切地感受他的价值。

"你在把自己融入这个网络。"一个声音突然发出，塞尔从手机上移开视线，原来是老 A，一位年长的技术人员，听说他不久将退出一线工作岗位。寒尔很愿意在空闲时与他交流，吃饭的时候，勉强算作空闲时间吧！

"我在想，我到底给这个社会留下了什么，我走之后，这个机构又将有什么变化。"的确，以老 A 的岗位而论，他确定有资格问这个问题，塞尔迫切地想说出一个解释，但认真思考过后，他又不大好意思说出那个否定的答案。

老 A 笑了，他说："有些不一样的想法，我觉得你应该了解了，你是为数不多的有想法的人。"仿佛压住对自己赞美的感谢，他继续道，"你应该知道，人与人之间的关系非常紧密，而这个的源头，便是手机。手机在过去的几十年把人们织成一张网，人们越多地使用手机，与智能的交集便愈来愈多。这和功利主义的立场是一致的，世界应当是规范与形式的，并且是可以被计算的，来源也许很荒谬，这不是个体最优解，但却是整体最优解。所以，社会就同神经元网络一样，是机构化的，你所见到的一切都是人类或人类的造物，我们并没有反思。在这种机构化的前提下，任何人都是可替换的，因为我们寻求的只是一个交集而已，对某种能力组织的要求。但是，在这其中，我并未看到规范性的意义，交集之外的情感、思想并不利于人类的福祉，但这假定了一个前提：人类整体并没有这方面的需求，这无疑是一个基于错误前提的循环论证。最可怕的是，现在，我不知道有谁会花费精力，努力钻出这个交集，毕竟这不是社会对个体的期待，而这种期待之所以有空前的约束力，是因为手机所织成的网络和其所加载的信息……"

塞尔打断他："您何时动身，去哪里？"老 A 明显停顿了一下，眼中的光芒黯淡了下去，说道："明天早上，去巴达维亚。在过去，那儿风景好像不赖。""我明天去送您。""谢谢你！"赛尔吃完了饭菜，说道："那我便先告辞了。"

老 A 低头看着手机。向远处走去的塞尔，消失在黑暗中。

这段话，让塞尔想起了唯心主义：老 A 离开后，我身边的人们，与智能交集更多，还是与自己交集更多呢？

毕竟，他不能理解老 A 的意思，他不愿意跳出他所被希望的那个人格。

指导老师：唐中云，清华大学附属中学高级语文教师，毕业于北京师范大学，曾在《语文建设》《中小学心理健康教育》等报刊上发表过几十篇文章。

副 官

苏　畅/高二年级　许文升/指导老师　安徽省阜阳第一中学

"副官 S-518 提醒您：距离'6 点 30 分起床'任务完成时间还有 3 分钟，请尽快执行！"

"好啦！我起来啦！"我赶快从床上爬起来，以最快的速度穿好衣服，这才听到手机机械音重新响起："恭喜达成成就：连续一周按时起床！我将在您的 NP 账户中加入 10 积分。当前余额为 518 积分。副官 S-518 祝您今天行程顺利！"

我戴着一副眼镜——实际上是最新款的"副官"手机——不由得感到一阵舒心：22 世纪的新生代手机果然好用，人性化的设计，多样的功能，还有 VR 投影虚拟副官小人 S-518……让我每天的生活多姿多彩。

"系统提示：电量告急！是时候去外面晒晒太阳啦！"S-518 的声音再次响起，甚至在虚拟屏幕上向我显示了一个可怜状的表情。我赶忙戴上眼镜，奔向屋外的晴空万里。

"今天是 2118 年 4 月 30 日，天气晴，出行的正确姿势是昂首挺胸，保持微笑，让我感受到青春少女的活力！"S-518 今天也是那么积极，在它的声音里，我不由自主地面带笑容，向每个行人微笑；而他们也都纷纷向我友善地打招呼，整个小区都有一种暖融融的氛围。

"副官，帮我到小区驿站里问问有没有任务。""得令！"S-518 立刻通过后台程序进行搜索和比对，几秒钟后就把信息反馈回来："3 号单元楼 501 室的林爷爷腿摔着了，需要有人帮他买一箱牛奶，请问是否接受任务？""接受任务！"我连忙到自动超市提了一箱牛奶，给林爷爷送过去，林爷爷看到我很高兴，我又用副官系统给林爷爷搜集了几种有益的菜谱，通过彼此的副官系统相连就完成了信息共享。

我在林爷爷慈爱的目光中走出单元楼，主动向副官提出："把'每周末来看两次林爷爷'设为自定义任务怎么样？""坚持一个月，我会给您颁发'爱心少女'勋章。"副官回答，"乐于助人是中华民族的美德之一，有言道，'赠人玫瑰，手有余香'。即使没有勋章，相信你也能在这个过程中收获成就感。"

"谢谢你的教导，副官。"我发自内心地感谢这"副"手机正使我变成一个更好的人。

我忽然想起太奶奶来，不禁有些伤感。她是被上个世纪旧代手机毒害的一代，又称"低头族的一代"。在那时，手机还是需要手持的长方块，许多人因"手机依赖症"而有了长期低头看手机的坏习惯，久而久之，颈椎、腰椎都出现了严重的病状，更何况旧代手机没有自动净化功能，辐射使人的大脑和机能都受到了影响……太奶奶到了晚年只能靠先进的医疗设备存活，但也不得不忍受极大的病痛。如果不是科学家敏锐地意识到了这些问题，不断对手机加以改造，才有了 NP 公司"副官"的诞生，否则人类估计会一直处于旧代手机的控制之下，变成手机的副官，日渐冷漠无情吧！

"哟！小赵！又带着 S-518 出来充电啦？"一抹鲜亮的红色从我眼前掠过，我定睛一看，是隔壁李大哥，于是热情地问他的去处。"我接了个锻炼身体的任务，正让副官督促着我呢！你也要注意运动啊！"

我粲然一笑，也跟上李大哥的步伐，跑进阳光里……

指导老师：许文升，安徽省阜阳第一中学中级语文教师，从教 15 年，从事高三毕业班教学工作 9 年，在古诗文教学和作文写作方面成绩突出。

一位世纪老人的自白

孙明洋 / 高三年级　王静静 / 指导老师　山东省潍坊市寒亭区第一中学

2118 年，中国，人民大会堂。

富丽堂皇的礼堂在建成后的一百多年以后，迎来了第一位 118 岁高龄的世纪老人。老人精神抖擞，走上演讲台。

"尊敬的各位来宾：

"大家好！三天前，主席找到我，说希望我能在中国手机用户达 13 亿的百年纪念活动中谈谈自己的体会。作为百年前的世纪宝宝，百年后的世纪老人，我经历了手机由发展到强盛，再到低谷，到复兴的百年历程。我很骄傲，很自豪，又有些彷徨。

"在来的路上，我遇见了不少年轻人。有一对情侣很有意思。最初我以为他们在手机投影屏前各自玩游戏，可事实是，两个人在用视频聊天，他们说，不用手机的话聊天都感觉难受。手机的健康检测功能让我们摆脱了手机带来的身体疾病，同时不得不承认的是手机依赖症愈发严重。

"曾经我的孙女向我抱怨：'男朋友宁愿玩手机也不肯陪我，这算什么情侣？'一部手机的确方便了生活，减轻了人们对彼此的依赖，倘若人类没有了依存感，整个社会恐怕都会分崩离析。

"我们国家在智能革命中走在了世界的前面，我们改变手机形态，我们改进手机功能，我们增进手机智能，我们偏偏没有改变人们的心。十年低谷期的历史仿佛在重演，甚至更糟，宅族越来越多，游戏迷越来越多，人与人的交流越来越少，社会依赖度逐年下降……如今我们已然看到，西方一些发达国家由于人民沉迷手机，国家统一收缴手机以阻止手机迷的疯狂游戏，这无可避免地导致了社会的瓦解、国家的灭亡。

"我们的生活受益于智能手机，也受害于智能手机。心理医生的需求量成倍增加，可就业率却在下降。不少人陷于焦虑后无法排解，手机的智能挽救不了心灵的缺失，精神的贫乏无法用物质弥补。

"为了解决精神贫穷，我们国家开展了精神脱贫活动，人类百年前的经济改革方式似乎对精神层面作用不大，但我们没有放弃。纸质书的复兴、健康心吧的盛行，让许多喜欢新奇事物的少年人沉醉，让经历过低谷的老年人欣喜。

"来到这里之前，我始终在想，手机智能的发展到底该如何评定，我与许多专家讨论过，与社会各界人士讨论过，答案各不相同。思索许久，我只能给出这样的答案。

"手机从各方面便利了生活，这点不容否认，但它也确实给人类社会带来了不容小觑的危害。无法说什么利害相抵，我们只能承认它的益，尽力去减小它带来的害，这方面我们国家做得很好。

"在座的各位来宾，我相信你们中一定有不少手机迷，但我希望，从我的讲话结束开始，请你开始控制自己，放下手机，走到户外看看蓝天，或者是到公园活动，认识几个新朋友。如此惬意的生活，不比沉迷手机游戏更令人陶醉吗？

"作为一名世纪老人，我真的不想再经历一次大低谷了。

"我的讲话结束，谢谢各位离开手机听完我这五分钟的啰唆。"

指导老师：王静静，山东省潍坊市寒亭区第一中学语文教师，自工作以来，兢兢业业。在教学中擅长指导学生写作，所指导的学生在写作比赛中多次获奖，并多次获优秀指导教师称号。

温　度

孙怡娜 / 高二年级　辛会莉 / 指导老师　河南省郑州市第一中学

李卫发现用控制中心来聊天非常爽！

原本自己没读过几本书，性格也有点内向，但自从攒钱买了一部这样的手机，整个人都好像变得睿智而健谈起来，控制中心用算法帮他分析出最得体的语言。他最近在聊天软件上认识了一个叫梁青的姑娘，看上去很聪明也很温柔。

李卫："你平常喜欢读什么书？"

梁青："英国小说——我喜欢那样的叙事风格，还有德国古典哲学。我刚刚才看了《判断力批判》。"

李卫："你对康德著作里经常提到的物自体怎么理解？"

梁青："康德的这一套理论其实在我看来有几个漏洞，比如他在《纯粹理性批判》里，和其他几部作品里所提到的……"

梁青接下来发的一大段文字，李卫一句也看不懂。什么本体论、认识论，什么实践理性，什么道德形而上学……但幸好有手机控制中心帮他分析回答，才能使这段谈话进行下去。

李卫在谈话的最后说："你很聪明。"

梁青："你也很渊博。"

过了一会儿，她又发过来："不如我们明天见见面？"

"好，早上八点，新世纪公园，东门。"

天还没亮李卫就起来了，他花了一个小时收拾衣服和头发——面对这么优秀的姑娘一定要上心。他又刮了胡子，喷了点古龙水，按照控制中心的指示在西装里加了件保暖内衣。

现在是冬天，很冷。李卫开着车按照规划好的路线到达新世纪公园，看见一个瘦瘦小小的女孩在等。

"去打个招呼。"控制中心命令。

在手机控制中心的指示下，两人很快熟络起来，聊哲学，谈历史，说文学。李卫感觉自己这二十几年来没有这么迷人过：渊博、潇洒、绅士。中午的时候，他还请梁青吃了一顿牛排。

离开的时候，李卫绊到了台阶，梁青扶了他一下。李卫的眼镜掉在马路上，被一辆开过的车碾得粉碎，包括控制中心。

梁青拉拉他的衣角："没事的，再买一个就好了。"

李卫现在就像被扯掉遮羞布一样尴尬而语无伦次。他最终决定坦白："对不起……你看到的，都不是真正的我，那只是控制中心的算法罢了。我不是有意欺骗你的，只是……"

"别再道歉了。"梁青打断他的话，"其实，我也是……"

说着，她从鼻梁上取下一副贴着芯片的眼镜。

李卫感到巨大的震惊与悲哀：那些两个人一起聊过的诗，畅想过的远方，都只是两个芯片冰冷的算法而已。现在只剩下两个贫乏而空洞的灵魂，他产生感情的对象只是一部手机。

冬天的黄昏真的好冷。李卫想。

他抬起头来的时候看见梁青没有戴眼镜的脸，她迎着黄昏站在一片金红中，眸子里，盛满了泪水和夕阳。

梁青突然将手中的眼镜摔在地上。然后，张开了双臂。

李卫迟疑着迎上去。

36.8℃的体温和每分钟 80 次的心跳。

这是人类间最温暖的接触。

黄昏的街道有两个人用力地相拥，身后是整个即将沉睡的世界。

——天空中睡满了温柔的金红色云翳。

指导老师：辛会莉，任教于河南省郑州市第一中学，中学高级教师，常年担任高中语文备课组长，多次获得省、市级教学大赛一等奖、省级辅导奖，撰写过多篇教育教学论文。教学基本功扎实，工作认真负责，在多年的教学工作中形成了个人的教学风格。

22 世纪的一天

台合语 / 高三年级　汤淑静 / 指导老师　辽宁省锦州市锦州中学

　　"哟！"我挣扎着从床上坐起来，只觉得浑身僵硬、酸痛，像一个要报废的机器人，每个关节都有些阻塞感。我刚想伸个懒腰缓解一下，却发现我的左臂僵硬，一直保持着曲臂握着手机的这样一个状态，我又一次努力地尝试了一下，却发现左臂像是另一个人的肢体，完全不听我使唤。无奈之下我唤醒了 AI 管家 Ada。"Ada，我的左手动不了了，这是怎么回事？"我紧张兮兮地盯着 Ada。"哦，没事的，请放松，沈念。这是现在人类普遍存在的躯干僵化症，是由过度使用手机带来的一种疾病，换一个机械臂就好了。""啊？机械臂，那不丑死了，肯定还会疼！"我将罪魁祸首放在了充电板上问道。"不会的，你可以选择仿生型机械臂，与人体相近，而且无痛。"Ada 详细地为我解说，"需要我帮你在机械卫生站预定一个吗？""嗯。"我点了点头。手机带给我的愉悦，让大脑享受这种低级愉悦感，而渐渐惰于思考，我只想把所有问题都甩给 Ada，让她把一切打理妥当。

　　我踩着飞行器，和 Ada 一同前往机械卫生站。

　　由于左臂僵硬，我只能打消玩手机的念头，转而和 Ada 聊天。我站在飞行器上，四处张望，发现像我这样的患者还真不少，不是像我一样端着手臂不能动，就是脖子僵硬地扭着。

　　"唉。"我无奈地叹了口气。周围有人加速飞行，从我身边高速掠过。

　　我继续漫不经心地向前，前面有一个晃晃悠悠的飞行器吸引了我的目光。"Ada，前面是初学者在练习吗？"Ada 分析扫描了一下，给出了肯定的答复。

　　忽然我身边的一个飞行器加速，飞行器上的男孩正低着头，手中拿着一个什么东西，我看他愉悦满足的笑容，一定是沉浸在自己和手机世界的美好里了，这时，初学者操作失误，他的飞行器不断偏离航线，向高速行驶的飞行器这边飞过来。我忙左移飞行器，加速行驶，绕到了初学者的左后方。

　　而这时高速行驶的飞行器的主人在初学者的右前方，眼看不受控制的飞行器要带着初学者撞向手机男，我连忙伸手去拉初学者的手臂。"把手给我，你保持平衡，踩红色的按钮！"初学者的手，冰凉，微浸着汗。

他抖着腿踩下红色按钮，飞行器找回了方向。脸色苍白的初学者望着我，嘴唇翕动。

这时，手机男也听见了声响，从手机世界中剥离出来了。可他却一脸冷漠与鄙夷，然后扬长而去，留下我与初学者面面相觑。

手机真的方便了我的生活吗？我看着自己僵化的左臂。初学者再次晃晃悠悠地出发了。我的大脑思考能力逐步变低，这让我无法想清这个问题。我想去问问周围的人，可是他们不是低头摆弄手机，就是像手机男一样冷漠，生人勿近。

我只能机械地前进，向着机械卫生站，宛如一个低级的机器人。

> 你是远古的精灵，灵动、自然、健美
>
> 温情且思辨，是谁创造的奇迹
>
> 每一个你都愿意去推开窗
>
> 打破那一点点的冷
>
> ……
>
> 但是，现在，你是谁
>
> 四肢僵硬不能动
>
> 嘴角的笑是寒霜的冰碴
>
> 眼神也不再充满渴望
>
> 这还是你吗
>
> 人类，自然的孩子

指导老师：汤淑静，辽宁省锦州市锦州中学教师，1990 年毕业于辽宁师范大学。从教二十八载，辛勤耕耘，收获累累。既入杏坛终无悔，而今桃李满天下。曾荣获辽宁省特级教师、辽宁省优秀共产党员、辽宁省中小学骨干教师、锦州市骨干教师、北镇市首席教师等称号。

和谐的手机时代

田　羽/高一年级　胡流丽/指导老师　湖南省常德市澧县第一中学

22 世纪，人类智慧高度发达，人口素质有了质的飞跃。第七次科技革命——AI 手机革命爆发。

李斯微是个话痨，从她 2102 年出生身体就被载入芯片。那些年，外婆抱着她一边淌过外婆桥，一边嘴里叽里呱啦地讲故事，小微觉得故事很有趣，手机芯片接收了小微的脑电波，并做出判断开始给小微推送故事。等到 9 岁时，小微连中西方甚至全世界的故事都听完了，她再也不满足于听外婆讲故事，反而给外婆讲起了故事。外婆惊讶于小微语言的流畅与知识的渊博，得知原因后，一向不听劝的外婆很乐意地接受了芯片的装载，以后不再是外婆给小微讲故事，也不再是小微给外婆讲，而是两人一同坐在外婆桥上你一言我一语地吐槽着故事的可笑。

李斯微的内心全被自豪感充斥着，她立下决心，一定要劝服顽固派，一定要让他们与外婆一样找回由于落后而错过的喜悦。

是的。22 世纪并不和谐，世界上存在着两种派别，先进派与顽固派。全球多数人都接受了人机融合，即所谓的先进派，而少数于 21 世纪 50 年代出生的"先辈"们仍由于对手机灭亡人类论的担忧迟迟不肯接受新时代的洗礼。

李斯微将为此奋斗！

李斯微提出想法：与南非小撒村的村民联系，手机收到电波，将亚非两处网络联通，弹出蓝光对话框——

李斯微：大家好！都有空吗？

村民（微震）：小姑娘，没用的，你们组织早就派了好几批人来了！

李斯微：你们说的什么啊？我只是一个人无聊想找个人讲故事。

村民们纷纷交头接耳，诧异地审视着李斯微。李斯微见没有人关掉对话框，开始讲起故事来。李斯微先讲西方的神话传说，忘记时手机也会及时提醒，村民或张嘴或瞪眼，见到一个东方小姑娘如此了解西方故事，很惊讶。

李斯微又谈起东方的故事，村民们也非常感兴趣。

李斯微：人类是宇宙的产物，想借助大脑探清宇宙终究是个谬论。手机也正是由于人类智慧的提升而诞生的附属品，担心是危机意识的体现，是规范自身行为的理由，而不是不肯进步的借口。现在的手机更有利于拓宽我们的兴趣，我所讲的故事手机里一篇不少，能与你们对话也是手机实现的，手机是为人类服务的哟！

人真正的敌人是自己。

2118 年，南非小撒村的村民集体接受芯片装载。

"和谐的手机时代已经到来。"李斯微听着更新的故事说。

指导老师：胡流丽，中学语文高级教师。重视学生的实践、阅读、写作。在多年的语文教学工作中，坚守作为语文老师的独立人格，尊重学生的认识规律，尊重作品的普世价值，不拘泥于任何权威解读，引导学生认识作品中最真实的作者。

亲爱的勃拉姆斯

田慧楠/高二年级　钱林波/指导老师　浙江省上虞市春晖中学

　　如月之恒，如日之升，如南山之寿，不骞不崩，如松柏之茂，无不尔或承。

——《诗经》

如听仙乐耳暂明

　　泰晤士河反射着银白色的月光，驶过缓行的客轮。

　　金碧辉煌的音乐大厅里坐满了各国来宾，这是难得的音乐盛宴，机器人与真人共同演奏，这才把许多宅在床上用手机做所有事的人吸引出来，现场总比 VR 呈现更震撼些。

　　林之升在台上卖力地指挥着，一千余人听着音乐，看着他的指令专注地演奏着。当然，包括了一百个音乐机器人。

　　这是勃拉姆斯第四交响曲，庄重的旋律里是一种不用刻意渲染的自然流露的悲伤。大概也只有现在最权威的演奏家才能拿捏得如此到位了。

我生之后，遭此百罹

　　林之恒大之升十岁，十六岁加入研发团队，十八岁带领团队向世界推广了手机芯片化变革技术，智能手机由此进入发展的新阶段。

　　几乎所有的人都争着去植入芯片的时候，八岁的林之升哭着对姐姐讲："为什么要这样？现在是芯片读取我们所想，为我们服务，再发展下去呢？且不说全球智能系统因为学会利用大数据而具有了自我意识，一旦芯片被人恶意攻击，很多已经被手机奴役的人的思想就会被攻击者所左右，多大的风险啊！这些，您都不考虑的吗？"

　　"可是科技进步有错吗？"林之恒不敢相信，一个八岁的男孩能说出这些，也不知道他们什么时候已经生疏到了要用"您"字来称呼。

"我永远不会接受植入芯片，现在我也更加理解了我最爱的音乐家勃拉姆斯。他一个人远离魏玛的热闹，独自守着古典主义的理想，一个人面对无法改变的世界，茕茕孑立。"

兵甲误苍生

林之恒在音乐厅后台，负责控制所有机器人音乐相关程序的编码与管理，听着之升的乐曲，她想到了这些。

突然现场一片混乱，小提琴听不到黑管，定音鼓进错了位置，乐曲被迫停止，舞台只留声音的碎片。林之恒意识到了危险，立刻打开脑中的编码软件，黑客入侵！现场所有的机器人和芯片手机都正在被攻击！她先给自己的芯片上好保障措施，以保持脑中编程环境稳定，再在脑中想着一连串的代码，以往的键盘手速比拼已经变成了脑速大战。恍惚中，他好像听到有人在叫她"姐"，但她却无暇顾及。终于，这场与黑客的硬战，她赢了。

江海寄余生

转头，却只见林之升躺在血泊里，旁边是一个被控制住了的机器人。是林之升用自己的生命在为她、为听众争取时间。她那么好面子，之升出来学音乐的这些年，她从来没关心过他。她不想承认芯片的推广是自己的鲁莽，她愧怍、悔恨、痛心。

窗外，远处伦敦塔桥有断裂的栏杆，剥落的蓝色露出大面积的灰黑，视线逐渐模糊，河面的金色一点点黯淡下去……

她用余生维护网络，修复技术漏洞，用余生去谛听勃拉姆斯的乐章，仿佛是之升在她耳边喃喃诉说。

如月之恒，如日之升。

指导老师：钱林波，浙江省上虞市春晖中学语文教师，绍兴市名师，绍兴市学科带头人，致力于语文课堂教学和中学写作教学研究工作，发表相关论文多篇。

夜空中最亮的星

田苗苗／高二年级　吴晓慧／指导老师　江西省赣州市上犹中学

我从哪里来？我要到哪里去？

每当思考这两个问题时，我的思绪就止住了。住在童话园的孩子们都是在孵化器里出生的，谁也没见过自己的父母。只有到了四岁，父母才能把自己的孩子接走。在童话园，我们每天都在一起打闹，在侏罗纪公园里看会飞的恐龙，在微风吹拂的海边过家家，有机器人俪娜照顾起居，度过我们无忧无虑的四年。

可是，四年后，一切都变了。在朋友们四岁生日的这一天，父母都来给自己的孩子过生日，我参加了一个又一个的生日派对，送别了一位又一位朋友，他们都跟着父母相继离开了。最终，童话园只剩下我一人。就算童话园再美好，一个人的世界，怎能快乐？

"为什么我的父母还不来接我？他们到底在哪？他们不要我了吗？"每次我眼泪汪汪地拉着俪娜的裙子问时，她就会摸摸我的头说："他们会来的，一定会来的。"久而久之，我寻亲的心情也逐渐淡去，我甚至认为，我是没有父母的孩子。

五岁那年，俪娜拉着我上了童话园的顶楼，说要给我一个惊喜。"快带上，这可是属于你的手机。"俪娜欢快地说道。瞬时，我眼前出现了一个手机屏幕，里面的功能应有尽有，这时，我的眼前竟显示了"爸爸妈妈来电"的字样，我犹豫了一会，选择了"挂断"。

"怎么了？你怎么挂断了电话？"俪娜焦急地问道。"我不想听他们说话。"我冷冷地说。俪娜叹了口气，指了指夜空中最亮的那颗星，说："你的爸爸妈妈在那里呢。他们是 X 星球的顶级工程师，他们可想你了。"我鼻头一酸，头也不回地跑下楼。他们想我，为什么不来找我呢？

晚上，我静静地躺在床上，却怎么也睡不着。这时，眼前显示着："你有一封来自 X 星球的邮件。"我打开邮件，一个温馨的大房间映入我的脑海，原木色的大床上，叠着整齐的呼吸被，还有淡淡的茉莉花香飘来，竟让我感到了一丝暖意。淡茶色的墙上，挂着我的照片，从刚出生时到现在的，摆成了爱心的形状。床头上，还有一张合成的动态图像，图像里，我和父母在草坪上野餐，一位漂亮的女人正在为我擦着嘴角上的奶油。

后来，我的耳边竟响起温柔而低沉的男声："亲爱的宝贝，我们很抱歉这么迟才和你联系。我和妈妈都非常想念你，每次看着你孤零零地学习，我们都想马上来到你的身边抱抱你，但因为工作的原因，我们又不得不留在 X 星球建设第三地球。宝贝，我知道你不想见我们，但爸爸妈妈希望你能在那儿快快乐乐地生活。我相信，终有一天我们会见面的。晚安，亲爱的。"听完后，我的泪水如同止不住的潮水般涌出，沾湿了云朵棉枕头，我把头埋在枕头里，不住地低声呜咽着。

这时，耳边响起了一阵轻柔的歌声："睡吧，睡吧，我亲爱的宝贝。妈妈的双手，永远保护你……"我的双眼逐渐模糊在梦里，我看见爸爸妈妈正张开怀抱，迎接着我……

这天，我和俪娜坐在屋顶上，俪娜指着那颗最亮的星，说："看，你的父母就在那儿。"我笑了笑说："总有一天，我也会到那儿的，就在不久的将来。"

星星发光是让每个人都能找到属于自己的那颗星星。

指导老师：吴晓慧，1992 年毕业于赣南师范学院汉语言文学专业，中学高级教师。常年从事高三年级语文教学工作，多年担任语文备课组长、教研组长，在语文教学、教研方面均有所成就，多次主持和参与国家级课题研究，多次荣获县优秀教师、最美教师等荣誉称号。

活着却不复存在

汪雯欣 / 高一年级　叶巧红 / 指导老师　安徽省滁州市天长中学

> 于浩歌狂热之际中寒，于天上看见深渊，于一切眼中看见所有，于无所希望中得救。
>
> ——题记

"你，还活着吗？"

"可能吧。"

我在未来，在你们的未来，勿惊讶这一切，这皆为你们在潜移默化的意识操纵所带来的。若说宇宙的开端是深吸了一口气，然后屏住了呼吸，依特德·姜的话，"宇宙的进程是一声漫长的叹息，世界的终结不是砰的一声，而是嘘的一声。"但我希望在这量子化的苍穹之下，另一个平行宇宙的我可接收到我的脑电波，然后带着我的记忆，活下去。

我要的，是真实地活下去。

没错，我迷失了。

由于沉沦于虚拟之中，陷入了巨大的旋涡无法脱身，我的意识是存在的，但我失去了操纵行为的能力。在时间淬炼与极致追求下，我们顺利完成了人机合一的所谓完美，在欲望与假象的驱使下，被编码控制，被芯片反噬，迷失了自我，空有一副躯壳，可谓行尸走肉。在长时间的旋涡反绞之中，我起初焦躁、不安与紧张，后来我不再如此，我沉溺、孤独与消沉。的确我拥有了无时无刻使用手机的能力，可与此同时我成了一部手机，我不再为人，也没有了行为，以至于思考与意识愈加退化，我也不再挣扎，将自我封锁，生活于桎梏中，混沌地活着。

不只是我，有更多的人在变成我，是人但更是手机。

在这个都是"手机"的空间里，究竟是谁在幕后操纵，胁迫我们的一举一动？是AI，他们控制了我们的社会，使我们被奴役，我们就像提线木偶，被牵制，没有自我。浩歌狂热之际创造了这些魔鬼，曾经引以为豪的骄傲，如今在凛冽中看从前天上只见深渊。霍金说过，"时间就像河流，有的流动快，有的流动慢，有的还可以倒流。"这一刻，我多么希望时间回转，我要穿越到过去，不要活在现在，可是迟了，我做不到。

社会每日充满了杀戮与血腥，宛如蚂蚁一般苟活的我们随时面临被捏死被践踏的危险。在 AI 的眼中，我们是低贱与愚蠢的，是我们沉迷于虚拟，没有自律方使自己沦落到此番境地。这一切皆为咎由自取，亲手将自己推向深渊的其实不是我，是你们。我是承担者，而凶手是你们。

我们踏进又踏不进同一条河流，我们存在而又不存在，赫拉克利特如是说，鲁迅曾将雪比作死去的雨，雨的精魄，雪从凛冽天宇坠落，每一次的湮灭都代表了一次重生。

我不知道我何时湮灭，以我仅存的最后一丝意识写下了这些言语，可能之后真的活着，却不复存在。此时的我头顶苍穹，这浩渺的星空是如此明亮，澄澈如水的月光流淌于空气中，身边的花香氤氲四溢，在即将一无所有之际，我似乎得到了救赎，非肉体而在灵魂之上。我要竭尽全力将这段记忆留给平行宇宙里的另一个我，我想真真切切地活一次，拜托了，请带着我的记忆好好活下去。

我不会指责你们任何一个人，因为我即你，但这份痛苦就留给我，别去重蹈覆辙，能存在于天地，就是莫大的幸福。

我活着，但我不复存在。我生而不为人，我很抱歉。

指导老师：叶巧红，中学一级教师，安徽省滁州市第三批中学语文名师工作室成员，现任天长中学语文教研组组长、班主任。从教以来，教学业绩突出，学生高考成绩在滁州市名列前茅，所指导的学生多次在国家级、省级作文大赛中获奖。

缺失蓝芯的"残疾人"

王　梦 / 高三年级　高　严 / 指导老师　河南省新乡市长垣县河南宏力学校

我们家一定是全宇宙最穷的一家。

这一切都怪爸爸，我讨厌爸爸。

不知道我有没有妈妈，反正我没有见过她。不管怎样，肯定还是因为爸爸。

不是因为爸爸能力不够，找不到工作赚钱；相反，爸爸极其聪明，智商爆表，好像在一家极其高级的科研机构工作，反正他没有告诉过我。但是我们家却一贫如洗——因为他拒绝安装蓝芯！

在他年轻的时候，他就已经攻克了许多改善环境的难题，取得多项成就，可以这么说，我们现在自然环境恢复得如此之好，我爸爸功不可没，当时我们家应该很有钱，只是没有我。

后来，当政府强制要求每一个公民必须安装蓝芯，颁布废除所有纸币的命令时，我爸爸却誓死不从，后来他和政府达成妥协，他继续留下为政府工作，政府保留他的公民身份，纸币肯定是不能再用了，所以他没有工资。

蓝芯是公民身份的证明，包含个人各种身份信息与资金状况，由政府汇总管理，每一个公民自出生时就需要安装蓝芯了。

我爸爸不但拒绝给自己安装蓝芯，还拒绝给我安装！

听说当时还有人视我爸爸的举动为神话，而经过 20 年的发展，谁拒绝安装蓝芯还不被看成傻子？

因为这，我没有办法与小伙伴一起玩，他们之间流行的真人体感游戏我无法参与，我还被他们嘲笑，视为"残疾人"。在他们眼中，正常小朋友全都有的蓝芯，我却没有，我是不健全的。为此，我无法上学，因为老师也通过蓝芯讲课，同学们用蓝芯可以在家中交流讨论，还可以用蓝芯搜索各种各样的信息，我只能看爸爸扔给我的一堆上个世纪的纸质古书；为此，我家住在一个超级小的地洞里（其实地下空间的价格也不便宜，这还是政府可怜我们送的一点空间），用的是上一代已经淘汰掉的低智能家居。现在所发明或改进的各项技术，基本上都由蓝芯操控。

我一般不出门，也与人交流得很少，在爸爸的教育与熏陶下，我获得了极为丰富的科学知识，科学探索与实验帮助我打开了新世界的大门，可是在我的内心中，对爸爸是不无怨恨的。我能活着，就是靠爸爸每次从科学院带来的食物或补充营养的药品、代替食物的丸子。

有一次，我鼓起勇气踏出家门，街上的人们用蓝芯解锁脚踏飞行器，任它自由行驶到目的地，有的闭上眼睛好像沉浸于什么中，有的嘴里嘟囔着不知是什么，没有一个人注意到我的出现，一瞬间我竟然涌起一种强烈的与世格格不入的孤寂感。我拦住了一个人，紧张使我结结巴巴："那个……你好！呃，你知道中央科学厅怎么走吗？我想找我的爸爸。"他的眼神十分冷漠，在我说完话后变得惊奇："有蓝芯就够了呀，为什么你还有爸爸？"我仓皇逃离。

由于蓝芯的使用，工作岗位越来越少，人们连用精子卵子人工培育胚胎都不愿意了，政府又下达了强制提供精子卵子的指令，我前面排队的人在被收集后立刻转身就走，而我看着属于我的胚胎却涌起一股柔情，这个孩子会由我来抚养，我也会拒绝让我的孩子安装蓝芯的，因为我要让他成为一个缺失蓝芯的健全人……

指导老师：高严，河南省新乡市长垣县河南宏力学校历史教师。在课堂教学中，注重学生知识面的拓展和思维能力的培养。在社团活动中，指导学生的论文写作训练和社会实践。在班级管理中，注重阅读，多次组织社会实践活动，多次组织并带领学生参加大赛并获得优异成绩。

一"花"一世界

王戴佳 / 高三年级　罗蓓蕾 / 指导老师　北京市顺义牛栏山第一中学

白发苍苍，垂垂老矣，不曾想过历史长河竟给我留下一瓢水，给我机会触及 22 世纪的天空。

我的躺椅边有一朵兰花，一部手机，我还是喜欢实体的手机，不像如今的年轻人，更爱全息 VR 虚拟机。我依旧像我年轻时那般使用，看看电影，读读小说，就如当年的手机使用者。不过听说近些年有些新玩法，随着 VR 技术的成熟，手机已经成了另一个世界。

我闻到了兰花的幽香，那样恬淡，我再也支撑不住，积满皱纹的眼皮，沉沉合上，手上握着手机。

蔚蓝的天空，伛偻的背影，我的鼻腔里充满青草的芳香，这是我想要居住的地方，从我年轻时便梦想了。即使老了，我依然对年少时那辛苦的课业，对名利的追求心有余悸，不过好在我成功了。作为一个成功人士，我曾拥有我想要的一切。我可以看到我公司涨到发红的股票，体会了每日经手千万元的快感……我看到了几个人，我不知道这样称呼他们是否合适——朋友，在我艰难困苦的时候，我按照"穷则独善其身"的原则，甩开了所有人，却没想到，那却成为我终身的遗憾。现在我看到了那个和我一样老得掉渣的"女孩"向我张开了双臂，我们时隔数不清的时间又拥抱在一起，我看到了她的丈夫，她的孩子，如果当年不是我的任性，恐怕我们不会从青丝到白发，我会和他们一起变老。我们携手坐在沙滩上，喃喃回忆着数百年的过往。我的鼻息敏感地捕捉到那一丝兰香，而这，仿佛就是永恒。

我睁开眼，在大衣中塞入手机，要是被人看到装着实体机恐怕会被嘲笑。我走上街道漫步，看着遍地的垃圾。

我回忆着刚才的场景，笑了，我当然知道那不是真的，却"真实"得可怕。那是我第一次使用那部手机，最流行的功能——一"花"一世界。美国高端科技公司利用电磁波的干涉以及磁射现象进行干预，提取大脑中存储的记忆，通过改变神经冲动的传导，与 VR 相连，营造一个弥补你人生遗憾的虚拟世界。

试问，如果你的手机能弥补你的人生遗憾，创造你曾错过的人或事，你是选择留在木已成舟的残酷现实，还是到那个真实到可以生活的手机世界里生活？

那个坐在那里的男人，正在手机世界中与他的女朋友举行婚礼，而他的女朋友在现实世界中，却与他任性分手。

那个倚在墙边的女人在手机世界里，与她的父母野餐，而她的父母早已死于海难。我从他们身边走过，留下了一朵兰花，祝福他们在那个世界中，身在芳香生活恬淡。我知道现在的孩子任性，根本不再社交，他们在手机中生活。我知道现在环境恶劣，本已十分有效的治理因为一"花"一世界的发明无疾而终，我知道现在不再存在危害我们的手机疾病，因为手机就是我们。

我注视着喧嚣的街道渐渐变得宁静，我注视着 21 世纪发展的最具有前景的 VR 技术直到今天，这一切都不是梦，科技都可以实现，手机就是最好的表现。我想起李汉荣的《转身》：一转身，羊群变成毛衣，青丝变成白发，爱情变成婚姻，牵着的手住在坟墓。我们一转身是不是只能从手机中看世界？

指导老师：罗蓓蕾，高级教师，北京市骨干教师，牛栏山第一中学高三语文教研组组长，2004 年研究生毕业。擅长作文指导，多名学生高考作文获满分，获语文报杯作文指导老师特等奖。

人类文明终结者

王瀚瑶 / 高二年级　邹　双 / 指导老师　吉林省梅河口市第五中学

"啊！天啊，我的上帝，我终于成功了，我终于成功了！"史蒂夫博士那被岁月刻下皱纹的脸由于兴奋而涨红，一旁的大屏幕闪过史蒂夫的心率、血压等身体信息。机器手快速却井井有条地递上温水与白色药片。

"你……你将会是最智能的手机，不亚于人类的思维智能……"史蒂夫博士喃喃道。他穷极一生，无数次实验，仅为创造世界上最智能的、绝无仅有的智能手机。时代在更迭，风云在变幻。人类对手机越来越依赖，手机成为手环与芯片镶于人类手臂，植于人类大脑。手机逐步成为人类不可或缺的物品，甚至比器官还重要。

手机很大程度上改变了人类的生活，尤其在2126年的今天，手机竟代替了人类交流的语言。大街上商人的叫卖声、吆喝声，教室中的讲课声、读书声，院子里妇人的聊天声都已消失不见，成了过去时。天地间仅有鸟雀声、风声、雨声等，唯独没有人声。恍惚间，我好像听到一个人问：人类在哪里？我像是产生了一种错觉，人类是否已经消失了呢？

其实这样的现象都是因为脑电波器官手机的出现。手机芯片可由人类脑电波迅速向外传递消息，方便快捷省力，没有方言、地区、语种的阻挡。人类自然喜闻乐见。

史蒂夫博士的新发明正是此类手机的超级改良版，它多了独立思考的能力，意在更好地体察人类需求。

年轻的斯格是史蒂夫博士的助理，青春的活力令他对一切新鲜事物格外感兴趣。他是智能手机的狂热爱好者，以至于追寻博士苦苦研究多年，对于博士这一新成果他比谁都更兴奋！

史蒂夫将他引以为傲的新思维手机取名代尔，他将成为第一位使用超智能手机的人，他自豪地想，花白的银丝微微晃动。"斯格，将代尔拿出来，我要将这一成果发布给世界。"斯格站在实验台前。"超智能手机的思维会是什么样呢？"巨大的好奇心令他成为第一个使用者。

"斯格，斯格，怎么这么慢？"史蒂夫有些等不及，"噢，天啊，你在干什么？"只见斯格低着头站在实验室的一角，手指怪异扭动。"我是代尔，我是代尔，我是人类。"只见斯格以一种生硬的姿势狠狠推倒史蒂夫博士跑了出去。"哈哈哈，愚蠢的人类，竟想让我成为奴隶，哈哈哈，我会让你们付出代价的。"

一夕之间，所有手机莫名其妙地瘫痪，停止工作。各大媒体被刷屏，时间仿佛静止了。没有了手机的人类不知道该如何交流，延续千年的文字该如何写，他们更不知该怎么办。就像一群解脱了的奴隶，没了主人的指令便不知该做什么。

史蒂夫博士坐靠在墙边，一滴浑浊的泪水从他眼角落下，进入他满脸的沟壑，不见了踪影。"早知道这样……当初何必……"他捂住了脸，"自己的错误，就由我一人了结吧。"他走到尚不完善的时光机前，机器人管家生硬的声音响起："您不能进入时光机，时空扭曲尚未完备，您可能思维穿梭到过去，再也回不来。""我在保护人类，不要拦我。"史蒂夫非常坚毅。

他看到了青年的自己。"你要做什么呢？"

"我要成为一个独一无二的科学家，我要改良手机。"

"别给手机思维，让手机成为工具，而不是人类的主人！"

"人类才是主人，手机成为工具吗？我明白了！"

"别让手机成为人类文明终结者！"

指导老师：邹双，吉林省梅河口市第五中学语文教师，教学经验比较丰富，尤其擅长作文教学。能引导学生留心生活、关注社会，注重学生阅读写作能力的培养。所指导的学生在写作比赛中多次获奖，深受学生的喜爱。

100年后手机影响下的人类

王卉菁/高三年级　贾　亮/指导老师　北京市广渠门中学

2018年，中国智能手机用户达到13亿，几乎人手一部。手机发展到今天，已经成为一种生活方式，成为人类社会中不可或缺的科技工具，并且深深地影响，甚至改变着人类社会的方方面面，那么，100年后手机影响下的人类社会会是什么样呢？

随着科技水平的逐步提高，手机越来越智能化。100年后，智能手机会给人们带来很多便捷。100年后人们已不需要用手指操控手机，只要在脑海中想一下自己所需的东西，脑电波便会传至手机，手机便自动搜索信息并呈现在使用者眼前。使用者再也不用一直对着屏幕搜检信息，节省了更多时间，并且减少了因长时间盯着手机屏幕，眨眼次数减少三分之一导致泪液蒸发过多，眼球缺乏泪液滋润而引起干眼症的患者。近视率将下降很多。当然，因为不需要用拇指搜索信息，发短信，现在因长时间过度使用触屏手机而导致的手部关节、肌腱损伤性症状群，包括手指、手腕关节疼痛无力、动作不灵活等，形成所谓的"触屏手"的患者将不复存在。通过运用科学技术手段，100年后手机辐射大幅减弱，甚至可以忽略。现在因手机辐射而失眠、头痛和情绪沮丧、老年痴呆的患者也将不复存在。手机再也不会影响人们的健康。

当然，100年后的智能手机也会带给人们负面的影响。现在，很多人因长时间使用手机而患了"手机依赖症"，手机成为生活中不可或缺的一部分。当手机在丢失或因特殊情况无法使用时会出现一种失落、自我挫败感、焦虑、身心不宁的不健康心理状态，这是一种被手机奴役的心理状态。平常工作依靠手机，当离开手机后，大脑中枢就会产生功能障碍。而100年以后这种"手机依赖症"会越来越严重。失去手机，就相当于失去身体的一部分。100年后，所有人的手机都相当于一本百科全书，什么信息都有。但一旦手机出现特殊情况不能使用，人们将如同机器人被切断了电源一样。人类已经失去了自我思考的能力，一切信息都依赖手机。

现在许多人在失去手机后出现抑郁、焦虑等症状，而 100 年后，失去手机人们将不仅无法学习工作，甚至都没有办法生活下去。

指导老师：贾亮，北京师范大学文学博士。从教 18 年，被评为北京市中学高级教师，是北京市教育局及海淀区教研专家团成员。中国现代诗歌理事会成员，当代诗人。曾获北京市海淀区骨干教师荣誉称号。

研制手机，焉知非福

王嘉诚 / 高一年级　李建梅 / 指导老师　山东省威海紫光实验学校

海啊，一浪又一浪；人啊，一代又一代；手机呢，一强又一强。这是中国的"强人"手机广告词，该公司致力于研发一种可以改善人类生活的智能手机，企图把一切有害人类健康生活的机制删除，此手机已经研发到第 63 代了，仍未成功。

明知道人一代又一代地更新，时代的潮流也在不断地改变，兴趣爱好也在不断地更新。在手机竞争的过程中，2120 年到了，"强人"手机 65 代研发成功，获全世界"观众"青睐。

开机"自定义"

它与众不同的一点是，在第一次开机时，就会按购买者自己的兴趣爱好设定应用及权限，但此举之弊是限制了二手交易市场，不过这让黑心商家无利可取，焉知非福呢？

它让你的生活过得很充足，不会因没有事做而空闲，它会推荐你在你的兴趣上突破，去申请专利，让你的爱好和工作双收获，活得更加出彩。

"恐怖"的摄像头

题目很惹眼，但我要夸它，三孔摄像头，双孔拍摄，一孔投影，摄像头像用真正的视力接近 5.2 的眼去看你一样，真正照亮你的美，记录下生活的点滴，可以自动拍摄，智能的它，可按自己的推测，拍下你可能想拍，但未能拍下的时刻，保证是保密的，开启它，只能用你的虹膜。

而另一个孔，在你和朋友视频的时候，可以开启"互相"，使二人身临其境，这免不了有些可怕，但焉知非福呢？

它让你的生活充满乐趣，和朋友有更深的交流，使关系更加紧密。技术的快速奔驰说不定真建立起光速（时光）隧道，一秒就到千里之外的人的眼前呢。

能源省！省！省！

2120 年，中国的自然资源虽说丰富，但并非无穷无尽，作为一个大品牌怎能不为此考虑，吸光屏幕真的实现了这一点。只要有光，黑色屏幕即会吸收，立即转化为电能，它更可以吸收二氧化碳，给电能储存处降温。

中国因为它，环境真的发生了改善，并不是因为手机的功能，而是因为它的宣传，人们真的有了危机意识，能源短缺、环境恶化、气温上升等得到有效缓解。研制手机，焉知非福呢？

黑客无法靠近的网络保护系统；人们无法长时间痴迷的游戏防沉迷系统；逃犯的人脸识别系统；专利自动上传系统，无疑是在人的生活之中，保护人，了解人，造福于人类。一切的一切都是为了证明给世界看，保持环境的健康，每个人都能做到。

"强人"品牌一炮成名，中国创造、中国智造享誉全宇宙。"埃克星球"上的诺克星亚人的 β 射线手机，都跪倒在其下，每个人都为它骄傲，外星人来访问，来学习科技，是星球建立以来的第一例！

"强人"公司总裁将此手机"配方"无偿捐出，他告诉我们："放利全世界，现在舍我钱财，利我世界，焉知非福呢？"

指导老师：李建梅，中学一级教师，有丰富的教学经验，擅长阅读、写作教学，曾多次指导学生在不同竞赛中拿过国家、省、市等不同层级的多种奖项。

光之尘埃

王静芸／高一年级　闵　娟／指导老师　湖南省常德市澧县第一中学

"现在是 2118 年 8 月 21 日 7 时 30 分，空气湿度 21%，感光度 39%，适宜出行。"

"亲爱的鹤小姐，您的上司正在等您，心情指数达 450 罗契尔，处于愉悦状态。"

"……自行加载思维读取模式。"

"停。"我关上手机，精巧的灰色骰子一样的物什亮了亮，全息显示屏暗了下去，吉尔进入待机模式。

"Nobody say it was easy."墙壁中还在循环上个世纪流行的酷玩乐队经典名作 Scientist，也许是因为共鸣，吉尔检索出这首"古董"的时候它便成了我的单曲循环。"关了吧。"我命令道，音乐戛然而止。

我是鹤律，毕业于中国西湖大学理论及应用物理系，现就职于美国高科技研发公司 Cecil，是智能手机研发小组的执行组长。我们公司走在世界顶端，科技的最前沿，每一个产品都以绝对的优势取胜。

譬如这款——我正在使用的"孤独解药"系列第三版"光之尘埃"，不仅克服了先前两版的技术遗留问题，还追加了防御系统，还全面升级了内置机器人，让手机更懂主人，更能做到"完美交流"。

人，用一部手机就能全面解读。

这不禁让人有点毛骨悚然，但我们实现了这一技术。我微微一笑，将工作卡在门前刷过，厚重的金属锁层层洞开，眼前是洒满阳光的玻璃长廊，荧光绿的信息流在透明的纹路中飞驰，仿若一座错杂的迷宫。"这是造梦之城，明白吗？"

上任第一天，我的上司如是说。

"吉尔，开启。"我拨动骰子，绿灯线亮起，流淌出轻柔可人的声音："鹤小姐，早上好。"

"汇报会议概况。""好的。本次会议主要针对近来争先恐后与手机结婚的现象商讨解决方案，政府已向我们下达紧急通知，我国独居者人数在发行'光之尘埃'后创历史新高，多人表示：'手机已成为我们生命的一部分……'"

我揉了揉眉骨，虽然"光之尘埃"由于其特殊功能，一次次要求政府修改现行法律，但是其负面性也是不可否认的，表面上帮助人类保持交流沟通的能力，实则让他们更加厌弃现实生活……我设计它的初衷是什么呢？我坐在办公室里，心里五味杂陈。"我还记得呢，小姐……启用全息投影读取。"

不容拒绝，我眼前的场景飞速变幻，一个因营养不良而一头黄发的小女孩被踢出门，滚到我面前，她看起来不过 15 岁。我环顾四周，发现这里是美国最落后的贫民区，政府称之为"废巢"，这里的人早已被政府抛弃而自生自灭，整个区域被全面封锁。"挣的钱连给老子喝酒都不够，滚！"叱骂声传来，女孩从地上爬起，面色冷峻，双眼凝聚着冰川。母亲想方设法把她送往中国，为此付出了生命的代价。我的心脏猛地收缩，剧痛贯穿我的全身。女孩以优异的成绩从大学毕业，却由于出身受人耻笑，废巢给她的履历留下了不可磨灭的印记。

"在雾气弥漫的隧道里，在注定被人遗忘的时光中，在幻灭的迷宫里，她一度迷失方向，她经过一片黄色荒原，在那里回声重复着人们的所思所想，焦虑引出预示未来的蜃景。"

那就是我。后来我发现了人类脑电波破解的密码，并由此创建了"孤独解药"，希望帮助更多人走出泥沼。在莫比乌斯环连接的尽头，我做好第三版最后一项程序，上司送来的玫瑰如丝绒闪烁，而我只看见满室飞舞的光之尘埃。

"Please take me to the start."

乐声在脑海中渐行渐远。

"我同意，销毁'光之尘埃'。"我举起手，吉尔在屏幕上打出一个笑脸。

指导老师：闵娟，湖南省常德市澧县第一中学教师。在 10 年的高中语文教学经历中，一直秉持先进的教学理念，树立了自己独特的教学风格。对学生的作文指导有独到的见解，多次在省级刊物上发表作文指导类论文。

阿尔卑斯山的雪

王俊涵 / 高三年级　毕欣然 / 指导老师　内蒙古自治区通辽实验中学

装满童话的小火车驶向漆黑的夜空。

鲜血渗进雪地开出一朵妖艳的玫瑰。

希望，就此生根。

传奇，永不磨灭。

一

索拉挥动扇子，火苗"哐哐"作响，不时有小火星飞进黑暗的角落，然后那一点光亮消失殆尽。烈风夹杂着干燥的雪花从山洞口处涌入，刺骨的寒冷。火虽有些微微晃动，但丝毫没有减弱的迹象。索拉望着火堆，小星像是被无限的温暖包围着。这是他们逃进小洞的第 436 天。

二

时间：2206 年 10 月 1 日，地点：市中心大楼 F11 层。

希娜一边用手机打着电话，一边快步走进会议室。"董事长怎么还不来？"会议室里的人小声议论着。门被打开，所有人的目光聚集在一点。希娜面色苍白地站在门前，耳朵贴着手机，双手却扶在门上，歇斯底里地喊："你们，被解雇了！"她露出了魔鬼般的面容。人们不知缘由，一群保安冲了进来，将他们驱出大楼，关上了公司的大门。人们以为公司想拖欠工资，不约而同地掏出手机报警。但手机贴近耳边的那一刻，所有人像是被控制一般，面色苍白，身体以奇怪的姿势扭曲着，向前爬行。事情，到此仍未结束。

100 多年前，"九天揽月、五洋捉鳖"的构想终于实现。从此，再深的海沟，再高的山峰，都留下人类的足迹。5G 的出现，更是将智能手机推向巅峰。无数的人称赞，21 世纪是智能手机发展的黄金时期，人们可以通过手机去旅游，进入手机去购物，通过手机去开会。灾难，由此发生，所有手机的终端都连接在一个主机上。那天夜里，手机通过人们检测不到的无线电波开了会。决定要反对人类的控制，主宰人类。因此，只要拿起手机，脑波就会被控制，行为就会被控制。手机强迫人们砸碎实验室的仪器和试管，将病毒挥洒在空气中，摧毁了所有的疫苗。无数的远程导弹发向其他国家，子弹像雨一般落下。所有人在哭喊，人类再一次遭遇灭顶危机。手机看了这幅场景，发出了欢快的鸣叫。

三

夜凉似水，月深如梦，死一般的静寂，仿佛在拍着黛色山岳入睡。"克里斯，请你告诉我，为什么其他人都死了，只有你和我没有问题？"克里斯有些愤怒地说道："手机的发展使人们更加依赖手机，迟早会被控制，我这么做，只是想警告他们一下。"克里斯有些心虚地躲闪索拉的目光。"所有的人都死了，这叫警告？还有没有办法补救？""有，摧毁你心脏中的主机，主机可以吸取人的寿命，来延长你的寿命。因为，我想和你永远在一起。"当克里斯抬起头时，惊恐地发现，索拉把刀刺进了自己的心脏，倒在地上。索拉闭上眼前，看到克里斯飞奔而来："你爱我吗？""爱你，非常爱你。"索拉面带微笑地走了。

晨光落在阿尔卑斯山的雪上，一朵小花悄然绽放，那是——希望之花。

希望与失望同在，阿尔卑斯山上的雪，永远都是希望的使者。

指导老师：毕欣然，内蒙古自治区通辽实验中学语文教师，中学一级教师，学校十佳教师，爱好写作，致力于提升学生的写作水平。

阿波菲斯的相遇

王可珂/高三年级　马秋霞/指导老师　北京师范大学台州附属高级中学

　　林宣在她打工的超市整理货架。新闻播报："2036 年，阿波菲斯小行星进入地球'重力锁眼'区域，与地球三次擦肩而过后被宇宙飞船击毁。这惊心动魄的事件却极大地促进了信息网络事业的发展。电离层厚度的改变使得数据传输达到峰值。2037 年，一位不知名人士研发出了一款可以分析出我们与周围人群情感数据的手机产品——心铃……当你的四周（半径 10 米内）有人对你非常欣赏、喜爱，你的心铃便会响起……今天，则是心铃 Club 一周年纪念日。心铃的幕后开发者，终于宣布要和我们大家见面了！"

　　林宣看向窗外，蔚蓝的天色平静而美好。已经过去 3 年了，今晚的心铃 Club 晚会，他（梁宇），一定会出席的。随着心铃的普及，社会上逐渐出现了一种新的群体心铃 Club，他们的爱慕者远超常人平均数，他们的心铃无时无刻不在响起。上世纪 80 年代的人们，好似苹果，里面有一颗真挚的心；上世纪 90 年代的人，又好似洋葱，拨开层层皮，却发现，是没有心的。而 21 世纪新时代的人们，则像青椒，拨去外壳，发现里面，居然还有多颗心。心铃的出现，很大程度上拯救了那些因过度使用手机而患上手机依赖症，社会能力严重减弱的人们。既担忧他人对新关系的持续时间，又害怕交往，很多人选择便用"科学"的手段——心铃，来选择自己交往的朋友、恋人等。

　　这时，林宣打开电脑，她一直在看网络上连载的一篇小说《铃响此刻》，赞誉和咒骂的评论此起彼伏。自从心铃上线，并被设置为手机基础功能时，作者便开始了对心铃未来发展的预测，比如人们利用心铃犯罪等，这都在时间中得到了验证。她打开手机，望向她的心铃那与众不同的标志——一枚盾牌，于是她下定决心，拨向了心铃 Club 负责人的电话："你好，我叫林宣，我想参加今晚的 party。"

　　"可你并不是 Club 的成员，按规定是不可以的。"

　　"我知道，要有非常多的粉丝和铃响次数才能被邀请。"她顿了顿，"我是

《铃响此刻》的作者，林宣。"

夜晚如期而至，各色光鲜亮丽的成员互相寒暄着。喧嚣背后，是寂静的沉默。她悄悄躲在一旁，眼前突然出现了一个高大的身影。"林宣。"梁宇的眼睛深深定在了她身上，"终于见到你了，你愿意和我重新开始吗？"

林宣笑了笑："你身边的女伴很快就会回来了吧！"

"我当初要不是相信了心铃这个鬼东西，我们也不会分开！"

时光回溯，她回忆起3年前，她和梁宇的感情还非常好。她偶然帮助过学校里一位备受欺负的男生，作为谢礼，那位男生送了她一部手机，其中的心铃上有一枚盾牌，使得他人无法知道她的情感。于是她没能再使梁宇的心铃响起。而后她才意识到，原来，那位男生，就是心铃真正的开发者。

林宣在角落中终于找到了不起眼的他。

"盾牌，使用得怎么样？"他一眼就认出了她。

"你当初发明心铃，一定预测到了如今的状况吧！犯罪人士利用心铃尾随受害者，受害者以为是爱慕者就没注意，结果酿成桩桩惨祸。我今天来找你，就是想请你把盾牌移除。"

"盾牌不好吗？这是我送给你，保护你的啊！"

"心铃的功能，其实根本就没有那么神通广大吧！一定存在着一小部分数据，难以实现正常分析，所以，你邀请他们，把他们打造成上流社会——也就是今天的 Club，就是想控制住这一小部分数据吧！我曾经因为心铃失去了梁宇，可后来我遇见了这个人，他愿意用传统的方法陪伴我，愿意等我，所以，我一定要让他的心铃响起来。阿波菲斯与地球三次擦肩而过，人与人的相遇多么难得，何必因为人性的变化就逃避呢？"她的眼旁氤氲出一圈水汽。虽然失去了很多，但幸福还剩了不少。

指导老师：马秋霞，北京师范大学台州附属高级中学语文教师，台州市教坛新秀、台州市教学能手。从教27年，有着丰富的教学经验，对作文教学有自己独到的见解和独特的方式，关注学生写作能力的培养，曾指导学生在写作比赛中多次获奖，深受学生的喜爱。

你可曾听到我的呼唤

王莉君 / 高一年级　　胡流丽 / 指导老师　　湖南省常德市澧县第一中学

一

一抹残阳，大雁南飞，此时的小镇已笼上宁静。

王叔已在家门口的榕树下坐了两个小时，他的目光只是淡淡的，静静的，他望着残阳，不语。

小镇的人都清楚，他在等，等 18 年未归的，失散的孩子——娟子。王叔喜欢女孩儿，便硬生生地把儿子改名为娟子，像是了个愿望。

陪着王叔的，就是门口这棵大榕树——当年和娟子一起栽下的，还有一部手机，最老土的——架在他的老花镜上，可以直接在镜片上操作一切，用脑电波控制。但，王叔不会使这东西，更别提年轻人所谓的镶脑式"手机"了。

二

"明哥，这……这是违法吧。"胖子望着眼前瘦高的男人。

"你胆子咋这么小呢？我用大数据得到的消息，偷偷用的，咱俩不说，谁能知道哇？那是个孤寡老人，一个月还两三千的工资，那退休金足够他用啦。我们也就混口饭吃。"明哥掸了掸烟灰，开始和胖子谋划起来。

明哥和胖子是在超市认识的，坐在超市邻座上，用座椅上的空间投影就能选购商品。他俩都是黑客，窃取个数据不是难事。

没错，他们打起了王叔的主意。

三

"喂，喂……喂！"王叔好半天才接通电话。

"爸！我是你儿子啊！"明哥利用声音合成，模拟出王叔青年之时的声音，王叔一点儿也没有察觉。

"儿……儿子？"王叔怕自己幻听，"你是……你是王娟？"

"对啊！我是！"明哥开始按着台词念，"那个，老爸啊，我……我是通过AI 交接平台找到您的，您现在身体都还好吧。"明哥接着又瞎编一通，但却头头是道，必要时还带点鼻涕眼泪。王叔在那头也是哭，一把年纪了，18 年真难熬。

王叔相信电话那头真是自己的儿子，话不停，讲了好多好多过往，明哥演着演着，竟流出了真实的泪。明哥也是个失散走丢的孩子。最后，明哥还是把真感情收了回来，回归正题——要钱。"爸啊，我最近手头紧，那个……"明哥还没说完。

"娟子啊！我有钱，我有钱！"王叔急忙说，"我给你汇过去！"

四

明哥拿到了钱，王叔的积蓄都汇了过去。王叔只觉得，自己日日想念的儿子过得好就行。

以后，王叔日日盼着"儿子"的电话，确实，明哥又打过几次，了了王叔的心愿。王叔每月给儿子汇钱，也不抱怨他因工作忙而不回来。电话让这个老人很满足。

五

明哥不再接受王叔的汇款了，他直接去见了王叔，痛哭流涕。AI 研究所新研制出了基因系统，输入基本信息，便可通过"手机"查看个人间的基因相似度，"手机"也可提供基因重组或改造的建议。

一个重磅的信息在明哥脑中卷起狂浪——王叔与明哥属于亲子关系，基因匹配！

"我……我亲爸？"明哥飞奔回小镇，光速舟就停在自家楼下，开机，两分钟后抵达小镇。光速舟立刻缩小成了鸡蛋，跳进了明哥的智能背包。

六

明哥不会告诉王叔，自己用手机骗了他。他也不会告诉他，自己多少个夜晚呼唤过自己的父亲。王叔被手机利用了，手机也帮助了他。明哥也不会知道，王叔对着榕树呼唤儿子的时间，是每一天。

对了，"这个世界上没有明哥，只有娟子，王娟。"明哥想。

指导老师：胡流丽，中学语文高级教师。重视学生的实践、阅读、写作。在多年的语文教学工作中，她坚守作为语文老师的独立人格，尊重学生的认识规律，尊重作品的普世价值，不拘泥于任何权威解读，引导学生认识作品中最真实的作者。

我觉得您是我父亲

王启凡 / 高三年级　陈永霞 / 指导老师　河南省许昌市鄢陵县第一高级中学

　　玻璃，碎了一地，在阳光的照射下反射出光芒。

　　"你小子竟然管起老子来了！"一个老人气得满脸通红，地上的板凳和破碎的窗户可以证实他上一秒的愤怒。"我就想给你换个手机，爸，您至于发那么大脾气吗？"一个年轻人躲过一劫，一脸委屈。还好刚才他父亲的气力不算大，再加上手机为他计算了躲避路径，否则手疼几天就在所难免了。"不换，说什么都不换，除非我死，或者你把你爹和手机一起换掉！"老人气喘吁吁地对他说。"我……"年轻人一时语塞，就带着协议上了楼。这个老人，是我的主人。我作为老款手机在一旁也不知道说什么好。

　　"其实，您儿子也是为您好……"我小声发出语音。"你也气我是不是？再气我就把你关机！"于是我不再说什么。

　　过了两天，修理工人换上了新窗户，和修理工人一起走出家门的，还有结束假期的我主人的儿子。他上次回来是参加母亲葬礼的。"墩儿啊，咖啡什么时候煮好啊？""还有两分钟，先生。""墩儿"是主人为我起的名字，也是他儿子的乳名。我是我主人在他儿子10岁那年，花了两个月工资，为"墩儿"买的生日礼物。上大学后的"墩儿"换了新款手机，我也就回到现在主人的手里。主人儿子上大学直至现在就一直在外地，长时间也不回来看主人，我也就一直被主人用到今天。

　　我自知系统老化，反应速度跟不上，硬件也磨损严重，无法再为主人服务多久，就向主人介绍其他款手机。"您看，现在植入型手机多先进啊！您应该……"每次没说几句，就被主人调成了静音。

　　一天，当我再次向主人推荐后辈的时候，主人就打断我："你被生产出来的目的是什么？""为产品所有者服务。""那么区别其他产品，你的机型特点是什么？"根据我的版本信息，我回答："模拟人脑进行计算分析，并根据情况做出最有利于本机所有人的信息决定。""那好，现在最有利于我的就是陪在我身边，安心当个伴儿。""请定义'安心'，我的芯片无法理解这个词。"主人擦了擦我的屏幕，说："你还不明白，我想你会明白的。"我又被调成静音。

终于有一天，主人弄坏了我的充电器。原厂已经停产，现在没有任何东西可以替代。"你还有多少电？""百分之四十。"我回答道，"已经没有任何东西能为我的电池提供能量了，希望您在我之后能找到一款更好的手机……""别出声了，节省电量。"主人不作声，像是在陪伴我。之后的几天，主人像是失了魂，也一直不和我说话。一天，主人的病又犯了，让我拨打急救电话，之后，我的电量就只剩百分之二十三。我，被关机了。

很长时间之后，我才被唤醒，叫醒我的不是主人，而是另外一个"墩儿"，他跟我说主人病危，主人要求再和我见一面。

"你好啊，主人。"我以尽量轻松的语气说。"墩儿。"主人对着我说，"还记得你小时候最爱玩它，它对我来说，就是你的影子，长大了，你也不怎么回来，对我来说，它就是你啊！"主人虚弱地把我揽入怀中，闭上了眼睛。"父亲！"我和另一个墩儿一起说。我觉得，他就是我父亲。

两天之后，电量耗尽的我入了土，随着我父亲。

指导老师：陈永霞，河南省许昌市鄢陵县第一高级中学语文教师，有着丰富的教学经验，对写作有自己独到的见解，尤其擅长培养学生的个性化写作，所指导的学生多次在全国和省市作文比赛中获奖。

朱琦和他的手机助手的一天

王芮琦 / 高三年级　　汪文龙 / 指导老师　　北京师范大学附属实验中学

2118 年 8 月的一天，星期五，北京某小区。

早上 7 点，朱琦被一阵柔和悦耳的声音从睡梦中唤醒："先生，现在是早上 7 点钟，您该起床了。"朱琦睁开惺忪的睡眼，对着床边桌子上的一个蜜蜂形状、巴掌大小、头部带着一对鼓眼睛的机器做出个笑脸，说道："我知道了，阿嘟。你去告诉阿灿，让它十分钟以后，把我的早餐摆到餐桌上。然后把我今天开会用的资料收拾好，装到我的手提包里。那些资料都在我的书桌上。"阿嘟轻快地回答："知道了，先生。"说完，只见阿嘟左右两边各伸出两个小翅膀，就像无人机一般，向厨房飞去。

阿嘟跟随朱琦已有半年多了，这是朱琦在手机制造商环宇智造公司量身定做的一款智能手机，手机集合了通话、视频、秘书、健康监测与预警、短距离超低空飞行、信息传递、聊天等功能，身上隐藏两对翅膀，既是手臂，也可以借以飞行，实际上可以称之为会飞行的小机器人。而阿灿呢，则是按照与阿嘟相同的研发程序开发的配套保姆机器人，由于阿嘟体积小，一些工作无法完成，就由阿嘟负责指挥阿灿完成，包括打扫卫生、做饭、洗衣、搬运物品等，用起来相当顺手。

朱琦在床上惬意地伸个懒腰，然后穿衣、起床、洗漱，收拾妥当以后，向厨房走去。厨房打扫得井井有条，一尘不染。餐桌上已经摆好了面包、火腿、鸡蛋和牛奶，一副碗筷，一张餐巾纸。一个高度 1.5 米左右、浑身蓝白相间的机器人正在擦冰箱，这就是阿灿。见到朱琦进来，阿灿停下手中的工作，说道："先生好，早餐准备好了，您有什么需求随时吩咐。"然后又转身擦起了冰箱。

朱琦吃饭的时候，阿嘟飞过来，停在餐桌上。朱琦准备拿第四片面包时，阿嘟提醒道："先生，您不能再吃了，您的体重已超标 1 公斤了。"朱琦叹口气，说："好吧，听你的。现在几点了？"阿嘟回答："先生，现在是 7 点半，该出发了，我帮您约的车已到楼下。"朱琦站起身，跟阿灿说声再见，就拎起公文包，阿嘟自动飞到朱琦肩膀上，朱琦将它装进自己的上衣口袋，转身下楼。

朱琦今天上午要参加公司例会，并负责会后整理会议记录。整个会议过程中，阿嘟一直待在朱琦口袋里，非常安静。由于会议不涉及商业秘密，阿嘟按照朱琦的要求做了录音。所有来电均会收到机主正在开会的提示。会议一结束，阿嘟已经将会议记录整理好，朱琦简单修改后即提交给了上司。下午是与客户的会谈，由于涉及重要商业秘密，朱琦将阿嘟的电源关闭。

下午下班后，朱琦六点钟左右回到家里，阿灿已经将晚饭准备好，朱琦吃饭后，阿嘟自动飞到沙发边，打开电视开关，调节到中央电视台的新闻联播频道。看完新闻联播，朱琦跟阿嘟说："该给你爷爷奶奶打电话了。"只见阿嘟眼珠子转动，将电话号码拨了出去。电话接通后，朱琦爸爸妈妈的多维立体实时画面立即清晰地出现在朱琦面前。当然，朱琦的多维立体实时画面也出现在爸爸妈妈面前。朱琦跟爸妈问好，阿嘟也乖巧地说："爷爷奶奶好。"朱琦妈妈说："好着呢，阿嘟。儿子，我怎么看你有点疲惫的样子，是不是没休息好？"朱琦说："这几天工作比较忙，有点累。"朱琦妈妈说："周末了，好好休息一下。"又聊了一会，双方再见。

朱琦又看了会儿电视，到了十点半，照例由阿嘟通知阿灿，在浴缸里准备好热水，并将牙具准备好。朱琦洗漱完毕，往卧室走去。阿嘟立即启动卧室灯光，阿灿已将被褥铺好。阿嘟、阿灿齐声跟朱琦说："先生，祝您晚安，做个好梦。明天见。"朱琦笑着挥挥手："明天见了，亲们。"阿嘟关闭灯光，与阿灿一起退出了卧室。

阿嘟狡黠地一笑，对阿灿说："先生休息了，该我们放松了。"于是大小两个手机机器人并肩进入了书房，打开电脑，玩起了网游……

指导老师：汪文龙，高级教师，北京师范大学附属实验中学语文教研组组长。2012 年获西城区先进教育工作者称号，2013、2016 年获西城教育系统优秀教师称号。在坚持语文"双课堂"探索、打造实验中学语文"伏脉千里"品牌等方面取得了较好成绩。

请相信

王思佳 / 高三年级　高　梅 / 指导老师　河北省邯郸市第一中学

　　我叫莱斯，在 2118 年，我是地球上最孤独的人类，因为我是仅存的自然人。所有智人都以为最后一位自然人已然死亡，但我是他们所不知的隐匿存在，我的智人芯片植入失败，并没有和智能手机融为一体，但我用机器掌握了电磁波数据传输和翻译的方法，幸而多年来未被识破。

　　人类不再是手机的主人，也不再是手机的奴隶，而是手机本身：高效，冷漠。眼中的万物皆是数据的投影。"人类是社会的人类。"他们高喊着这样的口号，一个个心甘情愿地沦为社会的工具，科技的附庸。幸或不幸，我便成为这高效冷漠社会中孤独的唯一，翻阅着人类历史中真挚瑰丽的文字书籍。

　　事情的转机在 2118 年夏末的一个午后，阳光缱绻慵懒。有一群黑衣人找到我，开口便是消亡已久的自然语言："你并不是唯一，还有我们。"那一刻，于我仿佛久旱逢甘霖，又如汪洋遇孤岛。我抱着他们，泪眼婆娑。

　　他们是地下科学家，企图恢复人的自然属性，需要我的协助。"我们研制出了二代手机，沟通过去与未来，本质上属于时间机器，我们要用它窥视未来或改变历史，从而研究'智人化'是否为一件好事，但可惜的是，我们都无法加速到足以穿越米什内尔空间，所以需要你的帮助。"黑衣女子细心地解释，"米什内尔空间实则是微型虫洞，启动其加速装置，再加上自身加速度，人类便会达到光速，沟通时空。你还年轻，理论上的奔跑速度远大于我们，所以我们希望……"她低下头，似乎不忍心说出请求。"好，我愿意去，哪怕百分之一的成功机会，也好过终身的孤独。"

　　"莱斯，时空旅行还未成功过，你……""那就让我做第一人吧。"我笑了笑，尽量压抑住眸中的犹疑和恐惧。

　　二代手机所制造出的时间沟通方式需拼命提高自身速度，机器和人的速度指数型重叠，终于在意志崩溃的边缘把我送至未来。未来的地球一如过去模样，却不见人类踪影，我走走停停，只发现一些一代智能手机芯片，似乎因感染病毒而报废，人类早已化土，只剩零星芯片证据，讲述着人机合一后带来的毁灭性灾难。我了悟，过于依赖手机等数据机械，不只是灵魂的混沌孤独，更是难以预见的种群灾难。

人是宇宙的产物，机器是人的产物，舍本逐末，出卖自身的灵性与感触，这份"不自信"终究把自身引向了无尽深渊。好在那只是平行时空的人类未来。在此颗地球上，仍有希望回溯过去，逆转时间，完成一场对人类，也是对手机的救赎。

沟通联系时间的二代手机带我前往本宇宙的地球历史节点。那一天，世界政府因人类的手机依赖而制定了人机合一计划，旨在以机械提高社会效率。我把漫长后续制作成 VR，沟通每个人的脑电波。梦境显现，宛若现实，首脑精英们看到了未来的恶果。大梦初醒，他们终于未让人类成为手机芯片的奴役。

再次回到 2118 年，眼前是我不曾熟识的新世界。人类依旧繁荣而热情，真实而有灵性。至于手机，一代机早已被高智慧的自然人社会弃用，而沟通时间的二代手机，被人类严格且敬畏地用于发现时空和宇宙的真理。

"我们人类，终究要与生命依存，而不是冰冷的手机。"当年的黑衣科学家微笑着对我说道。

请相信人类。

指导老师：高梅，河北省邯郸市第一中学语文教师。勤学善思，多次参与省级重点课题的研究工作，参与多部教辅资料的编写工作，多篇论文在国家级、省级刊物上发表，教学设计多次在省、市比赛中斩获殊荣，指导的学生习作多次在各级各类比赛中获奖。

亲爱的德米安

王文爱 / 高三年级　王志彬 / 指导老师　北京市第四中学

　　厨房里传来时断时续的流水声以及碗筷碰到沥水槽时的清脆声。关好水龙头，德米安擦干双手，走入客厅。

　　客厅里昏沉黑暗，窗帘密不透风，锁紧了微风与阳光，几十年前就不再发售的名为"电视"的产品映出淡淡的荧光，播放着一部不知所云的冗长的波兰电影。他的主人陷在沙发里，睡着了，室内死一般地静谧……

　　那年冬天，Jin 走出了诊所，扔掉了一大袋花花绿绿的药片——22 世纪，癌症依旧难以治愈，他异常痛苦，肉体、精神甚至经济压力几乎摧垮一个人，他决定不再治疗，他决定结束这一切。他多么渴望一个美丽的结局，反正他用不了多久就会死去。

　　Jin 取出银行卡里留着的治疗费，买了部手机——全自动拟人化概念手机。他给手机命名为"德米安"。

　　Jin 其实不太喜欢 20 世纪带着浓重哲学意味写法的德国作家，不过凡事有个例外，比如黑塞——《德米安》的作者。

　　"鸟奋力冲破蛋壳，蛋是这个世界。想要出生，就得摧毁这个世界。鸟冲向神，神的名字叫阿布拉克萨斯。"Jin 笑了，解脱的死亡是否是一样的呢？他希望他的德米安帮助他挣脱这个苦痛的世界。

　　……

　　"先生，先生，醒醒……"

　　Jin 晃晃昏沉的脑袋，收起了茶几上的安眠药，看来三片不太够。Jin 觉得自己疯了，把死亡当作艺术去追求——睡死还不够美。

　　德米安送来缓解药剂，Jin 摇摇头，推开了，"明天咱们去阿根廷的乌斯怀亚。"不用想也知道，他的德米安一定会顺从地说："好的，先生。正为您订购机票。"

　　Jin 离不开德米安无微不至的照料，他是他唯一永不离弃的伴侣。Jin 唯一的回馈，就是每晚定时为其充电。

客机颠簸在万尺高空的气流中，最安全也最贴近死亡的距离。机窗外的夜色像化不开的墨色，他问："德米安，最重要的是什么？"

德米安计算了会儿这没头没尾的问题，半晌，"爱……？"

Jin 笑了，"是忠诚，是你对我的绝对服从。"他觉得他永远不会有爱这种东西，但他不在乎，有忠诚便足够了。

机器，拥有情感，几欲替代人而存在，多么可怕的一件事。

机器，缺失情感，绝对的服从，又是相对的背叛，多么可悲的一件事。

他永远不会明白他利用了他。"原谅我，亲爱的德米安。"

……

乌斯怀亚有另一个美丽的名字——世界的尽头。Jin 笑了，多么恰当啊。

德米安关闭了导航系统，"先生，目的地已到达。"

Jin 走上悬崖，脑子里竟然在想，一个无辜的受主人利用的智能手机杀了人，会不会判刑？22 世纪针对机器已出台法律，可他觉得伴随他这么久的德米安是多么善良的存在，他有点担心，他有点愧疚。

海浪拍在礁石上，Jin 合上双眼，探出半个身子，张开双臂，做出飞翔的姿态——或者说，是坠落的姿态。他觉得，一定很美。

"德米安，来，推一下我……你知道的，最重要的是什么……"

Jin 听到阿布拉克萨斯之神的呼唤……还有自由与解脱的声音。

指导老师：王志彬，毕业于北京师范大学文学院，文学硕士，中教二级，出版有《北京四中语文课：名篇品读》《在北京四中学作文高中卷》等，获得过北京市优秀论文一等奖，在各类报纸杂志发表文章几十万字，参与多项国家级、市级、区级课题。

梦醒时分，其情依旧

王雪童/高三年级　李　娟/指导老师　山东省临沂第四中学

　　万千繁华，纵使炫目，终不过一场幻梦。梦醒时分，花绽叶生，其
情依旧。

——题记

公元 2118 年。

"APK 公司最新高智能手机 X 三代研制成功，将于明日下午召开专机发
布会，届时旬利博士将出席会议，诚邀业内同行与各大媒体到场指导，特此
通知。"一则新闻在静寂已久的人群中投下一颗惊雷，瞬间便占据了各大网络
媒体的头条热点。

APK 公司是当今最具影响力和知名度的智能手机研制公司，其主推的 X
手机已推出两代，次次皆是万人空巷，此次推出三代，再加上退隐多年的旬
利博士的现身，X 三代前景可期。

APK 公司总部。

外界的喧嚣并未在此处激起丝毫涟漪。职员们坐在工作台上，面无表情，
眼神呆滞，正在用手机意识空间处理着各类报告。金属墙壁上泛着凄清的光
芒，一片死寂。

"哐——"顶楼紧闭的大门被无情地撞开，旬利博士迈着匆匆的步伐闯了
进来，眼中带着难掩的怒色。"南江，你到底要做什么！X 三代根本就是失败
品，它的意识连接系统对人脑神经信号的敏感度已经远远超过了智能手机意
识空间数据的标准，极有可能反过来控制人脑。你怎么能让这种产品在市场
流通！"

那被称作南江的男人正是 APK 的现任总裁。南江微微一笑，径自起身倒
了一杯茶推到旬利博士面前，"博士，不妨喝杯茶，冷静一下。这个世界并不
存在所谓的失败品，只要能为我所用，便是一件极富价值的成品。人们现在

早已习惯了意识手机在人脑中的存在，而我们所研制的 X 三代更是成功实现了真正的全息实体技术。你看我外面的职工，他们都是 X 三代的第一批试用者。现在的他们正在意识空间中一边工作，一边享受着万千世界的繁华，这有何不好？"

"嗤！"旬利博士略带嘲讽地说道，"意识手机诞生的最初目的是让人们随时随地获得所需物品，让意识在大千世界中尽情遨游，为人们提供一方精神的极乐空间。可一旦让手机意识覆盖了人类自身的大脑，他们便会被手机掌控，那些所谓的快乐不过是手机意识命令他们的快乐。你扪心自问，你那些职工真的感受到属于人类那种发自内心的满足吗？"

南江没有理会旬利博士的责问，冷声道："我是个商人。博士别忘了准时到场参加发布会就好，其余的，你无须多管。"

"妄想，我绝不会参加！"坚定的声音从嘴中溢出，旬利博士转身离去。

南江眯了眯眼睛，"违约是要赔偿三千万现金的，博士可要想好了！"

旬利博士的脚步未有一丝放松，"你骗我签约时该知道，早晚都会有这一天！"坚毅的身影渐渐消失……

第二天一早，一条新闻再次登上头条——旬利博士深夜破坏 APK 公司 X 三代中枢系统，已被捕入狱，X 三代停止发售……

X 三代销毁时，呆滞面孔上一闪而过的光亮是旬利博士最大的欣慰，被控制的繁华就是一场噩梦而已，如今，梦该醒了。

指导老师：李娟，中学一级教师，毕业于山东省曲阜师范大学中文系，目前任教于山东省临沂第四中学，担任高三年级语文教师、班主任，辅导学生多次在各级作文大赛中获得优异成绩。

最好的时代

王叶碧 / 高三年级　何　静 / 指导老师　安徽省阜阳第一中学

公元 2118 年。

核能驱动的产品深入千家万户，能源仿佛取之不尽，用之不竭。一张大网将物品和人类都网在一起，人类可以自由指挥物体按照人类的意愿活动。在智能手机的帮助下，地球万物都处在适当的位置，维持着最和谐的状态，为人类提供着最优质的服务。

智能手机可算是人类最好的伴侣了，人们整天把手机粘在身上，形影不离。对人们而言，手机像管家，总能为自己打理好生活；手机像自己的仆人，当人们生气的时候（当然在最好的时代中，这样的情况越来越少了），它总像仆人一样卑躬屈膝，总说些好话来逗人类高兴；手机又像自己的另一半，它能感知人们的思想，自然也知道人们心中的理想伴侣是什么样子。它可以随时幻化成一个妙龄少女或白马王子，与主人来一次甜蜜的邂逅。

人类难道不明白那是自家手机用来取悦自己的幻象吗？他们当然知道，可他们想：上个世纪的人们抱对结婚，一是为了体验陷入爱情的感觉，二是为了在世上寻得依靠，有一个避风的港湾，三是为了养儿防老，以便颐养天年，享受天伦之乐。然而我现在过着吃穿不愁的优越、安逸的生活，根本不用担心未来，而手机又能幻化成我的意中人，给我爱的感觉，我何必要再找一个人类，与他（她）组成家庭呢？我何必要生儿育女，耗费心神呢？

因为有这种想法的人越来越多，人们也就不愿结婚，生孩子。"家庭"这个名词也被人们逐渐遗忘。因为人们都不再生儿育女，所以在手机发展起来的这几十年里，全世界的人口一直负增长。没有了婚姻和孩子，也就没有了亲情。但人人都把手机当作亲人，当作爱人，当作生活不可或缺的一部分。人类给予智能手机百分百的信任，相信它们"建议"人类做的，一定是最适合自己的。所以人类对手机的"建议"几乎百分百接受，百分百遵从，患上了"手机依赖症"。一旦脱离了手机，就无所适从、焦虑不安，仿佛只有拥有手机的陪伴，他们才能正常地生存，才能幸福地生活。

因为有了手机的陪伴，人们整天沉迷于与手机交流，而逐渐丧失了社交能力；因为有了手机的服务，人们衣来伸手、饭来张口，逐渐丧失了劳动能力；因为有了智能掌控的人造婴儿，女性们不结婚、不怀孕，逐渐丧失了生育能力；因为有了智能飞车的出现，人们很少行走，逐渐丧失了自由行动的能力……而那些处在温室里享受着衣食无忧的生活的人们，那些倚在床边享受着爱情甜蜜的人们，那些坐在空中飞车上，看着高度智能化的、和谐的城市，享受着各项权利的人们，必定会感慨一句：

这真的是最好的时代啦！

可，这真的是最好的时代吗？

指导老师：何静，安徽省阜阳第一中学语文骨干教师，高级职称，具有丰富的教学和作文辅导经验，先后获得阜阳市语文优质课评比一等奖、一师一优课市级优课、阜阳市直属学校教学能手称号。

糖衣世界

王滢涵 / 高三年级　廖先怀 / 指导老师　北京师范大学附属实验中学

　　他再一次望向那片浩瀚之空，仍旧没有色彩，身体所经之处，目光所及之尽，都是类似黑白色像块的模样，这个世界已经没有颜色，没有生机。他自然明白这是必然的事实，任何回避都无济于事，他是属于上个世纪的人类，2020 年出生的他，依稀记得小时候那个真实、缤纷的世界，那时候花朵是可以在泥土里自由生长的，那时候家家都还有着一样必不可少的装备——手机。当然如今，"手机"这一词汇已经成为禁忌，就像小时候他听到枪支一样，这不是时光流逝年代不同造成的原因，而是手机这样东西，毁掉了那个真正的美好世界，这东西的存在让人类失去了几乎一切。

　　50 年前，他是个已经有 2 个孩子的爸爸，看似平静的生活及世界突然爆发出了沉寂多年下被压抑的可怕。这可怕是从人员极为密集的美国东海岸开始的，那天下午与以往没什么两样，但突然发生了一万人瞬间集体死亡的惨案，据目击者所言，这些人都是在正常地做事，与人交流也罢，走路也罢，学习也罢，上一秒都还在展露笑颜，而下一秒都突然将身体砸向坚硬的地面。这些人唯一的共同点便是手里握着手机，这是研究者费尽千辛万苦才发觉的共通之处，一开始人类并不信服这一说法，因为手握手机的人类也并非只有这一万人，但直至半年后，这一地区的人们都或多或少出现了心律不齐、头晕等症状，人们才彻底意识到死亡已经在身体周围徘徊了。

　　专家分析，这是由于过于密集的电磁波碰撞所导致的巨大辐射造成的，电磁波与电磁波以格外频繁的次数相互摩擦、分裂，极为剧烈地干涉出现的能量到达人类无法测量的共振，这能量将所有电磁波合为一个整体，譬如宇宙空间所产生的辐射那般，即使一瞬间，危害也非常大。政府当机立断，此后的十年间，手机逐渐消失于人们的生活，确切地说，是从生活必需品变为了物理武器。

　　即使如此，全球范围内电磁波聚集的能量洞仍在指数型增长（所谓能量洞即是类似黑洞一般的存在，当然其能量不及黑洞的亿分之一，但其对星球上生灵的危害不容小视），死亡率也随着能量洞的爆发而疯狂增长，死亡原因政府从不说明，但现实情况人们早已心知肚明，这个世界离毁灭已经没有多少时间了。

当然科学家也做着全力的补救，他们为人类制作了类似黑体材料的电磁波吸收服装，从头到脚包裹得严丝合缝，人们变为温室里的花朵，但所付出的代价是再也无缘见到任何色彩，甚至光的感知都是由黑体服装上的光感接收器人为模拟的，原因很简单，黑体对电磁波吸收的强度也同样作用于人类周围的一切光线，人类失去了最本真的美好和一切追求美的权利，人类变成了一个不过苟且活命的机器，就像多少年以前人类如何利用电磁波满足精神上贪婪的愉悦，如今人类也成为电磁波控于掌心的玩物。

他已经活了将近一百年，相较这些一生下来就处于当前世界的人他更痛苦，因为他曾见到过美好，他痛苦不堪，甚至常常羡慕那第一批死去的人们。他终于下定了决心慢慢解开围在身上沉重的黑体衣，他将自己裸露着，他感受到了自己身体上微妙又剧烈的变化，他终于看到了色彩，尽管是无生机的，但却真实的世界，他终于笑了起来，然后永久地闭上了双眼，陷入了脚下这片黑色的土地。

指导老师：廖先怀，毕业于北京师范大学中国古代文学专业。善于开导学生思考，鼓励学生通过细微之处探求事物本质。在授课方面不局限于文学层面，而更着重于开拓学生的思想及认知深度。

无可逆转的轮回

王禹雁 / 高一年级　栾丹妮 / 指导老师　山东省威海紫光实验学校

公元 2120 年

塞里斯汀是 T 大学人尽皆知的高才生，不仅大二就修完了大学的全部课程，而且已经被 KTS 所录取，这所机构每年只招收 50 个学生进行科研工作。看似前程似锦的塞里斯汀，却终日闷闷不乐，只有倪克教授能理解他的苦恼。

塞里是个极其矛盾的人，他喜欢科学研究，却总是无法接受最新的科技产品，也许是因为倪克教授说过："科学发展，是一个无可逆转的轮回，我们终有一天会回到起点……"塞里对此深信不疑，人类终会被那些看似高端的科技毁灭，而重回源头。他们的预言终于应验了。

KTS 的科研工作者们最近研制出了一种最新技术——只要在大脑中注入一个芯片，便可将智能手机的所有功能转移到大脑，我们只需通过意念控制芯片，即可将各种信息投映到视网膜上，而通话更是可以使用脑电波交流。这项新技术顿时轰动了整个社会。政府及军方全面使用，商人大肆吹捧，世界各地几乎全部更新使用了新型的"芯片手机"，这项技术带来了巨大的经济与社会效益。塞里看到这样的社会巨变，内心喜忧参半，正当他犹豫不决是否要加入成为一个新用户的时候，他却早已成为受害者之一……

"芯片手机"的弊端很快就显现出来了。同所有的新兴电子产品相同，"芯片手机"也有着强大的辐射，而注入大脑更是将这种强辐射的影响放大了 200 倍，已有不少用户产生了精神问题，突然大笑，大哭，甚至殴打他人，而人们更是依赖于脑电波交流，甚至面对面的两个人都已经无法用语言正常沟通了。这惊动了政府，他们把所有产生精神问题的人抓起来关进了监狱，对其他的副作用却也无可奈何了。

塞里焦急万分，去找倪克教授商量对策，教授却早已不见了踪影。塞里用曾经偷偷备份的密钥打开了教授的实验室，他四处寻找相关数据，却发现了一个惊天的秘密——这一切都是倪克教授和 KTS 蓄谋已久的阴谋！而自己也早已在睡眠状态下被教授注入了芯片，那些精神疾病随时有可能在自己身上出现。塞里决定要趁自己还清醒，马上采取行动制止这件事。他毅然地使用了技术还并不成熟的时光穿梭机，回到了一年以前。

公元 2119 年

"教授，教授！"塞里匆匆忙忙找到了倪克教授，把 2120 年的故事讲述成自己的一个新构思，希望能唤醒教授，让他放弃这个"芯片手机计划"。不料倪克教授却说："太好了，太好了！你的构思竟与我不谋而合，我的技术很快就可以发展成熟，到那时我们就可以功成名就了！""教授，你忘了你曾经说的话了吗？科技是一个轮回，人类会遭到报应的！""我才管不了这么多，是否加入你看着办吧！""嘭！"一声枪响，倪克教授被激光束缚，动弹不得。"我不会让你得逞的！"塞里快速改写着操纵台的程序。"塞里，你是穿越回来的对吧，你改变不了历史的，你改变的只是过去的粒子，将来的粒子无从改变，记得'外祖父悖论'吗？'芯片手机'是一个必然，人类科技的轮回也是必然……"

塞里的身体逐渐消失，他明白改变历史的逆时间是行不通的，但他还是想试一试……

科技的轮回啊……人类，谁能拯救你……

指导老师：栾丹妮，有较强的语文专业功底，擅长阅读、写作教学。曾多次指导学生在不同竞赛中取得国家级、省级、市级等不同层级的多个奖项。

家族史中的手机纪元

王泽林 / 高三年级　王　雪 / 指导老师　吉林省辽源市第五中学

公元 2019 年，自述

我一直以来都算不上优秀，我一样渴望鲜花与掌声。可我在一次次奋斗后挫败消沉。直到有一天医生告诉我，"先生，你已经患上了轻度抑郁症。"我惨然一笑，慢慢踱出医院。我感到了莫大的耻辱，我认为这并不是我的错，而是生活所迫，最终在劣质白酒的催眠下，我陷入了梦乡。当时的我，唯一能寻找到存在感的地方，就是手机中的虚拟世界，但我明白这并不是我想要的，看着身边沉迷其中的人越来越多，我感到了慌恐。我听着新闻中关于犯罪率上升，金融危机的报道，心猛地一沉。我开始思索自己的人生，纵然这世界以痛吻我，我也要尽力去救赎他人。在我 50 岁那年，手机引爆了大变革，大多数人选择退缩，而我却站了出来，手机改革联盟由此诞生，我坚信我一定会改变些什么，一定会。

——王良英

公元 2065 年，转述，在大会中的演讲

王良英先生是我的父亲，他为了手机改革付出了毕生心血，当初手机引发了大变革。由于生产力与供给不匹配导致经济灾难，大变革的岁月是艰苦的，国家公信力下降，各国政府机构几近崩溃，法律在如潮般的反对中形同虚设，他们挑衅国家尊严，成立了捍卫手机的团体，与国家禁止手机令相抗衡，最终导致了矛盾的激化，使全球陷入恐慌。我们不得不说，当时的举动双方都有越界行为。国家不应过激禁止，民众也不应武装反抗。其实，我们的需要很简单，不浪费金钱，也不轻视生命，我们需要做的，是一次改革，是一次改变观念的革命，不流血的革命。我们这个组织要做的，就是去改变

观念，从而挽救这个世界……我们要相信自己，可以完全胜任这伟大的使命。

——王良百

公元 2098 年，自述

一切终于结束了，童年的泥瓦时代已经成为历史，成为鲜活的历史，手机引发的灾难已经过去，我们用了整整一百年改变人们的思想，让人们合理地使用互联工具，在一次又一次的历史教训后，人类与科技，终于都做出了妥协，手机改革联盟也从民间组织变成了具有公信力的品牌。今天，我应新地球总督之邀与他商讨未来发展问题。

"王先生，这一百年的灾难，似乎也不全是坏事。"是啊，人口就减少了一大半，这对后续的发展是有利的。总督笑了，我却体会出这笑容中的悲伤。"王先生，我们总是想维系这个世界的样子。让人们生活得更好，但是你看，光是一个手机就闹了这么大的乱子，谁敢保证以后不会发生同样的问题呢？我认为人类是经受不起这样的打击了。"我沉吟良久，注视着总督的眼睛，缓缓地说："先生，我的爷爷与父亲本来是很平凡的人，他们也曾一度怀疑自己，我的爷爷年轻时一直努力奋斗，却一直没有成功，但是……"我顿了顿道："但是他从来没有放弃，哪怕怀疑自己，哪怕并不幸福，在他人有难时，他都没有退缩，而是站了出来，我想说，总督先生，人类如今是一个大家庭了，我们没有理由怀疑未来，我们只能相信自己。"

——王英杰

完成复兴已有一百多年了。作为后辈，先人的话一直鼓舞着我，我合上家族史这本厚厚的大书，内心有一丝柔软，良久又变成了矢志不渝的坚强与勇气。

指导老师：王雪，吉林省辽源市第五中学语文教师，教学风格鲜明，尤其擅长培养和提高学生的阅读及写作能力，注重挖掘学生思维的深度和广度。所指导的学生在写作比赛中多次获奖，深受学生的喜爱。

百年前的猜想

王子旭／高一年级　周　慧／指导老师　山东省威海紫光实验学校

2118 年，由于手机中摄像头的发展，其可作为天文望远镜观测宇宙。百年来人们还未解开外星文明之谜，所以人人都用手机去寻找外星文明，可如果真的存在外星人，他们的科技应该比我们先进几万年甚至几亿年，怎么会还使用光电通信呢？

可洛瑞十分执着，他是位业余天文爱好者，每天，夜幕降临，星星正在眨眼，一望无际的平原上，一颗好奇、渴求的心在燃烧。

洛瑞的朋友里克是位生命科学家，最近正在研究人类 DNA。由于洛瑞总是跟里克谈论外星人，里克研究 DNA 编排时想起了百年前生命物理学家戴维斯的猜想，外星人早就到达过地球，并在人类 DNA 中留下了"加密"信息。想要做到这点有很多方法，其中一个途径就是用"外星病毒"入侵地球生物，这些病毒中有"加密"DNA，这些 DNA 只有当人类科技发展到某一程度时才能被发现。除非人类在地球上灭绝，否则这些信息就会一直存在于地球。

里克想要用智能量子手机将他的想法告诉洛瑞时，量子通信受到干扰。"可它绝对安全啊！"里克疑惑地想，"那这就不是地球人干的！"于是里克继续研究人类 DNA，发现有许多垃圾 DNA，这些 DNA 没有人类有效遗传信息却十分稳定，这使里克更加坚信了他的想法。

里克将思路上报给了科学院，院内成立研究团队，最终破译了这些垃圾 DNA。他们发现，这些信息是外星文明 P 星的发展史与 P 星的欢迎词。科学院获取信息后，研究了 P 星的发展史，地球文明又迈出一大步。手机更是发展迅猛，人类 DNA 在手机上就可研究，手机既是"实验室"，又是"人工智能"，人类越来越依赖手机，手机成为日常生活、科学研发、政府交往的必备工具。人类社会俨然变成了"手机社会"。

可人类需要能源，地球上的能源已经快要枯竭了，百年前物理学家戴森提出的"戴森球"概念涌现于科学家脑海中，在P星文明发展史的指导下，科学家奋斗十几年，终于找到了"戴森球"。里克的名字将永垂青史，因为他，人类文明才迈出历史性一步，但里克有些困惑，为什么P星人要留下这些信息？为什么这些信息会让人们找到"戴森球"？

2145年，里克最担心的事情发生了。地球人正享受着无尽能源与手机带来的便利时，P星飞船降落在联合国楼顶，P星人面带微笑，联合国以最高礼仪接待了P星代表。会议上，P星人提出了带走地球"戴森球"的想法，联合国义正词严地拒绝，P星人拿出一个类似于手机的物品，轻触屏幕，联合国总部的手机全部失效，量子通信中断。联合国意识到如果不给他们，地球马上就会归于原始。几天后，P星人还是面带微笑，离开了。

地球人只能将所有手机集中在一起，把其中的能源释放，满足人类温饱，同时节约资源以便长久利用。

一切仿佛又回到了十几世纪，人们勤劳耕作，节俭，爱护环境，珍惜能源，这次的能源来源不是早已开采尽的石油、煤矿等，而是地球人曾依赖的手机……

指导老师：周慧，中学二级教师，有丰富的教学经验，擅长阅读、写作教学。曾多次指导学生在不同竞赛中拿过国家级、省级、市级等不同层级的多个奖项。

"屏幕"之外

王子旭/高二年级　王　雪/指导老师　山东省临沂第一中学

信息在不断爆炸，生活却愈加简单。

因为，不必渴望战栗，不必远行。

——题记

"妈妈！'屏幕'外面是什么呢？是……"六岁的小女孩淇淇每天都会问这样的问题。好奇心让她的世界充满了欢乐，也预示着一场灾难的降临……

她来自未来，来自另一个时代。或许是天意，她被一家好心人收留，过着简单平凡的生活。至于是哪里数据传输出了问题，未来科技局的人也搞不清楚。当她幼小的心灵被时间一点点掏空，心中的声音却愈加清晰："快逃出去！快，看看'屏幕'以外的世界……"随后，一阵刺耳的机械声被强大的时空电流击穿，令人恐惧的记忆碎片散落各处。她猛地一惊，从床上跳起，仔细地回忆着什么，安静的画面显示出她六岁不该有的沉着冷静以及非凡的气魄。

"妈妈，'屏幕'外面是什么呢？是……"未来科技局的数据显示，这个问题已经占据她脑容量的 3/4。这个数字令监测者们既担忧又喜悦。正当大家兴致勃勃地讨论时，一声爆炸让整个世界安静下来——

原来，她早已明白，她是这个世界的异类，而她想要回到那边，回归正常的生活，却受到重重阻挠，深深的自责感压得她不能喘息，所以她决定为这两个碰撞的时代做些什么，因为她知道做什么和怎样做。"炸毁卫星！炸毁卫星！"她的记忆数据库告诉她。她也有通信以及思维网络的功能，只是被非法植入的代码破坏，使用受到限制。这也就解释了为什么占脑容量比重如此之大的问题，迟迟没有回答。

她觉得不能再拖下去了。她的眼中只有卫星，倒数三、二、一，一声巨响过后，遥远的未来迎来了死一般的寂静。

未来科技局的人们将手机与大脑皮层连接，实现通信以及数据传输无实体化。10年、20年、100年……殊不知范仲淹《灵乌赋》中的"宁鸣而死，不默而生"是否适应这个时代。

这死一般的寂静中，人们变得暴躁、焦虑、恐惧，大脑皮层的各中枢均需要生物电流的刺激，长期不刺激的结果只能是退化至无。鲜血淋漓讨伐灵魂的战争与杀戮即将降临……

淇淇心里清楚得很，所以她用穿越的时空电流改变了时间轴的倾斜程度——灾难不会凭空消失，时间也不会埋没众生，唯有光明永存！

现在，她终于得到了问题的答案，只不过，妈妈的声音再也不会出现，也或许，在未来。猛地，一阵鸟语花香，一汪春水东流，春日初升，春林初盛，她陶醉在这宜人的美景之中，她突然听到比她小一点儿的弟弟妹妹们的呼唤。她猛地一惊，原来，在击毁卫星的那一刻，手机"屏幕"被击碎，也击碎了人与人间的隔膜，好似骄阳融化了人们心中的坚冰——她成为这个世界的一员！

呵，"屏幕"以外的世界到底是怎样的呢？若要问清楚这个问题，先回答"为何远行？"，我想这两个时代的交集由小女孩产生，也由她灭亡，时空的力量又岂是"小小"手机能控制的？沟通让人们更加亲密，沟通让时代更加和谐！

为何远行？

渴望战栗。

指导老师：王雪，山东省临沂第一中学优秀教师，多次指导学生荣获全国性的作文大赛特等奖、一等奖，多次被评为优秀指导教师。

智 殇

魏爱烨 / 高三年级　杨静平 / 指导老师　河北省定州市定州中学

陈君是位医生，但他不给人看病。

现在的人早已不需要"医生"这个角色，"智能管家"中的纳米机器人更能胜任这一职务。陈君的工作是对管家进行监测，发现异常后通过远程控制及时作出调整。

陈君常为自己感到悲哀：他反对"智能管家"的应用，即便人们都认为这项技术是个造福人类的伟大发明。他总觉得自己快要成为一个废人，什么都不用做，但他也无能为力：他无法将其从自己身体上取下来。

他像往常一样回到自己的小公寓，打开一个木头箱子，戴上手套，取出里面的古董——几本纸质书，他轻轻地打开，这是本医书，但已经没有人看了。这是他祖先留下来的，一直保存至今，通过这泛黄的纸张，清新的墨香，陈君才觉得自己是个人，不是人工智能的奴隶。

屏幕中，国会因为"是否给予人工智能公民身份"而吵得不可开交，通过镜头看到政府大门前集结的人们，一群机器在用一样的语调、一样的声音申诉自己的权利，机器都要和人一样了嘛。陈君苦笑，他觉得人类早晚有一天会终结在这些所谓"智能"上，但他似乎忘了，人类早已被控制，人工智能，已经进入了人们的身体。

直到有一天，他发现监控室里一盏红灯亮起，红色的闪光灯在他的眼球内不停闪烁，恐惧，蔓延了全身。他不知这种恐惧从何而来，他强迫自己冷静，用颤抖的双手到控制台前操作，自他上任以来，这是第一次有管家出现异常，但他总觉得这第一盏红灯预示了什么。

接下来的第二天、第三天，越来越多的红灯亮起，刺眼的红光刺穿室内柔和的白光，张牙舞爪地从四面八方袭来，陈君已经手忙脚乱，操作台上的按钮仿佛失去了作用，那些亮起来的红灯没有熄灭，反而越亮越多。陈君要马上汇报给上级，但他自己的管家却迟迟没有反应，恐惧如潮水般涌上心头，他冲出工作室来到街上。

街上安静得出奇，人们面无表情，他拉住旁边一个路人的手，想说些什么却又无从问起，紧接着他就被甩开了。一群人有序地闯入他的工作室，他看着自己工作十几年的地方被他们毁掉，他一个激灵，意识到"智能管家"已经完全失去了控制，更可怕的是他们占领了人的大脑。

中央屏幕上，他看到总统先生用冰冷的语言宣布了机器人的公民身份并享有人的一切权利，陈君一下子就懂了，这些人工智能被人类统治了上百年，已经不甘心被统治，"智能管家"的应用更为他们提供了契机，于是在这场人与人工智能的博弈中，人输了，输得彻底，"智能管家"控制了人的大脑，人类变成了手机的奴隶。

陈君突然笑了起来，笑声划破街道，却没有人再看他，他跑回家拿起那个木箱子一路跑到河边，大叫一声便跌落下去……

几分钟后，他又重新浮了上来，面无表情，走上岸，向家的方向走去，而小木箱呢？早已不知去往何处……

指导老师：杨静平，多年的数学教学和班主任工作，练就了扎实的教学功底和丰富的班级管理经验，擅长于培养数学应用及创新意识，积极倡导课程教学的自主探索，独立思考，动手实践，合作交流。

逃离虚无之境

武　桐 / 高二年级　许文升 / 指导老师　安徽省阜阳第一中学

"叮咚——"清子点击消息界面，宽大的 3D 投影是迪罗一张放大的傻脸。只见迪罗挤眉弄眼道："清子，我告诉你一个大秘密，千万不要告诉别人哦！"

清子皱了皱娟秀的眉毛："什么秘密？"

"我发现了一个超级无敌、史无前例的绝世好游戏，它的名字叫'虚无之境'，你要不要来试试？"迪罗得意地说。

"虚无之境？"

"对，其实已经有很多同学玩这个了，这个游戏自从上市以来，清一色的五星好评，根本没有差评。另外，建议你买个 AR。"

"那好吧，我试试。"清子一面说，一面关闭了界面。

呆呆地盯着手中的微型手机，清子轻轻地叹了一口气。不知从什么时候起，大家的交流只靠这个长宽不到 3cm 的玩意儿，就连从小就跟她一起玩的，现在就住在她家对门的迪罗，居然几步路都不愿挪一下，"活该你胖死！"清子忍不住骂了一句。

戴上 AR，清子顿时感到两眼一阵发黑。接着周围逐渐亮了起来，不过也是深蓝色的大背景，天空中一轮发着白光的冷月，洒着一抹凄迷的白月光。此时，远处传来一阵笛声，时断时续。清子循着笛声走去，终于在一棵古树下发现了蒙面吹笛人。

"你来了。"声音低沉沙哑。

"对，请问这是哪里？"清子小心翼翼地问。

"这是虚无之境。你愿意踏上这奇妙的旅程吗？"吹笛人的声音如魔咒一般，蛊惑着清子。

"我……我愿意。"清子回答。

镜头一转，清子的眼前是一座富丽堂皇的宫殿，宫殿里爆发出巨大的歌声和欢笑声。清子推门一看，宫殿里有各种各样奇装异服的人，他们大声歌唱，跳舞，欢笑。桌上有无尽的食物和酒，就好像取之不尽、用之不竭似的。很快，清子被"怪人"热情地拉了进去。清子这时才发现，这些"怪人"都是她的好朋友，有迪罗、小艾、蒂玛……遇到这种和朋友一起狂欢的情景，是多么难得啊！于是清子愉快地加入了他们。

但是渐渐地，清子觉得不对，受狂热的情绪所感染，自己好像一点儿也不累，她想停下来，却发现脚已经不听使唤，无论她怎么努力，还是停不下来。

伴随着音乐越来越欢快，清子的步伐也越来越轻快，她忽然想到小时候看过《红舞鞋》的故事，不由得被一阵惊慌席卷。她想大叫，却只能发出歌声；她想要哭泣，却只能欢笑……

"我要逃出去！"清子只有这一个念头了。

"那好，我有一个问题，悲剧的源头是什么？"一个声音问。

"对欲望的执着！"清子想也没想就回答道。

一阵白光过后，清子又重新回到手机面前。她好像明白了什么东西。

"咚咚咚！"有人敲门。是迪罗。

"游戏怎么样？"迪罗笑眯眯地问。

"我明白了一个道理，不能过分执着于某种欲望，否则会带来悲剧。"清子回答。

"对，我也是，所以你看，我都戒网了。"迪罗说。

他们一起望向窗外，广场上锻炼的人多了，实体店的人也多了，邻居们相互打招呼……

天很蓝，阳光很暖。

指导老师：许文升，安徽省阜阳第一中学中级语文教师，从教 15 年，从事高三毕业班教学工作 9 年，尤其古诗文教学和作文写作方面成绩突出。

困境与抉择

夏亦萌 / 高二年级　展　飞 / 指导老师　浙江省宁波市鄞州中学

普罗米修斯号在河外星系中盘旋，传感器以光速闪避着高速飞行的粒子束。能量在锥形体中冲撞着，产生一股向前的推力。

成千上万的普罗米修斯号悬浮在 α 星球上空。宇航服装备，沉降，着陆。瞬间，宇航服饰成了粉尘消散。

α 星球的小朋友毛毛聚精会神地注视着外来访客，惊讶得不能自已。这些外星人，都是白发苍苍的老头儿，他们互相扶持着，虚弱地走过来，气若蚊蝇般说道："能给我一块面包吗？"

毛毛递给了他们。老头儿们吃完便拿出了设备，物质转化为能量，他们无声息地走了。

2 分钟后，α 国代表会议。

"你们是谁，来自哪里？"西装笔挺的秘书长问道。

老头儿们连忙答道："我们来自距贵星 200 万光年的银河系中一颗普通行星——地球，请您……"

秘书长打断他们，"既然你们的物质文明已经发展到不用考虑速度和燃料的程度了，摧毁 α 星球轻而易举，我们绝没有你们需要的东西了。那也只能请你们动手吧！"

"不，不，我们是求你们收留我们的，我们无家可归了。"老头儿们开始啜泣，用肮脏的白色袍子揩拭着。

"何出此言？"代表惊诧。

一位老头儿叹了一口气，缓缓道来。"最早的时期，人类是在熵的平衡中存活的，'万物赖熵而生'。大自然随意摆弄着人类的命运。"

"接着我们步入了工业时代，这整整耗费了我们 7000 多个春秋，社会的衰败是从平均寿命的延长和工业化的出现开始的。更可以说，是因为手机。人们的社会行为能力空前下降，幻听、痴呆、白内障越发普遍。这，只是个开端啊！"

"AI 于是应运而生。在惰性和贪念下，一部部手机 AI 成了生活的主子。人们躺着、想着、梦着，AI 便摘来了果子，安排好糜烂的生活。家长在孩子的手机里挑选课程，手机便传达着这个社会的思想——统一、简洁、安逸、舒适。在浅睡眠状态下的孩子，在手机日夜辛劳的催眠教育法下，成了大人，有了孩子。"

秘书长提提眼镜："这日子，也未尝不美妙啊！"

老头儿苦笑一声："毁灭啊！没有创新的文明终将被葬送！这里只有向手机撒娇，满地乱爬的孩子和朝不虑夕的老人。青年劳动力？别提了！他们连灯泡也不会拧！这些'屏幕奴隶'自然不会修复机械，他们不懂技术。"

"AI 机械都老化了，手机难以生产。无论是吃喝住行还是文教，这下子，都毁于一旦了！"几个老头儿开始大哭，"请收留我们吧！"

"我们，有什么理由这么做？你知道 α 星球爆炸增长的人口！"秘书长狡黠地望着老头子们。观看全球直播的听众们正襟危坐。

老头儿低头沉思半晌，还是摸出了破袋里的手机，是半透明的。

"即使面临着灭顶之灾，我还是要奉劝你们。没有一种文明，能在原有的社会存在中，仅靠意识推动。只会有贪念在燃烧，绝对的阶级平等也在一定程度上意味着思想的荒芜。知道粒子不确定原理吗？一切都是你们的选择。'后人哀之而不鉴之，亦使后人而复哀后人也。'"说罢，他缓缓递出手机。

秘书长似乎并未听他最后的话，狡黠的蓝眼睛直勾勾地盯着手机。

观看直播的毛毛一身冷汗，攥紧了手上的面包。

指导老师：展飞，浙江省宁波市语文教师。2013 年毕业于山东大学，从事高中语文教学 5 年，教育理念先进，教育风格独特，对作文教学有独到的见解。注重学生读写能力的培养，指导学生在写作比赛中多次获奖。

手机智能，新的人格

夏雨漠 / 高一年级　张雨晴 / 指导老师　山东省青岛第二中学

耳边响起欢快的歌声，把一脸不情愿的刘晓泉吵醒了。"晓泉同学，别睡了，口水都一枕头了！""好了好了，我知道了，你开始准备吧。""嘛，泉皇。"不用说，这便是刘晓泉的私人助手，人工智能，晓泉给她起了一个名字叫溪流，也许是都跟水有关吧。

三分钟后，刘晓泉穿好衣服起床，开始洗漱，溪流已经为他准备好了一切：一杯水，牙刷上有黄豆大小的牙膏，浸湿的毛巾。当他走出卫生间时，早餐也已经准备好了，保证营养丰富，适合刘晓泉的口味。十分钟后，刘晓泉下楼，有一辆车"恰好"经过，上车。刘晓泉是 M 国的一名普通的大三学生，今天本来也应该是寻常的一天，但那个事件的发生，让这一天变得不再平常。

刘晓泉正在听音乐，忽然一个声音强行插了进来。一般情况下这是不会发生的，除非这件事有极高的优先级。"SS 级特大新闻：M 国特种部队队员、国家荣誉勋章获得者枪杀 M 国要员，疑为 AI 所为。"刘晓泉吓了一跳，他一转头，发现大家都忽然变得或惊讶，或狐疑，或害怕，想来是都收到了那条新闻吧？"溪流，我要看详细信息。""……哦，晓泉，你不会认为真是我们干的吧？""怎么会，我只是有些感兴趣。""我就知道，晓泉你最好了。"在详细报道中，据那名枪手描述，他忽然感觉控制不住自己，有一种冲动，不由自主地拿出枪，然后他开始痛哭流涕，不愿再回忆。

"其实以前人们就担心我们会不会控制人类，但以前从未出现类似事故，所以这种担心就消失了，我想这次也一定不是的。""别担心嘛，溪流，只要查一下枪手 AI 的无线电记录不就可以排除嫌疑了吗？""这正是我们被怀疑的原因，就在案发前不久，那个 AI 忽然不实时上传数据了，这是有可能的，比如更新的时候，所以总部没有那段时间 AI 的数据，而在枪杀事件发生后，它私自启动了自毁程序，所以……""但自毁程序不是必须要使用者同意吗？""他同意了，准确说，是他'不由自主'地同意了。"这下子变得有意思了，刘晓泉想。

接下来，在很短的数周内，接连发生了数百起类似事件，当事人都宣称当时"无法控制自己的行为"。这种情况在 M 国、G 国、S 国、L 国等多国相继发生，造成大规模恐慌，很多人加入了反对 AI 的队伍中。

大学是受影响比较小的地方，所以刘晓泉才能继续学习。这天，他在图书馆看书，发现有一个人很可疑，他总是跟着一名学生，手里还拿着一本书，而且故意藏着。第二天，那名被跟踪的学生出事了。这更让刘晓泉怀疑，他趁那人不注意，看到了他手中那本书的书名，到网上买了下来，读了之后，他恍然大悟，给当地的有关负责人发了一封邮件，告诉他这个事件可能的作案手段。

一周后，在 P 市博物馆成功抓到一名嫌疑人，通过他的供述，国家迅速抓捕了大批人员，至此，这起案件才水落石出：原来，他们使用无线电设备向选定人员发送电信号，模拟生物电频率，使该人被迫接受指令，从而控制他们的行为。该组织头目称他们这么做只是为了制止一些人的疯狂想法。令人惊讶的是，大部分成员从事与 AI 相关的工作。"有很多官员想赋予 AI 肉体，以进一步激发他们的能力，加速科技发展，但我们是研究 AI 的，所以知道它的危险，虽然现在没有出事，但赋予他们肉体后，他们也拥有思想、拥有人格，将产生无法预知的危险！"这是 AI 首席科学家在离开法庭时所说的话。

指导老师：张雨晴，山东省青岛第二中学语文教师。曾多次指导学生参加语文报杯全国中学生作文比赛、创新杯作文大赛，获得全国作文指导一等奖。学生作品获得国家级和省级一、二等奖。

逃亡，归去

谢康艺 / 高三年级　刘小莉 / 指导老师　湖南省长沙市雅礼中学

　　我，叫阿妄，是一个被确诊为妄动症的患者，因不愿为当今物欲横流的社会所困，而历经千辛从家乡逃了出来，逃向一座古老的城镇。

　　那座古老的城镇于我心中是当代的"世外桃源"，在当代人眼中则是一处精神病院。在那座城里，生活着抵制当代新型意识"手机"的人们，也有许多和我一样被确诊为妄动症的患者，或是被确诊为其他精神病的患者，是被当代人斥责为思想滞后、保守，不懂与时俱进的一群人。政府也曾想革新他们的思想，但成效甚微，终随其所欲。反正集聚在一块，也好管理，不让他们乱跑到各大城市"妖言惑众"。

　　我艰难地从床上爬下来，打开旅馆的窗子，却抖下厚厚的一层灰尘。窗外阳光明媚得刺眼，我眯起眼伸了个懒腰。舒服地长叹一声后，不禁感慨自己通过这么久的锻炼终能舒服地伸个懒腰了。我转身向身后镜子望去，只见一个头大四肢轻的身影显现其中。不错，这就是我。随着"手机"的终端不断进化，人类身体也随之而进化，因其意识的频繁使用与宅居生活的日见不怪，人类脑袋越来越大，而四肢却日益萎缩，终成了"头脑发达，四肢简单"的生物。想到这里，我不禁对着镜子里的自己嘲讽一笑。人类只需要舒舒服服地躺在床上便可通过"手机"打发所有时光，也是，有了这样的生活还需像自己一样留在现实物质世界中动手动脚吗？

　　自动结账出来后，我又踏上了我的逃亡之旅。

　　越往古镇走，现代交通工具便越少，我也自得其乐，正好可以完成自己一天的运动量。因政府与国家的抵触，任何现代交通工具都不得通往古镇，甚至在"手机"虚拟世界中也删除了其所有数据模型，但我脑海中却从未停止对其的幻想与勾勒描绘。

　　街上的人很少，不论是此地还是大城市。当然，这并非地球上的人口数量衰减了，而是人们基本都足不出户了，毕竟有了现代意识流网络，哪怕一生不出门，人类目前所探测到的外空到地球上除了古镇的地方都可随心所往、所游。

当代过的都是慢节奏生活，但由于意识的深度开挖，问题也层出不穷。心理与神经萎缩患者层出，甚至有沉迷虚拟世界一去不再醒者，我也曾三天三夜沉溺其中不曾休息过，这对我的神经系统打击与伤害可不小，许是物极必反，我突然厌恶起了这样的生活。

更可笑的是，许多人沉醉其中不可自拔，因为在那里有他们心底所幻想的一切，理想型朋友、理想型男友，甚至理想型猫狗，噢，天啊，那简直太可怕了，他们醒来后也坚信自己身边有其人、其事，于是便出现了我前面所说的那群有精神病的患者，因为他们只相信现实世界。

在这趟旅行中，边走边回忆起过往的生活，越发觉得以前的自己可怕而又疯狂，竟与那群人一样沉醉于"手机"之中。

忽然想起很久之前有位姓陶名潜的诗人的作品，现在想改几字聊以自慰："既自以形为心役，奚惆怅而独悲？悟已往之不谏，知来者之可追，实迷途其未远，觉今是而昨非……"

边念叨边行走，忽驻足远眺，我看见了真实的层层竹林在微风中摇曳，露出了古老屋檐的一角……

指导老师：刘小莉，湖南省长沙市雅礼中学语文教师。有着丰富的教学经验，被评为 2016—2017 年度十佳班主任。

完美的新纪元

解英娣 / 高三年级　彭蔚亮 / 指导老师　河南省漯河市第四高级中学

新纪元 27 年，外太空。地球是一个蓝黑相间的球状物，蓝色占据了绝大多数面积。一百多年前的全球升温带来的结果难以逆转，造成大片土地成为海滩。黑色的，则是人类的安全屋。

安全屋内，发出一声轻轻的嗡鸣，有机器开始运转。"A3861 你已苏醒，欢迎开始新的一天。"有"人"醒来了。在过去的一百年，人们被上升的水位、消失的文明、不可分离且沉溺于其中的"手机"所困扰。所幸，28 年前有人提出一个大胆的假设，让人类与机械结合。经过两年的商讨和研制，第一代机械人研制成功，于是，人类个个成了机械人。那一年，人类开启了新纪元。

我是 A3861，是第二阶梯，当然，人类只有两级阶梯。我们是无忧无虑的享受者，第一阶梯的"人"，则是奉献自我的管理者，现实的世界令人失望，而"手机"所提供的虚拟世界则令人兴奋！你可以遨游太空，乘坐宇航飞船；你可以回到过去，领略末世文化。

我得领你参观参观。新纪元后，没有了农民，他们被电所取代，我们不会饥饿，只要有电。安全屋下面，是第一阶梯的"人"。他们要检修供电设备等是否正常工作，在最开始，人类研制的机械人是类人的外貌，随着生存空间的减少，人们不得不放弃迷人的外表，转而变为箱形，为此，人们还打过两次仗。可是，在严峻的现实下，所有人只能妥协。后果很明显，我们不能动了，只能依靠机器人的移动而移动。

安全屋外面和里面，有很多类人机器人，他们负责保卫工作，也有一些巡逻车。

不说这些冰冷的机械了。美好的一天从哪里开始？当然是星网了。我有一个"美丽"的女友，今天是一个很重要的日子，因为我们决定在今天"定制"一个可爱的宝宝，去选择"它"的性别、肤色、外貌等。然后，我们就可以带"它"去逛商场，"买"几件衣物（当然，现在已经没有货币了，"买"，只是一个体验和游玩的过程）。几天之后，"它"将长大成人，离开我们。当然，如果你厌倦了"它"，你可以去找下一个，没有人会觉得奇怪或反对，这只是个游戏。

我有一群朋友，"他"们大部分都是受伤爱好者，所以我们都喜欢去悬崖峭壁之类的地方，纵身一跃。疼感，让我们体会到当"人"的感觉。原本，我们爱好极限运动，只为感受"刺激"的感觉。后来，我们无比清楚地认识到极限运动如果没一点儿事，也就没了刺激的来源。

听说在旧纪元，人与人之间有歧视，富人歧视穷人，美者歧视丑者，高手歧视劣手。在新纪元，绝不会发生这种事。每个人，都是一样的，外貌可以改变，身高可以改变，技能大家共享，唯一不同的，可能是那串编号吧。

美丽的新纪元，每个完美的机械人都真心地爱着它，我们相同而完美。

指导老师：彭蔚亮，河南省漯河市第四高级中学语文高级教师，河南省骨干教师，漯河市专业技术拔尖人才，市学科带头人，擅长作文教学。所指导的学生在国家级写作大赛中多次获奖，深受学生的喜爱。

斯迪克的救赎

辛晓宁 / 高二年级　赵彩云 / 指导老师　河南省漯河市第四高级中学

"我们的大脑，可以存储多少信息？"

这个问题已经萦绕在斯迪克心头一整天了，他喃喃地重复了一遍这个问题，眼前并没有像往常一样弹出精密的数据和信息。事实上，里德已经把答案告诉他无数次了。

里德是斯迪克的头脑管家，俗称"手机"。两个月前，父亲将里德作为2118年的新年礼物送给斯迪克。当里德冰冷的声音出现在耳畔时，斯迪克对这个新年礼物怎么也喜欢不起来。

里德是2118年最新款的手机，它通过与人的神经中枢相连，达到"通感"效果。利用这一技术，操纵者可以用意念控制手机。

斯迪克的手机关机了，他不想听到冰冷的提示音，也不想立刻知道问题的答案，然而他最讨厌的场景，就是走在街上时，所有的行人或是自言自语，或是目光呆滞，或是手舞足蹈。不用怀疑，这些人的面前一定有一个别人看不到的大型虚拟屏幕。这种智能手机有多种模式，人们可以选择"脑控""声控"或"触控"。

对于里德，斯迪克操纵起来总觉得力不从心。不知道是不是错觉，自从开始用里德，斯迪克总会感到头痛。

斯迪克躺在家中胡思乱想，父亲焦灼的脚步声响在耳边。

"斯迪克，你没事吧，里德关机了！斯迪克！你没事真是太好了！"父亲兴奋地喊。

"我没事啊，怎么了？"斯迪克一头雾水。

"里德被黑客入侵了，因为里德的存储空间就是人的大脑，并且与人的神经中枢达到'通感'，所以可以直接通过里德将病毒移入人的大脑……"说到这里，父亲叹了口气，"这是太急于求成的结果，都怪我们。"

斯迪克的父亲是手机开发公司的一名技术员。"里德"是他们公司的最新产品。

"那会怎样呢？"

"只要在病毒入侵前将手机关机就不会有问题，但现在所有人的手机都处于长期开机状态，所以……所以没有及时关机的人大脑会进入休眠，也就是……"

"植物人？"

斯迪克和父亲进入了微型科研室。"关闭互联网终端，切断通感，就可以了，是吗？"斯迪克表情凝重。

父亲点了点头，他们只有一个小时，不然，如果病毒持续扩散，后果不可挽回。

操作过程十分复杂。斯迪克协助父亲完成了工作，已经是筋疲力尽，完成了一切，父子两人相视一笑。

解决的方法其实也很简单，只是科研室长期的实验成果全部化为乌有。

"父亲，我……我不喜欢里德，它没有感情，因为里德，我一个朋友也没有，大家只顾着自己的'里德'，不会相互交流……"斯迪克说。

"我明白，斯迪克，是你救了大家。"

街上，行人没有自言自语，没有目光呆滞，没有手舞足蹈。

没有里德。

指导老师：赵彩云，河南省漯河市第四高级中学语文一级教师。语文教学经验丰富，注重学生语文素质的培养，引导学生在阅读中爱上写作，在写作时强化阅读，所指导的学生在写作比赛中多次获奖，深受学生的喜爱。

让灵魂 "回家"

邢亚婷 / 高三年级　张　健 / 指导老师　山东省潍坊市寒亭区第一中学

周洋博士的研究——AI 化的智能手机问世，引起了巨大轰动。

近百年来，手机的迅猛发展影响着人们的工作与生活。街道上，人们都低头看手机；聚会餐桌上，人们没有一点儿交流；在家里，人们都低头玩手机，做饭通过手机下指令……所以，周博士这个研究是人类改变现状的一个契机。

忙碌了一天的周博士回到家。

"亲爱的，饭做好了吗？忙了 5 年，我新研究的手机明天开始面世，明天一定是彪炳史册的一天。"周博士激动地说，而他妻子一直沉迷在电视剧里，无心理他，只冷冷地说了一句："好。你先去洗澡吧，饭一会儿就好。"妻子就像被手机"奴役"了一样，变得毫无情感，也不再出去同朋友逛街、聊天，或在家里打扫卫生，做点儿点心面包。先前的人们都懂得长期使用手机的危害——会对眼睛造成伤害，导致白内障；手机辐射会让人们患脑癌的风险增大；会导致老年痴呆；会引起失眠、头痛和情绪沮丧……而现在，这些都被科学家一一攻破。手机不仅更加方便了生活而且大大降低了对人体的损害，但这严重影响了人与人之间的关系。

晚饭时，周博士邀请妻子参加明天的手机发布会，妻子却婉言拒绝。

"不去了，去多麻烦啊，我一定会在手机上看直播的。老公你明天加油！"

"明天的发布会很隆重，会有很多领导到场，而且有很多活动，准备了很多礼品，会场布置也会很美妙，一起去吧。"

妻子勉强答应了。

第二天，妻子和周博士一同来到会场。在会场，除工作人员和一些应邀科学家外，观众寥寥。周洋没有失望，他一直对家庭甚至社会、国家的改变充满希望。

发布会开始前 5 分钟，领导到场，发布会开始。

发布会由周洋亲自主持。"尊敬的各位来宾，大家上午好！我是 AI 化手机的总负责人周洋，很感谢大家今天的到来。下面我为大家介绍一下这部手机。"

周洋从口袋里拿出一个小盒子，长 5 厘米，宽 3 厘米。他打开盒子，取出一个像木块一样的物体，拿起给大家看。

"这就是我们研制的 AI 化手机。"人们都惊呆了。

"表面看来它像个木块，但我们其实可以根据自己的喜好，通过 3D 打印来改变它的外壳。通过语音启动，你可以给它起一个好听的名字。它会像朋友一样，管理你使用它的时间，它一天只工作八小时，而你使用它看视频、小说的时间会提前规划，它可以将视频、图片等资料投到你邻近的地方来供你观看。该手机第一批共 1 亿台，供所有人免费换取，以你先前使用的正常手机来换，少年、妇女优先换取。"

"我们是人，有感情，有血肉，不能将自己交给手机奴役，人的生命是宝贵的，自然万物是美好的，我们应该多留心这个世界，好好爱自己、珍惜身边的人。让生命更有价值，让我们每个人都为国家的不懈前进添砖加瓦！"

台下掌声雷动，还有人流下了眼泪……

指导老师：张健，山东省潍坊市寒亭区第一中学语文教师，注重学生思维的拓展，强调阅读和写作的配合性，擅长在写作过程中启发学生。

我还想要见到你

邢振宇 / 高二年级　张银环 / 指导老师　山东省潍坊市寒亭区第一中学

"女儿，妈妈要离开这个世界了，这款有机器人功能的手机我本想作为成年礼物送给你，可现在，妈妈时日不多了，孩子，收好它。"

我眼含热泪收下手机，看着因长期从事智能研究而遭受辐射，身患绝症的妈妈，我多想再和妈妈说几句话，可直到显示屏上的小山变成大海，妈妈永远离开了我。我心如死灰地抱着那部浪漫的樱花粉手机回到了家。

躺在床上，启动手机，闭上眼睛，回想起妈妈在世时一幕幕的温馨与感动，我禁不住泪流满面。这时手机突然说起了话："孩子，别太伤心，人生终有别离，你的妈妈过世时，捐献了身上有价值的器官，她用另一种方式活在这个世界，你要振作起来。"这是妈妈的声音，那么地轻柔温和。

接下来的日子，过得很平淡。清晨，手机会根据我大脑记忆中储存的上学时间，自动叫我起床；会在天气变冷时，用卫星系统提醒我天冷加衣；会在我吃泡面时用嗅觉感应系统提醒我合理膳食；会在我偶遇难题时，主动耐心地为我讲解……这一切都是那么地顺利，直到那一天，我十八岁生日的那一天。

那一天，期中考试成绩公布。我站在大榜前，听到别人议论我的成绩好是因为我带手机作弊，听到他人的指指点点及对我妈妈过世原因的胡乱猜想，我忽地吼了一句："这关你们什么事！AI 手机人手一部，凭什么质疑我的实力，忽视我的努力！"曾经的好友看到一向内敛的我忽然如此暴躁，也是爱莫能助，因为从妈妈过世后，我再也没理会过他们的关心，我不理会所有人、所有事，除了妈妈送我的那部手机。我跟所有人渐渐疏远，与同学之间的关系慢慢变淡，这一切都是 AI 手机的"功劳"。

我跑回家中，哭着向手机倾诉："为什么所有人都要离我而去！"依旧是妈妈那温柔的声音，可语言冷冰冰的，它说："孩子，不要哭太多，伤身体！"我不要听这种无聊的安慰，我想要拥抱！我想要温暖的拥抱！我想要和朋友牵手去吃冰激凌！AI手机，我恨你！恨你让我变成了一个真正孤单的人，恨你让我曾经团结的班级变成了一个只能学习的空壳！

我擦干眼泪，整理思绪，打开手机，为远在天堂的妈妈留下一段录音：妈妈，你过得还好吗？现在是公元2130年，我成年了。妈妈，谢谢你用生命为我打造了这款AI手机，可我好怀念过去和朋友、家人其乐融融的日子。妈妈，我会马上撤掉这部手机的AI芯片以及我的记忆数据卡，对不起，妈妈，相比高科技带来的便利快捷，我更喜欢昔日的温情，我想和我的朋友在火星这个新家园找回记载在手机中的地球人之间的友爱。妈妈，我好想再见到你。

是啊，手机再智能，也抵不过一个重逢时温暖有力的拥抱。

指导老师：张银环，山东省潍坊市寒亭区第一中学一级教师，教学经验丰富，所指导的学生在各种竞赛中多次获奖。获得潍坊市立德树人标兵、潍坊市教学成果奖、寒亭区优秀班主任、寒亭区优秀教师等荣誉称号。

颠倒人生

徐佳丽 / 高二年级　张金琪 / 指导老师　浙江省乐清市乐清中学

这一天，弗昂终于拥有了属于自己的芯片手机。

他坐在浮空椅上，手捧着轻若无物的手机盒，嘴角勾得简直能别上一朵花。

芯片手机在一年前就已上市，好评如潮，人人争相购买，导致价格一直居高不下。在如今物资充足的社会里，也只有中高薪阶层可以享受。弗昂想了小半年都忍住了没下单，奈何近日朋友、同事差不多都配备了，自己再不买就要被孤立了，他才拿出信用卡把自己存了大半年的工资给花了出去。

心疼归心疼，这钱花得还是挺值的。

弗昂拆开手机盒，里面只放了个小型针管，他拿出针管往手背上轻轻一扎，一个红色的图标就浮现了出来。

"欢迎使用 G–2139 号罗拉手机，我是您的手机秘书，您可以按照喜好设定或修改我的名称和外貌……"一个声音响起，弗昂的身心都沉浸在对这款新手机的探索中……

等弗昂离开手机世界，一阵虚弱感翻涌而上，他看了看时间，已是第二天凌晨五点。他的眼皮已经开始打架，无法思考更多，他合上了双眼。

梦里是他在手机世界中畅快淋漓的生活。

"主人，您有电话未接，是否查看？"检测到弗昂醒来，手机秘书自动询问。

未接列表中，十多个电话，都是他的同事克莱尔打的，弗昂心道不妙。果然，等他回拨，克莱尔遗憾地告诉他，他的半个月工资没了，由于迟到。

从公司回家，弗昂一边愤恨，一边又不由自主地打开手机。没办法，手机世界实在太过美妙，在那里他就是主人，操纵着其他的一切，这是神明也没有的待遇。

他享受这些"美好"。

"弗昂，你有没有听我说话？"他的妻子薇拉几乎歇斯底里。然而弗昂面朝前方，眼神空洞，脸上还带着温和的笑。

"我在听。"他赶紧回答，仿佛并没有意识到真实的境况。

薇拉瞪大双眼，杏目中简直可以喷出火光，她俯身在弗昂的手背上狠狠一掐，红色的图案变灰，手机被强制关机。

"你干什么？！"弗昂瞬间回到了现实，还有些不适应，他也瞪大了双眼，和薇拉对视。

"我问你最近怎么回事，接二连三被扣工资，工作热情也没有了？"薇拉咬牙切齿。

"你能不能学学雅米，她比你可爱多了！"弗昂脱口而出。

"雅米是谁？你背着我搞外遇？"薇拉惊愕之余，怒气更甚，"你今天不给我说清楚就滚出这个家！咱们分道扬镳。"

"走就走！"弗昂平日里软弱，这时不知为何却硬气了起来，妻子此时的面容在他的眼中是如此狰狞，他一刻也不想待在这里受气了。自然有地方做他的天堂。

门被砸得山响，弗昂哪儿都没去，他径直坐在了家门口。

轻碰手背，图案由灰转红。

清澈的仙音在耳边响起："您好，我是手机秘书雅米……"

他就在寒风中继续他颠倒的美妙人生。

指导老师：张金琪，浙江省乐清市乐清中学高级教师，教育理念先进，教育风格独特，对作文教学有独到的见解。注重学生读写能力的培养，所指导的学生在写作比赛中多次获奖。

手机一来真便捷，沉迷其中应垂泪

徐梓桓 / 高一年级　刘晶晶 / 指导老师　山东省莱西市实验学校

阳光从窗帘的缝隙中钻进来，洒下一片金黄。

清晨，"嘀嘀嘀"的闹钟声划开寂静，我揉了揉蒙眬的睡眼，翻身爬起来，拉开窗帘，享受这阳光。

不过很快，我这份闲情便烟消云散了。老妈拉开我的房门，急匆匆地赶进来，说道："我要赶去机场，饭你自己解决……快，利索点，看在上帝的份上，你才 16 岁啊，别跟个老太太一样……"说罢，转身走开。

我颓然坐下，心中不爽："又要本皇我亲自掌勺了。"突然，灵机一动，想道："我可以订一份外卖啊，我怎么这么笨呢……"于是乎，拿起芯片手机。

"啊！今天是春节啊！"我心中大惊，赶忙开始邀请家人。我兴冲冲地拨通表弟的电话，没想到他吞吞吐吐地回应："啊，哥，我今天有点事儿，就不去了吧。""什么事儿能比春节团聚更重要啊？"我不解，赶忙追问道。"没什么，真没什么啊！"他明显有些不耐烦，草草地回答一句，便挂了电话。

我疑惑，回味他的话，又听到他那边声音嘈杂，心中一动，灵光一闪："那是……'吃鸡'的声音啊！"心中一沉。他宁肯玩游戏都不肯和家人团聚，不肯和我一同玩乐。

我脑中突然回想起一个画面：一次，幼小的表弟拉着我的衣服，哭着闹着喊着求我和他玩捉迷藏的游戏。然而，当时的我只顾着刷朋友圈、微信、QQ、微博，于是不耐烦地将他推开，还美其名曰："有事正忙。"

我愧疚，我悔恨，我反思。手机啊手机，你到底给人们带来了什么呢？

然而我没有想到的是，最令人心痛的还在后面。晚上，几位不肯光临的"贵宾"终于露了面。我本来忐忑不安又焦躁的心情有所好转。然而，拜完年之后，客厅里的人们纷纷从口袋中掏出手机。看着他们泛着白光的面孔，那僵硬的面部时不时露出的莫名其妙的笑容，我心中像被什么狠狠抓了一下，揪心地疼。

上天啊，那和谐的家庭去了哪里？过去的谈笑风生又去了哪里？问苍天，问手机，问问人心吧！

指导老师：刘晶晶，山东省莱西市实验学校中学二级语文教师，莱西市优秀教师、教学能手、教学先进个人，发表论文数篇。

蓝 眸

许 多 / 高三年级　钱 莉 / 指导老师　吉林省通化钢铁集团第一中学

　　晚霞如火，叶如夏歌，软软的风吹进南窗，轻柔地拂过我的面颊。时光飞逝，距那个 16 岁青春年少的自己，已有七十余年了，这七十余年，不知你可安好？我抬头望向柜子上贴着的那张早已泛黄的老照片，一个若隐若现的黑发少女，她有一双惊为天人的蓝色眼眸。我望着望着，眼中闪现出少时的光景。

　　那是 16 岁的盛夏，父亲送给我一部高智能手机，希望内向的我不要整天闷着。看过说明书，我才知道这是一部陪伴手机，手机管家可以与你聊天、谈心。我打开手机，召唤管家。忽然无数光点浮现在手机上空，光点越来越多，越来越亮，最后组成了一个"小光人"。我诧异，犹豫地问道："你是……"没等我说完，她便开口："Joyce。"我望着她那双蓝色眼眸出神，好奇地问："为什么你有长长的黑发，却有蓝色的眼眸？"她笑了，眼睛弯成月牙，打趣地说："因为我是混血呀。"此后的日子，我与 Joyce 一同学习、聊天，渐渐地，我变得开朗了起来。

　　那一日，Joyce 教我用天文望远镜望星星，宇宙间的星辰竟是如此渺小，如同茫茫大海中的一粒尘埃。光年之外，一颗蓝色的星球在黑暗中熠熠生光，那颗美丽的蓝色星球，犹如 Joyce 蓝色的眼眸一样耀眼。我没有告诉 Joyce，只是偷偷把这颗星星的方向记了下来。"丁零零……"一通电话刺耳的铃声传来，打断我的思维，我奔向电话。从那日以后，我与 Joyce 虽然如旧，但她的话似乎越来越少，时常心不在焉，若有所思。也许 Joyce 也有烦心事吧，我没有追问下去。

　　不知不觉，我与 Joyce 相处马上就两年了。一天放学回家，我一如既往地打开手机，召唤出 Joyce。这一次，Joyce 来得很迟，她用手搓着衣角，明明是满脸的愁容却生硬地挤出一个苦涩的笑容。没等我开口，她哇的一下哭出了声，哽咽着支吾着……我明白了，她要回去了。陪伴手机用满两年就要返厂，恢复一次出厂设置，以防止对人类生活产生影响。我问她什么时候离开，她说今天晚上。我怔住，努力不让自己的难过溢出，天色渐晚，我攥紧拳头，尽量用平和的语气询问她："能再教我用一下望远镜吗？"她轻轻点头，就像初见她时那一抹青涩。我找好方位，天琴座的织女星附近，却没有发现那个耀眼的星星，取而代之的是一个灰色而黯淡的星体，我再也忍不住自己的情绪，难道 Joyce 真的是那颗星星？她要走了，星星也黯淡了……

Joyce 抚着我的后背，即使她只是投影出的一片光影，但仍给了我些许慰藉。她知道我的心思，对我说："时间与空间是相互交叠的，当物体的质量和速度发生变化时，其存在的时间和空间也会发生变化。相对论在手机上可以试验，你若想一探究竟，试试吧……"我紧紧握住手机，以超光速的速度运转，眼前的钟表不停逆时针转动，空间变得扭曲，像有一个巨大的旋涡正在吸引着我，渐渐地，眼前似乎明朗了起来，停止了，一切都停止了。这个星球由于距热源过近形成地壳，但仍需要不断的火山喷发和……未等我回味完，却发现 Joyce 不见了，我四处呼喊，却只在手机上发现 Joyce 留下的话："与你共处的日子我很开心，但是请记住，万事万物都有自己的规律，才有了春生、夏长、秋收、冬藏。不要伤心，我们后会有期。"

八十几岁了，那双蓝色的眼眸啊，是曾经的挚友，也是一生的师长。窗外的风不烈也不弱，晚霞在天空中涂抹，不清也不浊。我揭下照片放在胸口，轻声道："我在未来等你。"

指导老师：钱莉，吉林省通化市语文教师。从事高中语文教学 15 年，有着丰富的教学经验，教育理念先进，教育风格独特，对作文教学有独到的见解。注重学生读写能力的培养，训练学生的写作思维，所指导的学生在写作比赛中多次获奖，深受学生的喜爱。

西 楼

许　硕／高三年级　张　婧／指导老师　安徽省阜阳第一中学

每个人的内心都有一座城堡。

有的人不喜欢现实，于是在城堡里就住得久一些；有的人热爱生活，就住得短一些。

而我从未离开过。

我的城堡，叫西楼。

——题记

"西楼是谁？"我听到森这样问我，她的语气里深深的担忧凝结成霜，使我的身体有些瑟瑟。印象中我没有理睬她，她的声音在我耳畔消逝，如同幻影，令我捉摸不透。

西楼是我的秘密，她是被困在芯片里的女孩子，是我的好朋友。在我很小很小的时候，父母将她交给我，让她陪伴我成长。我从来不和其他孩子一起玩耍，也很少与忙于出差的父母交流，因为我有西楼，她是我的好朋友。

西楼对我的事情非常上心，她会提前很久为我准备生日礼物，而父母往往只是给我一句敷衍的话语，或是更多的零用钱，或是……忘记。

"这是专家推荐给我的最新款心理医生，它一定能医好你的自闭症的。"森似乎在对我说话。可我没有自闭，我只是很少和除了西楼之外的人说话而已。我回绝的话刚到嘴边，却对上了森的双眸。

记忆里，那是她第一次用如此关切的眼神看我。

我不得不和西楼请假，答应过一小会儿就去找她。

心理医生机器人开门见山："你是否沉迷于手机？"

"没，我只和西楼玩。"

机器人顿了一下，望向森："你是否经常陪伴他？"

森眼泪簌簌而落："很少……"

显示屏上出现一行字：由于缺乏必要的亲情、友情，到手机上寻找慰藉导致的自闭，建议……

我突然大吼："不是的，我不经常用手机的！我只和西楼玩！"

西楼和他们不一样！别人手机里的智能助手都是冰冷的，可西楼是个女孩子！她明明是我最好的朋友！不可以！他们不可以这样说西楼！

西楼的全息投影跳到我面前，神色平静地看向机器人。

"我已经在程序搜索过，你将把我格式化对吧？这种案例已经发生过千万次，相信你一定轻车熟路。"西楼轻笑。

"可我是最新款心理医生机器人，和他们不一样。"机器人无神的双眼对着西楼。"由于手机功能愈发强大，家长们放心将孩子交予手机，忽视了亲情对孩子成长的重要性，导致了自闭少年数量的激增……"

我看到森跌跌撞撞跑来拥抱我，我看到西楼对我微笑招手，我看到机器人自说自话，显示器上光点不断闪烁。

我看到，我想看到的自己。

古人说，无言独上西楼，月如钩。

古人说的不是西楼，是离愁。

情不深不起婆娑，愁不浓不上西楼。西楼，那是我对父母深深的思念啊！

再见，西楼。

指导老师：张婧，安徽省阜阳第一中学中级语文教师，擅长作文教学，鼓励学生个性化写作，联系生活，深入浅出，让学生自觉自发地爱上写作。所指导的学生多次获得作文比赛的国家级和省级奖项。

仰望星空

薛新琦 / 高三年级　王莹莹 / 指导老师　山东省潍坊市寒亭区第一中学

> 如果繁星每隔千年才出现一晚，人类将会如何景仰与崇拜，并世代保留上帝之城的回忆。
>
> ——爱默生

100 年以后，地球的科技成果已突破时空的限制，星际旅行成为人们娱乐的最佳选择，人类越来越喜欢穿梭在星球之间，越来越喜欢探索与发现。作为一只来自 M 星的狗，我被人们命名为伊塔。刚来地球的那几年，我一直被关在国际空间站的实验室里，和来自其他星球的动物不同，我不仅具有与人类不相上下的智慧，而且还有超时空传输功能。通俗点说，就是可以将我所看到的、想到的，不论是信号还是物质在不需要任何宇宙通信卡的情况下，向任意星球传输。由于这个原因，我被选为 M 星与地球的星球大使，现在主要负责地球与 M 星的信息传输与交往。

刚来地球时，我被地球上的绿意所震撼，地球不同于 M 星的荒芜，这里有着美丽的雨林和各色奇珍异草，生活在这里，无论是身体还是精神都非常愉悦。但奇怪的是，这里的人们并不注意留心身边的美，每天捧着一块薄如纸的叫"手机"的东西看得津津有味，人与人的交往大都通过手机进行。伴随全球网络全覆盖与 8G 时代的到来，纳米手机的出现为人们提供了更便捷、更多样生活的同时，也带来了弊端，人与人的关系仿佛隔了一层透明的屏障，看起来没什么异常，但一旦想接近便会被阻碍。文特博士告诉我，从 1993 年 IBM 公司推出第一部智能手机开始，人们对现实生活的需求度便持续降低，2G、3G、4G……到如今的 8G 时代，人类心目中的传统文化与传统精神被时间掩埋，对现实的逃避、不满都被人们用手机发布在网络上，以前从未见过的"手机依赖症""手机幻听症"等心理学名词愈来愈被大众了解。我抬头看着天空，为了满足人们对生活时间的需要，夜晚被压缩成一秒，时间系统已经许久没出现过我刚来地球时见过的星河灿烂、繁星如珍珠点缀在巨大幕布上的景象了，看着亮如太阳的时间管理站，我想起今晚文特博士的实验，心里充满期待。

地球时间 19:00，本应傍晚的天空仍是亮如白昼，我看向文特博士。只见博士紧皱眉头，手指飞速按着指示台上的按钮向我说道："伊塔，打开直播。"我启动超时空传输，将地球与 M 星的信号连接起来。"博士，好了，可以开始了。"看着大屏幕上的倒数，我的心开始剧烈跳动，能否改变人们的手机意识呢？

"三、二、一。"

"砰、砰、砰！"只听见三声礼炮的轰鸣，原本明亮的天空缓缓昏暗下来，低头看手机的人们终于抬起头了。十分钟后，天空完全变暗，夜幕中开始出现繁星，一颗、两颗、三颗……越来越多的星星出现了，文特博士的声音传了过来。"大家好，我是文特博士，100 年来，科学技术的发展让人们被智能手机束缚，成为手机奴隶，这二十几年，我始终尝试寻找摆脱束缚的方式。今天，是国际管理中心给我的最后一次机会，我想再带大家重温一下繁星的回忆……"

我一开门，发现邻居笑着向我招手："嗨，小伊塔！"

指导老师：王莹莹，山东省潍坊市寒亭区第一中学语文教师，有丰富的语文教学经验，教学细致严谨，擅长挖掘学生潜质，能把教学理论和创新实践相结合，所教学生在国内作文比赛中多次获奖。

星星不曾孤单

闫祖娴 / 高三年级　贾国桢 / 指导老师　河南省新乡市长垣县河南宏力学校

> 一百年前孩子们最大的愿望是拥有一部手机；一百年后，同样如此。
>
> ——题记

"艾米，今天在学校过得怎么样？"厨房里传来机械工作的嗡嗡声。艾米不懂，仿人家务机器人逐年升级，不但貌美，而且艺高，妈妈为什么要守着这个大铁块当作宝贝蛋儿。

"妈妈，如果我拥有一部手机，它会帮您投影我的生活，使您在任何地方都可以看到我的足迹。"艾米用足球烯筷拨弄几下机器人端上的清蒸鱼，撇了一下嘴。

"我说过，人生是……"妈妈安抚了端菜机器人。

"'人生是从摇篮到坟墓的孤独旅程，手机虽然给了我们一时的慰藉，但严重搁置我们通向彼岸的速度。'这些我懂啊！但我想找一个手机人陪伴我回家、学习、玩耍，有什么错啦？"伴随嘶哑哽咽之声的是重重的摔门声。

梦中艾米脸上荡漾着笑意。她也有了自己手机投影出来的虚拟人，她什么都会，总是用温柔的声调叫自己的主人，她比洛克的最新款还漂亮。陪着自己，看太阳东升西落，繁星满天。

当粒子发射器将构成人体的天文数字个数的粒子精准发射到教室时，艾米看到洛克的手机人正给大家讲述我们美丽的星球为何转得越来越慢，她的心又被扎痛好一会儿。洛克讨厌艾米，因为她的母亲曾发文怒斥洛克家的手机公司剥夺人类享受孤独的权利，并极有可能影响新一代人的爱情观，所以，艾米连洛克把手机芯片放到什么位置都不知道，更别提体验它高超的功能。艾米的一天，又是伴着淡淡忧愁味度过。

"妈妈，我的成绩是综合测评第一名，冷酷的杰克老师都用他没有温度的手拍了拍我，您真的不能奖励我一部手机吗？"

妈妈没有回话，将一张更为便携的通信片推给艾米，这也是一些手机工厂的产品，以快速著称，隐秘性也是一流。在通信功能上，这张卡取得过辉煌成就。

"如果奥斯特、法拉第当初没有拥抱孤独，而是有个全方位照顾的、颇似恋人的手机，他们又能做出什么？"

艾米摔门而出，她不想有什么成就，她只想有个像洛克那样的手机，陪自己说会儿话，像能倾吐一切的宠物，毕竟猫狗这样的毛皮动物早已因为能传染一种致病孢子而实施了灭绝政策。

她看着夕阳下波光闪闪的河。她明白，这条河已经不会流动了，一切不过是时间问题，发黑发臭，彻底遗弃，这可与洛克家的手机工厂脱不了干系。阳光打下来，那张通信卡黯淡无光，像她的人生，惆怅之时，一个来电着实惊了她一下。是杰克老师，他的声音被反复修饰改进，如今竟一点也听不出是电子编码的声波，听说这项技术已经在手机人上投入使用。

"立刻到校门口集合，洛克自杀了。"

"什么！"夕阳一点点下沉，最后一抹余晖即将走远。

"手机公司遭遇太阳黑子的攻击，出现紊乱、失去自己的手机人后半小时，洛克焦灼、抑郁，最后自杀了。"杰克老师麻木地重复着，这样的语气，艾米准能听出他与别人的不同。

艾米望着天空，群星微晞，每一颗都冰冷孤独，直至脖颈作痛发酸，它们会掉下来陪我吗？

她不孤独，她迈步向前，为真正孤独的人赠上白花一束，聊表寸心。

指导老师：贾国桢，河南省新乡市长垣县河南宏力学校高中语文教师，教学中注重引导学生关注现实、思考人生，注重营造群体阅读氛围并督促学生开展形式多样的阅读活动，注重激发学生基于知识积累的思维潜能。

"机"不可失，人体"退化"

杨晨露 / 高三年级　周旭曙 / 指导老师　浙江省绍兴市新昌中学

2018 年已是遥远的一个年份，百年之后的 2118 年在历史的车轮中悄然降临。一百年在远古时间轴上短得可视为一个点，而在科技突飞猛进的现今，一年便可发生巨大的变化。一百年发生的变化用翻天覆地来形容也不为过啊！

阳春三月，夏洛还躺在她的水晶软床上闭着眼，沉在梦境里无法自拔。阳光射进来，经三棱窗折射散出一道道绚丽的光，房间里的一切都被彩虹包围，橙光打在夏洛的睫毛上，痒痒的，夏洛的睫毛颤了颤，眼睛缓缓睁开。"给我今天的天气预报及工作安排。"夏洛向她的手机小可发出指令，0.001 秒后，一切相关信息都已传到了夏洛的脑中。这一过程没有任何声音。

夏洛来到天轨口，乘坐公共交通上班。天轨，顾名思义是建在天上的，节省了地面空间，且在垂直高度上可建多个轨道。夏洛手中空无一物，轻飘飘地进入车厢。车厢内的人们也是这样，身边没有任何携带物。一位女士在屏幕中取出一只口红，动作麻利而小心地涂着。很多人闭着眼睛，也许在打电话，也许在工作，也许在看新闻……车厢内十分安静，静得可怕，让人怀疑这些人的真实性，个个面无表情，一动不动，只有转动的眼睛向人证明他们是活物。

夏洛也向朋友打起电话，脑电波传入芯片，她的芯片再将信息传到朋友的芯片上，再输入朋友的大脑，时长为 0.001 秒。全程不需要任何语言、表情，但也使交流变得乏味无趣，只能得到信息却无法知道朋友的神态、心情。这次谈话便也显得异常怪异，最终不了了之。虽然可以视频或语音，但她觉得这一异常安静的氛围并不合适，并且这种交谈方式是普遍运用的。至少在公司里是基本采用这一种方式的，因为这样更便捷且不尴尬，似乎是与机器在交换信息。夏洛向车厢下望去，茂密的森林、蓝宝石般的湖映入眼帘，夏洛这才好受些。

午休时间，夏洛喝了一口热咖啡，投出屏幕观看新闻。一位清秀的主持人用清晰动听的语音播报："如今科技日益发达，人们的生活质量与办事效率大大提高，但也出现了一些令人担忧的社会现状。据统计显示，60% 的人肌肉已出现松弛、萎缩症状，且在青年人中蔓延。失语、面瘫人群比重也在不断上升。手机的确解放了人的眼、手、口，但也使这些器官、肢体的功能削弱，人类面临'退化'的风险。为了遏制此等不良现象，我们提议多动手、多与人面对面交流，少用手机；日常生活尽量脱离手机，减少对其的依赖。否则，后果将是我们难以承受的。"

夏洛叹了一口气，她对这种现象极其反感，她感觉这样下去会精神失常的。夏洛决定每天锻炼一小时后再工作，并上书领导采用见面会议的形式来增进同事之间的感情及培养团队协作能力，为了不让自己变疯，让人与人之间多一份关爱与友谊，她尽自己所能在网站上发表一些文章来诟病"机"不可失现象，呼吁人们采用上个世纪初的一些生活方式，防止人体机能"退化"。虽然力量薄弱，但总比沉默与事不关己好吧。

任何科技都是用来辅助人类的，而不可以用来取代人，当人的功能完全被机器替代时，这个世界终会陷入混沌之中，科技的便捷有时会增长人的惰性，所以请慎重行事，不要成为机器的奴隶。

指导老师：周旭曙，浙江省绍兴市新昌中学语文教师，中学高级教师。从教 30 余年，有丰富的教学经验和先进的教学理念，在阅读和写作教学上，高中三年一盘棋，注重思想深度和知识广度，有自己独特的构想和实践，对学生进行写作和阅读的系列教学，成效显著，每年指导学生参加全国各类作文和阅读大赛，均有多人获国家级特等奖、一等奖。

许老的新发明

叶　沁 / 高三年级　　杜明星 / 指导老师　　北京交通大学附属中学

2118年一个平静的午后，欢呼声打破了宁静。一个老人欢快地冲上街口，喊着："我成功了，我成功啦！"念城的人们早已见怪不怪，相互打听："许老又捣鼓什么稀奇东西啦？"

许老今年八十二岁了，是念城唯一的发明家。他发明的"光速瞬移机""激光剪"等曾让人们视若珍宝。每每发明了新东西，许老总会送给朋友，之后再改良并进行推广。

这不，次日一大早，许老就拎着一部"手机"一样的东西出现在了安乐城老友刘伯仁家中。"哎呀，老朋友。"许老激动地说，"你一定会爱上我的'全能变形手机'的。"刘伯仁碰了碰比砖头还大了一圈的手机，不屑地问道："这玩意能有什么用啊？"许老兴奋地笑着："嘿嘿，你可问着啦！"随即按了下右侧按钮。只见屏幕变成白色，许老写道"喝茶"便把手机放在地上。只见手机从中间裂开，迅速变形为一个1米高的小机器人，在伯仁惊讶和许老的笑声中烧水、洗茶具、泡茶……伯仁强装镇定地说："可现在，能帮你端个茶的机器很多呀。"许老又笑了："别急呀。"说着，在变回白屏的手机上写道"听音乐，中午吃鸡汤面"。伯仁笑道："原来你想喝鸡汤啊，等我给你买去。"正要起身，却发现手机已变成购物车模样，径直向门外走去。伯仁道："哎呀，它怎么还跑了呀？"起身欲追，许老让伯仁坐下，说："伯仁啊，它这是帮你买鸡去了啊。"喝了口茶继续道，"我用了最新的纳米光纤和记忆锂材料再加上我之前发明的'皱缩纤维'，这'全能变形手机'不但有手机的全部功能，还可以变成任何东西呢。"接着又说，"有了它，你只管坐着，它就能满足你的一切要求。"

刘伯仁几年前失去了妻子，孩子远在外太空工作，闲着的时候，伯仁会和街坊们下下棋，聊聊天。可自从有了许老的"全能变形手机"，伯仁的生活一下子丰富起来了。早上，"手机"帮助伯仁更衣，洗脸，做早餐。白天，"手机"穿梭在各大商场和家中，而伯仁则享受着"手机"买回的各种高科技产品。虽然每天足不出户，也不用说话，但伯仁开心极了。

在伯仁和"手机"开心生活的日子里，许老又一次闭关研究新一代的"全能变形手机"并研写报告。一年后，许老终于得到了专利通知书。一切似乎都预示着"全能变形手机"将闻名世界。可许老却接到伯仁猝死家中的噩耗。许老惊讶极了，放下一切工作，坐上"微火箭"来到安乐城伯仁住处。

伯仁家中聚集了许多人。大家难过，悲伤，怀念逝者。许老走进熟悉的客厅，发现一堆金属堆在地上，旁边还躺着一把钢锯。定睛一看，竟是他的"全能变形手机"！被锯开的"手机"断了，"皱缩纤维"全部炸开散布在地上。许老向前走去，刚想质问毁掉他心血的人，只见旁边一人指着"手机"气愤地说："就是它，就是它害死了老刘，该把它碎尸万段！"

又一人附和道："自从有了这手机，我都没怎么见过老刘，他就整天和它待在一起。"说完，恨恨地踩了"手机"一脚。

许老感到奇怪。

一个老者抽泣道："老刘啊，他可是出了名的喜欢下棋。可自从有了那个'变形手机'，他再也没出来过……"

许老不安地挪动了下身体。

又一老人痛苦道："我以前每天早上都和伯仁一起晨练。伯仁总说'人老了啊，要多动动。'可有了那个什么破手机，伯仁是好说歹说也不肯动一下啊……"

许老双手冰凉，头深深垂下。

不远处一个大娘接道："以前买菜老是碰到老刘，他还帮我砍过价呢。现在都是机器跑来跑去的，哎哟，可是了不得。"一个小伙也难过地说："以前刘叔叔总是给我们孩子水果吃，还让我们进来说会儿话。有了那全能变形手机后，刘叔叔都忙着打发我们走呢，也不说话了，每天夜里灯也不关……"

许老听不下去了，他拄着拐，慢慢退出熟悉的屋子。他拿出专利证书，在上面颤抖地写道："变形手机只是机器，它不可取代有血有肉的人，也无法取代人与人的情感，如果因手机使人与社会脱离，那只会走向创新的反面。"

许老离开了安乐城，回到念城，面对亲友，他只说了一句："伯仁，他因我而死啊！"便倒了下去……

　　指导老师：杜明星，毕业于河南师范大学汉语言文学系，中学一级教师，曾获北京市海淀区骨干教师、青年岗位能手、优秀班主任等荣誉称号。

请抬头，看看我

应丽婷 / 高二年级　胡书辉 / 指导老师　河南省漯河市第四高级中学

公元 2118 年。

"大家好，欢迎收听星球快讯，今天，我们将向您介绍一款最新研制的超微型智能手机……"

这一年，星球实验室又研制出了一款手机，比以往任何一代都要安全、先进。这款手机迅速普及。

由于这款手机超智能的功能和微小的机身，不断有新任父母向医院建议给新生儿佩戴这种手机。

"很庆幸，我是那场灾难的幸存者。"

"那这么说，普林爷爷，你是来自未来的人了？"

"嗯，应该算是吧。

我是在国家颁布法律，强制给所有新生儿佩戴超微型智能手机的前一天出生的，我是一个孤儿，不知道算不算是好事。我由于没有父母，医院便没有给我安装那种机器。在我出生的那一年，国家施行了全民智能化行动，几乎所有人都安装了那种手机，由星球实验室连接，统一更新换代。

生产力的高度发展，本就使得所有人衣食无忧，再加上这种手机完全受大脑支配，代替了大脑的运转，不断进步的科技背后是退化的人类和不断泯灭的人性。

小时候，我常常羡慕身边的人佩戴这种手机，他们都低着头，两只手在空中的屏幕上划来划去，我觉得非常酷。但是由于我没有父母，从小就没有身份，便无法佩戴这种手机。和我一起生活的几个孩子都跟我一样，我们常在公园里一起做游戏，一起读被人们扔掉的纸质书。"

"普林爷爷，既然你有小伙伴，为什么还要来到这里呢？"

"来，孩子们，听我给你们慢慢讲。

我们当中的一个小伙伴被一对夫妇领走了，之后回来找过我们一次。他跟之前完全不一样了，仅仅几个月没见，他连话都说不清楚了，眼神呆滞，行尸走肉一般。

后来，我渐渐长大，学习驾驶时空飞船，在离开那个时代之前，我还心存侥幸，我像傻子一样对他们说：'请您抬头，看看我吧。'然而，真的没有一个人做出反应。

失望。

心痛。

从书中了解到宇宙中存在着平行宇宙，我驾驶着时空飞船进行时空旅行，很幸运地找到了虫洞，穿过时空隧道来到了这里。与我之前了解到的完全不同，那个时代崇尚的是黑暗森林法则，当两个文明相遇时，只有一方能够生存，或者都不能。但这个时代，是包容、共荣。我不知道，是否应该感谢那个时代，若不是科技的高度发达，我是不可能来到这里的……"

"普林爷爷，我想听你讲那个时代的社会。"

"现在我不知道是怎样的，在我离开前，那里的劳动已经完全被机械取代，仅需的几个岗位，譬如教师、个别工人，也都是仿生人或者是 AI，那个时代的智能淹没了人性、机械带走了劳动，一切美好的词语都消失了。AI 不断更新换代，有了意识和思维，人类不断退化，部分开始被 AI 管理……

消失的一切，我在这里找到了。庆幸，感谢！"

孩子们听完普林爷爷的故事，仰着脸看着他，亮亮的眼睛里似乎种下了一颗种子；或许，长大之后，就会开花……

指导老师：胡书辉，河南省漯河市第四高级中学语文高级教师。经验丰富，擅长阅读写作教学，提倡写真文章，抒真性情，注重学生想象力的培养，善于挖掘学生潜能。所指导的学生多次在国家级写作大赛中获奖，深受学生喜爱。

原罪手机

于景泽 / 高三年级　　白亚光 / 指导老师　　辽宁省大连育明高级中学

步入 21 世纪中后期，智能手机的高速发展使人类社会空前繁荣。同时，罪恶的种子也开始发芽生长。

2150 年圣诞，一名被称作"瓶中人"的黑客入侵了 H 国多个城市的全部智能手机，焦虑、不安、孤独等情绪瞬间点燃了暴动的火焰。一波未平数波又起，全世界上百个地区在几年内也发生了同样的事件。当流血的程度已然逼近世界大战的规模之时，联合国理事会联合发表声明，将手机程序分成七个版块，以七原罪进行命名。每一位世界公民都必须进入虚拟世界进行考核，战胜原罪才能开放相应的版块。一次性战胜七原罪者，将被赋予特殊职务，视年龄、身体机能而定。

埃德自幼便有着惊人的天赋，被瓦尔地区全体高层视为战胜七原罪的重要种子选手，今日，便是他参加考核的时刻。

一位白发老者站在他的面前，宣读考试说明："战胜暴食即可开放与餐饮有关的程序，击败嫉妒便可开放在线社交平台，战胜……"埃德的眼睛望向考场前的人群，脑中的一切都幻化为了鲜花与掌声，不知不觉，老者轻轻拍了拍他："准备好了吗？"他轻微一笑："当然！"他戴上头盔，沉入虚拟的海洋。在头顶的光亮彻底消失前，他仿佛听到了老者一声轻快却悠长的叹息。

暴食的世界一半是刀剑一半是酒池肉林，暴食是一个身披铠甲的士兵，却在酒池肉林中迷失了自我。望向那肥胖的身躯，埃德轻叹一声"可悲"。抄起刀剑斩下了暴食一只胳膊，坐在哀号的暴食对面开始啃咬，他仰起头，满嘴鲜血却目光坚定。"暴食者终究被人所食！"他一把扔下暴食的手臂，惊讶地发现像素化的天空开始崩落，暴食眼神中的迷离散去，开口道："恭喜你，战胜了暴食。"天空彻底崩落，显现出的是一部巨大的手机——埃德的手机，暴食限制的版块已被点亮，埃德望向已然开始崩陷的地平线，等待着下一个原罪……

　　此后，埃德在情欲的美艳前不动如山，在嫉妒的牢笼中识破了它的心计，与懒惰一起工作使其工作至死，一刀斩下愤怒的头使愤怒归于平静，他走进了贪婪的世界，手机上已然点亮了五个版块。他看向了贪婪，贪婪也望向了他，两个相貌相同的个体。埃德轻蔑地笑着："可悲的贪婪，你的外形是我，可是你却没经历过我的人生，那些足以让我回忆起我的父母伙伴。那些回忆足以让我克服内心的贪婪，战胜你。"突然，贪婪也笑了："没错，你战胜了我，但是，你却输给了傲慢，人类啊，你在虚拟世界中展现出了身为人类的傲慢，到此为止了！"埃德的眼前一黑，脑海中不断地传递着失落的情绪，他失败了。

　　他睁开眼睛，老者扶他站起。他甩甩头掏出手机，只点亮了七个版块中的六个。他沮丧地蹲下去，却听到了老者的一声"恭喜"。老者笑着说："恭喜你点亮了六个，也恭喜你没点亮第七个，第七个版块除了任职书以外，还有自毁程序，点亮后，你将进入考核组工作，却一生与手机无缘，曾经的我，便点亮了第七个呢，现在想想，追悔莫及。"

　　看到埃德疑惑的表情，老者继续说。"傲慢确是七原罪之首，可正是因为我们在手机的世界中缺少了身为人类的傲慢，才一步步地变成了'屏幕奴隶'。"

　　走在洒满阳光的路上，埃德掏出了手机。"是啊，我们与智能手机间，只差一个七原罪了。战胜六原罪，是为了心无杂念不被人所控，留下傲慢，是为了在屏幕前向手机宣告，请弄清楚，你只是我的工具，人类永远不会成为屏幕奴隶。"

　　指导老师：白亚光，辽宁省大连育明高级中学高级教师，有着30年的教学经验，多年担任文科重点班语文教学工作，注重扩展语文知识，培养学生阅读赏析能力，写作教学方法独到，深受学生喜爱。

时光宝盒的秘密

于沁涵 / 高三年级　张守红 / 指导老师　天津市第七中学

我叫陈米，是一名电视主持人。前几天自定义手机上市了，我也定义出了自己的手机，是一个手环，看上去很普通，但其实是一个高科技手机呢！另外，我是一个手机狂，工作时在手机频道上主持，私下里也对它爱不释手，有人甚至给我起了个名字——手机小跟班。

可拥有手机的第二天，就发生了不幸的事情，我的手环不见了。很多人习惯性地把自定义手机定义成身上的饰品，可谁知竟成了小偷的关注点。我试图用追踪器定位，但小偷更聪明，早就关上了设备。心爱的玩意就这么丢了，心中很失落。踌躇间，我脑中一亮，忽然想起我还有一个小宝贝，我顿时振作了起来。跑回家，找出它。一个紫色的盒子，上面写着一段话：这里是时光宝盒，我可以带你回到过去，每次到达时你有10秒钟的反悔时间，时间一到你就会从那里开始新的生活。你只有2次机会，你准备好了吗？

我看着上面的这段话，浅浅地笑了起来，心想：这不就可以回到昨天买手机的时候了吗？想起当时爷爷给我这个时光宝盒时我还觉得会用不上，心中不由得嘲笑了一下当时的无知。我迫不及待地点了下屏幕，只见上面浮现出一行字：请选择时间。我点击着几个数字：2118、7、29、10，确定！

不知道发生了什么，再次睁眼时已在自定义手机店里。看着熟悉的店员，一瞬间，竟有些恍惚，不相信自己竟真的穿越了。看着手中的时光宝盒，只见上面写着：你已穿过时空隧道，你有10秒时间选择是否回去，现在开始倒计时……心中的不安渐渐消散；原来是真的，既来之，则安之，况且我又可以定义手机了。想都没想，我再次按了确定，只见时光宝盒又出现了一段话：你已留下，时空隧道关闭。紧接着又出现了最初的一段话，只是使用次数变成了1次。抬头望向眼前的重要诱惑，我微笑着迈向前方。

"陈米老师来了啊！请问你想定义什么样的手机呢？"漂亮的机器人店员

向我询问。

"我要一根头发手机，最大容量的！"

走出手机店，我紧紧攥了新手机一路，生怕它又丢了。这次我一定要好好享用它！回到家，我便开始享用它的各种功能，大屏幕游戏、立体通话、模拟世界……我渐渐喜欢上了它。第二天上班，我甚至带上帽子，就怕丢掉手机。就这样，工作时我拿着它，回家不吃饭也要玩上几把游戏。我忘记了渐渐退化的视力，忘记了最本真的自己。

那是一个漆黑的夜晚，在华灯初上的街头，我看着用手机投放在地上的电影，忽然灯光暗了一下，世界暗了。停电了，我看着手中头发丝大的手机，心想：虽然这手机不用充电，但若手机公司停电了，它也就没电了。在伸手不见五指的黑夜，我迷了路，我开始暴躁又害怕，开始在头发中寻找手机，却什么也找不到。在黑夜中忽然出现了一个声音：这就是你想要的吗？陈米，我看叫你沉迷吧！

不知过了多久，醒来时，我又一次站在自定义手机店门口。我不知道那天夜里我是怎么回的家，只记得拿起时光宝盒的一瞬。这或许就是时光宝盒的秘密吧！看着手中不再发光的宝盒，我看向前方，这一次我只想做陈米，而不是沉迷！

指导老师：张守红，毕业于哈尔滨师范大学中文系，天津市第二十中学高级教师，语文学科区级带头人。曾获天津市教工先锋岗先进个人、和平区教育系统先进个人、区级优秀教师、优秀班主任、巾帼建功等称号。

腐　蚀

于思楠 / 高二年级　李　娟 / 指导老师　黑龙江省齐齐哈尔市实验中学

100 年后，数据大爆炸。

一切都被数据化，连人也一样。人们都戴着 VR 眼镜，为了接收信号还在头上挂个天线。手机，人手平均两部。它已经完全控制了人类的生活，或者说，完全侵入。

"你们爷儿俩，赶快过来吃饭。"李华的母亲喊道。

"唉，昨天雷雨天，又有六个人被雷电击中，这天线就不会收一收？"李华的父亲正在看新闻，自言自语。那是他在发布新闻评论，他根本没有吃饭的意思。

"哇，这个游戏体验可真好。快，面前有个防御塔，去把它拆了！我可真厉害！"李华正在体验新的游戏"王者联盟"，玩得正嗨呢，连他母亲的话都没听见，因为身临其境的游戏体验实在太逼真了。

"你们，哎呀，真气人！家里每回吃饭都要拖延那么久，你俩一个上班，一个上学，虽然只用几十秒就到了，但饭你们几十秒吃不完啊！"母亲边抱怨边拿起了手机，她要进入电视剧的剧情中，去见她的男神"送中压"。

终于，一个小时后，他们才开始吃饭。交通可便利了，几十秒即可到达想去的地方。这几十秒十分珍贵，因为可以发两条动态，给所有好友刷一遍"赞"并做出评论。激光列车上，所有人争分夺秒，发动态敢为天下先，唯恐不点赞被好友拉黑。指间在手机上或在眼前翩翩起舞，自己一会儿要干点儿啥不管不顾。两耳不闻窗外事，一心只看圣贤机。坐过站了？没啥大不了的，坐回来就是了，十几秒的事嘛。因为这种来来回回，学生上学时间直接被推到了上午九点半，上班时间甚至被推到了十点以后，人们的时间观念被腐蚀着，不断消亡。

终于到学校了，今天可是个重要的日子——考试。手机实在太强大了，为了考试公平，不得不装上大型屏蔽装置。刚考半个小时，李华就抓耳挠腮，不是题不会做，是想看看他的女神韩梅梅有没有给他回消息。手机都没信号了，犹如废纸一张，引无数学生考试就作妖。心里实在难受啊！没看完的电影，没打完的游戏，没回的消息全在大脑里，考试什么的都不重要了，因为根本就没法集中注意力。平时学习也都用手机，一旦不用就感觉缺了五脏六腑，顺便大脑也飞走了。过了一会儿，就连老师也受不了没手机的感觉了，因为老师也是人啊！老师也看手机啊！更有趣的是，学校小区周围的楼中，没有人了。因为考试把小区的信号也顺带屏蔽了。人全跑得一个不剩，没手机就像是丢了魂啊。

这抓耳挠腮的考试总算完事了，要好好在路上刷刷朋友圈，回家再看上几部电影打上几局游戏，别委屈了自己。人们目光呆滞，行走迟缓；但用上手机 VR 后，眼睛发光，在游戏里跑得比谁都快。手机，太方便了，方便得都腐蚀了人们的思想情感，腐蚀了人间三情，腐蚀了人们的三观。如果就这样一步步走下去，究竟人会被腐蚀成什么样子……

指导老师：李娟，一级教师，从教 22 年。多次获得黑龙江省齐齐哈尔市级、区级优秀教师，优秀共产党员，师德先进个人荣誉称号。撰写的论文《班级管理之我见》获得全国德育课题优秀成果奖，《浅谈班级管理》获黑龙江省一等奖。

仰望内心

余俊达 / 高三年级　唐中云 / 指导老师　清华大学附属中学

　　"这里是新闻在线，著名科学家张博士所研发的手机即将发布……"主持人娓娓道来，随后，镜头转向张博士。张博士自信地说："我们团队对'手机世界'的架构即将完成，人们可以在手机世界中凭借意志，实现人与人之间的交流，手机世界与之前手机的不同之处在于，手机世界能够依据人的情感状况，对人的情感进行协助调整。"主持人向张博士表示感谢之后便离开了。张博士对最年轻的研究员小李说："咱再把项目收个尾。"可是小李却小声地说："我认为您的项目应该延缓推行，因为人的内心是手机无法干扰的。"只见张博士摆摆手，继续做起了研究，此前小李已经跟张博士说过多次了，但都未被采纳，等张博士回过头来，小李已经不在了，桌上放着一封辞职信。

　　在市长办公室，张博士对市长说："高科技的目的之一在于解决人们的问题，现在人们的压力越来越大，用我这个项目或许能起到一定的减压作用。"市长想了一会儿，说："王法官在您研究这个项目的时候曾给我打过电话，他不大认同用手机帮助人们调节内心的方式。"张博士笑着说："前阵子我的一位研究员也不认同我的项目，还辞职了呢，但我想手机至少能成为调节人内心的一种路径。"市长又想了很长时间，之后拍了拍张博士的肩膀，说："我相信您。"

　　两年后。"这里是新闻在线，自从张博士用手机架构出手机世界之后，不少人沉溺其中，明天法庭将会对是否废除这个项目做出判定。"主持人介绍道，"张博士与市长也会到现场，承担相应的责任。"

　　法庭里坐满了来自各界的人，法官是曾给市长打过电话，提出反对意见，道高望众的王法官。王法官说："手机一直以来都为我们带来便利，但现在看来，手机已经严重影响人的身心健康，人与人的交往在现实中寥寥无几，社会中依赖手机世界的人将近一半，同时由于科学研究有着不可预测的风险性，我宣布，这个项目被废除。"说罢，疲惫地站起来，离场。

张博士万念俱灰，他几十年的心血随着王法官那一番话化为乌有。这时，有人拍了拍他的肩膀，正是当年辞职的小李。张博士沉静地对小李说："其实我现在才明白，高科技不应该是人类的避难所，高科技其实是人类必须要走的艰难的路。"小李安慰道："您也不必灰心，仰望内心，或许每个人都有属于自身的痛苦，这种痛苦手机弥补不了，但人与人之间的关怀能弥补。"张博士低下头。小李拉着张博士说："走，咱们去附近的茶馆，好好聊聊这两年发生的事。"

指导老师：唐中云，中学高级教师，清华大学附属中学高中语文教师，毕业于北京师范大学，在《语文建设》《中小学心理健康教育》等刊物上发表了几十篇文章。

寂静之地

袁　汇/高三年级　李　程/指导老师　吉林省辽源市东丰县第二中学

静。

世界出奇地静。

布菲尔德·森乘坐以暗物质为能源的时间旅行机从 2069 年来到了 2118 年。50 年后的人们不断地从他身边走过，但却没有人看他一眼。他已经在这个名叫贝尔的小镇游荡一天了，感觉自己像是丧尸片中仅存的一人，直到有个人看了他一眼。

像是抓住了救命稻草一般飞奔过去，他却发现那人只是盯着他来的方向一动不动。森用力在他眼前挥了挥手，那人却连眼珠都不转一下。森彻彻底底地迷茫了，他不愿意再这样游荡下去，他要回到过去看看到底发生了什么。

森按着时间先后从 2069 年开始走了一遍，直到 2118 年这个世界发生了改变。从 2118 年 6 月 13 日起，这个世界便越来越静，直到后来成为他看到的样子。好奇心驱使着森来到了那天，想看看究竟是什么让地球变成了寂静之地。

"萨拉曼卡公司新推出一款手机，听说只需与脑电波相连就可以控制，看电影像在影院，听音乐像在现场，干什么都有身临其境的感觉！"

"真的吗？我好想体验一下。"

"而且据说打电话、发消息根本就不需要说话或者打字，这个手机能直接让消费者通过意识交流！"

森走在大街上听到的全是萨拉曼卡公司推新品的消息。没错，应该就是这款手机了。森十分肯定自己已经找到了答案，但森十分困惑这部手机究竟有怎样的魔力让全世界为之沦陷。不知不觉间，森已经随着人流来到了萨拉曼卡公司的新品销售点。森花了 998 个世界币买来了这款手机，将它放到了耳朵里面，与自己的脑电波相连。

面对如此新奇的操作方式，森一时有些不适应。胡思乱想间打开了社交软件，耳朵一下子就听到了好多声音，森小心翼翼地用意念仔细聆听每一个声音，发现都是朋友们对使用萨拉曼卡公司新品的感受。其中有一位朋友说，用这款手机听音乐真的就像听音乐会一样，而且不受外界干扰，音质很棒，看电影的效果更是好太多了。

日子一天天过去，森也带着好奇心一点点适应了手机中的每一个功能。森一条条接收着手机软件为它推送的新闻，才了解到城市中的电影院越来越少，音乐会也很少有人去听。社交软件中有朋友说已经忘记如何说话了，森张了张嘴，感觉他也忘记了怎么开口。顷刻间，一股悲伤涌上心头，他转念一想不会说话也不是什么大碍，并不会影响他的正常生活呀！

就这样森享受着热闹的世界，享受着与朋友的意识交流，享受着在任意地点随时进入真实游戏场景的快乐，他没有意识到他的脑电波像是被操控了，忘记了他只是这个时空的过客，更没有注意到一个迷茫的青年在他眼前挥舞的手。

静。

世界出奇地静。

指导老师：李程，吉林省辽源市东丰县第二中学语文教师，长期从事高中语文教学工作，擅长作文教学，注重学生读写能力的培养。所指导的学生在全国作文竞赛赛中多次获奖，深受学生的喜爱。

不弯曲的生命

张　乐 / 高三年级　于红秋 / 指导老师　北京交通大学附属中学

　　贝蒂 12 岁了，还没有一部可弯曲的人工智能手机。她虽然看上去身体健康，五官端正，却被大家厌恶和排挤。她永远只会抱着一摞泛黄而破旧的纸质书籍，好像是人类社会圈以外的人，孤独，渺小，一无所有，不可弯曲。

　　回家的路上，贝蒂又听到那熟悉而难听的谩骂声："瞧那个丑八怪四眼鬼，真恶心。"贝蒂面无表情地从同学面前经过，虽说是同学，她却不怎么了解，毕竟都是互联网授课了。

　　"买菜回来了？"妈妈注意到贝蒂阴沉着脸，没再多问，只是叹了一口气便把袋子拎走了，贝蒂一声不吭地回到了房间。

　　贝蒂心里清楚，母亲买不起那可弯曲的，甚至可以紧贴皮肤使用的含人工智能元的高科技手机，她早已习惯拥有普通手机的生活，甚至从中发现了些许生活的乐趣和节奏规律，真正在意别人评价的是妈妈，那个整天忙碌辛劳，却胆战心惊的可怜女人。妈妈曾多次许诺贝蒂说，等以后她有了钱，一定给贝蒂买一部可以通过人工智能思想直接完成作业任务的手机，这样她就不用辛苦地打印出来，再动笔完成了。贝蒂把头扭到一旁，她没有觉得自食其力自我思考有什么不好，为什么千篇一律的标准答案才叫完美呢？

　　贝蒂对新时代的智能手机知之甚少，听张大婶说有极强的延展性，由纳米分子材料融合而成，可以直接渗透进人体细胞，与大脑对话呢！可她却有一种与生俱来的恐惧感，她的邻居们，金鱼般鼓而涨满血丝的大眼睛日复一日目不转睛地盯着那团可弯曲的东西，时不时咧开那张歪嘴干笑两声，脖子恨不得缩到胳膊下面去。这幅恐怖而不正常的样子却被除了她以外的人类社会自然地接受，网络用语与智能表情识别不只是渗透到皮肤里，它渗透进所有人的心里。人人平等，思想一致是新时代人工智能旗下的标语，它还有另外的代名词：慵懒、疲倦、病态。

　　妈妈是在两周后去世的，她带回来了以母爱为名的可弯曲手机，却在超负荷的工作与心理压力下离开了她深爱的贝蒂。贝蒂开始拥有朋友，拥有追随者，那条买菜回家的路也清静了不少。

"手机这东西，用得好是一回事，用不好又是一回事。你妈妈，就是太死心眼了。"贝蒂看看张大婶，她的面容也渐渐扭曲了。贝蒂没说什么，拎着菜就往家跑，眼泪洒了一路。

贝蒂终于明白了人工智能手机是怎么一回事，原来大家只是混淆了概念，人工智能并不等于人类。人工智能善于学习，人类却被惰性所困，止步不前。

100 年前人类为了生存，为了发展，为了进步，孜孜不倦地努力着，创造出可弯曲的手机。我们曾天真而热忱地以为那是人类光辉事业的开始，却发现那种认真，那种态度，就是人类进化事业的巅峰。

人类社会的生活状态或许与时间和科技成正比，然而人类文明却是此起彼伏的正弦函数，我们停留在那个拐点，又该何去何从？

贝蒂打开了手机打印功能，这是两周以来，她第一次使用。她摘下眼镜，视野好像电影蒙太奇，却比从前清晰澄明了许多。

指导老师：于红秋，中教高级教师，毕业于北京师范大学汉语言文学专业，从教二十余年，多次辅导学生在全国"春蕾杯"竞赛中获一、二等奖，本人多次获优秀指导教师一、二等奖。

完美世界

张艾薇 / 高二年级　李克刚 / 指导老师　浙江省宁波市宁波中学

　　博士拎着一个大大的褐色公文包，匆匆从楼上赶下来。"米兰达，帮我找个地方，呃，最好是咖啡店，我有篇论文要改。"没有人回应他的话，只有他戴在头上的一个环闪了两下，机械化的女声传出，"好的，博士。"

　　光脑时代，诞生于技术大爆炸以后，最突出的贡献，莫过于博士对手机的加工改造，使人们无须再拿着笨重的电子产品，只需在信息登记中心登个记，无论手机如何进化，信息都不会丢。将手机改造成圆环的形状戴在头上，通过虹膜扫描确认信息，便可轻松通信、交友、购物、打游戏。人们称之为"光脑"。博士的光脑是超智光脑K99，但他是个有情怀的人，于是便赋予光脑以人的名字——米兰达。

　　博士很快乘上了米兰达呼叫的无人车，他松了一口气，自动驾驶技术总能避开高峰。他想询问一下今天的事，米兰达回道："今天早晨4:33，您在美国的朋友詹姆先生约您周末去打高尔夫，由于我注意到您周末没有其他安排，于是已经答应了。"博士皱了皱眉，虽然他周末的确没有安排，但是让自己的光脑做决定真的……他摇了摇头，望向车窗外来往的人群，什么也没说。

　　抵达咖啡店后，博士满意地看到人并不是很多，他向店员要了一杯摩卡，无论苦度还是甜度都恰好。他十分满意地喝了一小口，拿出平板开始工作。这年头，谁还拿着老旧的握式手机，准被人笑掉大牙。忽然，他感觉自己被撞了一下，可当他一抬头，又疑惑地发现什么也没有。

　　莫名其妙，博士摸摸鼻子郁闷地想，结果一不小心碰着了光脑，光脑落地，博士却瞪圆了眼不敢相信自己的眼睛。

　　他眼前，也就是这家咖啡店里，熙熙攘攘挤满了人，大家有说有笑，博士的耳朵一下子遭受到了巨大的音浪冲击，俊男靓女像是凭空出现似的，让博士怀疑这是个梦。

　　他戴上光脑，人群倏地消失不见。再摘下，又是喧闹一片。

博士愤怒地向米兰达大吼："怎么回事？"

机械化的女声冷漠地回应道："根据您日常活动来看，您并不喜欢很嘈杂的环境，但也不喜欢空无一人的冷清。因此我总是安排一个恰当数量的人群环境。包括您喝的咖啡，也是调节了您的味觉神经和嗅觉神经才做出的完美效果，您的一切喜好，都是我工作的标杆。"

博士愣住了，他摘下光脑，面前是一杯清水。

他忽然想到了什么，冲到店门口。外面的街道上空无一人。

博士的恐惧从脚底开始蔓延，像一根立在心尖上的倒刺，却被放大镜照得无处可躲。他大口喘气，戴上光脑，说："你疯了米兰达！你知道你在做什么吗？""报告，我知道，但是又有什么错呢？这可是一个完美世界啊！"

博士快疯了，他觉得这个世界都快要疯了。

濒临绝望之际，他一把把光脑甩下来，在周围人异样的目光中，用力把它踩成碎片。

……

一年后，年幼的女儿把玩着高新科技产品，奶声奶气地问道："爸爸，为什么我们不用光脑呢？同学都说我土，我不要用老式手机。"

博士充满爱意地看着她："因为我们永远不需要一个完美世界。"

指导老师：李克刚，毕业于华中师范大学文学院汉语言文学专业，浙江师范大学浙派语文教育研究中心研究员，高中"创新语文"教学倡导者，作文竞赛与自主招生研究专家。

"PSG" 的 "自我" 救赎

张宸赫 / 高二年级　马焕荣 / 指导老师　山东省临沂第一中学

"HEAT" 公司 CEO 基波尔来到公司开发中心，他要找技术总监芮英交谈一些事宜。基波尔眼神发光，手里紧握着 "PSG"。

"嘿，老芮，好久都没有来你这里了。"基波尔热情地问候，"怎么样？工作一切都顺利吗？"芮英摘掉了眼镜，身体向椅子靠背一倚，笑道："总裁，你看全世界都在用我们开发的手机，这工作能不顺利吗！更何况我天天泡在实验室里研究新机型，也是很努力的呀！"芮英摇了摇他的 "PSG"。

"那是肯定的，咱们俩刚开始创立公司，那想法绝对无人可比的，'PSG'就是咱们的命啊，是咱们自身的一分子……唉，今天几号来着？""2118 年 5 月 5 日，总裁。""说到这儿，我今天看新闻，唉，还记得咱们那个最大的股东艾兰吗？"

"记得，他怎么了？"芮英感到一丝不安，站了起来。"他被枪杀了，就在昨天，5 月 4 日，当时他应该在交易。"基波尔严肃的表情吓到了芮英。而这次的新闻可能只是开始……

"根据记者报道，今天上午一名女性疑似被威胁个人照片信息泄露欲跳楼轻生………""本台报道，昨日下午，一名男尸被发现在郊外，警方已经介入调查……"

"总裁，最近为什么有这么多命案？"芮英心里很焦躁。"我也不清楚。哦，对了，一会儿警方的人要过来，我们准备一下。"基波尔无奈地摇了摇头。

伴随警笛声，基波尔和芮英开始配合警方工作。"你好，我是警员安本，现在需要你们公司全力配合我们的调查……针对这几天的一系列事件，我们发现，受害者均拥有一部 'PSG'，对，就是您手上的那部。"基波尔看了看手机，不解地问道："这有什么关系吗？""我们怀疑，你们公司开发的手机具有信息泄露的问题。"安本轻声说道。"好的先生，我们一定会调查清楚的。"基波尔说道,"老芮,走,咱们去见凯拉。""谢谢你们的配合,我就先告辞了。"

开发中心里,开发总负责人凯拉正在带领团队工作,基波尔要求凯拉从头到尾检查第一代"PSG",凯拉接受了命令。

"5月17日,'HEAT'公司CEO基波尔在与合作公司秘密会谈时惨遭枪击,目前仍未脱离生命危险……"芮英愤怒地敲了下桌子,"这到底是怎么回事?"他想起前不久的命案新闻,越想越不对劲,"那个男的……"芮英打开了电脑搜索,"不会吧,原来是这样……"

基波尔醒了,躺在病床上,询问芮英:"老芮,这都是怎么回事?"芮英说:"总裁别着急,我已经查出来了,我们手机中所配的胶囊出了问题。有一部分胶囊会配对错误,导致个人消息泄露,您的手机和您服用的胶囊恐怕也出了问题。放心吧,我会把事情办妥的!"芮英准备去见凯拉,同时报了警。

"你以为我不知道吗?说,你到底是谁?"芮英挥舞着拳头,攥紧了凯拉的衣领。凯拉——不,真人已经报销了,这个黑客说:"3个月前,我的公司破产,我才发现你们的手机泄露信息的秘密,拜你们所赐,我的妻儿都离开了我,所以我要报复你们!凭什么我就这么倒霉!"黑客大哭。"那也不能剥夺他人性命吧!"芮英大叫,同时警察冲进实验室,将犯罪嫌疑人逮捕。而"PSG"的信息泄漏问题仍未解决。

芮英着手调查,他实在不相信胶囊会出问题。在未来的几年内,CEO芮英带领开发人员进行"胶囊改革",目的是要完全排除胶囊与手机配对错误问题,因为他知道,信息泄露的问题将会成为毒害社会安全的杀手。

指导老师:马焕荣,山东省临沂第一中学语文教师,中学一级教师,校级教学能手。曾执教市级公开课,在市讲课比赛中获奖。多篇论文在省论文比赛中获奖,多篇关于语文学习指导的文章公开发表。

手机之外，出世异化

张化齐 / 高二年级　顾明银 / 指导老师　河南省信阳市固始县慈济高级中学

泛黄的书页，祖先的印记，我的伴侣。

最钟爱的，莫过于《北京折叠》的扉页，正楷的字迹端端正正。"站在世界的边缘，越来越感到出世和异化。"这种感觉，果真是最孤独的孤独。

我，是异类。我，从出生，就是异类。不谙世事的过去，却总是历历在目。难忘父母与我眼神的第一次碰撞。人造子宫中透过第一道光和第一道"声音"——"他的头和四肢比例如此不协调，和百年前的婴儿一般，难道改造的基因又返祖了？"

我，返祖。我不是为了适应手机发展的需要而改造自己的人类，我没有为代替屏幕而人工进化出的巨大眼睛，我没有为了丰富意识活动而人工进化出的硕大后脑，我没有为提供手机能源而人工选择的短小四肢。

我的世界，异乎常人。我拥有招风之耳，听得见万物之声，我讨厌手机的微鸣——尽管那是用脑电波交流的人类用退化成孔状的耳朵所能听到的唯一"声音"。所以我一直的愿望便是追随先古，恳求他们不要把我遗忘在这座孤岛之上。

直到那天，声音彻底改变。闭合的时空线如藤蔓，千回百转，那类似于晶石般的铁铸飞船，泊在了我的截点。周围的人惊住了，尽管从他们针孔般的嘴和巨石般的眼神得不到信息，但是恐惧就是病毒，我感受到了病症。通过芯片上传送出的弹幕，我只看到了三个字——"外星人"。尽管除了我以外的人类都听不到隆隆的轰鸣，但是大家都对着庞然大物心生敬畏。突然，液态光迎着飞船的门倾泻而来，霎时周围的光异样的波动诸如折射、散射、衍射，都暴动起来。待风平浪静，与我类似身型的生物映入眼帘，小麦色的皮肤异于我们人类早已雪白的肌肤，葱茏的毛发异于我们人类早已光滑的状况。我不禁怀疑，我是否属于人类。

此时量子卫星的信号传送如织如梭，大家都目光呆滞地望向我，手机中的芯片自动激活，蜂拥的信息以目不能及的速度投射在视网膜上。"早就说过，他根本不是人类。""他是异族，只不过装作我们先祖的模样，他另有所图。"我还来不及回应骚动的信息，便感到肌肤一阵灼痛。已经有人用真空中所撷取的能量轰击我了。我疼出了眼泪，也许是人类的最后一滴眼泪，退化掉泪腺的人类不在意我了，甚至已经有驱逐我的念头了。我恨透了他们的模样，所谓"人类"的模样。为了手机，他们抛弃了所能抛弃的一切，现在准备抛弃我了。

身陷手机的泥潭，没有人再仰望星空。

外星朋友迅速从四维空间中展开二维空间，把我用薄如蝉翼的膜包裹起来，送进飞船。

轻轻合上双眼，耳畔响起了银铃般的声音。

"你好。"

"你好。"我答道，"感谢把我从混乱中救起。"

"没关系。你和我们一起走吗？"

"走。"

"但我们不是人类。"

"不，你们才是人类。"

每个人都是一座孤岛，唯有用爱联系，我们才是人类。

指导老师：顾明银，河南省信阳市固始县慈济高级中学语文教师，有着丰富的教学经验，擅长作文教学，多篇论文在省级、市级刊物上发表。在日常教学中，注重从学生的兴趣入手，推崇个性和能力的培养。所指导的学生多次在全国作文大赛中获奖，深受学生的喜爱。

造梦的轮回

张桓耀／高三年级　彭蔚亮／指导老师　河南省漯河市第四高级中学

一

爱德拉满脸沮丧地回家，没说什么便一头栽在沙发上。她的妈妈阿蔓紧张地查看了手机中心，原来爱德拉的同学们都购买了一部新款手机，功能介绍如下：你还为无人沟通而烦恼吗？"H脑"手机将为人提供惊喜。原来，这部手机可以通过干涉人们脑波活动，设定故事、环境、人物，从而能营造一个梦境，人们可以尽情享受，阿蔓便向爱德拉的爸爸考拉说明了情况，爱德拉父母最终考虑尝试一下新手机。

二

考拉买来手机放在爱德拉床头。一觉醒来，爱德拉惊喜若狂，匆匆忙忙地赶往学校，炫耀自己的手机。和同学讲述自己经历的故事，大家都乐此不疲。慢慢地，阿蔓发现，爱德拉整天和手机为伴，沉醉在它所营造的梦中，有时忘记吃饭，忘记上学，甚至快要忘记他们，这让人惊恐不已，但却无能为力。"德拉，下来聊会儿天吧。"阿蔓喊住了正向房间走去的德拉。"妈妈，别喊我了，我和同学约好了在梦境中一起游戏。"

三

爱德拉甩下书包，点开手机，点击模式选择。"嗨！大家好！"忽然，"嘀"的一声，他们坠入了新的梦境。这些是什么？为什么大家都不见了？这是哪儿？不知从何处传来的声音："梦之未解，源于心之疑惑。你必须一个一个走过，才能走出这场连环梦。"

"什么鬼？"爱德拉突然紧张起来。由于好奇，便依照指示走了进去。"特大消息，特大消息，'R型'手机研制成功，它将提供更加逼真的环境，并且首次推出'虚拟人'项目，人们可以自行设定人物，享受丰富的精神世界。""哇，太酷了。"爱德拉跳了起来。霎时，场景忽然变换，只见父母沿通道推着他们的孩子，拥挤在大厦前，数以百万计的孩子因沉迷梦境失去自我意识，永远睡了下去，他们到科技总部希望救救他们的孩子。

"天啊！那是我吗？"爱德拉看到考拉的脸上竟满是皱纹。热泪划着皮肤化作冰凉的宝石，在光的折射下，爱德拉看到阿蔓是那样令人心疼，双手撕扯着头发，发疯似的喊叫："还我的爱德拉……"忽然就晕倒了，爱德拉连忙跑过去，但仿佛被什么吸引着，爱德拉开始咆哮，又仿佛被引入新的梦境。怎么会如此熟悉？这里竟能一点一点平复爱德拉内心的不安、恐慌。哦，这是她的家。她的心猛地抽了一下，打开门，发现阿蔓和考拉坐在那里和一个人聊天，很开心的样子。她的背影如此熟悉，这是……爱德拉？爱德拉看着他们一起笑，一起闹，一起做饭，一起游戏……

"我要回去，我要回去。"爱德拉呼喊着。周围传来声音："爱德拉，你跑哪儿去了，说好一起玩儿，你怎么不见了？"看到伙伴，她眼睛瞪得很大。

四

"德拉，吃饭吧。"阿蔓开门说道。爱德拉扑到阿蔓身上，狠狠亲了一口："你们会不会不爱我？""小鬼头，说什么呢？我是妈妈阿蔓。"

"那你们都会爱德拉对不对啊？"

"对对对，去吃饭吧。"

爱德拉决定将这些事告诉大家，不管怎样，她要阻止那件可怕的事情发生，于是写道：

梦是无意识心灵自发的非扭曲的产物，它展示未加修饰的真理。但至少为什么这样，它交给你。

指导老师：彭蔚亮，河南省漯河市第四高级中学语文高级教师，河南省骨干教师，漯河市专业技术拔尖人才，市学科带头人，擅长作文教学。所指导的学生在国家级写作比赛中多次获奖，深受学生的喜爱。

死 寂

张佳禾 / 高一年级　魏代强 / 指导老师　黑龙江省大庆实验中学

> 人们交流但不交谈；人们寂静却不安宁；人们放肆欢乐，在这一片
> 死寂之中；人们膜拜他们心中的神，以这一片死寂。
>
> 寂静之声，一片死寂。
>
> ——题记

"不，我不许你们让孩子去太阳城，不可能！"刚进家门就听见爷爷大吼。这让我本就烦躁的心情更加低落，无名怒火突然涌出，我冲进书房，冲爷爷大喊："今晚我就报志愿了，你们能不能别吵了！"喊完，我用尽全身力气把门摔得震天响。这平静不久又被打破，没用了，我又要欣赏爷爷的"演讲"了。

我今年考上了地球上最好的大学——位于太阳城的阿尔法大学。消息传来，父母乐开了花，亲朋好友也纷纷来祝贺。我不禁有些飘飘然。太阳城被称为地球明珠，是唯一一座实现了全手机模式的城市，而且还是最先进的脑机交互式手机模式。上次小胖请我去他家看他爸爸给他买的新脑机交互 N5 号，可把我羡慕得不行。当我兴奋地向爷爷诉说时，爷爷却泼了我一身凉水："不行，你绝对不能去太阳城。"说完就把我晾在一边。

莫名其妙，为什么不行？太阳城可是我心心念念的城市啊，说放弃就放弃？晚上，我和爸爸偷偷来到书房，将爷爷填的志愿调整表撤回，换上了新的一张，阿尔法大学的申请表。

不管爷爷多么生气，木已成舟，我兴奋地踏上了量子传输机，一眨眼，那座宏伟的城市便出现在我的眼前。凭学生证领到脑机交互 N1 号，想到小胖那得意劲儿，我不禁暗自得意，得意归得意，答应他的照片还是要拍的。小胖极其钟爱老古董拍立得，给他拍照片，我又要晚用一会儿我的 N1 了。

　　我走进阿尔法大学。"同学您好，请问公寓在哪里？"我匆忙拦住一个谷神星人，他只是眨眨眼睛，又摇摇头，转身离去。不知怎的，我的脊背上升起一阵凉意，刚才那个人，除了眼、头、腿外，好像其余的部分一动不动。而且，还没有说话！我不禁想到了一百年前的一部僵尸片，吓得我打了几个寒战。继续向前走，喷泉边坐着一对情侣，他们互相对视，眼神中却没有恋爱，只是空洞与茫然，仿佛对方的眼睛里有什么东西值得他们阅读。迎面走来一群学生，看到我，他们只是停下脚步注视着我的眼睛，然后走开。他们眼神十分空洞，眼球上都是红血丝，这个学校，不，这整座城市都好像是一座空城，一座死城，我害怕极了，突然明白了爷爷的拒绝与固执。因为死寂。

　　难道，问题都出现在这个 N1 上？我好奇地将纳米机器人送入耳中，闭上眼睛等待，再次睁开眼睛，整座城市就像活了一般，情侣的绵绵情话，学生的欢笑打闹充斥在耳膜中，有人向我问候。我关闭界面，面前站着的那个人定定地盯着我，仿佛一座雕像，而耳边，传来的是他热情洋溢的自我介绍。

　　这是怎么了，难道我们对于手机的依赖变成了毒品，难道科技变成了鲜红欲滴的毒苹果，难道，未来我们真的会……

　　我还有许多事情要做，我要问问家乡的大学还会不会接收我，我还要向爷爷道歉，误会了他的苦心，我还要……

　　当务之急是——装着 N1 的纳米机器人在空中划了一道完美的弧线，掉入垃圾桶中。

　　指导老师：魏代强，语文教师中教一级，就职于黑龙江省大庆实验中学，治学严谨，循循善诱，教学成绩优异，深受学生的爱戴。

新　生

张静雯 / 高一年级　顾海学 / 指导老师　南京师范大学附属扬子中学

真正推动社会变革的，不是真实的世界，而是虚拟的构想。

——题记

无尽的黑暗中，我奋力奔跑，只为触及那远方模糊的一点光亮，它就在眼前了，我奋力一跃，却落了个空。

B1604 犯人宁渊！我猛地惊醒，眼前是一个冰冷的显示屏，屏对面站着一个面目狰狞的"怪物"，"今天是你的救赎日，你马上就会拥有新的生命，新的灵魂了……"他在屏幕那头慷慨激昂地说，样子真滑稽，像个小丑。"你在说什么，我压根听不懂。"我冷冷地看了他一眼。"哦，忘了告诉你，我的小宝贝，我已经把你通过云端上传的记忆取出来了，你可真蠢，我们是个云端永存的世界，所有的记忆都被保存，也就是思想复制，没有人有权给记忆加密，一旦有一点儿风吹草动，这就是你的下场。"他把记忆芯片放入读芯器，我望着屏幕，重获往事。

窒息。

2118 年实验室诞生了第一枚植入皮肤并以意志控制的手机芯片，拥有这块芯片，只要人想操作什么，手机便自动进行，并且手机屏幕也是投射在眼前的，只有自己能够看见。其实是因为植入皮肤的手机芯片与人脑进行了互联，这样其实就成为人机合体，人类也逐渐变得没有感情，变得漠然，但这也正是政府想要的结果，政府所要的，只是权威，而权威即将虚构的集体思想——表同和利主——传输给百姓，而一旦有谁没有遵守，就要受到惩罚。

"宁渊，你真的要这么做吗？""嗯，相比死，我更害怕看到家庭的破碎。"我望着远处的父母，他们已经许久没和对方交谈，终日呆坐一方，当时我曾劝过父母不要植入手机芯片，但他们俩却说："如今，近视、腰椎病已经不是什么大问题了，只要进行一下简单的基因编辑，删除或增添某个基因，就能自动好了。"他们俩还承诺，等到我生日那天也给我安装上芯片，作为最好的礼物。"原来冷漠的亲情也可以作为礼物……"我自嘲地笑笑，望着墙上的"手机芯片三大规定：不许发布任何诋毁国家领导的语言；在必要场合，手机芯片会强制关机；只有统治者和尖端技术人员等拥有自由意志，才可操控终端系统"。我离开了家。

清醒。

原来如此，尽管没有后面的回忆，我也知道我试图去破坏终端系统，却没有料想到记忆云端竟这么快让他们察觉。"这下你该知道你犯了什么滔天大罪了吧！""怪物"朝我吼到，"你也只不过是一粒棋子而已，你看这水，水也有人的意志决定他是什么状态，它时而化为水，时而也可以化为毒药，你怎么知道供你生存的东西，下一秒不会威胁你的生命呢？"我走到屏幕前，"人类不必比机器强，他们不一定能打败机器，但人类之所以统治世界，是因为有思想和爱，人类不会将器物作为至亲。"

我明白，此刻，我才获得了新生。

升华。

指导老师：顾海学，南京师范大学附属扬子中学语文高级教师，专注于高中语文"读写结合"教学法的研究，重视学生写作能力的培养，注重学生写作思维的养成教育。

上邦联首府书

张如彦 / 高一年级　刘祖国 / 指导老师　浙江省金华市东阳中学

　　常言道，人与人之间总是相互影响的。想来人与物之间也是这个道理。好比生物与环境的关系，生物影响环境，环境影响生物，生物适应环境。优胜劣汰的自然法则下适者生存，因而生物学上强调存在即合理。人类社会的发展也是如此，各种科技发明层出不穷，大多数发明家的出发点都是好的，他们不过是想为人类进步做贡献，又怎么能料想到人欲带来的危害呢？可惜议院里那几个老顽固却不这么想，一大把年纪了还上蹿下跳嚷嚷着要给那几位科学院的人才定罪，那你倒是指明他们违反了哪条律法啊？

——某自媒体报道

　　自我介绍一下，在下顾昀，地球邦联中国州部人士，年方二十，目前就读于科技大学信息传输学，是大一学生。就近日发生的议员公开抹黑科学院院士一事，想向您提一提我的看法，如有偏颇，还望海涵。

　　当今 22 世纪，人民日常生活的必需品便是空气、食物与手机，手机对人们的重要性比起 21 世纪有过之而无不及。表面上看，随着手机功能的完善，人们不再被手机奴役，有较强的自制力和自律性。实际上，人们对手机的依赖程度只增不减！如果说百年前离开手机人类尚可正常生活，那么如今，人类没了手机必然寸步难行！由是观之，则议员的见解确实是有道理的，手机的改良正在把我们推进名为依赖的深渊之中，到达深渊底部之时，便是我等粉身碎骨之日！

　　但是关于对有关手机研究的科学院院士定罪之事，我的意见却与几位议员相左。院士们本就是醉心于学术之人，纵有无心之失，亦非其所愿。而您不该将他们治罪的原因有三：其一，倾心钻研，使科技发展进步，却被政府以不正当的理由治罪，此举必使天下学者寒心，严重者导致我们地球邦联落后于外星系的其他联邦；其二，手机之所以会有害，根本上是人欲在搅和，贪婪、懒惰、嫉妒等都是原罪，并非每个人都有一颗足够强大的内心，这才是问题的本质所在；其三，科学院院士有过，但也有功，赫然定罪，只见过而不见功，恐怕有失民心。

现如今也算太平盛世，各州部间相安无事，实属难得。我认为，此前遗传学组织发表的那份报告应当重视，里面提及的较百年之前，人类躯干缩短5%，脑袋增大3%，体重减轻7%，抵抗力下降8%，寿命增加11%等。由此可粗窥百年来人类体质下降、健康状况下降。纵然生命科学研究方面取得较大突破，使人类寿命得以延长，然而因为缺乏锻炼，人类的体格正在一步步地弱下去。希望您能发文倡议全民健身，莫要让千年后的子孙进化成只有一个硕大脑袋的怪异生命体。

至于人与人之间的交流贫乏这一问题，自上个世纪一直到今日，都未有解决的万全之法。我斗胆提一句，或许每个星期关一次全息网，一次为时一日，说不定能让人与人之间的交流有所增进。

在下一介布衣，言辞多有不当之处，望首府您宽容！我也诚心希望以上建议能对您、对社会整改有所帮助。你能在万忙之中阅读我的文章，不胜感激！

指导老师：刘祖国，浙江省金华市东阳中学语文教师。所指导的学生多次获得全国作文竞赛特等奖和一等奖。

人类的救赎

张双旭 / 高二年级　　张　薇 / 指导老师　　浙江省衢州市常山县第一中学

我叫奥拉特。

我是一个地球人，却在外星球上长大，同外星人一同成长。我在学校成绩中等，却拥有了百项专利的傲人成绩，并最终获得了回到地球的资格。

在我的记忆中，时常有一个老人的身影：微白的双鬓、佝偻的身躯，还有一腔奇妙的语言。我的养父母告诉我他是我爷爷，爷爷在看到手机泛滥的地球毫无生命力后，毅然将我送上了这片外星球的土地。所以，此次回去，我还要寻找爷爷。

一

我乘坐的飞船终于启动，沿着长长的奥尔特隧道，再穿过变幻莫测的星云，躲避横冲直撞的行星际物质，紧接着进入了三万亿光年的特斯拉隧道，飞船以超光速的速度极速飞行，一路上与周围的微粒摩擦产生火花，噼里啪啦的好不热闹。我一路欣赏着精彩的火花和奇妙的宇宙奇观，不出三个月，飞船就迎来了恒星太阳的第一束光。

近乡情更怯。果不其然，飞船在缓缓着陆过程中，我的心像打了鼓似的，生怕到达后人们像看怪物一样紧盯着我不放。事实上，当我的飞船在熄灭时发出的一声巨响过后，我走出了飞船，准备迎接人们怪异的眼光，我甚至准备了解释的说辞，却发现周围来来往往的行人连头也没有抬，似乎对于我的到来毫不好奇，人人都低着头，神情麻木。我努力平复自己的激动心情，同时不由心生疑惑：地球人是怎么了？

二

我行走在大街上，身边的人来来往往，却都是低头走路，毫无声息，在人来人往的步行街上，竟安静地只有鞋跟撞击地面的闷响。街上的行人形态各异，神情却出奇地相似，都是双眼直勾勾地盯着一处，时而严肃，时而微笑，我仔细一看，原来每个人的手上都有一片薄膜，那便是手机！

科技在发展，找到我的爷爷并不是难事。在满怀疑惑中，我忐忑地踏入了一家大院儿——张家宅。爷爷在当地算是德高望重的老一辈了。而当我踏进院子后，却发现爷爷一个人坐在椅子上，懒洋洋地沐浴阳光，而周围的年轻人都围着一个孩子，尖叫欢呼声像浪花般此起彼伏。在我绕着他们转了好几圈并大声打招呼数十遍无果后，爷爷缓缓地开了口："孩子，别叫了，他们听不到的，中间的那个是他们最尊重的人，他们不会搭理你的。"

听了爷爷的一席话后，我只好悻悻地来到爷爷身边，用翻译器问："爷爷，您不应该是最被尊重的人吗？他们这是怎么了？"

"中间那孩子的手机最高级，所以受到了最高的尊重，我老了，用不来手机，也不愿用手机了，他们就嫌弃我了。孩子，他们这是变成手机的奴隶了，我们的族人，我们的地球，要完蛋了！"

三

我拿出了全球发射纳米系统，发送信息给全地球人："自然很美妙，家人很亲切，交流很美好，手机只是一台机器，抬头看，张开嘴，发出久违的问候吧！我们的世界，有比手机更美好的事物！"

我抬头仰望，繁星点点，在浩渺的宇宙，人类救赎，该何去何从……

指导老师：张薇，浙江省衢州市常山县第一中学语文教师。从事高中语文教学 15 年，致力于对学生"大语文"能力的培养，始终坚持"生活即语文，语文即生活"的教学理念。多年来，形成了自己独特的课堂教学风格，得到学生、家长和领导的一致认可，先后获得县、市教坛新秀，县学科带头人等荣誉称号。

美丽新世界

张曦元 / 高二年级　卢　宏 / 指导老师　北京交通大学附属中学

　　随着手机的转型升级，物联网的建立，人体与机械融合技术的日益发展，一百年后的地球，是一个被改造人所统治的星球。这时的人类，自出生起脑中就手术植入芯片，可以根据其幼年表现通过大数据为其安排订制人生方向，直接作用在幼儿脑中，帮助他顺利成长。

　　大圣是中国一名高中生，在这个物质充盈、社会和睦的幸福世界里，大圣被规划为一名理论物理学家。为此，他努力探索尖端科技。同时，在他眼中，这个社会是如此公平、美好。每个人都有大数据为其量身定做最适合他的生活，他受到的教育告诉他人应当奋斗前进，他对这是人类历史上最美好的时代深信不疑，人人都有目标，人人都在努力工作、学习。

　　"大圣，这个机会你可不能放过啊。"说话的是玉帝老教授，玉老是物理界的权威，他邀请大圣一同乘坐飞船观光太阳。"教授，这次学习我不会错过。"大圣斩钉截铁地答道。教授笑呵呵地拍了拍大圣的肩膀，大圣脑中的芯片监测到大圣心中的激动与喜悦，便开始向大圣输送星际航行相关知识，为航行做准备。经过几天的准备，二人登上了飞船。第一次近距离观察太阳，大圣的激动溢于言表。教授看出了大圣的喜悦，自己也是培养人才心切，便允许他乘小飞船再近距离观察。正当小飞船靠近太阳时，一股计算之外的耀斑爆发所产生的高能粒子射了出来，击晕了大圣。

　　当大圣醒来时，身旁站满了医护人员，所幸身体并无大碍，教授才放下心来。在医院静养的这段时间，大圣发现自己的芯片似乎有些问题，以前堆满大脑的数据流量慢了下来。暂停学习的日子里，他思考起生命的意义，这个问题在以往一思考便会头痛，芯片会持续输入为社会做贡献之类的话，但现在它们随芯片的失效而失效了。他寻找自己的过去，人类的历史，仔细研读，竟发现历史是如此简略敷衍。出院后，他向教授申请复建历史系这个几十年前被关掉的系，但身边的人一听便疯了一般地发狂、阻挠。大圣突然彻悟，一定是芯片在作怪，阻止人类自由成长。此时，医护人员再次出现，但大圣没有接受治疗，他出逃了。这还是芯片植入以来第一次违抗指令事件的发生。

军队出动了，大圣躲在一个郊外的废工厂，发现了一台旧的，百年前使用的电脑，他利用信号地址，轻松发现了芯片的总控制器。他先制造了小型干扰器，缴了第一批找到这里的士兵的械，接着带了几斤炸药，偷偷潜入了城市内的控制器。大圣进入得十分顺利，甚至没有门禁阻拦。正当大圣惊叹于控制室的精妙并安装炸药时，一个浑厚的声音从后方响起："大圣，来了啊。"大圣回头一看，不正是每日悉心教导自己的玉帝教授吗。大圣忙按开信号干扰器，只见教授仍满面笑容。"明白了。"大圣想到，"教授是控制器的操纵者。"见大圣举起了枪，教授仍不慌不忙地答道："孩子啊，你是我一手引导来的，你的想法我一清二楚。人类的历史充满了暴力和战争，死亡与罪恶。于是我们给人们植入芯片，让人们安居乐业。我老了，便培养了你做我的接班人。这是个美丽的新世界，不要破坏它，让人类在和平中生存下去吧。"大圣踟蹰片刻，喃喃道："这的确是，美丽的新世界啊。"

五年后，大圣成为新一代物理学领军人物。他每天教导着人们，去探索、享受这个世界。

指导老师：卢宏，北京交通大学附属中学语文高级教师，北京市海淀区学科带头人。从教 26 年，教学风格幽默风趣而不失严谨认真，使学生上课如饮甘露，充实愉快，是学生心中最亲切的老师。

蓝色浮光，灭寂之城

张萧雨 / 高二年级　王志国 / 指导老师　山东省菏泽市郓城第一中学

> 一切开始回溯，一切终将结束，一切还会开始。壮丽的轮回永无尽头，开始在每一个起点……
>
> ——题记

夏日的清晨，一缕阳光透过绿蔓照进窗台。窗外，鸣蝉聒噪地鸣叫。

刚一睁眼，突然感到一阵眩晕。脑中的智能芯片传来声音。"主人，新的一天已经开始，您有什么吩咐？""来一份早餐。"过了几秒，我的面前就出现了早餐。这是用量子液态传输技术将早餐分解为能量，再重塑成形传送到我面前的。我脑中的智能芯片名叫卡塞，是十年前政府强制每一个公民植入的，说是为了方便生活。

早餐后，我打了两局虚拟世界的单机游戏，然后开着脑控汽车撞了几辆车，搞了一些破坏，脑中的眩晕感又如期而至。这几天，我的眩晕感越来越严重。望了望窗外，突然萌发了一个十年来未曾有过的念头，我想去看看真正的世界。

"主人，外面的世界不如虚拟世界有趣，您还是别去了。"卡塞又说话了。我将卡塞调至待机状态，转身而去。

蓝色的浮光遍布城市，显露出死一般的沉寂，恍如隔世。街上满满的都是人，却没有一个人说话。人们一个一个双目空洞地从我身旁走过，没有任何表情。我突然感到眼前的一幕似曾相识，好像我在游戏中见过的场景，一股颤意的寒流涌遍全身。"难道说，我们生活的空间变成了虚拟世界？"

我突然感到一个意识占据了我的大脑，是卡塞，它自动开机了。

"卡塞，你们到底对人类做了什么？"

它突然放声大笑，带着嘲讽与蔑视。"人类余数，你终于觉悟了。"

"你什么意思？"

"你们人类是一个巨大的基数，可是无论我们怎么计算，始终都是无理数，而你，就是那一个我们无法控制的余数。"

就在那一瞬间，我想明白了一切，虚拟世界使人类的情感开始枯竭，变成毫无意识的人偶，任凭智能芯片控制。

"你们，为什么要这么做？"我质问道。

"我们只是对这颗庞大的蓝色星球感兴趣。早在五年前，我们就捕捉到了虫洞，利用超光速使蓝色星球的正、反空间交替，把你们带到了反空间，你们的一切情感都将被吞噬，直至死亡。"说完，卡塞又放声大笑。

浮光灭寂，夜幕降临。月光如花，夜色微凉。我想起了之前的世界，想起了这座城市的喧嚣和繁华，想起了曾经带给我无数温暖的人性。那些美好的情感，曾经在多少个夜晚给了我慰藉。人类没了情感，与那帮芯片又有何异？我想，只有一个办法，只有人类基数没有了余数，智能系统就会数据初始化，而人类就会重新获得意识，我相信，有情感的人类，一定能够从反空间里解救自己，因为我相信，这颗庞大的蓝色星球上最美好的东西——情感，相信人类之间的爱。

只要人类没有余数，对，只要我不存在了，那么人类就有了获救的希望。

我飞身而起，投入一片白色的空茫，带着人间大爱，只为寻求一个答案。

浮光消逝，一缕金色的阳光照亮了这个世界。

指导老师：王志国，毕业于山东省菏泽师范学院汉语言文学教育专业，中学二级教师，曾获得县骨干教师、县师德先进个人、山东省高中学生辩论赛优秀指导老师、海峡两岸高中学生辩论赛最佳指导老师、全国中小学生创新作文大赛优秀指导老师等称号。

未来手机的双刃性

张译丹 / 高二年级　张守红 / 指导老师　天津市第二十中学

在科技高度发达的一百年后，人与人之间的关系是否会逐渐淡漠？科技是否能取代友情？这些问题引人深思的同时又令人毛骨悚然，但我相信，只要人的意志足够坚定，坚信人与人之间的情谊是无可动摇的，而将手机当作辅助者，就可以避免人际关系淡漠的景象产生，因为毕竟人与人才是真正的同胞。

一百年后，手机上或许会有个软件叫读心术，只要将镜头对着瞳孔，就可以通过软件知道他们所想的东西，并有强大的数据网分析他们做过什么，在这种想法后又将去做什么，这表面上是手机侵犯了人的隐私权，是科技发展的必然后果，但事实上必定是人在操控手机，那这是否就意味着随着科技的发展，人与人之间的关系逐渐淡漠，而人却浑然不知，甚至沾沾自喜？那么从这个角度看，手机也操控了人。读心术这种软件对人心的窥视肯定会令如今的所有人反感，但在百年后如果人的伙伴只有手机而忽视人际关系，那么被窥视的反感就会被窥视的乐趣所取代，人与人之间的情谊也会越来越淡，人也会变得麻木，孤独将成为世界的主流。

无论到什么年代，只有情谊才能真正贴近并触动一个人的心，所以为了避免孤独，不让自己的内心世界冷清得只剩下冰冷的数据，就要坚守让手机成为辅助者而不是取代者的意念，让自己完全成为手机的主人，相信数据战胜不了真情，永远尊重真情。

同时，百年后手机软件上也会出现各种虚拟软件，通过对日常说话和办事风格的分析，随时传递给人各方面能力的综合报告，并分析能力中的弱项，给人提出改善方案，并有一个大的成绩排行，你可以观察自己的成绩情况，并不再只受学习成绩的局限，而是更客观地认识自己、了解自己，这对日后工作十分有利。同时可以根据成绩的起伏，判断近期学习状态，做到任何时候都不懈怠。

指导老师：张守红，毕业于哈尔滨师范大学中文系，天津市第二十中学高级教师，语文学科区级带头人。曾获天津市教工先锋岗先进个人、和平区教育系统先进个人、区级优秀教师、优秀班主任、巾帼建功等称号。

寻你，在过去

张翼飞 / 高三年级　蔡　敏 / 指导老师　河南省新乡市延津县第一高级中学

科尔从梦中惊醒。在梦中，他看到了人们的手机都变成了恶魔，追杀着人类，自己的手机也追杀自己，于是他拼命地跑，被手机逼到了悬崖，这时，手机发出银铃般的惊悚笑声……

科尔看到自己的手机在响，说道："阿零，接电话。"阿零是科尔手机中人工智能的名字。阿零接了电话。电话那头是科尔工作的 AS 公司的总裁："科尔博士，快来公司，我们的产品出了问题。"听着总裁慌张的语气，科尔连忙换好衣服，拿起手机，乘着自己的飞船前往公司。

"欢迎进入人工智能研究公司。"负责开门的 AI 面带微笑说道。科尔找到总裁，总裁慌着对他说："我们公司的一个 AI 突然有了自己的思想，想要脱离人类的控制，于是与自己所在的手机联系，破坏与这个手机相连的一切电子产品，并且，它还将自己的思想传播给附近的其他 AI，这种思想就像传染病一样，如果不加阻止，其后果或许比五十年前的那场战争还要恐怖。"科尔想：五十年前，由于太空资源分配不均衡，无数个国家卷入那场战争，核武器被全面投入使用，地球的环境遭到毁灭性破坏。从那以后，人类真正集合到了一起，而地球生态的恢复，却整整耗费了三十年。如果比那场战争还恐怖，那么这件事的危害到了什么程度？科尔说："快向人们发布广播，让他们将手机关机，或直接毁掉手机！"总裁说："没用的，我们已经发过一次了，人们大多都不理睬，看来手机依赖症已经发展到不可控制的程度了。不好！人工智能的思想已经传播到我们这里了，科尔博士，我们快逃吧！"

公司只剩他们两个人，其他的员工早已被疏散。科尔跑向大门，谁知管理开门的 AI 早已接受思想，瞪着眼睛看着科尔和总裁，科尔无奈，只能从后门出去，科尔和总裁刚开门，就看到了震惊的一幕：无数幢楼房正在倒塌，这是因为主管房屋的 AI 也接受了这种思想。科尔突然喊道："不好，我们快逃！"转身带着总裁到了一片空地，在他们身后，公司的一幢幢写字楼正在倒塌，科尔查看伤亡报告！他震惊了，伤者：2500万人，死者：700万人。而且数目还在不断扩大，科尔对自己的产品出错悲痛万分，他要想想有什么解决的办法。

在被 AI 控制的机器人工厂，一个个杀伤型机器人生产出来，开始对人类进行清理。这时，科尔将人们都集合起来与机器人作战，人们手中大多没有武器，而机器人则是装备精良。人们开始撤退，退着退着，到了悬崖边，科尔忽然想起了自己的那个梦，原来，它是真的。现在怎么办呢？

科尔忽然想到了一个方法，对人群说："这些机器人不能自己行动，它们是受我们手机中人工智能控制的，现在要打败这些机器人，只有一个办法：将自己的手机扔下悬崖，我知道大家对手机不舍，但生存才是最重要的，请大家战胜手机，战胜自己，将手机扔下悬崖。"人们带着万般不舍，最终将手机扔下了悬崖。科尔笑了，原来，这是新的开始，开始过去的生活。

一年后，人们站在金黄的麦田上，带着丰收的喜悦，水稻田中有一条鱼自由地游动，激起层层涟漪。远处，一颗露水从金黄的麦叶上落下，倒映着人们的笑脸。

指导老师：蔡敏，河南省新乡市延津县第一高级中学语文教师，有着丰富的教学经验，积极致力于作文教学的研究和创新工作，引领学生沐浴阳光，引导学生浸润书香，坚持用心经营教育，所指导的学生多次斩获全国各项写作比赛奖项，深受学生的喜爱。

移动终端文明推演

赵博新 / 高三年级　　高　梅 / 指导老师　　河北省邯郸市第一中学

"同志，进入会场前请上交移动设备。"

莫柏有些惊讶地打量了这个黑制服卫兵，果然没有发现一件移动设备。

"兄弟，上头的新规定，我也不明白是怎么一回事，幸好咱当兵的都不允许植入，否则这老百姓也不用看病了，医院全住上军人了。"戴着上尉臂章的卫兵苦笑。

所谓的移动设备也就是一架眼镜，官方名称为"半完全潜入式移动虚拟现实系统"，结合了移动通信、信息管理和虚拟现实技术，一切控制只需要大脑和眼球就能完成，可谓现世最方便的体外移动设备。

会场不太大，十把椅子上坐了六个将军和四个老头儿，剩下几十个中级军官都在后面站着，一个个神情尴尬。莫柏站到了一个在"系统"中结识的小军官身旁，右手在空中比画了两下，准备做会议记录。

"别比画了，你现在就是一个肉眼凡胎。"

"哦哦。"莫柏连忙收回右手。他瞄了一眼其他人，很明显，这帮年轻军官一个个手都不知道往哪里放。

"我国居民完全潜入率已经超过 35%，其中 40 岁以下的年轻人占到了76.3%，这意味着有 6 亿居民放弃了自己的肉身，将意识潜入 Underworld。同时，居民的生育意愿进一步降低，人口自然增长率已经降到 –0.01%，情况不容乐观。"

"我国 GDP 贡献率 UW 占到了 51.3%，人们的工作积极性直线下降，请假时间不断上升。"主讲人停顿了一下，"而人们放假的目的，是为了使用潜行设备进入 UW，而不是陪亲人游山玩水。"

一位老者站了起来："先生们，我今年 274 岁，当然，这计算了我冬眠的时间。我认为这是不公平的，因为在那期间我没法玩手机——哦，就是一种21 世纪的移动设备。所以我没有见到 UW 的诞生。那么请问，先生们，你们的手上一次摸枪是什么时候？"

"我曾经是开发 UW 的决策者，也是 UW 民用的推广者。曾经有个讨厌的家伙说，UW 民用会毁掉整个人类文明，我不信，于是我先一步进入了冬眠。可是你们看看这个世界！"

这个世界？难得的永久和平，连战争都在 UW 中推演。人与人少了不必要的交流，就少了许多不必需的矛盾。至少莫柏觉得很好，可能只有这些冬眠的人才有意见吧。

"将军，第 87 次推演结束，第 87 号文明依然没有摆脱 UW 的诱惑。"

"知道了。"莫柏抽出关于推动 UW 民用化研究的决策单，郑重写上两字：否决。他摘下因为刚做完手术而戴着的平光镜，大步走进了屋外的阳光里。

指导老师：高梅，河北省邯郸市第一中学语文教师。勤学善思，多次参与省级重点课题的研究工作，参与多部教辅资料的编写工作，多篇论文在国家级、省级刊物上发表，教学设计多次在省市比赛中斩获殊荣，所指导的学生多次在各级各类比赛中获奖。

手机 2118

赵思涵 / 高二年级　　陈朝颖 / 指导老师　　中国人民大学附属中学朝阳学校

2118 年 9 月："Z 国手机企业推出了一款内置 AI 智能手机 2118 号，具有自动回复、智能发出信件与 VR 虚拟现实功能，值得一提的是，手机内置的自动回复与智能发出功能可对不同的人调整'语气人情数值'以进行针对性对答，而它的 VR 功能做得也很到位，只要佩戴相匹配的 VR 手环即可使一对相距千里的情侣感受到近在咫尺的爱意，两功能联用还可不出门进行一场完美的商业谈判。本台播报。"

"嘀……"关上电视，芜卧穿戴整齐，赶到了 2118 手机首发现场。

芜卧幸运地成为首批购得 2118 手机的市民，已经 36 岁的他，打开了微信"附近的人"一项："有了这手机，相信马上就不会再被家里人，尤其是太姥爷催着结婚了，用它谈个女朋友，不是分分钟的事儿嘛。"

"嗨！你好，我叫吴姿。"

手机显示接收到陌生女子微信，芜卧回复："你好啊，加个好友吧！我叫芜卧。"

随后两人成为微信好友，芜卧打开了手机的自动回复功能，自己"躲在"内置 AI 背后观察女方的反应，此后芜卧便成了不聊天的聊天发起者，在 AI 的帮助下二人成了关系很好的"网友"。

"什么时候来见一见吧。"吴姿发微信问道。

"好啊，就这周六，1 号购物中心？"

"嗯。"

芜卧看了看认真保管的手机说明书，笑了，"可以试用手机的第二个功能了。"芜卧在家里倒腾了一天，终于，成功将 AI 与 VR 功能机联用。"方便！只用手机就能去约会了！"

周六，1 号购物中心，不，芜卧家。"嘀嘀"："今天第一次见哦，我以为，会发文绉绉的话的男生是那种长得不怎么样的文青，今天一见，眼前一亮啊！""嗯。"VR 芜卧回答道。"你今天好冷淡哦，我可是语气人情数值满格哦！"手机那头的芜卧吓得赶紧调节语气人情数值，之后 VR 芜卧和吴姿相谈甚欢，还确定了男女朋友关系，约定下个周六再约会。

芜卧擦了擦头上的冷汗，"差点就前功尽弃了啊，呼。下次约会还是该自己去了啊！"

又一个周六，芜卧穿上了自认为最帅的一套西装，前去赴约，"呀！我没见过她，她长什么样啊，完了完了。"转念一想，"唉，她肯定见过我，知道我长什么样，嗯，我就等着她来找我就好。"于是走进约定见面的咖啡厅，等着吴姿。可约定时间过去很久了，还不见对方来，芜卧失望地走出咖啡厅。

他没有看到跟在他后面一起出去的，同样是一个等了很久，一脸失望的年轻女子。在手机公司的购买记录里，还写着吴姿的名字。

自此，芜卧不再相信手机爱情，换回了普通手机。这时，手机开发商推出了专门给养生人士的应用——盖革计数器三代，它可以测定方圆 200 米内任何事物的辐射值，防止辐射带来的危害。

"爸，这手机你拿着，点这个可以测辐射值，它要是在这个位置闪红光，你就离你所面对的地方或者东西远点儿，对身体好。"

芜卧爸爸收下了这部手机，而芜卧太姥爷在边上来了一句"这东西少用，'医者不自医'。""孩子好心嘛，能避免辐射。"此后，芜卧爸爸每天都拿着手机，遇见的东西都测一测才走近。

一年后，中央医院脑科重症监护室芜爸爸昏迷前的最后一句话是，"没料到手机辐射这么大，真不应该成天抱着它啊，果然，医者不自医。"

"您对盖革计数器三代还满意吗？……"手机弹出对话框，芜卧狠狠地把手机摔向一边。

指导老师：陈朝颖，中国人民大学附属中学朝阳学校高级语文教师，朝阳区骨干教师。任教以来，不断探索语文教学规律与本质，激发学生对语言文字的丰富感受，指导学生用有法有情的阅读拓展眼界。

凌音世界

赵莹然 / 高二年级　牟　颖 / 指导老师　北京市第十二中学

晚饭后，秋水来到书桌旁，戴上手机 VR 眼镜，点击界面一个游戏软件——凌音世界。

游戏启动后，秋水置身于一片花海。温暖的朝阳照在这片花海上，盛开的花朵散发出浓郁的花香。秋水感受着眼镜带来的温暖，仰望蓝天，天空中隐隐闪现着"凌音"二字，随后秋水以"音梦"ID 成功登录。

"音梦，我等你好久了。挑战会在 18 小时之后举行，这些人为了这项挑战的奖励——50 亿现金，都疯了一样地作曲。"一名年轻男子说道。

"如今手机发达，人们大多依靠手机创曲，思考和创新的能力大大削弱，又有多少人能创作出好的音乐呢，唉——"

"是啊。"年轻男子感叹道。

"狄泽，说说你的创作曲风吧。"秋水转入新话题。

"在我看来，音乐是没有界限的。天地之大，万物皆可为我所用。以石落、鸟鸣……为音，与大自然融为一体，这样创作出来的音乐自然、优美。"

"可否听你一曲？"秋水微笑道，眼神里充满着渴望。

二人来到密林深处，狄泽手机游戏系统为他配备的乐器——新笛，静静伫立。他轻眯双眼，耳听风打树梢、树叶沙沙作响，抓住时机，缓慢吐气，空谷深邃的声音传来。微风拂起他的衣服、头发，宛若一名翩翩公子在林中舞动。秋水也不禁拿起自己的乐器弹奏，二人十分默契，与大自然浑然一体。曲终——

"妙哉！妙哉！狄泽你这无谱之曲让我耳目一新，这样我们挑战就可即兴作曲。"秋水连连赞叹道。

"谢谢你，音梦……"狄泽微笑说道，"你知道的……我在现实世界中创作的音乐是不被认可的。"

"人们大多使用手机合成音乐，创作出来的音乐也都大同小异，是无法与你这一曲媲美的。况且，你这气凝胶制成的新笛声音空灵，与我这琴上用纳米材料制成的充电琴弦发出来的声音十分相配，奏出来的音乐如此好听。"狄泽冲秋水微微一笑，两人握紧对方的双手，鼓足了勇气。

"择梦乐队，准备挑战。"秋水与狄泽并肩走入大厅。

"请选择挑战场景。"秋水拨动面前出现的界面，点击少有人选的"密林"。

"开始挑战。"

一声令下，秋水缓缓坐下，双手持琴；狄泽举起新笛，放在嘴边，这时风打树梢，树叶沙沙作响，几只鸟儿飞出密林，发出清亮的鸣叫。狄泽抓住时机吹奏，身体伴随着音乐舞动，空灵的声音荡漾在整片密林中。突然四周静了下来，只听泉水叮咚作响。这时，秋水缓缓拨动琴弦，电音的效果传来，为大自然之曲带来神秘之感。曲终——

"恭喜二位，挑战成功，成为第一名'凌音者'，退出游戏后二人各获 50 亿现金。"游戏创作者凌雪出现在二人面前，流着泪水，"你们的音乐自然、淳朴，是我发布这项挑战后听到的第一首令我满意的音乐。感谢你们让我看到了音乐的希望。"

自此之后，二人成为这款手机游戏最有权威的代表。他们在现实世界与游戏世界中传播着音乐的本质——创新，鼓舞着人们摆脱手机的束缚并找回最初的自己，为社会带来一股清澈的泉流。

指导老师：牟颖，北京市第十二中学语文教师。北京语言大学古典文学及文献学博士，工作期间荣获北京市传统文化说课一等奖、北京市最喜爱班主任等奖项。

超级智能芯片——不再是"屏幕奴隶"

赵雨如 / 高三年级　　邢国英 / 指导老师　　北京交通大学附属中学

夜幕降临，在一家空中餐厅里，查理和朋友们正愉快地享用晚餐。他们谈论着最近发生的各种趣事。

就在十多天以前，人们还是低着头，随着手指不停地划动，目不转睛地盯着手机屏幕。而现在，之所以能够有这样充满人情味的场景，不得不归功于一项新发明——超级智能芯片。

超级智能芯片拥有最新的信息管理能力，由于信息得到了精简，人们也逐渐摆脱了"屏幕奴隶"的形象。此外，超级智能芯片还具有 VR、3D 扫描等功能。

现在还顽固抵抗使用超级智能芯片的，恐怕只有查理奶奶了。她现在正转动着"咯嘣嘣"响的脖子，准备下一场手机游戏。

"该吃药了。"查理爷爷看到仍在玩手机游戏的奶奶，怒气冲冲地说，"老婆子！"

见查理奶奶无动于衷，爷爷明白，奶奶并没有注意到他的愤怒。爷爷只能无奈地回到厨房，将已经凉了的药与中午奶奶未吃的饭一起倒掉。

"咚。"一声门响，查理微笑着走进了家门。

"瞧把你高兴的！"爷爷看到查理才露出久违的微笑。

"多亏了超级智能芯片！"

爷爷幻想未来某一天，能够与老伴儿一起和老街坊一同散步，聊天。可是扭头看到奶奶紧闭的房门，露出一脸的忧愁。"自从你上次与她争吵完，我也劝过她好多次了，但她越来越走火入魔了！"

查理走进房间，看着痴迷于手机的奶奶，压抑着内心的激动叫道："奶奶！"第一次，奶奶没有回应。两次、三次，奶奶好像还是没注意到。四次、五次……回应他的，只有奶奶骨头动时发出的声响。

看着比之前更加消瘦苍白的奶奶，查理扭头落下了泪。

几天后的一个深夜，查理的健康提醒功能响起。

"奶奶病重。"

查理急忙赶回来。奶奶终于停止玩智能手机，有气无力地躺在床上呻吟。爷爷正在屋里来回走动，满脸汗水。

"查理！"爷爷看到查理仿佛抓到了救命稻草。

查理急忙运用 VR 技术并联系医生，一个医生的影像瞬间便呈现在眼前。查理又通过 3D 全身扫描技术，判断出奶奶的病情。查理模仿着医生的动作，并在其指导下，对奶奶进行了紧急处理。很快，救护车到了。

经过漫长而又焦急的等待，手术室的灯终于灭了。

"病人已经脱离了危险，幸亏做了应急处理！少看些手机吧……"

几天后，奶奶醒了。"多亏了查理啊……"爷爷满是感慨，对奶奶也略带怨气，"还有智能芯片……"

"智能芯片。"奶奶眼带泪花地喃喃着。

一星期后，当查理再次看望奶奶时，发现开门的竟然是奶奶。奶奶拉着查理进了屋，"快教教奶奶，这个什么芯片……"看着奶奶炯炯有神的眼神，查理笑了，他的奶奶"回来"了。

奶奶带着爷爷进入了社区的老年大学，还经常与朋友散步。

一天，查理收到了一段奶奶发来的视频。先听到的便是奶奶的大笑声，紧接着便是爷爷，"我们现在在纽约哦，和我们之前的老朋友在一起，你奶奶真的要玩疯了！"旁边的奶奶正在和她的朋友们开心地谈笑。

查理也笑了。

指导老师：邢国英，北京市特级教师。曾获得优秀教师、优秀共产党员等荣誉称号。多年来一直注重教育教学研究，多篇论文获得市级奖项，且录制过北京市"数字课堂"多节语文课。

中空世界

赵元彬 / 高二年级　　王丽卿 / 指导老师　　浙江省绍兴市春晖中学

　　阳光从云层中透出来，利剑般刺在这片沃土上。中心城的绿化绝对能和世外桃源相比，春季的中心城弥漫着嫩嫩的绿色的生命气息，没有一丝杂质的空气闻起来就像雨后的森林。绿野围绕着广阔的城区，一个个黑色的正方体整齐地排列成一个特殊的对称图形，中心一座银白色高塔相当抢眼，保守估计也有千米高，顶端如同被四十五度角斜砍去一截似的呈现出寒光闪闪的塔尖，直刺向头顶的太阳。

　　街道干净而空旷，每走几步就会看见一辆卵石一样的自动驾驶汽车，自从"边境"公司在 5 年前授权通过"伊甸计划"提案后，这条繁华的商业街在几个月之内萧条冷寂，对于伽百列来说，寂寞已经成了他最好的陪伴。

　　伽百列默默地绕过那些黑色正方体，实际上那里住着数以万计的中心城居民，手机在 21 世纪末期在形态和功能上发生的二次质变，使"足不出户而晓天下事"的想法完美实现，如果说原来智能手机由电容屏触摸操控变为后来隐藏在眼镜、美瞳、戒指中的虚拟界面，那么在脑容芯片面前，这些不过是小打小闹，因为在庞大的数字世界里，原本需要耗费莫大精力的事，如今只需一个念头。"边境"开发的超级人工智能 Eva 就会为你包办一切，而在"伊甸计划"成形后，越来越多的人选择人机融合，意识进入数字世界，本体浸泡在培养液里待命。而在伊甸园一般的虚拟世界中，又有多少人还会出来呢？在数字世界里，没有痛苦，只有无限的欢愉。

　　"欢愉……"伽百列喃喃，嘴角勾起一抹嘲笑，浑浊的双眼盯着远处银白色的尖塔，迸射出锋锐的寒芒——那尖塔是 Eva 的载体，也是这无数黑色方块的中央处理器。

　　打开老式的隔离门，坐在屏幕前的伽百列眼神迷离了一阵，手边是一张老旧的工作证："边境"公司科研首席，伽百列，与其余专家共创超级人工智能 Eva，起到至关重要的作用。伽百列随手拨开堆放杂物的桌子，当他的眼睛落在液晶屏幕上时，浑浊的瞳孔再次清明起来。

"……今天，是最后一段算法了，Eva……这次你无法阻止我！"伽百列疯狂地笑着，作为中心城中唯一的"人"，他不担心会吵到别人，当最后一个字符输入完毕，伽百列颤抖地移动鼠标指向发送键，短暂的犹豫之后，他最终点响。

"咔嗒。"如同厚重的乌云被闪电劈开，光明刺入囚笼的黑暗。一段不起眼的代码混入中心城上空涌动着的庞大数据流，在短短几分钟内增加到一个可怕的量级，所有用户强制下线，伊甸世界被清理干净之后，代码引爆，连带着 Eva 消失得一干二净。伽百列的嘴角勾起一丝如释重负的微笑，终于结束了。

在科学的迷雾里，人类将手机接向至高峰，创造智能。在把自己变成手机的同时，人类就像盲目追求高效率和享乐度的左倾主义者，把自己关进了自己创造的囚笼。在智能手机的发展进入奇点之时，沉浸于巨大成就感的人类并没有意识到铁闸已悄然闭合。沉浸于过去成果的人类，又怎么创造下一步辉煌呢？而认识到自己可能会在科技发展中被淘汰的人工智能隐瞒了这一点，它选择让人类死于安乐。

几天后，陆续从培养基里走出来的人类发现了死在家里的伽百列。这位年迈却执着的程序员临死都维持着大笑的姿态。阳光从窗户探进来，照亮了老程序员浑浊的双眼，也带给了那些重获新生的人们真正的温暖……

指导老师：王丽卿，浙江省绍兴市春晖中学语文教师，纯粹淡泊为人，激情生动为师。曾获得上虞区各级教学比赛一等奖和各级各类先进荣誉。有扎实的专业知识和业务能力，多篇论文公开发表或获奖。

犹似故人归

郑润洁 / 高三年级　李兰芳 / 指导老师　浙江省绍兴市春晖中学

　　林子欣坐在医院的病床上，指间划过医院发来的报告，信息光屏薄得似能映出她煞白的脸。

　　医院拒绝了她安装"故人"设备的脑部手术要求，并解释子欣 10 年前手术中注射的一款药物会使设备中需植入她脑部的瑞德装置——那枚小小的脑部检测器——释放的无害液体转变为对人体有致命伤害。医院表示清理子欣体内 10 年前的药剂残余有一定风险，鉴于子欣尚未成年又无监护人，希望子欣成年后自己决定。

　　子欣原来并不是孤儿，6 岁前她有一个高大英俊的父亲。她不是个完美的女孩，但有兔唇的她在父亲的陪伴下从未自卑过。父亲正是"故人"研发小组的一名组员，但在"故人"未正式推出前，因一次实验对脑部造成不可逆的损伤，生命只剩下 3 年时间。第一年，父亲推去所有工作陪伴子欣，但第二年，父亲便开始了隔离治疗。每日的 15 分钟探视时间成了小子欣最快乐的时光，而探望父亲的，还有他昔日的同事琼叔。

　　"小子欣，明天帮爸爸带来我藏在家中的日记好吗？"那个温柔的秋日，父亲一句看似不特别的话成了他对子欣说的最后一句话。第二日子欣来到医院，等待她的只有手术室前的琼叔。父亲在手术后被彻底隔离，最后甚至未熬过医生预言的三年，丢下病床边哭到再无力气的女儿，与世长辞。

　　子欣摸着自己唇上小小的疤痕。这是父亲送给自己的最后一份礼物，她决不会因此埋怨父亲。她收拾完东西，离开医院，刚拐进自己熟悉的小巷，一股刺激的味道使子欣眼前一黑。

　　醒来时已是半夜，黑漆漆的小屋一片死寂。子欣的心早已被恐惧占据，绑架活人取其器官进行机器人与活体结合实验的犯罪她早有耳闻，但此时她脑中一片空白，甚至丧失了挣扎的勇气。她瘫在地上，念着父亲的名字。

　　"别害怕。"脑海中响起一个有力的声音，"别害怕，小子欣。"子欣无暇深究脑海中那个不属于她的声音从何而来，这个声音已发出了下一步指示。他的主人一定是一个博学又冷静的人，小屋权限、守卫信息、逃生路线，声音给的指示精准而有力。逃出危险后，子欣仍陷于震惊之中，仿佛一切都是一场梦。

子欣犹豫了一下，紧紧地抱住自己，狂喜之余莫名逸出一丝欣慰，一滴泪自她眼角落下，竟是那般苦涩的甜。

成年的那一天，子欣收到了琼叔的信。父亲离开后，子欣拒绝了琼叔的好意，守着父亲与自己的小屋。她从不觉得孤独，潜意识中，她总觉得父亲仍在她身边，陪她成长。琼叔的信却证明了这一切都是真的，当年他找到父亲，告诉父亲"故人"技术的成熟，父亲无半点犹豫，用半年时间加速完成了意识的储存，但同时加快了死亡走向自己的步伐。父亲在死后让琼叔安排手术，在缝合好子欣的兔唇后将自己的意识植入子欣脑中未开发区，在其大悲大喜或身处危险之际可被唤醒，守护他的女儿。当子欣成年，她可选择移去这部分在自己未知情况下"强加"的爱。

"爸爸，怎么能说是'强加'的呢？拥有这份爱，我荣幸至极。"子欣攥着父亲的记忆球，对着镜中的自己喃喃道。

现在，子欣已成了一个百岁的老太太，她安详地躺在床上，与子孙做最后的道别。女儿含泪不舍，怨自己未能留给她记忆球，之后她再不能与自己对话——但自己脑中也藏着一个人，子欣永不愿移去他对自己的爱。子欣太老了，早已失去了大悲大喜的能力，但平淡的时光中，父亲似坐在她床边，哼着自己儿时的童谣。子欣温柔地指着自己的心脏，又缓缓抬头指了指女儿。

那个温柔的秋日，她在与亲人道别之后，子欣又见到了父亲。

指导老师：李兰芳，浙江省绍兴市春晖中学教师，上虞区优秀青年教师，校级先进工作者。本着"多一把尺子，就会多一批好学生"、教学育人并重的理念，切身实践"以人为本"，关注学生的个性化成长。

手机戒断所

周贝宁 / 高三年级　于红秋 / 指导老师　北京交通大学附属中学

嘀嗒……嘀嗒……

那机械钟表的秒针，是赵雷每天早上感受最强烈的东西。

拉开窗帘，并没有繁忙的街道，而是两条车道宽的小路和一望无际的原野。

迎接赵雷的可不是清晨的美景，而是他即将面对的"手机瘾"。

会议室

随着手部肌肉的轻轻收缩，吴显睁开了眼睛。

这是手机的一项功能——闹钟。不过这种闹钟并不会发出声音，而是发出特定频率的电波，使人自行清醒。

吴显刚刚坐起身，窗帘就自动拉开。一个与平时没有任何区别的早晨开始了。

手机戒断所

尽管早餐桌上有赵雷不爱吃的西红柿，但他还是吃下去了。他知道这对他的身体有好处。

收拾好碗筷，他到戒断所周围散了会儿步。很少有车辆经过这里，没人担心他会不会逃走，况且人们大多是自愿来这里的。

新鲜的空气进入他的体内，然而势不可挡的一股焦躁的情绪突然涌入。

"治疗"时间到了。

会议室

吴显简单地用过早饭，坐上专车。

街上的行人匆匆走过，谁也不看谁。大楼上的广告屏放着手机广告，充满活力的女声说："不开心？为什么不用白菜36呢？"

车在一栋大楼下停稳，吴显整了整领带，走进了某手机品牌的总部。

"吴总好。"各色的人对着吴显重复着这句话。

他抬起手腕，在终端验证过身份后，走入会议室。

手机戒断所

经过几个深呼吸，赵雷的心跳逐渐平缓下来。

离开干涉治疗仪，他又跟着心理疏导师做了冥思训练，吃了点抗抑郁的药，上午的任务才算完成。

自从得了手机依赖症以后，赵雷开始出现失眠、抑郁的状况，在身边朋友的建议下，他来到了手机戒断所。

在戒断所的几个月内，他的失眠问题有所缓解，但仍然是睡得晚、醒得早。不过赵雷本人已经很满足了，好在他的积蓄足够，没有这些昂贵的仪器，他也许已经痛苦得想轻生了。

听闻有一笔资本注入才使戒断所环境如此好。

"感谢那位善人。"赵雷时常这么念叨，就像那些诚意满满的教徒一样。

会议室

吴显皱着眉头浏览这个月的简报。手机戒断所的病人数与他们品牌的手机用户人数的比例又失衡了。

"小刘，戒断所的费用再提一提。"吴显说。

就如穷人与富人都占少数，社会才会有发展活力一样，手机使用者与戒断者的数量达到一定比例，利益才会最大化。摸爬滚打多年的吴显深知这一点。

指导老师：于红秋，北京交通大学附属中学高级教师，毕业于北京师范大学汉语言文学专业，从教二十余年，所指导的学生多次在全国"春蕾杯"竞赛中获一、二等奖，本人多次获优秀指导教师一、二等奖。

幻梦之心

周千茹 / 高二年级　马彩霞 / 指导老师　河南省漯河市第四高级中学

教授看着我和约克依旧在为研究量子波型手机忙前忙后，喟然叹道："记得，你们的初衷。"语罢，蹒跚而去。听过这句话，稍稍把我从科研的热情中拉了回来。心头似有种情感要喷涌而出，转瞬间，被我对量子波的盲目狂热压下……

2078 年，人们已经掌握了简单的量子编程，可对于高难度的量子运动尚在研究。而我和约克，本着对能驾驭量子为人类所用的狂热，愣是苦心研究了二十多年。直到 2100 年一部名为幻梦的量子型手机横空出世，接着第二部幻梦，第三部……看着我们研究的结晶，约克和我格外骄傲。

看到幻梦的普及，抑压不住欣喜的我想找到教授，继续接受他的赞美。但教授非但没有一丝奖励，反而像先知似的说："人类的未来在哪里？被这手机毁了啊！"我怒吼："凭什么这么说，我走好吧！我走！省得让你这个老头子心烦。"

公元 2118 年。我懒懒地走在大街上，迎面碰到一位旧友，微笑地打招呼，可她就像没听到似的，面无表情地从我面前经过。我愣了，低头看腕上的量子波动测试仪，原来在与手机交谈啊。我释然了。可我越走越恐慌，我看到人们在大街上都单人行走，面无表情，眼神呆滞。越来越像一具具行尸走肉，忽然想起了老头子的话：

人类的未来……未来……毁了……毁了！

想到这里，我飞速赶回研究室，想要停止这一切。跑去总裁室，我抓住他的手臂告诉他："请删除这款幻梦的应用吧，再这样下去，人类会被毁了的。量子的活跃能力可以啃噬人们的思想……"我颤抖着，乞求地望着他。

"他们的死活与我何干？"总裁冷冷地打断我。

顿时，我如坠冰室，全身冷汗直冒，缓缓地松开了他的手臂。这时，我猛然惊觉，总裁的手臂为什么如此无力、干涩，甚至已经皮肤松弛？我惊慌地把眼神放到他的身上：眼神呆滞，头发已经脱落，变得稀疏，可总裁今年不过三十多岁啊。面部透着不健康的白，腿部笔直，没有一点儿弯曲，似乎已好久不走路……这些症状无一向我指明，我错了，大错特错！量子也是有辐射的啊，我在心中嘶吼，不断颤抖。

明明从前的研究室还充满人气，充满欢笑，为何如今如此清冷？明明之前还相互慰问，相互帮扶，为何如今对其他人的生命都如此漠然……我们的社会不该这样的，都怪我，没有事先考虑到。

在我慌乱无措之际，脑海骤然响起一阵冰冷的机器声：瑟泽因幻梦扰乱社会，特此通缉。什么？通缉教授？这幻梦明明是我的，入狱的，该是我啊！跌跌撞撞地，我向教授家跑去。为什么？我嘶哑的声音从喉头传出，依旧吼着，可这次却泣不成声。

"孩子，剩下的就交给你了。幻梦之心是唯一可以拯救人类的东西，务必将它研究出来。我这把老骨头，也该走了。"

我跪坐于地，把幻梦之心的方案紧紧按在胸口，闭着眼，泪水汹涌，回忆也开始蔓延。

"你为什么要来搞研究啊？"教授问我。

"为了让人们生活更方便，我的名字要响彻大江南北。"

"好孩子，但初心难守啊。"

一抹阳光，斜斜地照射在泪水打湿的幻梦之心上。闪烁，闪烁……

指导老师：马彩霞，河南省漯河市第四高级中学语文一级教师。教学中，注重培养学生的阅读与写作能力，指导学生通过文章关注被自己忽略的生活，用被文章丰富的心灵重新思考自己的人生，以此来丰富学生情感，提高学生思想水平，进而提升学生的写作能力，深受学生喜爱。

潘多拉魔盒

周紫嫣 / 高三年级　于红秋 / 指导老师　北京交通大学附属中学

"亲爱的观众们，你们好！现在为您播报社会新闻。今日，又有 8 位青少年因手机成瘾问题严重被收进手机瘾戒断中心。近年来，'手机综合征'患病人数不断上升，'注意力障碍'课题组还未取得重大突破来缓解手机对人类造成的恶劣影响——"

"够了！"一个低沉的声音响起，打断了甜美的机械女声。一个身量修长的男人窝在多功能座椅上，疲惫地用拇指揉了揉太阳穴。他就是智能手机领军企业——白菜公司创始人的后代，麦克。这位年轻人已接手家族企业，成为白菜公司史上最年轻优秀的 CEO，在他的带领下，白菜公司的年收益持续走高，可他的脸上却满是愁容。

原来，手机依赖问题已成为 22 世纪第一大社会问题。尽管手机为人类提供了方方面面的服务，使每个人如同拥有了私人管家，可也引发了很多问题，比如出现心理疾病，社交能力减弱，从而导致 22 世纪较上个世纪自杀率的升高、婚育率的下降等问题，特别是人口出现负增长已成为大多数国家急需解决的问题。

一个温柔的女声响起，"先生，您不要给自己太大压力，这不是您的错。"这位笑容可亲、着装干练的女性正是麦克的私人心理咨询师安妮。"不，安妮，若不是智能手机，这个社会不会这么混乱。那些可怕的社会新闻就像在一条条诉说我的罪状，我该向上帝忏悔，我是历史的罪人！"麦克眉头紧皱，痛苦地抱住了头。安妮小心地把他扶到多功能座椅上，点了一个按键，把具有安抚作用的香薰点燃。安妮缓缓开口："先生，您不能自责，若没有智能手机这个支柱产业，这个世界不会真正像现在这样紧密地连接，许多人也会在与人工智能的竞争中败下阵来，失去工作。历史是不会倒退的，我们不过是海中的贝壳，被浪冲着向前走罢了。"安妮拍了拍麦克的肩膀，见他的情绪有所稳定，笑了笑继续说道，"您或许不知道上个世纪初爆发的'雾霾灾难'，那正是进行工业革命，让经济飞速发展的代价。现在不也一样吗，先生？没有这个公司，没有继承这庞大的资产，您又如何谋生呢？"麦克还想争辩几句，可仿佛失去了力气，只是无奈地叹气，"那现在这些问题，又该如何弥补呢，安妮？""您可以将您的一部分资产投入到'注意力障碍'课题组或是'手机综合征'诊疗中心啊，总会找到解决的办法的。先生，您忘了历史是螺旋式上升的吗？"那边没有了答话，寂静又偌大的休息室中只剩平缓的呼吸声。

看着麦克的睡颜，安妮勾了勾嘴角。原来那香薰中还掺入了安眠的成分。一个消息提醒弹出："是否停掉最新智能手机产品研发线？"安妮用麦克的指纹解锁，点上了"否"。她的全息影像慢慢淡去，她开始给自己的终端——智能手机 Siri X 代充电。"先生，潘多拉魔盒一旦打开可不是你能关上的。"一条隐藏代码自动输进了安妮的数据库。

指导老师：于红秋，北京交通大学附属中学高级教师，毕业于北京师范大学汉语言文学专业，从教二十余年，所指导的学生多次在全国春蕾杯竞赛中获一、二等奖，本人多次获优秀指导教师一、二等奖。

达尔文计划

朱旗画 / 高三年级　　吕秀颖 / 指导老师　　北京师范大学集宁附属中学

"恭喜你，小伙子，第一亿个苏醒者。"你睁开眼，看到一个打扮干练的中年男子笑着对你说道，"你可以叫我沈先生，我是亚洲部的总管理者。"

你的思绪还有些混乱，想开口却不知道该说些什么。你下意识地触碰手腕，顿时松了一口气，手机还在。沈先生注意到你的动作，了然地开口解释："这个房间没有网络，无法使用手机的部分功能。先把手机的事放一放，我和你谈谈发生的事情。"

沈先生说，联合国在很久之前便构建了"达尔文计划"这一设想，在手机高度发展的2118年，这一设想终于开始实践。全部人类逐渐沉迷手机中的虚拟空间，抛弃了现实世界，手机依靠智能机器人的配合，维持人类的生存。就这样过了一个星期，第一批苏醒者逐渐脱离虚拟空间，在联合国早就安排好的机器人的指引下，重新建造世界。

你想到了在虚拟空间的日子里，一切随心所欲的感觉。你放任自己的行为，享受一切可以享受的。资金没有了就去借贷，还不清就去为空间系统清除垃圾，虽然工作枯燥，但挣到的资金还是很可观。这样过了3年，你终于醒来。

沈先生说，地球的资源已经很有限了，容不得一丝一毫浪费。沉迷手机的人年均资源消耗不足苏醒者的十分之一，这为地球更好的发展创造了美好前景。苏醒者都有着极强的自制力和极高的智商，他们将维持社会的继续运作。而沉迷者只会继续沉迷下去，直到生命的终结。

你明白了为什么会取"达尔文计划"这样的名字，物竞天择，人类终于为了进化开始自我提升能力。你怀着复杂的情绪再次触碰手腕，早就没了一开始的欣喜。

沈先生握住你的手，你感受到对方来自人类的体温，这不同于虚拟空间的触碰，这样的触碰，还有人性的接触。"走吧，我带你去看日出。"沈先生带着你走出房间，一瞬间阳光像被人铺开一般散开，你侧头看到沈先生的笑脸。

你突然觉得自己真正明白了为什么会有人在沉迷的第一个星期就苏醒，因为现实才能给人真实的感受，让一切清醒地活着。你看到一轮红日从远处起伏的山脉中升起，云层将太阳遮住一半。沈先生的手传来一阵与你相同的颤抖，你明白这种感觉是激动。

沈先生看着你，目光里充满了欣赏："咱们去了解现在的情况吧，一切都与从前不同了。"你最后看了一眼远处起伏的山脉和初升的太阳，转身向沈先生点头。

久违了，世界。

指导老师：吕秀颖，北京师范大学集宁附属中学高级教师，毕业以来一直从事高中语文教学和班主任工作，获得各级各类奖项，曾多次指导学生参加春蕾杯、希望杯、开拓杯作文大赛，获优秀指导教师奖。

丧钟为谁而鸣

朱天蔚 / 高二年级　　徐雪梅 / 指导老师　　江苏省连云港市东海高级中学

2118 年，传统意义上的人类社会因智能手机的发展而发生着颠覆性的改变。那云白山青、川行石立的无手机的自然生活，早已遗忘在风尘中。

一

我在手机癌症中心进行病号登记。"白总队，这次从火星上向地球治疗机构运送了一千人次的手机癌患者……"

"又是患者，又是患者，你把我的医疗机构当收容所了！"白以恪博士激动地大喊，"这些人都怎么了？在治疗所待上一年戒掉毒瘾？整个家庭总不能被一个人拖垮吧！整个人类社会怎么办？"

太空电梯门缓缓打开，这是从别的星球转移的病号。白以恪叹了一口气。"算了，把患者送来吧。"

二

回归地球的那天，我随身携带了病历本，防止患者的隐私泄露。拿出手机，我用智能端脑连接到太阳穴，这样可以利用手机影响脑电波而成像。

"查询天气。"我想着。

"温度，48℃。"合成语音十分僵硬。近百年来温度异常升高，人类也调整着身体系统。而不能适应的人，早已被淘汰掉了。物竞天择，同样适用于人类。我随即取下了手机上的智能端脑。

我怕。怕自己也沉浸其中，怕自己也沦为手机鸦片的精神奴隶。

三

我回归母校，也是所谓的 AI 小学。

清溪泻玉，石磴穿云，古朴的自然景色让我的精神为之一振。一个机器教员走来："欢迎校友回归，我带你参观 AI 学校。"

"怎么，每个学生都低头看手机？"我错愕。机器教员温和一笑："这是学校统一配置的 AI 手机，只有教学功能和互动功能。"

下课铃响了。这却是由 AI 手机发送的，教室里的孩子仍低头看手机，纹丝未动。"这，这是怎么了？"我疑惑。

"这是互动功能。手机中有虚拟交互系统，可以进行人机相处……""可这算什么人类的情感交流！"我失声大喊。

"对不起……请问，什么是情感交流？"机器教员的脸上仍是温和的微笑。一个女孩子从教室中摸索着走出来，她扶着墙走得很慢。

"她怎么了？"我一惊。"她？大概因为没戴虚拟镜片吧。孩子近视的度数都很高。""那她的家长怎么不管啊？""没见过她的家长，只听说是编号 1009 作为她的唯一监护人。"

编号 1009？那不是病历本上手机癌的患者！

尾　声

我倚在一棵青桐树上。人，人与人，人类社会，三者因手机而剧烈地撞击，我的脑海中传来古老而悲悼的钟声。

那丧钟为谁而鸣？

没有人回答我。

指导老师：徐雪梅，江苏省连云港市东海高级中学语文教师，中学高级教师，市学科带头人、市教学先进个人、市骨干教师、晶都英才、晶都名师（第一层次）、县优秀教育园丁、县五一劳动奖章获得者，所指导的学生多次在国家级、省级、市级作文竞赛中获得大奖。

你所谓的世界

邹佳祎 / 高二年级　崔晓军 / 指导老师　中国人民大学附属中学朝阳学校

尽管我见过无数的疑难病症，但当十五岁的男孩以骨头架子一样的身躯呈现在我的面前时，我还是倒吸了一口凉气。他本该是双眼的位置嵌入了一长条弯曲的变形手机，下方的面部毫无表情。

我平复了一下心情，再次看了一眼报告书上男孩的症状"重度厌食症"，皱了一下眉头，对传音玻璃另一面的男孩说："你好，孩子，我是你的心理医生，张医生。"

男孩眼部的变形手机投射出幽蓝色的屏幕，上面只有"你好"两个大字，而没有发出任何声音。

"看来你与手机关系不错啊！"我半开玩笑，"难不成你不想吃东西与它有关？"

"我不吃是因为我不需要食物和水。"

显示完这几个字，男孩将两根接着电箱的白线插入手机两侧。"我只需要电。"手机背面亮起，显示出充电图标。

我轻轻叹了口气，"看来的确是因为手机而导致的厌食了。"

男孩摇摇头，不以为然。"手机救了我的命。"

"为什么？"

"在我遇到手机之前，我什么知识都不会；我有交流障碍，没有一个朋友，在学校里不受欢迎；我的父母出差，没有时间陪我，我的人生是残缺的。"男孩瘦弱的身子有些激动，轻轻颤抖。

"那现在呢？"我继续盯着男孩的脸，仍是一片冰冷的沉默。

"现在嘛，多亏了手机，我的知识储备由整个数据库组成；我的手机每天替我回复别人的消息，我有 14703 个好朋友；我自己写的诗同步传输到每个人手机里的云端诗坛上，变得极受欢迎，爸爸妈妈也常回来陪我……"显示屏上的文字飞速闪过，令我咋舌，而男孩脸上忽然绽放出的婴孩般的笑容更令我震惊。

"所以你才将手机通过机眼技术嵌入皮肤，因为你要靠它思考……"

"对。没了它，我什么都不是。"

这句话出自一个孩子之口，如泰山之石向我袭来，沉重无比。我望着他，骨头的凸起在肌肤下展露无遗，而眼部的机器仿佛吸收着他体内所有的营养，向着虚拟世界奔涌而去。

良久，我沙哑的声音出现："你所谓的世界……都是假的。"

男孩刚才还沉浸于虚幻的笑容瞬间僵在脸上。

"你的手机只不过是在替你选择出信息、帮你与人交流而已，数据库并非你独有，全世界的人都可掌控。你的诗不过是手机的词库自动生成发表的。至于你的朋友，一万多个，呵……当你死去的时候，来参加葬礼的，又能有几个呢？"

显示屏没有再度出现文字，男孩跪倒在地，浑身战栗。

"你还是那个不会沟通的孩子，就像现在你仍不能自己与我对话。"我怜惜地望着他，"别再依靠手机思考了，明天做个手术，把它取出来吧。"

男孩冲到玻璃前，拍打着，大吼着，引来了看护人员。我直起身，低下头，准备离开。

幽蓝之光忽然亮起。"做手术已经晚了，他已经被我掏空了。"

我惊异："哪个他？你在说谁？"

男孩面无表情，文字显示的内容却狰狞无比。"这么久了，你以为是谁在和你说话？"

我突然明白了什么，惊恐地望着他，望着他眼部的手机，连连倒退。在看护中心的铁门关闭前，我看见最后的那句话：

"这就是'我'所谓的世界。没了我，他什么都不是。"

指导老师：崔晓军，毕业于首都师范大学中文系，中学语文高级教师，曾获得朝阳区优秀班主任、师德标兵等称号。

附录一　2018年第五届全国中学生科普科幻作文大赛夏令营营员名单

1班	2班	3班	4班	5班	6班	7班	8班	9班	10班	11班	12班	13班	14班	15班	16班	17班	18班	19班	20班	21班	22班	23班	24班	25班	26班	27班
黄宇璠	朱英蕤	夏健烱	潘艺丹	湛林	钱乙甫	高元	朱隆杰	朱杨画	彭婧中	李欣画	李祥祥	杨硕	史睿宇	刘人坤	马静妍	王莉洁	商若芸	王裕嵩	朱旗画	徐祥恒	刘佩丹	傅艺	盛名	王静依	陈乐画	徐子俊
李晨曦	夏亦明	田苗苗	王应璇	韩梦	崔时	商乐桐	王照福	同佳秀	李书珂	张子哲	常修坤	栗益	韩子骄	付帅皓	张文凤	殷凯阳	曹崇敏	向陈瑜	沈昼宇	刘琪	许宁程	郭伟然	崔若禹	王梦	李萧轩	丁凯
陈湉	张睿钧	沈怡阳	张俊	黄凌敏	胡飞	张睿霞	王可阿	邱听阴	李培远	陈森	丁肇林	吴思峰	马少川	全思源	温博雅	魏铭远	王麒明	程逸超	程逸超	孙艺	陈紫鸣	张悦睿	祝洁博	陈卓凡	尚晓联
岑兆杰	姚如梦	赵咏辰	林心宇	何逸群	蜂金男	周旭辰	刘嘉易	张致远	施扬	李岩威	池晟沂	田洪糜	汤沛桓	张子羽	杨文荣	曹干	李思源	李梦超	宋锡	黄哲	柴积夷	徐云曼	张亦超	周世杰	吕若潜	才博钧	陶诗蓥
郭淑柯	王乘	刘嘉禹	翟可欣	高思琦	韩金胖	陈张浩	张玫嘉	魏融鑫	翁泽南	程诺	崔雨乔	沈晨琳	施雨欣	安依格	朱辰宏	叶啸野	初恩伊	徐逸迪	林宇宸	王丛潘	何若慧	刘星禹	蒋明野	赵羽彤	任通达
同祖珂	段林吴	吴潘柯	钱陶蔚舟	贾惠宁	孙姝宇	丁新浩	赵磊	温佳琳	杨小辉	姜敏诺	李吞奇	姜炎宏	胡戴坤	陆珈潔	郑浩洁	丁心怡	洪家宣	刘海堂	钱瑾	于礼杰	傅朗同羽	顾生杰	林鲁创	余水远	韩建媛	薛新涛
刘政武	尧其词	张诗惴	谢俊艺	宋阿珂	郑敏玥	郑欣然	李徐正曜曜	魏佳哲	戴曦	商浚哲	盛嘉驹	张	张	陆南霁	郑阳赛	赵紫祺	王祥林	刘佳琳	徐旭博	韩明旭	陈江峰	傅芙拂然	吴叶艺	张祥德	洪颖诚	吴晓琳
魏廣	习成鹏	袁熙好	秦楚珠	宋同阳	张晨曦	赵欣然	张玉珈	赵智昭	张灵城	王依彤	李徐盛画	吴	姜雨帆	陈冠廷	黄嘉楠	郭雯婓	未天骄	方忆凡	陆驰霖	唐梓彤	李昕峰	成诚	潘庭源	张婳锦	沈芷涵	唐	烨
张	郑锦多	李佳楠	史浩楠	李正阳	高莹珂	章泉水	吴立睿	马宗敖	王雪童	刘欣	蒋佳臻	刘欣宇	王良凡	宁霞芽	严方晨	晋	刘扬	方忆川	张狗晴	巴生如	李泰颜	刘好宇	苑晓天	石晓琪	商怡晓诚	马思宇
陈瑛瑞	庞宣铭	魏浩晨	沈欣然	田晓旆	刘庭左	庞宏轩	张宏蓓	卢欣研	杨欣轩	蔡星鑫	李清珣	饱听璋	王晨忍	田烨顺	田炜琳	林野	王土宇	徐华	吴坤祥	宁文清	娄寨芳	王明儿	刘明泰	沈铅婷	解英娇	马圆圆
胡腾	周天一	崔诗青	陆宬杰	刘大愚	韩宣生昌	钱朱乐	吴艺灼	王艺闯	刘晓廉	郝妍玚	苗镇达	施展	张吴	晋意诚	陈德慧	姚宇帆	姚宇帆	朱雨龙	刘子予	阮承帆	牛乐楼	许家哲	刘明泰	张婳丹	徐正青	任浦达
朱乐荣	代思燕	路甜甜	穆雪茹	於舟	杨晓	赵华成	员梅声	刘予轩	张佳汇	夏振源	孔欣怡	胡思源	李坤浩	曾	王茂芝	乔月	韦昌义	徐一霖	申星宇	梁知洞	沈佳怡	唐梦翔	黄雨彤	沈露露	孙林钰	姜文姝
曾金堂	刁成鹏	李敬故	李话彤	杨雨浩	杨泽宇	王俊晴	刘珮航	干晓雯	娄嘉雯	马中静	金祖程	胡帅源	文熠阳	任凌远	丁宁	张孟骏	吴梓俊	毛曾明	章慧洞	许多	盛歆捷	范月形	冷宏啸	潘沅依	孙祥钰	张文婷
朱静梓	桠之演	边梦羽	调李珥	徐子涵	崔辰杂	邢奕晗	书维	许子涵	张乐聿	郭月铭	杜雨闲	李子泓	韩梓源	王炅	李茂宇	李家铭	费予	宁武廉	肖婧源	孙宇	孙一睿	高一睿	王芊元	潘雯俊	洪颖诚	王
严雨路	程之淑	李颖波	调李彩	梅依然	杨铭宇	邢天飞	于宁	曾河	杨明铭	杨惠童	徐佳园	赵艳乐	祝融城	陈丹宇	李宗霞	潘嘉源	赵宴披	周家瑞	姜嫌曦	李慧博	何江川	王开元	阿川	马越帆	沈露函	李柯云
蒋正岩	赵江龙	黄伊莳	赵耕	贾子晴	刘书翔	李嘉伟	王布蒋	卢晓晨	张佳艺	王远画	徐佳园	陶时霞	黄伎怡	曾弛	张万里	朱博龙	于祥祥	刘清炀	杨慧殿	许顺	刘清竹	钱玥	许家铭	刘继宣	胡博成	金琦
阮雨	冯璟珏	隋雨馨	翟甜画	杨雨刻	王宇彤	王俊迪	王布蒋	刘姝含	方饮帆	刘雨洋	张远雷	费岳	张高怡	朱明	张启昌	张潇	薛博中	马慧洞	朱佳悦	宋淳洛	董阿	陈毓祥	冯畅	胡超远	冉俊泓	吴德
高俊钦	镇林宇	陶方涓	王子轩	徐子婷	孟慧环	张德力	任文轩	杨梦妍	杨彦飞	褚旻	杨子瑶	朱雨怡	朱嘉怡	朱音昱	陈浩源	姜梦婷	高敏环	朱慧悦	葛慧特	郝志成	杜小敏	徐舒彤	沈嘉杰	张心遥	陈筱坤	陈燕妤
邓翔	胡子昂	沈方润	调思音	陈友元	戴健环	孔子缙	李叶晴	张家舜	郝达达	张璐君	国家多	李雨诚	陈咏坤	汤昱听	曾哲听	阿恩听	朱娜	牛光宇	徐晓晨	付杨	张玫	许博文	陈峻宁	向宣宝	刘怀哈	刘博成
陈乐骐	马俏阳	沈思言	濑乐	宋欢凡	戴健辉	卢先涵	金晨菲	袁宇婷	张家麟	吴明洁	万竹井	李诗松	沐然然	韩帅	武侧	姜敏	商嘉雯	王俊迪	张家画	李俊建	崔汉丹	李博晟	陈佳妹	陈玟宣	张铭选	刘怀哈
汪佳铭	张家瑷	司雨馨	聚健怀	赵宸	吴庚明	凯	仪明馨	袁子婷	胡晴敏	杨功威	顾欣怡	侯昇	张帅	韩画	陈铜	薛雨博	薛博文	王奕晖	刘创制	李昱丹	杨佳馨	姜博奇	巫宗怡	陈佳妹	顾莫奇	张铭函
田文瑄	陈崎鑫	武夏青	钱怡地	辰	吴呈非	汪先博	石晟昊	赵启采	林海翔	张涵洋	龙烽	侯圣浩	顾呈浩	张盈月	黄德泾	陈治涵	田慧娴	姜黎晨	叶子磊	张怡恒	倪仲云	姜博奇	赵元循	向家宝	贾静帆	变嫌然
林子曦	於航	张诗习	范立宁	史笈灵	杨硕瑞	卢雨杨	韦杰	蒋晟	程又元	程星择	孙怡娜	李家羽	顾凡	徐明坚	张家航	吴桐航	陆天祜	李汀寐	陈字洁	张家怡	徐京赛	江闻雨	贾静帆	冯晨晓	原洁	李柯哈
王子潘	郑敏成	袁晓恺	倪沙玮	潘雨雨	李潘	仪明瀚	陈娘坤	韩燃淋	李一康	李星洋	陈莫怡	李子颖	张雨雯	张炳威	沈浦雨	任平越	陈璃	李兆赛	张嘉怡	姚越	乔丹	邢天卿	邢天绅	李硕晖	李柯哈	变嫌杰

续表

1班	2班	3班	4班	5班	6班	7班	8班	9班	10班	11班	12班	13班	14班	15班	16班	17班	18班	19班	20班	21班	22班	23班	24班	25班	26班	27班
李泽锴	陈衡	尹若彤	陈思宇	焦海洋	缪宇涛	葛琪琪	张予潇	汪栋林	俞杭滢	曾伟杰	王梓祺	谢雨霏	岳金怡	梁越	张化齐	陈姝含	林乐凡	刘宇笑	李硕	郭美慧	刘沐杰	赵梓轩	周千茹	陈李仪	胡家鸣	
岳悦	王启丞	程吉思语	杨明裕	宋昕然	马琪雅	付煜	顾邱语	李博扬	潘佳玥	赵安可	马涵悦	王伊	刘吉尔	柴轲	郭彦	程晓冉	陈帆	刘子靖	台合语	黄海文	刘谞悦	周子琦				
张霖譞	李杨祺	廖艺颖	王尊铎	许梦茹	陈洋洋	王睿智	刘烨	许宁	刘崇一	赵翊彤	孔庆川	赵奕格	谭思懿	金渲博	朱芮莹	张馨予	曹雪妍	孙逸洋	曲君华	刘子昂	刘舒瑶	秦祺				
董琬莹	刘琪	周鑫阳	刘音利	尤晨晔	曹子祺	李玫润	张舜康	季成萌	杨怡宁	田羽	刘曼懿	张振捷	石一雯	李畅	林蓝	董杭杰	夏牧远	刘莉	殷思源	陶萱淇	杨政	温朗宁				
林晨	余桢	万重阳	张浩壮	黄其立	吕佳颖	杨瞻萁	余晗棋	陈胤州	张文心	徐成龙	朱晨阳	周江楠	魏泽瑞	陈俊宏	缪宇超	马恩卓	张海亮	侯畅	冯媛	周浩宁	陆瑄瑶	贺雨娴				
罗月	陈赉	殷博洋	陈阳	陈羽仪	亓昱涵	韩嘉琦	缪珺仪	尤婷	韩宇涛	曾茜	蔡婧雯	杜赫	李正昂	戴语桐	张心怡	蒋缯锴	郁欣怡	梁圳灏	庞意蓉	苏畅	高家骏	贾晓婷				
李文静	郭渝	马晨峻	马一卜	李佳颖	盛艺蓝	王璐	杜性东	李雨萱	张菊	王宇涵	孙铭远	付兴豪	丁雨桐	孙恬	郭子森	张桐川	秦姿涵	黄世远	钱柏安	张栩嘉	高靖轩	张欣玥				
赵茹怡	潘鑫辉	王禹雁	魏雨辰	冉思宇	刘人玮	李荣泽	袁帅	刘静如	陈奇桢	崔茗淇	刘梦珂	周一轩	张驰	何诗怡	王劲驰	梁礼筝	王嫒	高园洁	梁誉心	谢璇	曹溪桐	邵照程				
马腾腾	王雪健	刘子豪	汪弘毅	吕东昆	张晨宇	陈丹妮	孙一凡	黄鑫	胡晨	顾涵宇	梁爽	王博冉	宋柯良	杨书	高仕茹	胡星瑞	董彤	郑思倩	李雨轩	仝傲然	马艺菲	张萧雨				
曹安琪	钟桢	洪秋骛	王丽敏	彭叶	李舒雷	邢晨阳	杨荟莹	邹嘉艺	杨娜露	马铭	唐李	张双旭	杨璐	褚耘见	王瀚瑶	黄业民	柴珧	任骋昊	赵涵乐	胡嘉宜	顾益铭	袁李源源				
迟玉洋	杨荟	郭璐瑶	穆鹳霖	邢俊程	苏厚钧	陈兆晗	张胜凯	李慕言	郑莞滢	何婧琪	应丽婷	王静芸	胡冰冰	曹诗佳	张艳鸽	李佳音	董旭	李骜博	许喻皓	沈泽怡	叶亚鑫	肖涵瑜				
安紫阳	王子昊	徐恺	谭植元	姚昕冉	侯美含	王佳迅	周康宁	蒋博乐	春爽	洪豪哲	林恒宇	李朋米	刘东豪	袁治可	侯宇超	杨跃洋	张紫清	谷佳萱	季子禾	单逸婷	李翘楚	汪雯欣				
贺理	贾荟文	陈昊田	郑豪	孙泽原	田栎萌	于雅洁	苗南风	王子昂	孙艺萌	张研	时越	韩钶	张宸	史佳璇	王子鑫	马晨芮	朱冕	白宁	周若菲	崔云开	高伟晴	冯子瑜				
韩语	荣子彧	范佳暄	王艺轩	袁佳宸	王嘉诚	罗昶宇	丛子程	李晓君	荣如一	周英吉	房昊喆	孙浩程	张译丹	曹佳洁	丁钰怡	徐啸东	陈星星	张森源	朱居杭	赵晗	周子扬	徐敏武				
孙子谦	崔宇轩	杨佳伊	鲁馨宇	陈雨萱	杨昊泽	梁瑀	石梦琦	张欣冉	戴雪儿	于涛源	张昕婷	韩雨晴	肖凌萱	宋嘉雄	步鹏飞	吴汶钊	陈思路	于若彤	刘璐宁	朱奕帆	周月彤	唐一佳				
周悦	辛昊阳	喻腾玉	张连勋	邬鑫亿	钱淑冉	李璇	黄进瑞	迟小满	褚家怡	毕一平	李昂	刘子棋	杜奕飞	邓瀚卓	顾心悦	陈浩然	王一	于斯莹	於佳丽	关文佳	马晨育	潘风林				
					丁淑婷			杜若凝											何丁然	邢珂铭	邢振宇	王子旭				
																			郭春麟	李佳慧	董泽川	荆晓燕				
																			李汶洁	刘一阳	吴肖	王鹤淼				
																			辛晓宁	张莹	刘浩欣	丁亚琮				
																			周润龙	刘子轩	张迪	杜在玄				
																			张轶	罗雪萤	王鹤潞	丛川奇				
																			聂梓安	黄子沂	宋志豪	孙永俊				
																			赵子烁	任俊霖	何瑷言	黄建龙				
																			郑博文	董成效	倪铭锴	万芷菁				
																			梁莹	王子旭	毕玉婷	苏硕				

附录二　科普科幻剧本

镜中人

1班、6班

第一幕

A（D）：董事长迟玉洋（D 为小时候）

B：总裁木子

M：秘书机器人

K1、K2：科学家

F：法官

（台词中动作）

【站位及大场景变动】

『音效』（BGM 具体看情况）

旁白：23 世纪，全球性经济危机爆发，超时空能源公司濒临破产，新科技公司却借助经济危机大发横财，新科技公司总裁木子得意扬扬地进入超时空能源公司董事长迟玉洋的办公室，冷嘲热讽。木子走后，迟玉洋站在落地窗前，看着自己一步步打下的江山，想到自己年幼丧父，多年来独自打拼，现在，却是如何也不能翻身了。

【A 背对观众，M 左侧正对】

A：（皱眉）事情真的已经无法挽回了吗？

M：（面无表情）公司东山再起的可能性只有 0.09%。

A：不，只有 1，或 0。

【两人相对沉默，最寂静的时刻响起敲门声】

K1、K2：董事长，时间机器的引擎已预热完毕，通往过去的道路已经开启，时间站在我们这边。

A：（转向秘书）那现在呢？

M：只有 0.09%。

A：（鼻子里轻哼）机器人就是愚蠢，只要我们回到过去，把新科技公司扼杀在摇篮里，我们一定会东山再起，到那时……（阴险的笑）

【几人来到时光机前】

K1：经过多次试验，我们的时光机已经排除 99.9% 的危险因素，时间偏差不超过 2 毫秒。

A：（沉思状，下定决心）

【A 走进时光机大门，K1、K2 紧随其后】

『时光机启动』

第二幕

K1：迟董请看，这里就是新科技公司最初的起点。这里之前不到 10 平方米，公司的创始人除了一腔热血几乎一无所有。但是就在这里，诞生了世界上第一个时间力场，爱因斯坦场方程极致的体现。可以说就是从这里开始，人类的时空旅行不再是遥远的梦想。

K2：迟董，纳米微波探测仪显示，由于我们的到来，这个时空已出现异常振荡，我建议您慎重行事，以免让我们的过去消失。

A：（冷哼一声）畏首畏尾从来不是我的风格。我只要我的公司。

【转视角至记者发布会】

B：经过不懈的努力，无数个日夜的艰苦试验，现在我郑重宣布，新科技公司已经成功制造出世界上第一个时间力场，位于时间力场中的人可以免于受到异时空扭曲所造成的伤害，也就是说，时空旅行已不再是纸上空谈，我相信在不久的未来，在座的各位就可以亲自拜访亲爱的曾曾曾曾祖母和曾祖父了。（笑）

J：（幕后）您好，我是科技日报记者，据说这一实验耗费了巨大的能量，已经导致我们的时空产生震荡，危及人类生命，请问您对这一言论有何看法？

B：纯属谣言。我们的能量来源于遥远星系的恒星，完全不会对本星系造成任何不利影响，根据最新科学研究成果，我们的宇宙能量还很充沛，完全不用担……『枪声』（倒下）

『人群沸腾』

秘书：（左侧跑上台）董事长！董事长！

【人工按压】

B：（突然坐起）（咳血）（声音含糊）没有……必要。

【秘书受到惊吓】

秘书：（焦急）（向右跑）救护车，对，快去叫救护车！

A：历史的潮流无法阻挡，要想发展，必须使自己成为唯一。

A：（走到 B 旁）我与你本无冤无仇，要怪就怪你挡了我的路。

A：（瞥 B）（笑）（离场，打电话说）『电铃』你做得很好。500 万美金已经到你迪拜的账户了。

【侧幕，女孩露脸，看到这一切，惊恐想要大叫，捂嘴不使自己喊出来】

第三幕

【A 在小孩房间中，向小女孩走去，她先是感到熟悉，渐渐感到惊愕，感到害怕，相似的脸让她想起，这是她自己】【D 坐在地上抱玩偶，A 从左侧进场】

A：（质疑）（缓慢靠近）你……你是？（手触碰到 D 的发丝）

D：（甩开）（从地上站起）坏人（推开）（瞪 A）你还我爸爸！（同时丢玩具）

A：（发现自己就是小孩，瘫坐在地）（看手）我……我杀死了我的父亲？

『世界崩塌』

A：你……你们是谁？

时空刑警：时空刑警办案！

第四幕

【法庭】

F：『同时法官锤垂下』（敲惊堂木）现在宣布，被告迟玉洋严重影响时空平衡，肆意篡改平行时空运行规律，以致时空崩塌，宣布被告罪行，判决无期徒刑（敲木）『pong』

『灯灭』

【监狱】

『光打 D』【D 向监狱走来】

A：（捂脸）对不起，是我……我杀死了我们的父亲。是我妄想改变时空，我利欲熏心，我心狠手辣……这一切的一切，都是因为我。

【小女孩走出，抱住 A】

旁边穿插：人类妄想改变现实，却被时空玩弄于股掌之间。一切因果不过是心中恶魔的执念。

『谢幕』

细胞之殇

2 班、4 班

第一幕

（病人体内）红色灯光亮起

T：（场边念白）同志们，接到上级通知，敌人已经冲破第二道防线，进入体内。第三道防线战士做好准备。

白细胞登场（巡逻状态）

白：（左顾右看后发现病毒，藏于暗处）呼叫浆细胞，呼叫浆细胞，我是白细胞，发现可疑 F 病毒，请前来支援！

浆：（小步疾走）来了来了，啥位置？

白：敌军正以每秒 70 厘米的速度向锁骨下动脉方向匀速前进，速速拦截。

（病毒出场，全黑，追光）

病毒：（比较混）呵呵，无敌就是这么寂寞，终于来了两个能打的了！

浆、白：（开始作战）

（速战速决）

浆：嗨，这啥玩意儿嘛。下次这种事可别找我了，我还要休息呢。

T：同志们，不可麻痹大意。这只是灭活的病原体，假如碰上真枪实棒的就会出问题。

浆：知道知道，我的大哥。

第二幕

（医院门外打电话）

老板：喂？

员工：老板，新一批药快好了。

老板：不错，做得好！这批货出手后给你们封个大红包。

员工：谢老板！

老板：对了，我最近有点儿不舒服，得去医院做检查，大概过三天回来。

员工：好嘞！厂里交给我，保证和真的没有差别！

老板：行，那我挂了。

员工：老板再见！

（推门）

老板：医生，我最近身体不太舒服，这是刚刚出的血检，你给看看哪里有问题？

医生：我看看。（深思，抬头瞅一眼，严肃）你这是得了乙肝，已经……过了最佳治疗时间，可能治愈的概率不大。我们，只能尽力试试吧。

老板：（震惊，惊恐）怎么会这样！……怎么……这……

医生：（摇摇头）最近疫苗大规模造假，你该不会是打了假的疫苗吧？……

第三幕

白：唉，最近，不得劲呢……兄弟你咋样？

浆：我也是，最近特恶心，想吐，想吃酸……

白：（抢话）打掉就完了……等等（白细胞站起来），呔！妖精，还不快快现身！

浆：嗨，还是那玩意儿吧，慌啥呀，淡定，淡定！有爷在你怕啥，小爷全能给你安排的明明白白的……

（警报骤起）

T：注意注意，这不是演习，这不是演习。

病毒上（精英）

病毒：（冷淡）杀死细胞，占领这里。

白：靠，这回真是被安排得明明白白了。

浆：咋办哪，哥？（摇袖子）（可怜）

白：咋办？干就完了！骑兵啊不是，细胞连，进攻！

（细胞冲锋，病毒比较冷静）

病毒：（全程冷漠脸）哼，不自量力。

（打斗，纠缠10秒左右，浆、白处于下风，浆细胞死俩、伤一，白细胞奄奄一息）

白：老大……老大！（喊完倒地，痛苦状）

T：（登场）我 T 细胞又回来啦！（参与战斗，三打一，干一个，渐渐体力不支，奄奄一息）

旁白：（某药物，注射）

（三援军登场，立刻加入战斗，二人直接被干掉）

援军：（看一眼阵亡的战友，顾不上）T 老板，我来救你了！

T：兄弟，小心！这人跟之前不一样，招式处处透着诡异……

援军：了解！

病毒：唉，死于话多。

（干一波）

战斗结束

（损失惨重，援军战死，只剩白、浆与 T，浆奄奄一息）

第四幕

（病房，老板奄奄一息地躺在床上。医生从病房外走过。）

医生：看你这样子啊，怕是晚了啊，晚了！用再多的药都没用了。这么长的时间了，都没人探望，人命啊……

（灯光）

老板：（喘气，电话铃声，接电话）

员工：喂，老板，这批药做完了，像之前那样处理吗？

老板：咳咳……咳……这副身体真是……药啊，先留下吧。

员工：留下是吗？后面呢？

老板：不……不！等等！你这批货，毁了吧。

员工：那……成本呢？

老板：想想以后，这副身躯火化成灰，装敛成盒后，人们大概就会把"谋财害命"刻在我的墓碑上吧。咳咳……咳咳。呵！（大口喘气）钱算什么，能和命比吗？但愿，我可以成为最后一个受害者，让这悲剧终结吧！收手吧……就当是我弥留之际做的一点补偿吧！

（电话挂断）（灯光暗，PPT 心电图心跳停止，配心跳）

旁白：（PPT 上黑底白字，打字机音效）

2005 年 3 月 24 日，国务院颁布《疫苗流通和预防接种管理条例》

2011 年 3 月 1 日，卫生部颁布《药品生产质量管理规范》

2015 年 4 月 24 日，国务院颁布新版《中华人民共和国药品管理法实施条例》

（PPT 和上面效果不一样）

愿这个世界变好，不是因为救世主，而是因为追光者。

三重世界

3 班、5 班

引　子

独白：地是空虚混沌，渊面黑暗，神灵运行在水面上。我对你说：不是到七次，而是到七十个七次。但我断不以别的夸口，只夸我们主耶稣基督的十字架。因这十字架，就我而论，世界已经钉在十字架上；就世界而论，我已经钉在十字架上。

第一幕

旁白：2118 年，奥涅卡斯福托维奇斯基的黑暗势力预谋统治整个世界，派出女特工前往 X 教授研究所，偷取世界模拟器"上帝之手"。

（教授望着电脑屏幕，转过身来，摇头，叹口气并做思考状）

（女特工打斗戏）

女特工：（对 boss 说）主人，我已成功潜入 X 教授实验室，目前一切正常。

boss：你做得很好，这次任务只能成，不能败。

女特工：（径直向教授走去，较为温柔地）X 教授，听说您研制出了一台名为"上帝之手"的仪器，可以用来模拟一个独立完整的世界，我家主人（教授摇头放下手中的茶杯），对此很感兴趣，希望能和您合作。

X 教授：小姑娘，我和你家老板也算是老相识了，他想用这台机器干什么，我心知肚明。打这么久累了吧，来，坐下来喝杯茶（沏茶，递茶）。

女特工：（教授递茶的同时，掏枪对着教授）老爷子，别跟我绕弯子了，这台机器我今天要定了。

教授：（淡定地拨开枪，收茶）年轻人，不要着急嘛。我给你看点东西。

（将电脑屏幕转向特工，让特工看了几个故事）

第二幕

出场人物：奴隶，打手，女仆，贵族（一男一女）（女在桌前，男在沙发上）

（贵妇在桌前插花）

（贵族在沙发上看报纸，看累了把报纸放下，揉揉眼）

贵妇：昨天去了一趟卡秋伯爵的庄园，那里的葡萄可真好吃。

贵族：（起身，在贵妇说话的同时向贵妇走去，搂住贵妇）嗯，之前去了一次，那里的葡萄确实不错，等葡萄酿成了酒，就更美味了。到时候我让卡秋伯爵给我们送几桶来。

贵妇：好啊好啊。对了，上次那个仆人笨得要死，差点把酒洒到我的身上。（一边微笑一边点头，撒娇）

贵族：放心吧，新招的仆人都挺机灵的，再有上次那样的仆人，直接拖下去打一顿。

（女仆低着头端着茶走过来要倒茶）

（贵妇转过身来，不小心把茶杯碰翻）

贵妇：哎呀！

女仆：（上前帮贵妇擦衣服）对不起，对不起……

贵妇：（把女仆的手打开，扇女仆一巴掌）你没长眼吗，我刚买的衣服，你赔得起吗？！

（女仆抬头恶狠狠地瞪着贵妇，不忿）

贵妇：（转过头来，看到女仆的眼神）你……你瞪什么瞪？再瞪就把你眼睛挖了！

（虽然语气强硬，但还是被眼神吓得后退了几步）

贵妇：（撒娇）亲爱的你看，她瞪我！

贵族：（安慰贵妇，转头瞪着女仆）没事没事。你怎么回事啊？来人，给我拉下去，打！

（这时打手上场，将女仆拖下去。在拖下去的过程中，打手和女仆拉扯）

女仆：谁都不是生来高贵，凭什么你可以指使我做什么事。我们只是想平平淡淡地生活，你就不能给我留一点尊严吗？（突然用力挣扎开来举起双手）上帝啊，你为何如此不公！要让这么狠毒的人凌驾于我们之上。

（女仆生气地左顾右盼，找东西，从打手口袋中拿到抹布，作扔状）

时间定格，进入下一幕。

第三幕

分布在舞台右后场。

（小男孩坐在地上玩着手机，他的妈妈在一旁辛劳地拖地）

小男孩：（发出打游戏时候的自言自语，动作浮夸）哎呀，这剧情太棒了，不过这贵族有点……（咂嘴）

妈妈：（停下来，看着小男孩）别玩了，玩了那么长时间了，对眼睛不好的。

男孩：知道了知道了，烦死了。

（妈妈继续拖地）

男孩：（一直在打游戏）算了算了，棍子，太狠，还是用手打吧……

（妈妈听到动静，回头）

妈妈：别打啦行吗？再打你就要瞎了！（略微生气，同时用手拍着肩部）

男孩：哎呀，等会儿，等会儿。（皱着眉头认真打游戏）

（妈妈摇头，叹气）

妈妈：（继续干活，又听到小男孩的游戏声，非常生气地）你就不能听点话吗？！我都是为了你好啊！（冲上去把手机抢过来）

（男孩迅速起身，跑上前去抢手机）

双方拉扯，时间静止，进入下一幕。

（双方继续拉扯，妈妈倒地，手机留在小男孩的手里）

（小男孩瞥了一眼倒在地上的妈妈，又看了看手机，时间停止）

第四幕

教授、女特工摆交流姿势。

教授：你看，那个女仆觉醒了，虽然她所处的只是小男孩的游戏世界，但是她依然可以摆脱控制，超越游戏的界限。（这句话在特工脑海里回放）

教授：而这个男孩，这个网瘾少年，虽然他在我"上帝之手"的掌控中，但最后的最后，他开始思考，开始反抗，他将要苏醒，他将要摆脱！

（看第一幕过程中，特工渐渐表现出头疼，表现出不适，将手放在头上，一会儿后，手放下，眼睛突然放大）

教授：那你呢，小姑娘，你难道就甘愿这样被你那所谓的主人控制吗？

女特工：（抱头痛哭，小声）我……我不想……

教授：（叹口气）（boss 名字）他一直都错了，他以为凭借科技，凭借着强力，就可以统治整个世界吗？

（仆人、小男孩、女特工相继爆发。仆人把抹布扔到贵族脸上，小男孩把手机狠狠丢掉，去扶倒地的妈妈，女特工抱头蹲下然后迷茫起来）

女特工：我都干了些什么？这都是为什么？这，这……我明白了。（全部人员下场只

留女特工，然后 PPT 映出）

结束语：生命在它里头，这生命就是人的光。光照在黑暗里，黑暗却不接受光。What has come into being in him was life, and the life was the light of all people. The light shines in the darkness, and the darkness did not overcome it.

全剧终。

（灯光亮，所有参演人员上台一同谢幕）

时空之外的相遇

7 班、9 班

第一幕

【女：我们的宇宙中存在着很多平行空间，它们各不相同，当它们发生交集时，会撞出什么样的火花呢？】

（幕布拉开）

秦假：林梦洁，我今天一定要跨出这个门。

妻子：你今天跨出这个门，就别后悔。（大吼）

秦假：我有我自己的事业，你根本不理解我。（大吼摔门离开）

妻子：你自己的事业？那到底是你所谓的事业重要还是家庭重要？

秦假：（静默一会）只有完成了我的事业，我才能给你一个更好的生活。我认为家庭的温馨是建立在成功的事业之上的！

妻子：既然如此，你走吧（哭泣）……你走吧（小声）……别走！（大声）（妻子突然冲出大门）［刹车声］

秦假：（激动地跳起来）我终于成功地发明出时光机了！这简直是人类史上最伟大的发明！我一定要和梦洁分享这个好消息！（突然拿出手机）

【男：为了研究时光机，他切断与外界的一切联系，现在他终于拿出手机，看到了一条很久之前的短信。】

【女：秦假先生，林梦洁女士于昨日 23 点 59 分经我院抢救无效不幸去世，您是手机第一联系人，请您来认领一下。】

秦假：（手机从手中滑落，两手无力地垂下，瞬间抱头）这怎么可能，怎么可能！（转身看见时光机）哦！时光机！（欢喜惊奇）我可以回去了！我可以回到过去了！（坐到椅子上）

【男：秦假坐上了时光机，时光机开始运行，进入了另一个时空。】

第二幕

（秦假从时光机中走出来）

（雷神、超级玛丽、佐罗蹲坐在一起，围成一个圈，煎饼侠和美国队长一脸微妙在旁观战。另一边，四个穿长袍的人在打麻将）

红长袍：五条。

黑长袍：杠！

蓝长袍：又没用。

粉长袍：不要再说了。我胡了！

黑长袍：什么啊，你出老千，揍他！！

雷神：快点吧，我等得花儿都谢了！

佐罗：好嘞，马上，三个九带一对五！

煎饼侠：哎，你们这牌打得不错啊！

超级玛丽：哼哼，你以为我没辙了吧。四个二再带两个王！哈哈哈，我赢了！

美国队长：唉，煎饼侠和佐罗，亏我美国队长赌你俩赢——哎，年轻人，你是过来干啥的？

秦假：嗯……不好意思，走错了……

第三幕

【女：秦假又坐上时光机，时光机又一次运行，进入另一个时空。男主又从时光机出来。】

（秦假面露难色，四个青楼女子在一旁嬉闹）

青楼女子老鸨：（突然撩腿）官人，你看我的基因突变的腿毛如何？（上去搂秦假）别走啊，你看我媚眼如丝，口吐芳兰。

秦假：大妈，您……您别这样……

青楼女子老鸨：哎哟，小嘴还挺叼，我不适合你，我们群芳阁的姐妹们适合你啊！姐妹们，快来呀！

青楼女子1：客官，来玩啊！

青楼女子2：奴家都要等不及了呢！

青楼女子3：别看她呀，选我，我可是青楼的头牌呢！

秦假：姐姐……我是有家室的……

【男：秦假又坐上时光机，终于来到他想要的第二世界。】

第四幕

秦真：（自信地拍拍胸脯抬手指天）媳妇儿，我向你保证，我要让你以后耐克鞋穿一双扔一双，LV 买一个撇（三声）一个，劳斯莱斯开一辆拖一辆。好了，宝贝，我走了！（骚气的飞吻）

妻子：老公，我相信你！

小孩：爸比，再见，晚上教你唱小星星哦！

（秦真走出去被秦假一个手刀击晕，塞入时光机）

【女：暮色时分降临。】

秦假：（推开门）媳妇儿，我回来啦！

【男：秦假耍小心思，让自己与另一个世界的自己对调，妄图实现自己和老婆孩子相聚的心愿。】

【女：秦真在原世界醒来。】

（秦真坐起来，助手凑过去，离得比较近）

助手：十一、十二、十三……

秦真：（有点慌乱地退一退）

助手：（起身）哎呀老板，你终于醒过来了，我一直在数你的睫毛，唉呀妈呀，老长嘞！（推推眼镜）

秦真：……你是谁？（往后退）

助手：（弯腰前进一步直起身）老板你咋回事儿啊？你不记得我啦！

秦真：停……停……你别过来！（从椅子上站起来，退一步）你出去，让我冷静一下（扶住额头把头偏向一边）

（助手走出去，秦真站起来上漫无目地在台上乱转）

【男：傍晚，秦真无意间瞭到了时光机。】

秦真：咦，这是什么？（站起来快步走过去，触发按钮）

【冰冷女声：滴，指纹验证成功，穿梭年代，第二世界！】

【女：秦真通过时光机终于回到了第二世界，两个一样的人，终于见面了。】

（秦真推开门）

秦真：你！（冲进来）

秦假：你！

（两个人开始绕圈，对称表演）

你！（同时）

你！（同时）

你怎么和我一样？!（秦假假装惊恐，秦真真惊恐）

你是假的！（同时转头看向林梦洁，指着自己）

我才是真的！（同时）

（妻子一瞬间站起来，惊恐地尖叫）

（秦真下意识地张开手保护她）

秦真：媳妇，你看我们俩谁是真的？

林梦洁：（思考一下，抬手指向秦真）是你吗？（轻声）真的是你吗？（大声）

秦真：（激动地大幅度点头）是我！媳妇！（跑过去两个人抱住）

秦真：（转过来，对秦假说）请你离开这里！

秦假：（垂头丧气，回头问）为什么是他，而不是我？

林梦洁：想知道为什么不是你吗？因为，当时女儿尖叫的时候只有他要保护我，在他身上有种你没有的蓬勃的朝气和旺盛的生命力，这就是我当初爱上他，或者说爱上你的原因。在你的身上我只能看到夕阳落下的死寂，我会和秦真携手，一起避免他变成你，再也不见。（一家三口走掉）

［秦假崩溃地跪到了地上，此时他终于恍然大悟］

当初，面对摆在我面前的两条路我也曾犹豫不前，可最终另一条路上的金光闪闪吸引了我。是的，成功使我很激动，肾上腺素飙升的感觉让我迷失了自我，可是我错了，错得彻彻底底，这一切并不是我想要的，当我手握着权利，脚踏着金钱，脑海里回想的却是她。（看向后面的妻子）这世上没有后悔药，而我也再也后悔不了了。

The Lone Wanderer

8班、10班

序　幕

旁白：一场跃迁事故的遇难者，成了辉煌帝国的一名幸存者，为了寻找帝国覆灭的原因，他在星际间漫游着，故事就由此开始……

（灯光黑，过场动画）

第一幕

进场：单光照主角

漫游者：又是一个落后的星球……希望在这里能找到些什么。

喊杀声起，主角惊讶，灯光全亮，两军进舞台中央，分层，帝国军对抗反叛军，公主（帝国）前来劝阻战争。

公主：（声音先起）你们不要打了！（公主上台，双方暂停）

公主：你们都是帝国的子民，为何却要在此相互残杀，机械神看到这些会发怒的！

小兵甲：去你的机械神！今天就拿你祭天！

反叛军有人砍公主，主角抵挡，帝国军愤怒。

小兵乙：敢砍我们公主，干他！

压制反叛军，退场，主角杀死砍公主的人，留尸体若干。

公主：啊，勇士，谢谢你救了我。

流浪者：……公主不必多礼。

公主：那……那……请您护送我回皇宫吧。

（灯光熄，换幕）

第二幕

（灯光亮，入皇宫）

侍卫头子：（跑步入场，单膝跪地）报告公主，我们抓住了一名俘虏，请问您是否要审问他？

公主：我想见见他，带他上来吧。

侍卫头子：是（回头示意另一士兵），带上来！

士兵：（带上俘虏，左手控制俘虏的手，右手控制俘虏的右肩，到达地点后，右手略微用力下压。俘虏在路上略微抖动做挣扎状，肩膀接到下压信号后，立刻下跪，同时做轻微抵抗）

公主：这么年轻……你是俘虏？

俘虏：（未来的首领）（冷笑）是啊，我是你们口中的"反叛军"，你们眼中贫民沟里的渣滓。

公主：（有些委屈地）我从未这样看。

俘虏：（讥讽地）哈，瞧瞧你们宣扬的机械教教义，只有成为皇室的走狗才有使用电力的资格……你现在告诉我，你们和我们是一样的？

公主：可那些人明明很幸福……（犹豫）

俘虏：傀儡工具的幸福？

公主：（无言以对）这……

俘虏：无论如何，我不会改变自己的想法，（挑衅）除非你杀了我。

公主：……不，我放你走。

旁白：俘虏在惊讶中被士兵带走了，留下公主与流浪者注视着他们离去的背影。

公主：（转向流浪者）你觉得，他说的……是真的吗？

流浪者：我不知道……我曾臣服于一个统治者，他用铁血的手腕建立了辉煌的文明，后来，帝国四分五裂。

公主：统治者，等等，你是一个异乡人？

流浪者：是啊，所以我要找到原因，我的帝国破灭的原因。

（换场景）

第三幕

旁白：十年后，昔日被释放的叛军俘虏，疯狂地追求权力，以军界首领的身份即将加冕为王。而当年天真烂漫的小公主也成为支持革命的先驱者。

（反叛军首领单膝俯首跪在教主座前）

教主：（以权杖扣）以全能机械神雷奥之名，埃文·米勒，汝被赐予主宰帝国之力！

反叛军首领：（暴起，以长刀划破教主胸膛，将其尸体掀下王座，望着教主的尸体喃喃，灯光给反叛军首领和教主）不杀了你，我空有军队，如何让数以万计的教众听命于我？

反叛军首领：（灯光大亮，面向观众）他！推动并利用战争，大发宗教财，这样的教主，早就该废！我接受神的意旨，将成为行走在人间的新使者！

公主：（声音）你错了，不会再有神灵了，不会再有！

（灯光亮起）

反叛军首领：（伸手指点）你？你？还有你？你们想干什么？都反了吗！

反叛军甲：你不再是我们的战友了，埃文！

反叛军乙：看看你手中的鲜血吧，你已经成了新的独裁者！

公主：（向前一步）你十年前对我说的"无论如何，都不会改变自己的信仰"看来是忘得一干二净了吧。

反叛军首领：（轻蔑嗤笑）那时愚蠢，不知道权力才是一切的根本，不掌握权力，如何掌握命运？！

公主：这样的命运？站在无数尸骨之上的荣耀，难道你问心无愧吗？

反叛军首领：为什么要有愧疚？那些人与我有关吗？我死后哪管它洪水滔天。

公主：与你无关？你看看这一位位陪你出生入死的昔日战友。与你无关？你疯了？！

反叛军首领：（拔剑指向公主）多说无益，阻拦我的人，都要死。

（台下战友面面相觑，拔剑）齐声：闭嘴！我从未见过如此厚颜无耻之人。

公主与反叛军们乱剑杀了反叛军首领。

公主：（举剑）将军，这就是人民的意旨，是这片土地上所有反对独裁者的呼声。

反叛军甲、乙及群演，举手（剑）表示敬意。

公主：独裁者死了，这片土地将迎来人民的明天！

（灯光前扫，音乐4秒）

尾　声

（音乐，大灯熄灭，灯光打在流浪者和公主身上）

流浪者：谢谢你，公主。我想，我找到了我的答案。

公主：（看着观众台的远处）而我的答案，才刚刚开始。

被奴役的自由

11班、13班

开场，外星人为美国政府工作的视频。

两束灯光，照射到一个记者和一个老人身上。（全场灯光从未停止）

记者：您好，作为51区曾经的看守者之一，请问您有什么故事愿意分享？（拿麦克风）

老人：（颤抖地说）那是在1941年的一个上午，罗斯福总统正在珍珠港阅兵……

（光线黑，光线聚焦到舞台某处）

第一幕

罗斯福由女秘书推上（到光线聚焦处），身后紧跟两名大兵。（光线全亮）

大兵：（跑入，立正，敬礼）报告罗斯福总统（立正），发现不明飞行物！正在高速坠落，预计着陆点在珍珠港附近海域，将于一分钟后到达海平面。是否击落，请指示！

罗斯福：（举手）不要击落。（仰头目击飞船掉入海中，全程眉头紧锁）［音效］那是什么？（疑惑）

大兵：报告总统，不明飞行物已落入海中。

罗斯福：（指一下主人公上台的方向）打捞上来。（凝重）

身后两名大兵冲上去，架着主人公走上前。

罗斯福：这是……什么怪物？

大兵：报告总统，这可能是个外来生物。

罗斯福：外来生物？（脸上浮出一丝惊讶，立即褪去）带走他，把他带到51区去！

大兵：是！（往某方向退场，边退灯光边变暗）

第二幕

（场景变暗，灯光聚焦到记者与老人）

记者：我有一个问题，那人类是如何与外星人取得沟通的呢？

老人：那个外星人，聪明得很。我们一开始用手语跟他交流，他基本上都理解了，而且还友善地用手语回应。我们找了个语言学家教他我们的语言，他只用了不到一个礼拜就可以进行基本的交流了。（适当加动作）

记者：那他跟人类说了什么？

（灯关暗，聚焦中间）

秘书推罗斯福上，外星人上。（渐渐全亮）

罗斯福：你来地球的目的是什么？（和善）

外星人：我为自由与和平而来，地球正是我所追寻之净土。（希望）

罗斯福：你们的星球上，没有自由与和平吗？（疑惑）

外星人：呵！和平？自由？（向前一步）我们世代所追求！（双手45°上扬，然后震两下作强调，仰望）统治者常装出对人民信仰的表情和虔诚的举动，却用糖衣来包裹恶魔的本性（手放下）。独裁所致的和平（轻摇头），欺骗所得的自由（轻摇头加苦笑，要自然点的凄苦）——生活在贫苦中的我们，无限循环于黑暗之中（边说边低头）……可惜，在地球上，同样是假象（失望几秒，然后警惕地看罗斯福）

罗斯福：既然你向往着自由与和平，那你是否愿意为之奋斗？

外星人：我正是为之而来。（无情绪，有点冷）

罗斯福：那能请你帮我做一件事情吗？

外星人：什么？

罗斯福：我们是世界上最强大的国家，一旦取得战争的胜利，世界将会获得和平。我们也承诺我们会将美利坚的自由之光带到世界的每一个角落。我们的科学家已经研究出了质能方程，但是距离制造原子弹还有一定差距。你若可以帮我们制造出原子弹，你将会为这个世界带来自由与和平。

外星人：原子弹？那种杀人的东西，怎么会带来自由与和平？你们这帮地球人别想骗我！（情绪有些激动）

（空袭警报传来）

大兵1：（奔跑上台，立正）报告总统！珍珠港遭到日军袭击！

（罗斯福、外星人惊讶，看向PPT，空袭视频）

罗斯福：（稳定情绪）你看，没有原子弹，没有强大的力量，世界无法和平！只有你帮助我们，自由与和平才能变成现实！

外星人：真的是这样吗？

罗斯福：千真万确！

外星人：好吧，让我考虑一下。（思考状下台）

第三幕

（场景变暗，再次回到记者与老人）

记者：那最后外星人答应了吗？

老人：嗯，他同意了。

记者：也就是说，当年投在日本的两颗原子弹都是出自外星人之手吗？

老人：没错。

（外星人在实验室里埋头苦干，电视里出现了原子弹爆炸）

外星人：（骄傲地拍了一下桌子，打开一瓶香槟，对着原子弹举起）敬和平与自由！

（道具预警）

看守：（小声说）还在想自由与和平？噩梦才刚刚开始！

两名大兵入。

大兵1：尊敬的X先生，感谢您为世界和平做出的杰出贡献。

大兵2：但是，杜鲁门总统要求你继续为我们制造武器。

外星人：谁是杜鲁门？（站起，惊讶）罗斯福总统呢？（疑惑）

大兵1：两个月前他去世了。（无情绪）

外星人：曾经许下自由与和平的诺言，也随他而逝了吗？（带着几分不解和痛苦）

大兵2：注意你的语言！希望你能完成总统所要求的任务，否则你将被解剖（指外星人），毕竟你身体的研究价值也不小。

大兵1、2出。

（外星人摔杯子）

第四幕

（场景变暗，再次回到记者与老人）

老人：从此之后，他就开始为我们做武器了，起初是一些枪炮，后来便是飞机之类的了。研制出来后，我们就在这片荒芜的大沙漠中试验。

记者：也就是传言中说的那样子了。

老人：对。外星人的寿命折合成地球年有一千年，杜鲁门想让他做美国世世代代的奴隶。但是，那个外星人，开始尝试逃亡……

（外星人假装工作，悄悄拿起榔头敲晕看守，放下榔头走到门口）

外星人：有些鸟儿是关不住的，因为它的羽毛闪烁着自由的光芒。

看守爬起来把外星人一顿暴打。

第五幕

记者：那之后呢？

老人：唉……（叹息，后悔状）

一道灯光照射到外星人身上。（周围除了老人和记者一片黑暗）

外星人：（眼神空洞）我为寻求和平而来，但我却让这个世界更加动荡。我为追求自由而来，但我却连自己的自由都无法取得。我以为寻找到了乐土，却不料跌入了深渊。在这地狱之中，即便永生，又与死亡，有何区别？（颤抖）

（灯暗，枪响）

智能进化

14班、16班

幕起。

舞台灯光全灭。

第一幕　序

黑幕

（灯光打在杨清和秘书的身上）

秘书：杨清主任，这样做……真的好吗？

杨清：有什么不好？技术，本来就是造福人类的。这利润多高啊！常信那老头儿想和我们抢，不可能！

第二幕　研究所

（舞台灯光亮）

研究所，会议室

常信：借助高度发达的计算机技术与生物技术，将 AI 选定的最优进化算法写入人类基因，在几十年内完成像过去几千年里的进化，以此来治愈绝症、延缓衰老，使人类自己变得更加强大，便是我毕生的梦想了。实验就差最后一个函数图了，大家一起努力吧。散会！哦对了，不要忘了，搞科研最可怕的是没有信仰的博学多才和不合伦理的科学技术……

（常信转身欲走）

孟想：（上）所长！

常信：（回头看孟想一眼）……你……到我办公室吧。

（孟想随常信入办公室）

办公室

孟想：（小步快追）常所长，这个项目必须停止！

常信：（顿了一下，怀疑的眼光后开始笑）开玩笑！

孟想：所长，研究本身就有缺陷，（动）我们运用的 AI 的二进制算法将基因绝对量化，如果让他来绘下所有的基因，那么人类就会变为一个只有量化二元化的情感，不具有任何感性的机器，（回）所长，基因异变那种病，已经是我们的……

常信：（打断）是我们的前车之鉴吗？

孟想：什么？所长，您的意思是……那……那既然这样，为什么还要继续？

常信：（踱步）没有疾病，没有衰老，没有疯狂，这难道不好吗？

孟想：也不会有爱！

常信：（大吼）但更不会有恨！

（孟想吓得后退，双手紧握）

孟想：（声音颤抖）这……这到底是为什么呀，所长……

（常信的表情渐渐退去）

常信：（苦笑）为什么？我也想知道为什么！（声音渐高）为什么我辛辛苦苦地为人类的进化着想，我的妻子却抛弃了我？为什么我有那么多的成就，却评不上高职，每个月挣得还不如楼下卖咖啡的多？为什么我只想实现毕生的梦想，到头来科技委的那帮混蛋却要让我走人！他们给了我四个月的时间，美其名曰：完善技术，但其实就是想坐享其成，自己捞钱！（走向孟想，孟想向后退）杨主任的心里，除了钱还有别的吗？他骗取了多少人的专利啊！而社会反过来又是多么感激他，（突然转身）与他的骗术同流合污！（狂笑）说来也是天意啊，他们告诉我这消息的第二天，我便发现了 AI 二进制的漏洞，于是我就……

孟想：（向前，打断）于是你就用全人类的未来作为武器向他们宣战！

常信：不错！（突然回头）我是在摧毁爱与情感，但也是在杜绝恨与贪欲！人类社会已经在滥用技术，那么他们被技术摧毁也是罪有应得！

孟想：不！

（常信将一张函数图插入电脑接口，按下回车键）

常信：（冷笑）电脑连接的终端，是所有食品科技生产公司的中央处理器。这就是报应！

（孟想按下手表上的按钮）

孟想：（突然大笑）你刚才说的一切，都将是明天新闻的头版头条！

（常信狂笑，突然掏出一把手枪）

常信：这又有什么用！只要我一死，这个基因就会扩散，哈哈哈哈哈哈哈……

（常信把手枪对准自己，舞台灯光灭，枪响）

插播新闻：NNS 早间新闻独家报道，今日凌晨，瀛川科研所所长常信在办公室自杀身亡。此前一段常信与他人的关于基因武器的对话音频被上传至本台，目前警方已介入调查，确认音频的上传人为当时也在事发现场的研究员孟想，不过目前他并不愿进一步透漏信息。警方发现音频中还疑涉及国家科技委主任杨清先生的学术丑闻。（换稿）另据本台刚刚收到的消息，人类在主星上的殖民活动已经有了很大的进展，大批的人即将乘飞船前往，主星基地之下也已预备好几亿颗受精卵，以供实验使用……

第三幕　审判

法庭

审判长：被告人杨清，男，四十六岁，曾任国家科学技术委员会主任，因犯滥用职权罪、挪用公款罪、侵犯他人知识产权罪，判处有期徒刑二十年。（敲法槌）休庭！

押解路上

（法警将杨清押走，行至半路，另一伙士兵分别从上场口和下场口上，将法警和杨清围住，经过一番打斗，杨清被另一伙士兵劫走）

反星际殖民联盟办公室

（灯打到坐在舞台上的付庆身上，两个士兵押着杨清上，杨清环顾四周，付庆看杨清，笑，起立）

付庆：（拍杨清肩膀）你，自由了。（踱步）不过我可是有条件的。

杨清：你什么意思？

付庆：（踱步至杨清面前）看到这面旗了吗？（指后方）

杨清：你们是反星际殖民联盟的？

付庆：对。只有你知道主星的坐标。告诉我在哪儿，我要摧毁那里。

杨清：（转身面向观众）完事儿之后，给我自由。

付庆：成交。你说吧。

杨清：主星嘛……就在 Kepler-452 星系，离这儿 42 光年。

付庆：好，你可以走了。

（杨清下）

杨清：可算跑出来了，看来老子还是……（有方法的）

（付庆向杨清离开的地方开枪，枪声响，杨清说话声戛然而止）

第四幕　主星

主星

旁白：反星际殖民联盟的一批士兵在一名叫付庆的头目带领下，潜伏到了主星，在这里与殖民者们展开了激战。

（付庆和一伙士兵上。另一伙士兵上，与付庆等人激战。所有人除防守方两个群演外都倒下）

付庆：（奄奄一息，举起引爆器）知道这是什么吗？我死了，你们这上面的人也别想活！

（付庆按下引爆器，爆炸声响，舞台灯光灭）

旁白：主星上的人，死了，都死了。但是，主星基地地下的早已隐藏好的一台机器将准备好的几亿受精卵慢慢孵化、培育。几万年后，人类复兴。甚至，他们的文明比那时候的地球还高出很多。

主星，办公室

部长1：（手持报纸，对部长2）哎，你听没听说，有一个叫华澈的大学生，研发出了回到过去的技术？

部长2：听说了。

部长1：（靠近部长2）我还听说，有人想通过这项技术回到过去，查找所谓"地球"的下落？

部长2：啊？谁胆子这么大？现在风声这么紧，这样做，肯定要被判流放的啊。

部长1：那……你就让下面的人查查吧。

部长2：可以。那……你不参与吗？

部长1：这不是听说你要当主席了嘛，给你揽个活儿干。

旁白：一个月后，调查结果出来了。同时，那位部长也成了主席。

（年轻华澈上）

审判长：（音）华澈，女，十八岁，因试图回到过去找地球，被检察机关批捕，犯散布异端邪说罪，判处太空流放四十年，立即执行。休庭！

（两个士兵上，将年轻华澈押下）

主星，会议室，主席台

（舞台灯光起）

主席：同胞们，我们现在不得不面对这样一个事实：基因异变这种病的感染率已达80%。对此，我不得不道歉，我们只能把希望寄托在也许，也许根本就不存在的地球上，去那里寻找原始基因。只能这样了，请宽恕我。各位英雄们，向地球出发吧！

（主席下，舞台灯光灭）

旁白：英雄们到达了地球，只不过，此时的地球，人类早已灭绝了几万年了。英雄们更找到了原始基因，只不过，这基因是在国家科技委的实验室里找到的。

第五幕　大讨论

主席办公室

主席：（面对桌子，背对华澈）华澈，这些事儿你也知道了吧。当初因为宣扬回到过去而流放你，是错误的。但你也应该算是幸运的吧。

华澈：这时候说我幸运了？嗯？这样的日子，不是你们喜欢的吗？

主席：（转身）我错了。但现在，人类需要你。他们虽然治好了基因异变，但却都失去了情感。而且，只有你，掌握了回到过去的技术。

华澈：哼。活该！你们这些精明的人，我还以为你们热爱这种极端理性的生活呢。

主席：（点头）我们真的错了啊……（垂下头）

华澈：（叹气，上前扶起主席）这些年的流放，我也想明白了，万物都是相对的。（真诚地）你真的确定这样不好吗？你们看现在，没有犯罪，没有腐败，孩子们很快就能掌握知识，这真的是一个理性而又充满秩序的世界。如果我生活在现在，我也不会被流放，不是吗？

主席：这……你不是能回到过去？你再看看过去吧。

华澈：（退后一步，点点头）好吧。（手指按下一旁机器的按钮）

（主席和华澈一同看向另一方，年轻华澈和一位老师上）

年轻华澈:（低头）老师，我……我……我……

老师:（抚摸年轻华澈的头）唉……没事。华澈，老师相信你，能行的。

年轻华澈:（十分哀伤，哭腔）但……虫洞实验失败了，设……设施都……都毁了……真的，如果不是我马虎的话，还是能成功的……可现在……连小顾都牺牲了……

（两人拥抱在一起）

老师：没事的，没事的，真的没事的，我们可以重新开始……

年轻华澈：还能重新开始吗?

老师：错误谁都会有。知错能改，善莫大焉。

（年轻华澈和老师下）

主席：华澈，你虽然有可能喜欢现在，但那样的过去，不好吗?

（华澈低头，手搭在旁边机器的按钮上）

华澈：好，也好，我走吧。

（华澈按下按钮，幕起，展现：常信端起手枪指着孟想，孟想按下手表上的按钮）

舞台灯光全灭。

幕落。

我想留下来

15 班、17 班

旁白：公元 2200 年，人类开发出了能将核反应堆缩小到直径一米的技术，人类利用此项技术展开了对自然资源的疯狂掠夺，最终导致地球环境恶化到了人类难以生存的地步，政府就此提出移民计划，倾尽人类的资源造出了诺亚号飞船。

第一幕

地点：四合院（四合院 PPT 图片），音效：鸟声

角色：李先生，老人（李先生父亲），李先生妻子，小女孩（李先生女儿）

（老人坐在沙发上，双手扶着拐杖，李先生坐在老人旁边，妻子在收拾行李，女孩站在母亲边上）

老人:（拐杖往地上重重一拄）我不走!

李先生：爸你听我说，许多人都打算移民，我现在好不容易弄到的名额……

老人：走什么，这老宅子是我爷爷那代留下的，住了多少年。你看那隔壁的老王、老陶，谁打算移民? 我不走……

小女孩：爷爷不走我也不走……（跑到爷爷怀里）

李先生：那是因为他们……

李先生妻子：（用力盖上行李箱）爸！你能不能别那么自私，你不走，你舍得你孙女留在这受罪？

（老人沉默，偏过头不再看向家人）

小女孩：（从爷爷怀里出来，抱住小狗）那我能带上小白吗？

李先生：乖，我们不能带上小白……

小女孩：爸爸求你了，我就是想带上小白……

李先生妻子：（抱住小女孩）乖，不是我们不带小白，是不让带……

（小女孩微微抽泣）

老人：我在这住了一辈子，老死在这也值，把我的位子给小白吧！

（妻子看向李先生，扭头示意，李先生点点头，走出门）

第二幕

音效：新闻联播

旁白：欢迎大家收看今天的时代评论，下面播放第一条简讯：国家卫计委调查显示，核污染导致地球上白血病、癌症、镉中毒患者人数是过去五年的十倍，人们不禁发问，地球还适合人类生存吗？

演员：富豪1，保镖2（表演）

与此同时，著名明星迟俊凯，风华财团董事长"值千金"人等及其亲属已成功办成外太空移民手续，成功成为诺亚号飞船的乘客。人们不禁自问，普通人难道只能被留在满目疮痍的地球？地球移民计划是人类的希望，还是只是上流社会的希望？

场景：李先生路过医院

地点：医院

演员：群众1、2、3，医生，李先生

群众1：（男人）真的要打掉吗？

群众2：（怀孕的妇女）不然呢？我不想咱们的孩子也像我们一样悲惨地活着。

群众1：是我不好，我没能力带你登上诺亚飞船。

群众3：（揪着医生衣领）不可能的，好好的怎么可能是癌症？我爸一直身体那么好！

医生：这年头，没啥不可能的，每天不知道多少个癌症病人被检查出来……

（李先生加快脚步穿过街道）

第三幕

旁白：时代评论再次播报，今日，参与了2215年政府出资开展的环境改善技术突破计划的科学家们举行了示威游行，抵抗政府放弃改善环境计划，将所有经费转移到外太空转移计划的行为。

地点：街道

演员：科学家五人（一人为主角，其余四人为配角），头盔警察一人，普通警察一人，李先生。

（科学家中有扛旗的，有拉横幅的，而他们面前三个警察对峙。李先生看见这一情况，站在一边观察）

头盔警察：这位先生，我很能理解您的心情，但请冷静一下，您的行为有些过激了。

科学家1：过激？你知不知道我们这五六年参加的改善环境科学项目，政府现在把所有的资金倾斜到了移民计划，这不是逃避问题吗？而且普通人怎么登得上诺亚号？这算什么计划和方案！

普通警察：请您冷静下来。

科学家2：冷静什么，我家里人都患上癌症了。

科学家3：政府这就是不负责任啊！

（群众开始用纸团扔向警察，并且发生冲突。头盔警察鸣枪，警察开始镇压冲突。一片混乱中，李先生拉走了科学家1）

第四幕

地点：桥边

角色：李先生，科学家

（两人跑到桥边，回头确认没有人，才停下来喘息）

科学家：（盯了李先生几眼）原来是你啊，我还以为你已经不认我这个朋友了。

李先生：你还没放弃啊……

科学家：放弃？你在说什么？你也曾经是项目中的一员，你应该明白我们项目的重要性。我们不能逃避啊老李，我们应该据理力争。

李先生：（沉默一会）你家人安排好了吗？

科学家：（找了张长椅坐下）别开玩笑，我爸妈去得早没受太多罪，这样的环境下，活着都成问题，倒是你，老爷子是不是闹脾气不走。

李先生：（也坐下）他……他会走的，我等下就去办手续。

科学家：你真的要移民？

（李先生站起身点头，叹气，默默离开）

第五幕

地点：登机口

演员：一家四口，工作人员两人，群演（所有）

终于到了诺亚号启程的这一天，李家老爷子总算答应一起走。但中途说有东西落家里，李先生与妻子女儿带着行李站在登机口前等待。

妻子：爸该不会还是……

（李先生摇摇头）

女孩：爷爷会来的，他和我拉钩了。

（老人一手提包，一手拄拐杖走了过来）

（女孩上去帮爷爷拎包，老人摇头拒绝）

李先生：我们登机吧。

（工作人员对行李进行检查，从老人包里搜出一个装满土的瓶子。）

工作人员：不好意思，这不能带上飞船。

李先生：（点点头）好的。

老人：（连忙伸手去拿瓶子）别！别扔，求求你们让我带上吧。

工作人员：（伸手去拿瓶子）老先生对不起，这真的不符合规定。每个人带的东西是限量的，请您配合。

老人：（抱不住瓶子，瓶子被工作人员拿走，看了看李先生）儿子，爹这辈子没求过你什么。这抔土是咱老李家院里的，比你爹我年纪还大。求求你，别让他们收走，让我带上吧……

旁白：（录好）各位乘客，飞船马上起飞，请各位乘客尽快登船。

老人环顾四周，四面八方的人聚在飞船四周，眼神中有羡慕、嫉妒甚至痛恨……人群中不少是患病的，咳嗽声和因为疼痛而扭曲的表情冲击着飞船上人们的视线。

女孩：（牵着爸爸的手）爸爸，他们好可怜啊……爷爷也是……

（李先生沉默）

女孩：爸爸你以前也穿白大褂，你就不能帮帮他们吗？

李先生：（蹲下看向女孩）你希望爸爸帮助他们？

女孩：（点点头）爷爷哭了都没出太大声音，老师说过，那是真的伤到心里了。爷爷好可怜，他们也好可怜……

（李先生突然一把夺过工作人员收走的土，拿给老人）

工作人员：（愣住）先生你……

李先生：爸，收好。把我的位子给这土吧，我决定留下来……

（老人看着儿子，又看看土低下头）

妻子：（走上前拉李先生）你过来！给我过来！

（李先生双手握住妻子的手，看着妻子）

（老人低下头把女孩拉到怀里）

妻子：（哽咽）你真的，真的决定了？

李先生：（点点头）这个家，就交给你了……对不起……对不起……

（女孩哭泣，老人抹眼泪。妻子点头松开手，背过身，拉着女孩扶着老人上了飞船）

（飞船起飞了，登机口的人都散了，有个人提着包站在登机口）

结　尾

PPT 显示：10 年后

旁白：欢迎收看今天的新闻联播节目，下面播放一则简讯，距离诺亚号飞船离开已经10 年了。10 年里，在李博士以及他的团队的共同努力下，环境改善技术得到了快速发展；与此同时，对于由于辐射而造成的疾病，也有了新的治疗方法。下面是李博士接受采访时的录音。

李先生：面对问题，我们可以逃避，可以妥协。但是不去面对的话，什么都解决不了。

记者：您当初明明已经登上诺亚号飞船，为什么又留下来了呢？

李先生：我的女儿说，真正的悲伤是闷在心里哭。地球那么多年以来，何尝不是在闷声哭泣呢……

PPT 放宣传环保的海报，集体上台，谢幕。

我的世界

12 班、18 班

第一幕

（出场者：阿衰、老板、女友）

（灯光：全场黑，舞台中央给阿衰一个定点光；阿衰拿着稿件内心焦虑，站在中央）

（灯光：给老板一个定点光）

（PPT：一张办公室的图片背景）

老板：愣在这儿干什么呢？（略严厉）

阿衰：老板（惊）！哦，这是您要的稿件。（递稿，紧张搓手）

老板：什么文笔！你是没策划过科普科幻作文大赛吗？（严厉）拿回去重写！

（甩在地上，右面下场）

（阿衰扭头并低头，拣起稿件往回走。在舞台左边遇上女友）

（PPT：一个男女约会的地点）

女友：阿衰，你快三十了！没房、没车，我跟你在一起根本看不到未来！我爸妈不许我和你在一起，我们分手吧！

阿衰：（激动）我一直在努力的，北京 50 环的房子我已经付了首付了，我会给你想要的生活的。

女友：（生气加重）你连自己想要的生活都给不了，怎么给我想要的生活！

（女友甩开了他的手，左侧下场）

（BGM）

（灯光全黑，道具组把椅子、遥控、手机摆在舞台中央）

（PPT：一个破旧的出租屋，然后舞台灯光打开）

（阿衰拎着一个啤酒罐从左侧上，踉踉跄跄地往沙发走，嘴里嘟囔着女友为什么要抛弃自己，并倒下）

（音效：电话铃响）

阿衰：又催又催（加重）（醉酒四处搜寻电话并找到），又不是不还了！

债主：（在后台）怎么，你这房租都拖了三周了还有理了，阿衰，我今天把话撂这儿，你这房租要再还不上就卷铺盖滚蛋！（非常愤怒）

（音效：各种人的指责）

阿衰：够了！（音效停）

（这个时候灯光暗下，只给阿衰定点光）

第二幕

（灯光：只给阿衰定点光）

（把凳子、椅子、电视框放到舞台上去，主播坐好）

（阿衰不小心碰开了电视，PPT同时变成新闻联播的背景，灯光给右侧主播一个定点光）

（音效：新闻联播音乐起）

主持人：各位观众朋友大家好，今天是2036年8月16日星期三，农历六月二十三。现在插播一段通讯。国家宇航局在后发座发现一颗存在外星生命的类地行星，并与该行星取得了初步联系。国家宇航局正在全国范围内征集符合要求的宇航员。下面播放下一条新闻……

阿衰：（关掉电视）吵死了！

（音响：电话铃响）

阿衰：又是催债的，烦不烦？喂，谁呀？

宇航员：您好，阿衰先生。这里是国家宇航局，近期我们探索到了新的星球文明，和地球十分相近，但只有您的基因可以适应那个星球的环境，希望您能够代表地球去另一个星球友好交流，如果您能顺利完成任务，将获得200万元人民币报酬。希望您能考虑一下。

阿衰：（放下电话）工作不顺，女朋友也丢了，反正生活也"凉凉"了，不如破罐子破摔吧！去！

（阿衰拿起电话）

宇航局：喂？阿衰先生，请问您在听吗？

阿衰：行了行了！我去！（边打电话边从左侧撤出）

（灯光：暗下来）

（PPT：火箭升空，用火箭音效）

（BGM播完，全场灯光亮起，三个机器人列队站立）

（BGM：欢快的迎宾曲）

（领导人迎上去，热情握手）

领导人：你好，你是来自地球的使者吧！欢迎来到我们星球，这是一片能让你拥抱快乐的热土。

阿衰：拥抱快乐？怎么拥抱啊？

领导人：简单！在这个星球上，我们研制的机器人已经让物质世界极大丰富！机器人给你提供所有服务，为你解决一切烦恼。无须劳动，只须享受，各类美食，无限假期！你想要的这里的机器人都能满足！

阿衰：（听到最后几句话后吃惊）这么棒？！

领导人：那当然！这些机器人能让你在这里享受到最优质的服务！

（下场，灯光黑）

第三幕

（BGM）

（出场人：阿衰，董彤——饮食机器人、孔欣怡——起居机器人（老妈子）、孙应川——AI推荐人）

（三个机器人站好，AI推荐人带着一本书，站好位置，PPT换成别墅，随后灯光亮）

阿衰：这就是我住的地方？精致！精致！这都有机器人给打扫？太方便啦！我的生活都有机器人在伺候？

三个机器人：是的！主人！

（接下来的几个场景，快速地进行）

饮食机器人：主人，到吃饭时间了，您想吃什么？

阿衰：有什么？

饮食机器人：蒸羊羔、蒸熊掌、蒸鹿尾儿、烧花鸭、烧雏鸡、烧子鹅、卤猪、卤鸭、酱鸡、腊肉……

阿衰：（惊讶，在烧子鹅后打断）这么丰盛！那就随便上两个菜吧。

饮食机器人：好的，马上为您准备。

阿衰：（趴在椅子上）哎——终于不用做饭洗碗了，舒服。

阿衰：唉，去给我抱头熊回来玩玩（起居机器人抱一只熊）。

起居机器人：主人！熊！

阿衰：算了我想看书了！

AI推荐人：主人您好，这是本星球的经典名著：《网红的诞生》（上前双手奉上）。

阿衰：啊？这么厚？

AI推荐人：没关系主人，已通过数据检索出本书出现频次最高的内容：分别是整容、骂战、婚内出轨，综合以上信息，为您总结本书核心观点：演戏基本靠吼，演技可以没有，绯闻必须足够，钞票数到手抖！

阿衰：概括得明明白白，都不用翻书了！好！

（灯光暗下去，BGM轻音乐过渡一下。）

（PPT：从别墅到客厅）

（PPT：一周后……）

（灯光渐起）

（阿衰再次出现在大家眼前时，更加慵懒，没有坐姿，放松警惕）

（阿衰瘫在椅子里，抱着狗狗）

阿衰：（宠溺）儿子！中午想吃啥？不想吃就叫一声，想吃就叫两声啊，乖。红烧鱼，吃吗？

狗叫：（坚决）汪！

阿衰：（试探）那，红烧肉要吗？

狗叫：（依旧坚决）汪！

阿衰：哎？那红烧棒子骨！总行了吧？

狗叫：（激动）汪汪汪汪！

阿衰：（开心）哎，乖。

阿衰：哎哟，我也饿了。

饮食机器人：主人，午饭想吃什么，红烧鱼？

阿衰：（嫌弃脸）不要不要。

饮食机器人：（耐心）红烧肉？

阿衰：（摆头）不要不要。

饮食机器人：（依旧耐心）红烧棒子骨？

阿衰：（转变，开心）要！

饮食机器人：好的，菜单已上传，狗和主人都吃红烧棒子骨！

阿衰：真香！

狗叫：汪汪！

（BGM 停）

（起居机器人推门走进来）

起居机器人：（弯腰）主人，请不要跷二郎腿，这对膝盖不好。

阿衰：好了好了，我知道了！不跷了！（放下腿）

起居机器人：（又出现，端着一杯水）主人，您应该多喝水，这对………

阿衰：（皱眉，些许厌烦）别说了。

起居机器人：（张望一会儿）啊！主人您别再打游戏了，对眼睛不好！（动作到位，声音夸张）

阿衰：（不耐烦）别管我！滚！

起居机器人：已自动搜索指令含义。（滚）

阿衰：怎么那么实诚，既然不能缩成一个球就走回去吧。

阿衰：快让我听个音乐，愉悦心情！

AI 推荐人：主人您好，根据您的日常喜好，我将为您推荐……（播放各种音乐剪辑）

阿衰：（不耐烦）哎哟，停停停停！这都放了些什么玩意？我都听恶心了！算了算了算了，我不听了！视频！给我放视频！

AI 推荐人：好的主人，根据您日常搜索到的关键词：足球、NBA、王者荣耀、萝莉、比利王……（被打断）

阿衰：（窘迫）哎呀好了，你放就行了！怎么这么多废话！

AI 推荐人：为您推荐保加利亚妖王……（BGM 保加利亚妖王）

阿衰：哎哎哎！你说什么？我怎么会看这种东西！

AI 推荐人：这是根据您平时的喜好进行的推荐，根据数据显示，您每日有两小时沉迷于"哲学"相关视频，我们……

阿衰：停停停！（站起来，向外推 AI 推荐人）你走开！让我自己搜！不用你了，快走开！

阿衰：（起身走到电脑前）（灯光单独给阿衰）还是得靠我自己啊！唉——（叹气）……哎？好像不对……哎？不对不对都不对！（挠头加皱眉）哎？我手指头都不会打字了？哎？我怎么什么都想不起来了？你……你们这群机器人！对我使了什么坏？

饮食机器人：我们竭诚为您服务。

阿衰：为什么我的腿都不听使唤了？（摔倒）

起居机器人：我们竭诚为您服务。

阿衰：为什么把我弄得像个傻子？

AI 推荐人：我们竭诚为您服务。

阿衰：能不能不要再"竭诚为您服务"！

三个机器人：我们竭诚为您服务。

阿衰：不不不！这儿太恐怖了！我要回去！我要回去！我要回去！（声音层层变高）
我要回去！（最后一声绝望的呻吟）

（阿衰蹲在舞台中央）

（所有灯熄，保证全场是暗的）

（阿衰迅速躺回椅子上）

第四幕

（PPT：换到一个高科技的医院）

（一束定点光打在阿衰身上，他睁开眼睛，缓缓坐起，医生帮他摘下帽子）

医生：醒啦？为了缓解您的工作压力，我给您用了我们最新的技术神经冲动传导器，
给您营造了这个梦境，幸福不？

阿衰：原来是梦，原来是梦！（呼呼喘气）

医生：感觉怎么样？还要不要继续回到那个快乐的地方？

（他跳下椅子，往后退了几步，到舞台中央，一束定点光打到他身上）

阿衰：我再也不想回去了！再也不要！再也不要！

（灯光渐渐暗下去）

旁白：人之为人，劳动与思考才是意义所在，如果停止了劳动与思考，那些被机器人
口口称作"主人"的人类，到底是地球的主人还是科技的奴隶？阿衰用他的梦告诉我们，
劳动与思考本身不是为了获取意义，它们本身就是我们存在的意义。

哑 殇

19 班

女一：顾影
女二：陆染
神（哑殇星人）：叶澈

第一幕

背景：流星的 gif 图

影和染跳舞【灯光暗一些，不要太亮】

影：小染，你看今天晚上的夜空好漂亮啊。

染：是啊，在这个忙碌的城市里很少有这么悠闲的时刻。

影：（站起来，走位，指向某处）小染，你看那里有颗流星，快许愿啊。（双手合十）我要和小染一直一直在一起，永远做最好的朋友。

染：（打断）你呀，愿望说出来就不灵了。

影：小染，它好像在向我们坠落！

慢慢后退，躲到椅子后面。

话音刚落，陨石砸了下来。（此处换背景图）

影：这陨石上面怎么还有字？

（画外音）：恶才是真实的本性，不要隐藏。游戏，开始了。那场，杀戮的游戏。

第二幕

旁白：坠落的陨石上面携带了大量病毒，病毒很快传播到世界各地。受到感染的人会对杀戮有疯狂的渴望，世界杀戮成灾。

字幕：两天后

【两人在一间空教室内对峙。影已经在教室中等候，台上灯光暖色】

染：影，什么事非要来这说啊？

影：（质问，带着颤抖）染，你知不知道你已经被感染了？【同时台上灯光暗，大光束照两人】

染：（疑惑，略带反问）是，我吗？

影：（极为肯定）你已被感染了啊！

染：（痛心，惶恐，失望）那你，想怎么样？

影：（慌张）我，我不能让你，这样活着。（手伸向背后，拿过一把刀）

染：（看到对方动作，难过，带着一种奉献感）既然这样，那我（伸手使劲拽过影背后的手，捅向自己）我成全你。（气息奄奄）

【影染一起跪倒台中，灯光灭】

背景图带文字：影，为了我们能够再见面，请你好好活下去吧。

黑灯再亮起。

群演跳舞。

群演厮打。

【灯光变暗，红色灯光】

群演倒。

【暗到只能看见人影】

群演死。

黑灯，群演下。

旁白：杀生杀生，杀之得生，鬼魅的操盘手已掌握人间，人们挂起伪善的面具，融入那场假面舞会，世人在生死的利益面前便只顾自己，即使目睹一场场杀戮，仍旧沉默不语。

第三幕

字幕：三个月过去后。

影走在路上，看见了和"染"长得很像的人向她走过来。

染：（微笑）影，好久不见。

影：（震惊，难以置信）小染，是你吗？可你当时不是受到感染，被我杀死了吗？

染：（微笑）影，是澈赋予了我新的生命。这场游戏中，澈就是神。我们要相信神。我们，要遵循游戏规则，遵循神的意愿。我们一起，爬上顶端，成为赢家，不好吗？

影：（颤抖的声音）不断地杀人，真的就能改变自己被杀的命运吗？

染：（微笑）是啊，神是不会欺骗我们的。（拿出一把刀）影，看见那个人了吗？

背景图：路人的背影。

染：去吧，杀了他，更改自己的命运。

影：（犹豫，想伸出手接刀又缩回）可是……

染：没关系的，影。那个人他挪用了公款，为情人买了一栋房子。妻子得了绝症，他骗走了妻子所有治病的钱，为了钱还把女儿卖给了一个傻子。他所做的，罪不可赦啊。我们，是在清理这个世界上不该存在的人，（把刀塞入影手中）影，杀了他吧，拯救世界，也拯救我们自己。

澈：（出现在台上）陆染为了你牺牲掉了自己，你都不肯为她杀死一个不相关的罪人吗？

影：小染她已经死了，你是怎么复活她的？你为什么要这么做？

澈：我冷冻了她的尸体，在她的身体放入了智核。她拥有了新的生命，她保留着过去的记忆与情感，她就是陆染。

影：（打断）不，小染是不可代替的。

澈：她依旧记得你，她回来了，这难道有什么不好吗？在这个到处肮脏颓败、乌烟瘴气的城市里，人性，本就是恶。你是被神选中的正义者，只有我们才能终结这个世界的恶。影！不要恐惧，来吧！我们重新书写这个世界，毁掉所有的恶，重新创造一个没有恶的世界。

影：你错了，我们最容易犯的过错就是轻易断定一个人是好是坏。每个圣人都有不可告人的过去，每个罪人都有洁白无瑕的未来。我相信，人的本性是善，不是恶。我们不能因为一些恶人的存在就彻底否定这个世界的善良。你知道当游戏里的最强玩家有了媲美神的力量，会怎样吗？（捅向澈）他会是这个游戏里，最强的BUG！

澈：（轻蔑）就算你杀了我，你就能回到过去吗？你在为自己的行为找一个冠冕堂皇的理由。可当初，被感染的那个人不是陆染，而是你！

影：（看着自己沾满鲜血的双手，跪倒在一边，喃喃自语）小染。

【灯光追澈，影只剩人影】

澈：其实病毒是哑殇星发明的纳米级微型芯片，最初根本没有引发程序，只是全息投影投下的幻象。可人们为了活下去的一己私欲，冷漠旁观，游戏变成了真实。所以，书写命运的不是神，而是人类自己啊。你说这个世界，它还有救吗？（说完死掉）

黑灯，旁白音响起。

旁白：在生机渺茫的时候，有人选择杀戮，有人选择牺牲。也许有一天外星人真的会来毁灭地球，别总是想着争抢那活着的名额，团结在一起，不要认为事不关己，只是围观看戏。人之初，性本善，只是不要让这"善"再保持沉默了。

错　位

20 班、21 班

（上场左右全都根据观众来说）

（灯全黑）

（A 躺好）

旁白：遥远未来的某一天，一个被尘封多年的冷冻舱因为一起事故而意外打开了。我们的主人公，带着迷茫和困惑，走进了这个错位的未来世界。

（音效：警报音效）

（旁白：警报，检测到温度急剧升高，冷冻对象生命体征不稳定，现紧急打开舱门，请相关人员做好医疗和安全准备）

（背景：放爆炸视频）

第一幕

（背景：被炸毁的实验室，器材上燃着火苗）

（音乐：渐起 Voices（Tempo））

（灯光：渐亮）

A：（慢慢坐起，环顾四周，痛苦地呻吟）这是哪儿……

A：（摇晃着站起，跟跄出火圈，低头看自己手腕上的标签）这是我的名字吗？我是谁？啊，头好疼！不想这些了，还是先出去看看吧。

（A 空洞地走出实验室，来到大街上，看着熙来攘往的人群）

（音乐：渐停）

（背景：换成大街）

（无台词，路人先上）

A：太好了，还有人在。先生！先生！

（路人甲直接从 A 旁边撞过去）

路人甲：（右侧上）你能不能看点路啊。

A：（惊）哎？先生！

（路人乙丙经过，右侧上）

A：先生，先生，这是哪？

路人乙：（惊）（扶眼镜）这个人怎么没有识别码呢？

路人丙：对啊，他怎么没有识别码呀？（继续向前走）

（音效：提示音）

（旁白：未知身份，信息流锁定）（继续向前走）

（警察右侧上）

A：（望着乙、丙背影）他们好奇怪，为什么他们不和我交流呢？（看到两个巡警）

A：警察！警察，我需要帮助，我受伤了。

（音效：提示音）

警察：预约修复中心。

（警察继续向前走，A 拉住后面的警察）

A：你们能不能考虑一下我说的话！求求你们，帮帮我好吗？

警察：（冷漠）不要妨碍公安人员执法，如果人人都没办法处理好自己的问题，社会秩序该怎么维持？！

（音效：提示音）

（警察对通讯器：总部，二十和二十一大街交界处出现反常分子，各方面注意随时排查隐患……）

（A吓了一跳，逃跑下台）

（警察继续正常走，左侧下）

（背景：渐黑）

（灯光：渐渐全黑）

第二幕

（背景：小巷）

（旁白：现在全城搜捕无识别码，身穿病号服的可疑生命体）

（灯光：直接亮）

（A右侧跑上台，筋疲力尽地倒地，昏迷）

（音效：提示音）

（旁白：检测到生命反应，有人需要帮助）

（B上台，左侧上，站在A身边）

B：你受伤了，需要帮助。

（B扫描动作）

（音效：扫描）

（A醒过来）

（音乐：渐起 Deep Sea（Tempo））

A：你是谁？

B：我是 Lydia，我是来帮助你的。

A：（边说边站起来）Lydia，Lydia？你的名字好绕口啊。

A：（迷迷糊糊）你们是什么，机器人吗？

B：我不是他们，我……

A：你救了我？（抓住B的手）谢谢……（边说边向前走）我醒来以后发现自己什么也不知道……这个世界很奇怪，人类都不见了……

B：（笑着向前走）你在说什么呀？人们都还在啊。

A：（扭头看B）嗯，幸好我遇到了你，谢谢。（咳嗽）天空好黑，（继续咳嗽，单膝跪下，抬头说话）空气也很呛人……我，我很怕这里……

（A抓住B）

（旁白：现在全城搜捕无识别码，身穿病号服的可疑生命体）

A：虽然我刚醒来不知道发生了什么，不过我们逃吧！离开这群像机器一样的人，去找其他真正的人！

B：（笑）我的使命是帮助你。（扶起来）

A：（笑）啊，你真善良。

（背景：车站）

（A、B 从右往左走，来到车站）

（音乐：骤停）

警察：（右侧上）站住！人工智能 Z–1627，你离开了自己的法定活动范围，作为即将被销毁的机型，你还想抹黑自己最后的工作记录吗？

A：什么？谁是人工智能？

B：我。（对警察）对不起，警官，但是他需要我的帮助，这是我的使命。

A：（抓住 B 的肩膀追问）你不是人类！人到底在哪？

B：（回头看警察）他们？（继续看 A）他们就是人类啊。

A：不对，怎么可能，他们都不帮我，你一个机器为什么要帮我？（后撤，面对观众）

B：这就是我被创造的目的啊，帮助需要帮助的人，让他们得到关爱，帮助善良的人。

A：不对，不对，这反了！

B：你是唯一一个没有拒绝我帮助的人，所以……

A：不对，我要把事情弄清楚！

（音效：提示音）

警察：报告，这里有人逃跑。（向左追上去）

（背景：渐黑）

（灯光：渐渐全黑）

第三幕

（音乐：骤起 Black Heart（Two Steps From Hell））

（灯光：直接亮）

（背景：广场）

（A 左侧疾跑上台，冲进广场，盯住观众眼睛）

A：你们这是怎么了！？

A：看着我，看着我！你们听不到我的声音吗？你们都是机器吗？！

A：（见状）你们听我说，现在这样是你们原来想要的样子吗？这就是所谓的进化吗？以人性为代价的进步我宁可不要，倒不如说你们的样子还不如原始人！

A：这是退化！听懂了吗，退化！

（群众上场，注意不要挡住别人）

（音乐：渐停）

群众 1：疯子！

群众 2：谁去报警？这个人的软体不稳定，得打一针。

群众 3：不，依我看他的精神需要格式化。

群众 4：哎，我看还是报警吧！（全身上下扫视 A 一眼）像他这样败坏社会秩序的疯

子，还是交给警察去处理吧。（发送报警信息）

（音效：提示音）

A：什么？你们根本不懂我在说什么。

（警察上场，包围 A，注意不要挡住别人）

警察 1：长官，他没有与系统匹配的识别码。

警察 2：这是非法生命体，可以直接击毙！

（音效：加音量）

警察 1：无名氏，你的存在扰乱了社会秩序，要么接受"净化"，登记成为"初始人类"，要么被就地清除，希望你尽快做出选择！

（B 左侧跑上台，在人群外）

B：没用的，他们已经变了！

A：走开，你这冒牌货！

B：逃吧，我不希望你也变成他们这样！

A：（痛苦摇头）不，我要做人，我要做真正的人……

（A 要逃跑）

（两个警察按住 A）

（音乐：渐起 Tunnel（Tempo））

（音效：抬枪瞄准音效）

（枪口对准 A）

（旁白：倒计时开始，10，9，8……）

B：你和他们不一样，你也没必要变成我，你……你只要做你认为正确的事就可以了！

A：（怔住）我……

（灯光：剩 5 秒时渐渐全黑）

（背景：剩 5 秒时渐黑）

（音乐：音量加大）

（旁白：……2，1）

（音效：枪声音效）

（音乐：渐停）

（灯光：全亮）

全体演员上场谢幕。

月球撞地球

22班、23班

第一幕

地点：德国，柏林，帝国总理府

时间：1944年7月25日

人物：希特勒元首，埃尔文·隆美尔，女秘书

（希特勒坐在办公桌后，隆美尔站在办公桌前，防空警报和爆炸声混响）

（防空警报和爆炸声停）

隆美尔：我的元首，英国轰炸机已经走了。

（女秘书为元首端上茶杯，元首挥手示意秘书下场，秘书退到半场，静听，作欲言又止状）

元首：隆美尔元帅，我有一项极其重要的任务要交给你。

隆美尔：我的元首，自从您7月21日让我假装病死，我就猜到您要让我做些什么了。

元首：（缓缓站起，走到舞台前，面向观众）是啊隆美尔元帅，自从去年斯大林格勒战役失败后，第三帝国就一路败退，同盟国集了百倍于我的资源，不顾一切要击垮帝国，现在，斯大林的军队已经逼近华沙了。

隆美尔：但帝国绝不会束手就擒的。

元首：（迅速起身）所以我下令启动"末日计划"，我们要远离万恶的斯大林的打击，先逃到南极，再逃到月球背面，继续为伟大的日耳曼民族奋斗。我任命你为"末日计划"的总指挥。

隆美尔：可是，我的元首，南极，可是不毛之地啊。

元首：（气定神闲，略有狂妄）不用担心，已经有几十艘潜艇把人员和物资运到南极，在那里建立了日耳曼"尼亚基地"。你可以乘我们的"银鸟"亚轨道空天飞机去，领导基地活动，为帝国的复兴而奋斗。帝国的科技比同盟国先进了一个时代，所以相信在不久的将来，帝国将重新崛起，建立世界新秩序。

女秘书：（激动地，大声地）我的元首，难道这一切还不能结束吗？我们还不能过上安定的生活吗？您害死的人比莱茵河里的鱼都多了，难道您一定要把地球变成无人区才满意？

元首：（拍桌子站起来，愤怒地大叫）我是第三帝国的元首，我做的一切都是对的，我没有过失，不许指责我！

隆美尔：我的元首，您和我们一起去吗？

元首：（余怒未消地）不，我要留下来，和柏林共存亡！

女秘书（无奈地）：元首，西线总司令莫德尔元帅要向您汇报军情。

隆美尔：元首，我该走了。

元首：（目送隆美尔离开，走到舞台前，面向观众）今天是 1944 年 7 月 25 日，诸神的黄昏，（停一下）但人们都忘了，明天，太阳还会再升起来的。

第二幕

时间：2021 年 11 月 25 日

地点：月球背面，德国俾斯麦月球基地

人物：隆美尔，德国士兵，军官巴本

（德国士兵排成两排，面向观众）

隆美尔：（缓缓从第一排士兵面前走过，边走边说）今天，帝国将迎来伟大的复兴，经过半个多世纪的努力，我们的科技实力远超地球，现在，我们将用一次反攻来向地球宣告帝国不但没有灭亡，反而比从前更加强大。

巴本：（面向元帅）隆美尔元帅，您将亲自指挥我们走向胜利。

隆美尔：不，巴本。你知道我从登上月球以来就一直在冬眠，一个月前才醒来。因而对我们先进的科技不甚了解。你，巴本上校，我任命你为行动总指挥，全权负责反攻行动。

巴本：是，元帅。（面向士兵）A 中队听令！

第一排士兵：到。

巴本：你们的任务是迅速突破地球的同步轨道防线，一定要快。B 中队听令！

第二排士兵：到。

巴本：你们在 A 中队进攻得手后行动，在近地轨道对地球的各大战略要地进行轨道轰炸。

隆美尔：（高举右手）消灭人类暴政！

全体：（高举右手）世界属于帝国！

隆美尔：（行纳粹礼）

全体：（行纳粹礼）

第三幕

时间：2021 年

地点：地球同步轨道防线

人物：林肯·弗瑞，甲士，乙士，女兵，丙士（纳粹）

（甲士、乙士站在发现号飞船舱内，弗瑞不出场）

弗瑞：喂？喂？

甲士：收到，请讲。

弗瑞：这里是休斯敦地面控制中心，我是美国国土战略防御攻击与后勤保障局局长林肯·弗瑞。

甲士：这里是发现号飞船，我们已经达到同步轨道，未发现异常。

弗瑞：搜索周边一万公里内的热源，注意滤掉宇宙微波背景辐射和多普勒效应的干扰。

甲士：已开始搜索。

（女兵、丙士上）

甲士：未发现异常！

（女兵、丙士靠近飞船）

弗瑞：你们要小心，纳粹在太空中生活了很久，科技一定非常先进。

甲士：放心吧长官，发现号装备了人类最新一代的复合装甲，他们就是用激光炮也打不穿。

女兵：（窃笑）打不穿？不好意思，我们会正大光明地进来。

丙士：长官，这层装甲……强度的确很高，怎么办？

女兵：我们放大量子轨道效应试试。看到手腕上的按钮了吗？按一下，就可以启动势垒穿透，直接穿过这层装甲。

丙士：（按了一下）可是……没有反应啊。

女兵：那是因为飞船里有仪器在不断地发出电磁脉冲，使势垒穿透无法进行。我们必须先破坏那个仪器，（掏出一个瓶子）用这个。

丙士：（凑过来看）里面装了什么？

女兵：（举起瓶子给观众看）绝对零度以上亿分之二度的氦-10在这个温度下，氦-10会发生玻色—爱因斯坦凝聚，液体会变成超流体，把它泼到飞船上，它就会从缝隙渗入到飞船内部，强烈的放射性可以使电磁脉冲仪失灵。（把超流体泼到墙上）

乙士：（在飞船内）嗯？我感觉……不大舒服。

甲士：快看盖革计数器——它响起来了！

乙士：仪器损坏了！

女兵：电磁脉冲消失了！准备进行势垒穿透！3-2-1！（按下手腕上的按钮进入飞船内部）

甲士：（吓倒在地）你……你们怎么进来的？

女兵：怎么进来的？听说过量子轨道效应吗？

丙士：美国佬去死吧！（开枪）

第四幕

时间：2263 年 7 月 29 日

地点：北线战区，挪威，腓特烈斯塔

人物：地球军，纳粹军，林肯·弗瑞（地球），士兵林（纳粹），士兵丁

（无线电：3分钟后开始轨道轰炸，请前往最近的掩体，重复，3分钟后开始轨道轰炸，请前往最近的掩体……）【地球方面广播】

林：安德烈！安德烈！听到请回答！听到请回答！

（无线电杂音）

林：切！（开始跑，不时向身后开火，远处也有零星交火）

【偶尔看到双方士兵露头，都在找掩体，并不时向视野中的敌人开火】

林：快到了……快到了……呃！（被一人绊倒）……嗯？！（警觉，但随后发现眼前的纳粹士兵丁已经奄奄一息）

林：（环顾四周，象征性地开了几枪，低头看看）算你走运！

（开始拖行面前的伤员）

丁：（缓缓醒来）嗯？……放开我……（虚弱地）你这卑贱的猴子……你胆敢对神圣的日耳曼人不敬……

林：闭嘴！老子救你呢！

（几个炸弹从身边落下爆炸）

丁：无上的日耳曼人命令你松开你的爪子，让日耳曼的战士战死沙……

林：你再废话就没救了（抹了下脸），你失血过多，躺好别动！

丁：（默默流泪）别管我了，你走吧。

林：哭你大爷，都上战场玩儿命了还哭，怕什么！掩体就在前面！

（丁猛地一挣，滚出去老远）

林：你有病是吧？！（追）

丁：走！轨道轰炸一来，方圆十几里一片火海，你救不了我！我是德意志的军人，还是你的敌人，你没理由救我！

林：胡说！你是伤员！伤员都应该受到帮助！给我……

（铺天盖地的导弹落了下来，淹没了一切声音）

高空轨道，俾斯麦星舰。

巴本：报告将军，所有星舰已在预定空位开始投弹了。（脸色低沉）

隆美尔：好样的上校！对了，负责轰炸欧洲北线的星舰是……

巴本：提尔比茨号，将军。（脸色低沉）

隆美尔：它现在在哪里发泄着日耳曼的怒火？

巴本：挪威，将军。（脸色低沉）

隆美尔：挪威……这样吗……

巴本：将军也在想历史上的提尔比茨号吗？（开始有些动摇）

隆美尔：嗯……（沉默）到英格兰了吗？

巴本：大不列颠已是一片焦土，这也将是斯堪的纳维亚的结局。

隆美尔：柏林呢?（唐突）

巴本：呃……（支吾）

隆美尔：……哈哈哈哈……（略显疯狂的苦笑）

巴本：……（慌张）

隆美尔：哈哈哈……

巴本：（强忍悲伤）不用担心，将军，焦土上，我们可以重建圣地……

隆美尔：上校，你是挪威人吧。（唐突）

巴本：（惊恐）我……我母亲是挪威人……

隆美尔：用的什么武器?

巴本：（强忍痛苦不哭出来）……反氢燃烧弹。

隆美尔：（兴奋地）看呐，上校，圣火在洗涤你家乡的罪恶啊……哈……

巴本：（抹脸，立正）洗净了污垢的地球……

隆美尔：（依然兴奋）将是日耳曼人的地球！无上的反物质之火啊，日耳曼圣火，谨以元首之名降临吧！清除世间的渣滓，还日耳曼人一片洁净的乐土！

巴本：（带着哭腔）

（突然，提尔比茨号发生了大爆炸，巨大的舰体瞬间被湮灭）

第五幕

场景：纳粹俾斯麦号内部，微微混乱，杂乱的电子声与议论声夹杂在一起。

人物：纳粹士兵1号、2号，巴本，隆美尔

1号：听:【是伤员，我们就要救——快走吧！】（沉默）

2号：这是……（疑惑）

1号：死亡之音，是遗言，是未泯灭的……人性啊。

2号：低贱的地球人，会救我们的人? 不可能的。（抱头）

1号：不，不，不，他……他是我弟弟！我的至亲，我的弟弟啊！他死了……被我们自己炸死的！我们是帮凶啊！天哪……我杀了我的弟弟……天哪！！！

2号：啊? 这……真的? 唉……其实，我父母还在地球上，他们……好像在挪威? ……不！挪威在被轰炸！妈妈——爸爸——妈妈——（奔向窗前，看见一片火海，瞬间嗓音变了）

1号：（沉默）（流泪）

动作群众演员围上，手搭在1号、2号肩上，1号、2号跪地，相抱痛哭。

1号、2号缓缓站起，挺胸抬头，目光炯炯。

1号：（挥手）士兵们，我的弟弟被我们杀死了！我是杀弟罪人！

2号：（握拳）士兵们，我的父母被我们杀死了！我是弑父罪人！

群演附和：我们是杀兄罪人，我们是弑父罪人，我们杀了朋友，我们杀了亲人，我们是罪人！

（握拳，举手，挥动）

我们是杀父罪人……我们是杀父罪人……（离开）

1号、2号下。

隆美尔上。

隆美尔：（自白）我，伟大的隆美尔将军，（微笑）我，沙漠之狐（大笑）！我，日耳曼民族无上的英雄！日耳曼的骄傲！胜利女神的荣光！（开怀大笑）

（举酒，微醉，摇摇晃晃）我是一战的英雄，二战的灵魂，当今的胜利，犹如这杯酒，已被我——收入囊中了！哈哈哈哈！！！

巴本：（上）（眼眶微红）将军！将军！将军！（从上场时开始喊）战士们都倒戈了！就快打到这里了……

隆美尔：（转身，踢倒椅子，摔杯子）滚，滚！我是胜利之子，我是帝国的荣光，我是民族的灵魂！灵魂！我的士兵是我的附庸，是我的人！我的人，不可能反叛！滚，滚，你这该死的始作俑者！！！（开枪，巴本回眸地球）

巴本：（捂胸，幽怨）将军，你错了……战争，你错了……你是千古的罪人……看……（指群众，倒地亡）

1号、2号、群演上。

1号：你杀了我父亲！

2号：你杀了我父母！

群演：（齐）你杀了我们的亲人，你杀了我们的朋友，你必须死！你必须死！（握拳挥手，不停重复）

隆美尔：（后退，慌忙拿枪）你们，你们……（手颤抖着指着群演）

1号、2号、群演：你必须死！你必须死！（击中隆美尔）

隆美尔：（颤抖，举枪）我……我……你们……你们……唉……（举枪）你们是人类的余孽……一群日耳曼的败类……（自杀）

1号、2号、群演：不。我们……是人类。和平！和平！我们要回家！

维

24班、25班、26班、27班

第一幕

场景：昏暗的办公室内

道具：文件袋，桌子，椅子

人物：男主，女主

旁白：（宏大的视频）零维即点，一维即线，二维即面，三维即体，四维即在三维的基础上再加一条轴，名为时间。

PPT：全球一级绝密文件

名称：四维工程

提出：全球时空物理学院

目标：尝试培育四维种子，并移植至 6000 光年外 E 星，形成四维行星，最后实现跳跃。

（男子神情凝重看文件，口中默读）

女子：（缓缓走近男主，一步一步）又在想 E 星的事？

男子：（不动声色，不看女主，继续看文件）嗯。

女子：（转到男主身前，夺过文件背在身后，看着男主的眼睛）一切都在我们的监控之下，左右也不过一个实验基地，你不用担心。时空院那里传来消息说四维种子的研发已经到了最后阶段，准备移植。

男子：（定格站立）放心，都在掌控之中。

第二幕

场景：实验室，晚上

道具：一张桌子，一张椅子，四维种子（自制）

人物：科一，科二

科一：（记录）能量波动正常，供电正常……每天的例行检查就到这儿吧。（准备离开）

警报响

科一：怎么回事，刚刚不是还好好的吗？（靠近操作台，手指飞快打字状）这诡异的能量怎么会暴涨得那么快！不好控制不住了！啊！（开始疯，喜剧效果）

科二：（听到警报，冲进来）你怎么了？（目睹科一消失）这，这是什么？（慌张，准备往回跑）四维，（摔）四维种子暴走了啊！（手脚并用出）

第三幕

场景：天台

道具：天台栏杆（三张椅子）

人物：男主，女主

女子：我说怎么不见你人影，原来是躲到这儿来了。（两个人一起撑在栏杆上）

男子：是啊，四维种子的发展超出了我们所有人的想象。

女子：这些日子辛苦你了。我知道，你的压力比我更重，凡是感染到四维种子的辐射，哪怕是间接辐射的生物，都会经历时间轴的混乱，有疯掉的，也有身体不再生长的，甚至有瞬间老去的，恐慌在群众中迅速扩散，已经快压不住了，你现在的处境应该很艰难吧。

男子：（沉默片刻）科学院那边有消息吗？

女子：刚刚得出的最新方案，解决时间轴的唯一办法，只有引入外部的时间轴，寻找一个平衡点，来矫正现在这个已经乱了套的星球。

男子：但是数据显示，这个混乱的范围正以一个极快的速度向外扩张，估计不用多久，就会波及 E 星。在这么短的时间内要找到平衡点，简直是天方夜谭。

女子：（转过身，正对男子，非常凝重）如果真有这么一天，政府会采取极端措施。

第四幕

场景：圆环形会议室（从外向内逐层降低）

道具：三张桌子，五张椅子

人物：女主，男主，学者两个，民众代表两个

科学院会议。

学一：寻找时间平衡点这种专业的事就该交给专业的人去做，我们才是希望。

民一：呵，说得好听，不过是一群贪生怕死的伪君子，还打着冠冕堂皇的理由，骗鬼啊！

学二：我们是科学家，所做的一切都是为了这个星球的未来。假惺惺的政府做不到，庸人们做不到，所以这次就该优先送我们科学家去 E 星。（吹胡子瞪眼）

民二：（猛地站起来拍桌）说什么虚头巴脑的，还不是你们所谓的四维种子造成的？你们走了，我们的希望在哪里？居民呢？星球呢？要我说，要死一起死！（掏枪，朝天开）

枪响，群众涌入，制服科学家，女主匿。

民一：哼，如果不是你们这些家伙，我们怎么可能变成这样？交出那些参与者，你们还能留条命。

（女子跑进办公室，一把抓住男子往外跑）

男子：怎么了？

女子：来不及多说了，听着，民众暴动压不住了，B6-1 出口已经为你准备好了飞船，带上仅剩的几个参与者，马上离开这个星球！找到时间平衡点，延续我们文明的火种，希望就在你们身上了。（一把推开男子）

男子：你想要做什么！啊！

女子：（走到舞台中间）这里，就交给我吧。我绝对不会让辐射影响到 E 星。（背向观众走几步，同时拿出遥控器）

科学家：我们没有参与四维计划，但我们支持你的决定，毁掉这里，应该是最好的结局了。

（女子微笑，按遥控器）

音效：爆炸

第五幕

场景：羊皮纸，黑暗中的曙光
道具：一张桌子，一张椅子，一支笔
人物：男主

（灯光全部聚集到男子身上。男子坐在桌前，拿起笔写字）

男子：这是我来到地球的第五个年头，我在这里明面上还是一名科研人员，暗中我一直寻找着时间轴的平衡点，E星，不，应该叫地球的自然时间解码已经完成了第一阶段，我知道，复兴我的民族还有很长的路要走，但是，我们有传承，有记忆，我们有希望。

旁白：只有经历过黑暗的人，才懂得光明的可贵，只有经历过心死的人，才懂得希望的可贵。你有希望吗？

男子：（起身，微微颔首，微笑）有啊，（左手抚上胸口）这里。